"十二五"职业教育国家规划教材
经全国职业教育教材审定委员会审定

审　计

SHEN JI

(第3版)

主　编　夏焕秋
副主编　林祖乐

中国财经出版传媒集团
中国财政经济出版社

图书在版编目（CIP）数据

审计 / 夏焕秋主编. --3 版. --北京：中国财政经济出版社，2020.2
"十二五"职业教育国家规划教材
ISBN 978 -7 -5095 -9550 -3

Ⅰ.①审… Ⅱ.①夏… Ⅲ.①审计-职业教育-教材
Ⅳ.①F239

中国版本图书馆 CIP 数据核字（2020）第 018003 号

责任编辑：葛　新　　　　　　责任校对：张　凡
封面设计：陈宇琰

中国财政经济出版社 出版
URL：http://www.cfeph.cn
E-mail：cfeph@cfeph.cn

社址：北京市海淀区阜成路甲 28 号　邮政编码：100142
营销中心电话：010-88191537　编辑部门电话：010-88190666
北京中兴印刷有限公司印刷　各地新华书店经销
787×1092 毫米　16 开　20.5 印张　477 000 字
2020 年 5 月第 3 版　2020 年 5 月北京第 1 次印刷
定价：46.00 元
ISBN 978-7-5095-9550-3
（图书出现印装问题，本社负责调换）
本社质量投诉电话：010-88190744
打击盗版举报热线：010-88191661　QQ：2242791300

前 言

本书是“十二五”职业教育国家规划教材，是在2013年第2版的基础上，根据最新的中国注册会计师审计准则，结合最新的行业变化修订而成。本书在体系设置及内容选取上，立足于基本知识和技能的传授，以“适度、够用”为原则，不贪大求全。

本书分为八个项目，即业务承接及审计计划制定、货币资金审计、应收款项审计、存量资产审计、借款与应付款项审计、所有者权益审计、收入与费用审计、终结审计与审计报告。整体脉络是以完成审计工作的流程为主线，重点突出实质性程序的重点项目，对一些非主要内容或删或减。本次修订突出以下方面的特色：

1. 突出基于工作过程的项目化教学

八个项目分别由不同的工作任务构成。每个项目均配有“导入案例”，对项目进行整体的背景介绍。我们精心选择了科技、服装、食品、投资、电缆等不同的行业领域的案例，避免案例过于单调，增强趣味性。另外，在教学过程中也可突出不同行业企业审计工作的特点。

每一工作任务按照【任务描述】、【审计准备】、【审计过程】组织编写。其中【任务描述】是工作任务的布置和具体的要求，【审计准备】是开始工作任务前需要了解、收集、准备的内容，【审计过程】是完成工作任务的具体步骤。在完成工作任务的过程中我们采用大量真实的审计工作底稿，以实现工作的情景化，并将大量的会计、审计相关知识分散融入于审计过程之中，力求达到“润物细无声”的效果。

2. 突出职业判断和职业素养的形成

在完成项目任务的过程中，先确定具体的审计目标。审计过程中的每一个实质性程序对应着某一个或某几个审计目标，使得学生在进行实质性程序时，能够紧紧把握“方向”。同时，选取近年一些上市公司舞弊案例作为拓展阅读材料，如中安消更换审计事务所、康美药业299亿元现金消失案、欣泰电气虚构收回应收账款、万福生科在建工程舞弊、雅百特收入造假案等。这些案例具有一定的代表性，通过案例阅读，在了解企业财务造假手段的前提下，引导读者对相应审计策略进行思考。

本书由多年担任企业财务总监的夏焕秋先生担任主编，广州番禺职业技术学院财经学院林祖乐老师担任副主编。具体编写分工如下：夏焕秋负责协调组织编写工作，拟定本书框架和编写大纲，并编写项目一内容；林祖乐负责设计教材体例，并编写项目二、项目三、项目四、项目五、项目

六、项目七、项目八内容，同时对全书进行总纂。

在编写过程中，我们参考了大量的有关专家、学者的著作和教材以及网络资料，在此向作者表达衷心的感谢！限于编者水平和经验的不足，教材中难免有一些疏漏和错误，恳请广大读者、同行专家批评指正。

编　者

2019 年 11 月

目录

1 项目一 业务承接及审计计划制定

学习目标

□ 知识学习目标

了解审计的定义，明确审计的本质；

了解审计的分类，掌握各种审计的特点；

了解被审计单位的认定，明确审计总体目标和具体目标；

了解审计证据概念、种类，掌握审计工作底稿的编制方法；

了解审计重要性的含义，掌握重要性水平的确定方法；

了解总体审计策略和具体审计计划的内容，掌握其编制方法；

了解审计风险，掌握识别和评估重大错报风险的方法；

了解控制测试与实质性程序，掌握针对财务报表层次重大错报风险的总体应对措施；

了解我国的审计准则体系，明确注册会计师职业道德规范和注册会计师法律责任。

□ 技能训练目标

能根据被审计单位的认定，确定审计具体目标；

能开展初步业务活动，会编制审计业务约定书；

能在审计过程中获取充分、适当的审计证据，并编制规范的审计工作底稿；

能确定重要性水平，并制定总体审计策略和具体审计计划；

能评估两个层次的重大错报风险，并实施控制测试和实质性程序。

工作任务

任务1 认知审计环境
任务2 开展初步业务活动
任务3 获取审计证据，编制工作底稿
任务4 制定审计策略和具体审计计划
任务5 评估和应对审计风险

导入案例

2017年4月29日中安消股份有限公司（以下简称“中安消”）（600654）披露，德勤华永会计师事务所（特殊普通合伙）（以下简称“德勤”）对公司2016年年报出具了无法表示意见的审计报告，并据此发布了股票将被实施退市风险警示及股票停牌的提示性公告。

中安消董事会不接受德勤的审计结果，认为在德勤为公司提供财务审计和相关专项审计服务期间，公司积极配合德勤开展现场审计工作，详细向其介绍公司发展战略及业务模式，积极配合提供审计工作所需的各项资料，并配合其开展对客户和供应商的现场走访工作等，德勤对公司2016年度财务会计报告出具了无法表示意见的审计报告，公司董事会对此持保留意见。

于是，中安消于2017年5月5日召开第九届董事会第四十九次会议、第九届监事会第三十一次会议。晚间发布公告称，会议审议通过了《关于聘请大华会计师事务所（特殊普通合伙）为公司提供相关专项审核服务的议案》。

公告称：鉴于德勤对公司2016年度财务会计报告及相关专项报告出具了非标准审计意见，公司无法依据其审计意见要求相关方履行承诺并推进后续程序。为切实维护公司及股东利益，特别是中小股东利益不受侵害，公司拟聘请大华会计师事务所（特殊普通合伙）（以下简称“大华”）为公司提供服务，对公司2016年度财务会计报告及相关专项报告进行专项审计或复核。聘请大华提供专项审计或复核的报酬，提请股东大会同意董事会授权经营层根据专项审计的具体工作量及市场价格水平确定。

根据以上资料请思考：

（1）中安消为何要聘请德勤或大华来审计公司的财务年报？

（2）在财务报表审计业务中，存在哪些相关当事人，他们之间是什么样的关系？

（资料来源：根据《大华会计师事务所艺高人胆大》改编，http：//bbs.esnai.com）

任务1 认知审计环境

一、审计的概念

根据美国会计学会1973年的定义：审计是一个系统化过程，即通过客观地获取和评价有关经济活动与经济事项认定的证据，以证实这些认定与既定标准的符合程度，并将结果传达给有关使用者。

上述定义涉及的重要内容体现在以下方面：

（1）有关经济活动与事项的认定。财务报表审计的对象包含财务报表中由作为财务报表编制者的管理层做出的认定。

（2）认定与既定标准的符合程度。审计工作的主要目的是对与被审计经济活动及经济事项有关的认定形成审计意见，审计意见应当具体说明认定与标准的符合程度。

（3）客观地获取和评价证据。审计人员在审计过程中需要获取和评价相关证据，以支持关于认定是否符合既定标准的判断。在这一过程中，审计人员需要客观性，不偏不倚。

（4）系统化过程。系统化意味着审计人员在制定审计计划、实施审计程序、获取审计证据和形成审计结论时需要通盘考虑，以实现审计目标。

（5）将结果传达给有关使用者。审计人员的最终目的是出具审计报告，指明财务报表是否符合会计准则的要求。

《中国注册会计师审计准则第1101号——注册会计师的总体目标和审计工作的基本要求》对财务报表做出如下描述：“审计的目的是提高财务报表预期使用者对财务报表的信赖程度。这一目的可以通过注册会计师对财务报表是否在所有重大方面按照适用的财务报告编制基础编制发表审计意见得以实现。”

审计过程中审计主体、责任方和预期使用人之间的关系如图1－1所示。

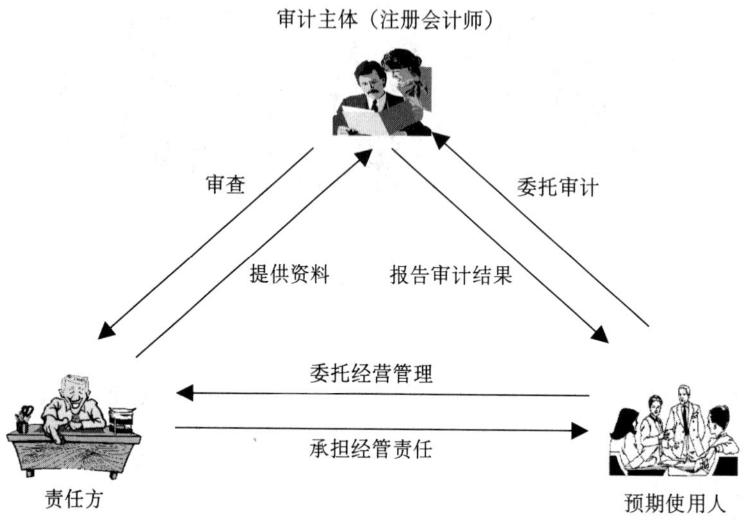

图 1－1

拓展阅读

现代审计的起源及其职能

英国政府于1844年颁布了《公司法》，规定股份公司必须设监察人，负责审计公司的账目，1845年又进行了修订，规定股份公司的账目必须经董事以外的人员审计。1933年美国《证券法》规定，在证券交易所上市的企业的会计报表必须接受注册会计师审计，并向社会公众公布注册会计师出具的审计报告。我国《公司法》规定，公司应当在每一会计年度终了时编制财务会计报告，并依法经会计师事务所审计。我国《审计法》规定，国务院各部门和地方各级人民政府及其各部门的财政收支，国有的金融机构和企业事业组织的财务收支，以及其他依照本法规定应当接受审计的财政收支、财务收支，依照本法规定接受审计监督。

100多年来，虽然审计的根本目标没有发生重大变化，但审计环境却发生了很大的变化。注册会计师为了实现审计目标，一直随着审计环境的变化调整着审计方法。在审计发展的早期（19世纪以前）为详细审计（又称账项基础审计）；20世纪50年代起，以控制测试为基础的抽样审计在西方国家得到广泛应用，从方法论的角度看，该种方法被称为制度审计方法；目前应用的是风险导向审计方法，其产生的原因是内部控制和实施的审计程序不能保证防止、发现或纠正账户余额或各类交易的错报，职业界开发出了审计风险模型，从理论上解决了审计抽样的随意性和审计资源的分配问题，将审计资源分配到最容易导致财务报表出现重大错报的领域。

一般认为，审计职能包括经济监督、经济鉴证和经济评价。

经济监督就是监察和督促被审计单位的财政、财务收支及其有关的经济活动在规定的范围之内，遵循正常的轨道运行。

经济鉴证是对被审计单位的会计报表及其他有关经济资料的合法性与公允性发表意见，以供有关利益关系人使用，并取信于社会公众。

经济评价是指审计人员对被审计单位的预算、计划、方案和经济决策的可行性、执行情况、经济效益以及内部控制是否健全、有效等做出评价，并有针对性地提出合理的意见和建议。

二、审计的基本分类

从不同的角度观察审计活动，可以对其进行不同的分类，如表 1－1 所示。

表 1－1　　审计的基本分类

按目的和内容分类	财务报表审计	注册会计师通过执行审计工作对会计报表是否按照规定的标准编制发表审计意见
	经营审计	注册会计师为了评价被审计单位经营活动的效率和效果而对其经营程序和方法进行评价
	合规性审计	确定被审计单位是否遵守特定的程序规则或条例
按审计主体分类	政府审计	由国家审计机关对政府部门国有事业单位财政、财务收支及其有关经济活动的真实性、合法性和效益性所进行的审计
	内部审计	单位内部的专职审计机构和审计人员对本单位部门及下属组织进行的审计
	社会审计	经国家有关部门审核批准成立的社会审计组织所进行的审计。在我国，社会审计组织一般为会计师事务所

三、审计目标

审计目标是在一定历史环境下，人们通过审计实践活动所期望达到的境地或最终结果，包括审计的总体目标以及与各类交易、账户余额和披露相关的具体审计目标两个层次。

注册会计师审计的发展主要经历了详细审计、资产负债表审计和财务报表审计三个阶段。在各个阶段审计报告的使用人不同，他们所期望达到的审计结果也就不同，因此审计目标也随之有所变化。审计目标的演进如表 1－2 所示。

表 1－2　　不同阶段的审计目标

阶段	审计报告使用人	审计目标	审计职能
详细审计	主要为企业股东	对被审计单位一定时期内会计记录进行逐笔审查，判断有无技术错误和舞弊行为	查错防弊，保护企业资产的安全与完整
资产负债表审计	除企业外，扩大到了债权人	对被审计单位一定时期内资产负债表所有项目余额的真实性、可靠性进行审查，判断其财务状况和偿债能力	对历史财务信息进行鉴证，查错防弊退居第二位，由防护性发展为公证性

续表

阶段	审计报告使用人	审计目标	审计职能
财务报表审计	社会公众	判断被审计单位编制的财务报表是否按照适用的财务报告编制基础编制	不再局限于查错防弊和历史财务信息公证，而是向管理领域有所深入和发展

（一）财务报表审计的总体目标

审计的目的是提高财务报表预期使用者对财务报表的信赖程度。这一目的可以通过注册会计师对财务报表是否在所有重大方面遵循适用的财务报告编制基础进行编制发表审计意见来实现。注册会计师按照审计准则和相关职业道德要求执行审计工作，能够形成这样的审计意见。因此，在执行财务报表审计工作时，注册会计师的总体目标是：

（1）对财务报表整体是否不存在由于舞弊或错误导致的重大错报获取合理保证，使得注册会计师能够对财务报表是否在所有重大方面按照适用的财务报告编制基础编制发表审计意见。

（2）按照审计准则的规定，根据审计结果出具审计报告，并与管理层和治理层沟通。

把握财务报表审计总体目标需要理解以下四个方面的内容：

（1）财务报表的概念。财务报表是指按某一财务报告编制基础对被审计单位历史财务信息做出的结构性表述，包括相关附注，旨在反映某一时点的经济资源或义务或者某一时期经济资源或义务的变化。相关附注通常包括重要会计政策概要和其他解释性信息。财务报表通常是指整套财务报表，有时也指单一财务报表。整套财务报表的构成应当根据适用的财务报告编制基础的规定确定。历史财务信息是指以财务术语表述的某一特定实体的信息，这些信息主要来自特定的会计系统，反映了过去一段时间内发生的经济事项，或者过去某一时点的经济状况或者情况。

（2）适用的财务报告编制基础。财务报告编制基础是指用以编制财务报告所采用的标准或规则。财务报告编制基础分为通用目的编制基础和特殊目的编制基础。通用目的编制基础是指旨在满足广大财务报表使用者共同的财务信息需求的财务报告编制基础，主要是指会计准则或会计制度。特殊目的编制基础是指旨在满足财务报告特定使用者对财务信息需求的财务报告编制基础，如计税基础。

适用的财务报告编制基础是指法律法规要求采用的财务报告编制基础，或者管理层和治理层（如适用）就被审计单位性质和财务报表目标而言，采用的可接受的财务报告编制基础。

（3）目标的导向作用。财务报表审计的总体目标对注册会计师的审计工作发挥着导向作用，它界定了注册会计师的责任范围，直接影响注册会计师计划和实施审计程序的性质、时间安排和范围，决定了注册会计师如何发表审计意见。例如，注册会计师可以只关注与财务报表编制和审计有关的内部控制，因为这些内部控制直接影响财务报告各项数据的形成；注册会计师关注被审计单位的违反法规行为，是因为这些行为对财务报表可能会产生重大影响。注册会计师关注被审计的内部控制和违反法规的行为并不意味着一定要对被审计单位的内部控制和是否存在违反法规行为提供鉴证，否则就可能偏离了总体目标。

（4）审计工作前提。审计的前提条件是指管理层在编制财务报表时采用可接受的财务报告编制基础，以及管理层对注册会计师执行审计工作的前提的认同。

被审计单位的管理层和治理层（如适用）认可与财务报告相关的责任是注册会计师执行审计工作的前提，并构成注册会计师按照审计准则的规定执行审计工作的基础。管理层是指对被审计单位经营活动的执行负有经营管理责任的人员，治理层是指对被审计单位战略方向以及管理层履行经营管理责任负有监督责任的人员或组织，在某些被审计单位，二者互有包含。企业的所有权与经营权分离后，管理层负责企业的日常经营管理并承担受托责任，通过编制财务报表反映受托责任的履行情况，治理层对管理层编制财务报表的过程实施有效的监督，以实现公司内部之间的权力平衡和制约，保证财务信息的质量。

（二）具体审计目标

具体审计目标是审计总体目标的具体化，它应当根据审计总体目标和被审计单位的认定来确定。

认定是指管理层对会计报表组成要素的确认、计量、列报和披露做出的明确或隐含的表达。管理层对其财务报表的认定有些是明确表达的，有些则是隐含表达的。例如，荣光公司的资产负债表报告存货如下：流动资产（存货）100 万元。其明确的认定是：①记录的存货是存在的；②存货的恰当金额是 100 万元，与之相关的计价或分摊调整已恰当记录。同时，管理层也做出了二项隐含性认定：①所有应记录的存货均已记录；②记录的存货都归公司拥有。假如这些认定中的任何一项报告有误，那么会计报表就有可能存在重大错报。

财务报表涉及一些具体的项目和金额，对管理层来说是认定，而对注册会计师而言就是审计目标。注册会计师的基本职责就在于确定管理层对会计报表的认定是否恰当。管理层认定与具体审计日标的关系如表 1－3 所示。

表 1－3　　管理层认定与具体审计目标

相关对象	项目	管理层认定	审计目标	与目标不符的举例
各类交易、事项及相关披露	发生	记录的交易和事项已发生，且与被审计单位有关	确认已记录的交易是真实的	记录了不存在的销售
	完整性	所有应当记录的交易和事项均已记录，所有应当包括在财务报表中的相关披露均以包括	确认已发生的交易确实已经记录	已发生的销售未记录
	准确性	与交易和事项有关的金额及其他数据已恰当记录，相关披露已得到恰当的计量和描述	确认已记录的交易是按正确金额反映的	交易凭证按错误的价格填写

续表

相关对象	项目	管理层认定	审计目标	与目标不符的举例
各类交易、事项及相关披露	截止	交易和事项已记录于正确的会计期间	确认接近于资产负债表日的交易记录于恰当的期间	将本期交易推到下期，或将下期交易提到本期
	分类	交易和事项已记录于恰当的账户	确认被审计单位记录的交易经过适当分类	将固定资产列作存货
	列报	交易和事项已被恰当地汇总或者分解且表述清楚，相关披露在适用的财务报告编制基础下是相关的、可理解的	确认交易和事项已被恰当地汇总或者分解且表述清楚，相关披露在适用的财务报告编制基础下是相关的、可理解的	关联方与交易未作列报和披露
期末账户余额及相关披露	存在	记录的资产、负债和所有者权益是存在的	确认记录的金额确实存在	账面所列投资已不能收回
	权利和义务	记录的资产由被审计单位拥有或控制，记录的负债是被审计单位应当履行的偿还义务	资产归属于被审计单位，负债属于被审计单位的义务	账面所列存货非本单位所有、借款不属于本单位偿还
	完整性	所有应当记录的资产、负债和所有者权益均已记录，所有应当包括在财务报表中的相关披露均已包括	已存在的金额均已记录	某项资产未列入资产清单
	计价和分摊	资产、负债和所有者权益以恰当的金额包括在财务报表中，与之相关的计价或分摊调整已恰当记录，相关披露已得到恰当计量和描述	各会计要素以恰当的金额包括在财务报表中，与之相关的计价或分摊调整已恰当记录	材料成本差异未分摊、借款费用未预提
	分类	资产、负债和所有者权益已记录于恰当的账户	资产、负债和所有者权益已记录于恰当的账户	将应收账款列作其他应收款
	列报	资产、负债和所有者权益已被恰当地汇总或分解且表述清楚，相关披露在适用的财务报告编制基础下是相关的、可理解的	资产、负债和所有者权益已被恰当地汇总或分解且表述清楚，相关披露在适用的财务报告编制基础下是相关的、可理解的	到期的长期借款仍作长期负债列报和披露；报表附注未对应收账款账龄与坏账计提做出说明

小案例

广州市正峰会计师事务所接受业务委托对广州珠江实业有限公司2019年财务报表进行审计。在审计过程中，注册会计师刘睿发现该公司可能存在以下导致重大错报的情况：

（1）公司原材料总账期末余额为1 500万元，经实地盘点只有1 200万元；

（2）有两笔采购业务，已收到原料和发票账单、货款未付，公司账上未予以记录应付账款；

(3) 财务报表中，长期借款期末余额为 2 000 万元，其中 800 万元将于一年内到期；

(4) 4 月份的一笔固定资产出售收入 20 000 元，公司将其计入其他业务收入；

(5) 在 7 月份的一笔销售业务中，甲产品出库单数量是 100 吨，而开出的销售发票数量显示为 10 吨。

根据以上资料请思考：

上述存在的问题将影响管理层的哪些认定？

四、注册会计师的法律责任

审计风险不可能降低为零，注册会计师不能对财务报表不存在由于舞弊或错误导致的重大错报获取绝对保证。但这并不意味着注册会计师对未能查出的错报或舞弊不用承担任何责任。如果注册会计师工作失误或存在欺诈行为，将会给客户或依赖经审计的财务报表的第三方造成重大损失，注册会计师可能将因此承担相应的法律责任。在探讨注册会计师法律责任时，明确会计责任与审计责任是如何划分的这一点非常重要。

（一）被审计单位管理层和治理层的责任

《中华人民共和国会计法》第 21 条规定："财务会计报告应当由单位负责人和主管会计工作的负责人、会计机构负责人（会计主管人员）签名并盖章；设置总会计师的单位，还须由总会计师签名并盖章。单位负责人应当保证财务报告真实、完整。"《中华人民共和国公司法》第 170 条规定："公司应当向聘用的会计师事务所提供真实、完整的会计凭证、会计账簿、财务会计报告及其他会计资料，不得拒绝、隐匿、谎报。

管理层和治理层认可并理解的责任包括：①按照适用的财务报告编制基础编制财务报表，并使其实现公允反映（如适用）；②设计、执行和维护必要的内部控制，以使财务报表不存在由于舞弊或错误导致的重大错报；③向注册会计师提供必要的工作条件，包括允许注册会计师接触与编制财务报表相关的所有信息（如记录、文件和其他事项），向注册会计师提供审计所需的其他信息，允许注册会计师在获取审计证据时不受限制地接触其认为必要的内部人员和其他相关人员。

（二）注册会计师的责任

按照中国注册会计师审计准则的规定对财务报表发表审计意见是注册会计师的责任，为履行这一职责，注册会计师应当遵守职业道德要求，按照审计准则的规定计划和实施审计工作，获取充分、适当的审计证据，并根据获取的审计证据得出合理的审计结论，发表恰当的审计意见。注册会计师通过签署审计报告确认其责任。

在绝大多数情况下，当注册会计师未能发现重大错报并出具了错误的审计意见时，就可能产生注册会计师是否恪守应有的职业谨慎的法律问题。如果注册会计师在审计过程中没有尽到应有的职业谨慎，就属于审计失败，并由此承担相应的责任。

小案例

广州市优家置业有限公司（以下简称优家公司）的财务报表一直由广州市正峰会计师事务所审计。2019年的财务报表审计刚刚结束，公司出纳员携款430万元潜逃。公司向警方报案，同时状告正峰会计师事务所并要求其承担相应责任。法院查明：优家公司出纳员多年来一直采用白条抵库和从银行提取现金不入账的做法侵吞现金。优家公司认为：广州市正峰会计师事务所提供的审计报告称："会计报表已经按照规定编制，在所有重大方面公允反映了财务状况"，而出纳员侵吞现金是逐年累积形成的，广州市正峰会计师事务所应当可以发现其中的问题。而广州市正峰会计师事务所认为，货币资金管理是企业内部控制的一部分，建立和健全内部控制是企业管理层的责任，与审计无关。

根据以上资料请思考：

（1）编制财务报表，确保货币资金账实相符，是谁的责任？

（2）若会计师事务所审计未发现此重大缺陷，或虽然已发现，却未告知公司管理层，是否应承担相应的责任？

（三）两种责任的关系

财务报表审计不能减轻被审计单位管理层和治理层的责任。财务报表编制和财务报表审计是财务信息生成链条上的不同环节，二者各司其职。法律法规要求管理层和治理层对编制财务报表承担责任，有利于从源头上保证财务信息质量。同时，在某些方面，注册会计师与管理层和治理层之间可能存在信息不对称。管理层和治理层作为内部人员，对企业的情况更为了解，更能做出适合企业特点的会计处理决策和判断。因此，管理层和治理层理应对编制财务报表承担完全责任。尽管在审计过程中，注册会计师可能为管理层编制财务报表提供协助，但管理层仍然应对编制财务报表承担责任，并通过签署财务报表确认这一责任。如果财务报表存在重大错报，而注册会计师通过审计没有发现，也不能因为财务报表已经注册会计师审计这一事实而减轻管理层和治理层对财务报表的责任。

（四）注册会计师的法律责任

法律责任的出现经常是因为注册会计师在执业时没有保持应有的职业谨慎，并因此导致了对其他人权利的损害。应有的职业谨慎是指注册会计师应当具备足够的专业知识和业务能力，按照执业准则的要求执业。

1. 注册会计师的法律责任认定

（1）违约。违约是指合同的一方或几方未能达到合同条款的要求。当违约给他人造成损失时，注册会计师应负违约责任。比如，会计师事务所在商定的期间内违反了与被审计单位订立的保密协议。

（2）过失。过失是指在一定条件下，没有保持应有的职业谨慎。评价注册会计师的过失，是以其他合格注册会计师在相同条件下可做到的谨慎为标准的。当过失给他人造成损失时，注册会计师应负过失责任。通常将过失按其程度不同分为普通过失和重大过失。

普通过失（也称“一般过失”）通常是指没有保持职业上应有的合理的谨慎，对注册会计师而言则是指没有完全遵循专业准则的要求。比如，未按特定审计项目获取充分、适当的审计证据就出具审计报告的情况，可视为一般过失。重大过失是指连起码的职业谨慎都没有保持，即根本没有遵循专业准则或没有按专业准则的基本要求执行审计。

（3）欺诈。欺诈又称舞弊，是以欺骗或坑害他人为目的的一种故意的错误行为。作案具有不良动机是欺诈的重要特征，也是欺诈与普通过失和重大过失的主要区别之一。对于注册会计师而言，欺诈就是为了达到欺骗他人的目的，明知委托单位的财务报表有重大错报，却加以虚伪的陈述，出具无保留意见的审计报告。

与欺诈相关的另一个概念是“推定欺诈”，又称“涉嫌欺诈”，是指虽无故意欺诈或坑害他人的动机，但却存在极端或异常的过失。

2. 注册会计师承担法律责任的种类

注册会计师因违约、过失或欺诈给被审计单位或其他利害关系人造成损失的，按照有关法律法规的规定，可能被判负行政责任、民事责任或刑事责任。这三种责任可单处，也可并处。

（1）行政责任。行政责任是指其违反法律法规的规定，并给有关各方造成经济等方面的损害后，政府主管部门或自律组织对其所追究的具有行政性质的责任。对个人来说，追究的行政责任包括警告、暂停营业、吊销注册会计师证书等；对于会计师事务所而言，追究行政责任包括警告、没收违法所得、罚款、暂停营业、撤销等。

（2）民事责任。民事责任是指审计人员或审计机构因违反合同或法定民事义务所引起的法律后果，依法承担赔偿经济损失的法律责任。其主要包括赔偿经济损失、支付违约金等。

（3）刑事责任。刑事责任是指审计人员由于重大过失、欺诈行为违反了刑法，所应承担的相应法律责任。其主要包括管制、拘留、判刑、剥夺政治权利和罚金、没收财产等。

一般来说，因违约和过失可能使注册会计师负行政责任和民事责任，因欺诈可能会使注册会计师负民事责任和刑事责任。

拓展阅读

康美药业299亿元现金消失案

2018年底证监会日常监管发现，康美药业财务报告真实性存疑，涉嫌虚假陈述等违法违规，证监会当即立案调查。2019年4月29日，康美药业公告表示，公司从2018年12月28日被证监会立案调查后，对此进行了自查，在2018年之前营业收入、营业成本、费用及款项收付方面存在账实不符的情况。其中，康美药业对2017年财务报表进行重述，货币资金多计

299.44亿元，营业收入多计88.98亿元，销售费用少计4.97亿元，财务费用少计2.28亿元等。以“核算账户资金时存在错误”为由，康美药业299亿元现金消失不见，引发市场一片哗然。上交所连续两次发函，追问299亿元货币资金下落，同时要求康美药业核实公司内部控制、财务管理等方面存在的问题。2019年5月17日，证监会通报康美药业调查进展时称，初步查明其财务报告存在重大虚假，包括使用虚假银行存单，部分资金转入关联账户买卖股票等，有关案件情况将及时公布。

自4月30日康美药业（600518. SH）核销近300亿现金的“会计差错”更正公告发布后，担任该公司审计业务的广东正中珠江会计师事务所（以下简称“正中珠江”）成为众矢之的，深陷涉嫌财务造假的漩涡。银行存款审计的一项重要程序是函证银行存款，理论上来讲，银行不可能帮上市公司造假。因此，不排除康美药业和会计师事务所之间会有一些‘勾结’的可能性。5月17日，证监会还通报称，“近日，我会已对公司审计机构正中珠江涉嫌未勤勉尽责立案调查。有关案件进展情况，我会将及时向社会公布。”

根据以上资料请思考：

（1）你认为证监会有可能对该案中的广东正中珠江会计师事务所及其签字会计师做出怎样的法律责任认定？

（2）根据责任认定，广东正中珠江会计师事务所与签字会计师有可能将承担什么样的法律责任？

（资料来源：根据互联网资料整理。）

五、注册会计师执业准则

注册会计师执业准则是注册会计师执业的工作标准，是衡量审计工作的一把尺子。中国注册会计师执业准则作为规范注册会计师执行业务的权威性标准，对提高注册会计师执业质量、降低审计风险、维护社会公众利益具有重要的作用。

（一）注册会计师执业准则体系框架

中国注册会计师新的准则体系于2011年制定，从2012年1月起施行，此后在2016年进行了一次修订。新准则体系受注册会计师执业道德守则统御，包括注册会计师业务准则和会计师事务所质量控制准则。注册会计师业务准则包括鉴证业务准则和相关服务准则。如表1－4所示。

表 1-4　　中国注册会计师鉴证业务准则

鉴证业务准则	审计准则	鉴证业务基本准则		
		一般原则与责任	CAS 1101	注册会计师的总体目标和审计工作的基本要求
			CAS 1111	就审计业务约定条款达成一致意见
			CAS 1121	对财务报表审计实施的质量控制
			CAS 1131	审计工作底稿
			CAS 1141	财务报表审计中与舞弊相关的责任
			CAS 1142	财务报表审计中对法律法规的考虑
			CAS 1151	与治理层的沟通
			CAS 1152	向治理层和管理层通报内部控制缺陷
			CAS 1153	前任注册会计师和后任注册会计师的沟通
		风险评估与应对	CAS 1201	计划审计工作
			CAS 1211	通过了解被审计单位及其环境识别和评估重大错报风险
			CAS 1221	计划和执行审计工作时的重要性
			CAS 1231	针对评估的重大错报风险采取应对措施
			CAS 1241	对被审计单位使用服务机构的考虑
			CAS 1251	评价审计过程中识别出的错报
		审计证据	CAS 1301	审计证据
			CAS 1311	对存货、诉讼和索赔、分部信息等特定项目获取审计证据的具体考虑
			CAS 1312	函证
			CAS 1313	分析程序
			CAS 1314	审计抽样
			CAS 1321	审计会计估计（包括公允价值会计估计）和相关披露
			CAS 1323	关联方
			CAS 1324	持续经营
			CAS 1331	首次审计业务涉及的期初余额
			CAS 1332	期后事项
			CAS 1341	书面声明
		利用他人的工作	CAS 1401	对集团财务报表审计的特殊考虑
			CAS 1411	利用内部审计人员的工作
			CAS 1421	利用专家的工作
		审计结论与报告	CAS 1501	对财务报表形成审计意见和出具审计报告
			CAS 1502	在审计报告中发表非无保留意见
			CAS 1503	在审计报告中增加强调事项段和其他事项段
			CAS 1504	在审计报告中沟通关键审计事项
			CAS 1511	比较信息：对应数据和比较财务报表
			CAS 1521	注册会计师对其他信息的责任

续表

<table>
<tr><td rowspan="14">鉴证业务准则</td><td rowspan="11">审计准则</td><td colspan="3">鉴证业务基本准则</td></tr>
<tr><td rowspan="10">特殊领域</td><td>CAS 1601</td><td>对按照特殊目的编制基础编制的财务报表审计的特殊考虑</td></tr>
<tr><td>CAS 1602</td><td>验资</td></tr>
<tr><td>CAS 1603</td><td>对单一财务报表和财务报表的特定要素审计的特殊考虑</td></tr>
<tr><td>CAS 1604</td><td>对简要财务报表出具报告的业务</td></tr>
<tr><td>CAS 1611</td><td>商业银行财务报表审计</td></tr>
<tr><td>CAS 1612</td><td>银行间函证程序</td></tr>
<tr><td>CAS 1613</td><td>与银行监管机构的关系</td></tr>
<tr><td>CAS 1631</td><td>财务报表审计中对环境事项的考虑</td></tr>
<tr><td>CAS 1632</td><td>衍生金融工具的审计</td></tr>
<tr><td>CAS 1633</td><td>电子商务对财务报表审计的影响</td></tr>
<tr><td colspan="2">审阅准则</td><td>CAS 2101</td><td>财务报表审阅</td></tr>
<tr><td colspan="2" rowspan="2">其他鉴证业务准则</td><td>CAS 3101</td><td>历史财务信息审计或审阅以外的鉴证业务</td></tr>
<tr><td>CAS 3111</td><td>预测性财务信息的审核</td></tr>
<tr><td colspan="3" rowspan="2">相关服务准则</td><td>CAS 4101</td><td>对财务信息执行商定程序</td></tr>
<tr><td>CAS 4111</td><td>代编财务信息</td></tr>
<tr><td colspan="3">质量控制准则</td><td>CSQC 5101</td><td>会计师事务所对执行财务报表审计和审阅、其他鉴证和相关服务业务实施的质量控制</td></tr>
</table>

1. 鉴证业务准则

鉴证业务准则由鉴证业务基本准则统领，按照鉴证业务提供的保证程度和鉴证对象的不同，分为中国注册会计师审计准则、中国注册会计师审阅准则和中国注册会计师其他鉴证业务准则。其中，审计准则是整个执业准则体系的核心。

审计准则用以规范注册会计师执行历史财务信息的审计业务。在提供审计服务时，注册会计师对所审计信息是否不存在重大错报提供合理保证，并以积极方式提出结论。

审阅准则用以规范注册会计师执行历史财务信息的审阅业务。在提供审阅服务时，注册会计师对所审阅信息是否不存在重大错报提供有限保证，并以消极方式提出结论。

其他鉴证业务准则用以规范注册会计师执行历史财务信息审计或审阅以外的其他鉴证业务，根据鉴证业务的性质和业务约定的要求，提供有限保证（或合理保证）。

与鉴证业务相关的还包括业务质量控制准则，它用以规范会计师事务所在执行各类业务时应当遵守的质量控制政策和程序，是对会计师事务所质量控制提出的制度要求。

2. 相关服务准则

相关服务准则用以规范注册会计师代编财务信息、执行商定程序，提供管理咨询等其他服务。在提供相关服务时，注册会计师不提供任何程度的保证。

（二）中国注册会计师鉴证业务基本准则

鉴证业务基本准则是鉴证业务准则概念框架，旨在规范注册会计师执行鉴证业务，明确鉴证业务的目标和要素，确定审计准则、审阅准则、其他鉴证业务准则适用的鉴证业务类型。其主要对鉴证业务的定义与目标、业务承接以及鉴证业务要素（鉴证业务的三方关系、鉴证对象、标准、证据、鉴证业务报告）等方面进行了阐述。

1. 鉴证业务的定义

鉴证业务是指注册会计师对鉴证对象信息提出结论，以增强除责任方之外的预期使用者对鉴证对象信息信任程度的业务。

上述定义可以从以下几个方面加以理解：

（1）鉴证业务的主体是具备专业胜任能力和独立性的注册会计师。

（2）鉴证业务的用户是“预期使用者”，它可以用来有效满足预期使用者的需求。

（3）鉴证业务的目的是增强除责任方之外的预期使用者对鉴证对象信息的信任程度。这一目的通过鉴证活动以适当保证或提高鉴证对象信息的质量来实现，但鉴证活动不涉及如何利用信息提供建议。

（4）鉴证业务的“产品”是鉴证结论，注册会计师以书面报告的形式对鉴证对象信息提出结论，并传达给预期使用者。

2. 鉴证业务的目标

鉴证业务的保证程度分为合理保证和有限保证。合理保证的保证水平要高于有限保证的保证水平。

合理保证的鉴证业务的目标是注册会计师将鉴证业务风险降至该业务环境下可接受的低水平，以此作为以积极方式提出结论的基础。所谓积极方式通常以正面肯定的方式来表述鉴证结论，例如，“我们认为，××公司报表在所有重大方面按照企业会计准则的规定编制，公允反映了××公司××××年的财务状况、经营成果以及现金流量。”

有限保证的鉴证业务的目标是注册会计师将鉴证业务风险降至该业务环境下可接受的水平，以此作为以消极方式提出结论的基础。所谓消极方式通常以双重否定的方式来表述鉴证结论，例如，“根据我们的审阅，我们没有注意到任何事项使我们相信，ABC公司××××年财务报表没有按照企业会计准则的规定编制，未能在所有重大方面公允反映被审计单位的财务状况、经营成果和现金流量。”

3. 鉴证业务的要素

（1）鉴证业务的三方关系。鉴证业务涉及的三方关系人包括注册会计师、责任方和预期使用者。注册会计师对由责任方负责的鉴证对象或鉴证对象信息提出结论，以增强除责任方之外的预期使用者对鉴证对象信息的信任程度。

注册会计师是指取得注册会计师证书并在会计师事务所执业的人员，其是鉴证业务的主体。如果鉴证业务涉及的特殊知识和技能超出了注册会计师的能力，注册会计师可以利用专家协助执行鉴证业务。

责任方是指对鉴证对象（鉴证对象信息）负责的组织或人员。例如，在审计业务中管理层负责编报财务报表，并对其承担完全责任，因此管理层就是审计业务的责任方。

预期使用者是指预期使用鉴证报告的组织或人员。预期使用者可以是特定的使用者也可以是不特定的对象。注册会计师应当根据法律法规的规定或与委托人签订的协议识别预期使用者。

（2）鉴证对象。鉴证对象是鉴证业务的客体，是鉴证业务所要鉴证的内容。在不同鉴证业务中，鉴证对象可能各不相同。鉴证对象信息是按照标准对鉴证对象进行评价和计量的结果。如责任方按照会计准则和相关会计制度（标准）对其财务状况（鉴证对象）进行确认、计量和列报而形成的财务报表（鉴证对象信息）。鉴证对象与鉴证对象信息的形式如表1－5所示。

表1－5　鉴证业务类型、鉴证对象与鉴证对象信息

鉴证业务类型	鉴证对象	鉴证对象信息
财务报表鉴证	财务状况、经营成果和现金流量	财务报表
经济效益鉴证	非财务业绩或状况（如企业运营情况）	反映效率效果的关键指标
内部控制鉴证	内部控制运行有效性情况	企业内部控制系统或内部控制过程
合规性鉴证	某一种行为（如遵守法律法规的情况）	对法律法规遵守情况或执行效果的声明
物理特征鉴证	物理特征（如设备的生产能力）	鉴证对象物理特征的说明文件

（3）标准。标准即用来对鉴证对象进行评价或计量的基准，当涉及列报时，还包括列报的基准。注册会计师在运用执业判断对鉴证对象做出合理一致评价或计量时，需要有适当的标准。

（4）证据。注册会计师应当以执业怀疑态度来计划和执行鉴证业务，获取有关鉴证对象信息是否不存在重大错报的充分、适当的证据，来作为提出鉴证结论的基础。在执行鉴证业务过程中，注册会计师应对制定的计划、实施的程序、获取的相关证据以及得出的结论及时做出记录。在确定证据收集的性质、时间安排和范围时应当考虑重要性、鉴证业务风险以及可获取证据的数量和质量。

（5）鉴证报告。注册会计师应当出具含有鉴证结论的书面报告，该鉴证结论应当说明注册会计师对鉴证对象信息（或鉴证对象）在所有重大方面是否符合适当的标准所获取的保证程度。

六、职业道德规范基本原则

为了规范注册会计师职业行为，提高职业道德水准，维护职业形象，中国注册会计师协会制定了《中国注册会计师职业道德守则》和《中国注册会计师协会非执业会员职业道德守则》。《中国注册会计师职业道德守则》规定了职业道德基本原则和职业道德概念框架，注册会计师应当遵守职业基本原则，并能够运用职业道德概念框架解决职业道德问题。

职业道德基本原则包括：诚信、独立性、客观和公正、专业胜任能力和应有的关注、保密、良好的职业行为。

1. 诚信

诚信即诚实、守信。其基本含义是一个人的言行与内心思想一致，不虚假；能够履行与别人的约定而取得对方的信任。诚信原则要求会员在所有的职业关系和商业关系中保持正直和诚实，秉公处事，实事求是。

2. 独立性

独立性是指不受外来力量控制、支配，按照一定的规则行事。在执行鉴证业务时，注册会计师必须保持独立性。在市场经济条件下，投资者主要依赖财务报表判断投资风险，在投资机会中做出选择。如果注册会计师与客户之间不能保持独立，而是存在经济利益、关联关系，或屈从外界压力，就很难取信于社会公众。

3. 客观和公正

客观是指按照事物的本来面目去考察，不添加个人的偏见；公正是指公平、正直、不偏袒。客观和公正原则要求注册会计师应当公正处事，不得由于偏见、利益或他人的不当影响而损害自己的职业判断。如果存在导致职业出现偏差，或对职业判断产生不当影响的情形，注册会计师不得提供相关专业服务。

4. 专业胜任能力和应有的关注

专业胜任能力是指注册会计师具有专业知识、技能和经验，能够经济、有效地完成客户委托的业务。专业胜任能力原则要求注册会计师通过教育、培训和执业实践获取和保持专业胜任能力。注册会计师应当持续了解并掌握当前法律、技术和实务的发展变化，将专业知识和技能始终保持在应有的水平，确保为客户提供具有专业水准的服务。

应有的关注要求注册会计师在执业过程中保持职业谨慎，以质疑的思维方式评价所获证据的有效性，并对产生怀疑的证据保持警觉。

5. 保密

注册会计师能否与客户维持正常的关系，一方面有赖于双方能否自愿而充分地进行沟通和交流，不掩盖任何重要的事实和情况；另一方面注册会计师与客户的沟通必须建立在为客户保密的基础上。客户信息中有很多涉密信息，一旦涉密信息被泄露或被利用，往往会给客户造成损失。注册会计师在执业中不得出现以下违反保密原则的行为：

（1）未经客户授权或法律法规允许，向会计师事务所以外的第三方披露所获知的涉密信息。

（2）利用所获知的涉密信息为自己或第三方谋取利益。

6. 良好的职业行为

注册会计师应当遵守相关法律法规，避免发生任何损害职业声誉的行为。注册会计师在向公众传递信息以及推介自己和工作时，应当客观、真实、得体，不得损害职业形象。

注册会计师应当诚实、实事求是，不得有下列行为：①夸大宣传提供的服务、拥有的资质或获得的经验；②贬低或无根据地比较其他注册会计师的工作。

小案例

广州市正峰会计师事务所首次接受委托，承办广州大华药业有限公司（以下简称“大华公司”）2019 年度会计报表审计业务，并于 2019 年底与大华公司签订审计业务约定书。在承接业务、签订业务约定书的过程中存在以下情况：

（1）广州市正峰会计师事务所的会计师为了承接该项业务，报价明显低于前任注册会计师。

（2）在签订审计业务约定书后，广州市正峰会计师事务所的张莉注册会计师受聘担大华公司独立董事。为保持独立性，广州市正峰会计师事务所在执行该审计业务前，将张莉调离审计小组。

(3) 广州市正峰会计师事务所聘用电脑专家协助开展工作，要求该专家书面承诺按照中国注册会计师职业道德规范的要求提供服务。

(4) 广州市正峰会计师事务所在出具审计报告的同时，为大华公司提供正式纳税鉴证意见。

根据以上资料，请思考：注册会计师是否违反相关的职业道德规范，并简要说明理由。

任务2 开展初步业务活动

一、审计过程

审计过程是指审计组织及其审计人员开展审计工作时从准备工作到审计任务结束为止的全部过程。注册会计师审计是一种受托审计，不能事先确定审计任务、制定年度审计计划，也没有处罚方面的权力。因此，审计过程主要包括三个阶段。

（一）计划阶段

计划阶段是指从接受委托到编制出审计计划为止的过程，主要是完成审计开始阶段各项规划与准备工作，包括接受业务委托、实施风险评估程序和计划审计工作三项内容。

1. 接受业务委托

会计师事务所应当按照执业准则的规定，谨慎决策是否接受或保持客户关系和具体审计业务。在接受委托前，注册会计师应当初步了解审计业务环境，包括业务约定事项、鉴证对象的特征、使用的标准、预期使用者的需求、责任方及其环境的相关特征，以及可能对鉴证业务产生重大影响的事项、交易、条件和惯例等其他事项。具体程序为：①了解和评价审计对象的可审性；②决策是否考虑接受委托；③商定业务约定条款；④开始初步业务活动；⑤签订或修改业务约定书。

2. 实施风险评估程序

审计准则规定，注册会计师必须实施风险评估程序，以此作为评估财务报表层次和认定层次重大错报风险的基础。风险评估程序是指注册会计师为了了解被审计单位及其环境而实施的审计程序。实施该程序可以识别和评估财务报表层级和认定层次的重大错报风险，从而为注册会计师在许多关键环节做出职业判断提供重要基础。了解被审计单位及其环境是一个连续和动态地收集、更新与分析信息的过程，贯穿于整个审计过程的始终。

3. 计划审计工作

注册会计师在接受业务委托，并对被审计单位实施初步的风险评估程序后，需要制定科学、合理的审计计划，以保证审计目标的实现。一般来说，计划审计工作主要包括：①在本期审计业务开始时开展初步业务活动；②制定总体审计策略；③制定具体审计计划。

（二）实施阶段

实施阶段是根据计划阶段确定的范围、要点、步骤、方法，进行取证、评价，借以形成审计结论，实现审计目标的中间过程。实施阶段是整个审计全过程的核心关键阶段，其主要工作包括：

1. 进行内部控制测试

内部控制是决定审计范围、方法和时间的一个重要依据。因此，审计人员在前期对重大错报风险进行评估和对内部控制有所了解的基础上，应对内部控制的有效性进行测试，以此来评估内部控制是否得到一贯有效的执行，为修订审计计划和下一步实施实质性程序打下基础。

2. 修订审计计划

通过对内部控制执行有效性的测试，审计人员会掌握被审计单位更多、更详尽的情况。根据新掌握的情况对原审计计划进行有针对性地修改、调整和完善，使得审计工作更加高效、更加高质量。审计计划的修订是一个持续的、不断修正的过程，贯穿于审计过程的始终。

3. 实施实质性程序

在完成内部控制测试和修订审计计划工作后，注册会计师可以转入对被审计单位财务报表各项目认定的正确性与公允性进行证实性测试。它包括对交易和余额的详细测试和对会计信息及非会计信息的分析性测试。在这一过程中，注册会计师要选择恰当的审计方法审查财务数据及其他相关资料，盘点实物存量，收集充分、适当的审计证据，形成审计工作底稿。

4. 检查和复核审计工作底稿

注册会计师按照计划完成审计证据的收集，形成审计工作底稿之后，需要对审计工作底稿进行逐级检查和复核。通过逐级检查和复核能够防止审计工做出现审计程序不恰当、审计证据不充分、工作底稿不完整等疏漏，控制和提高审计工作的质量。

（三）终结阶段

终结阶段是指注册会计师结束实质性程序工作，形成审计意见，出具审计报告的阶段。在本阶段需要完成的工作主要有：

1. 评价审计中的重大发现

所谓重大发现即审计中发现的超过重要性水平的事项。重大发现涉及会计政策的选择、运用和一贯性的重大事项（包括相关的信息披露），重大发现可以从发现事项的金额和性质两个方面去判断。由于在项目审计实施阶段，注册会计师往往会获得许多有关审计项目的意外信息，并且经常会受到许多诸如审计环境变化等因素的影响，重要性水平可能会变化。注册会计师在结束实质性程序工作后，应根据在准备阶段所确定的重要性标准，评价所发现的问题是否重要，从而决定是否需要对重要性进行修订、对审计策略和计划的重大修正等。

2. 审查期初余额和比较数据

期初余额是指报告期初已存在的账户余额；比较数据是指作为本期财务报表组成部分的上期对应数和相关披露。

对于连续审计，注册会计师须关注被审计单位经审计的上期期末余额是否已正确结转至本期，或在适当的时期已做出重新表述。同时评价比较数据采用的会计政策与本期采用的会计政策是否一致，比较数据与上期财务报表反映的金额与相关披露是否一致。如不一致，是否已经做出适当调整和充分披露。

对于首次接受业务委托，注册会计师应对财务报表的期初余额进行审计。同时，应当将比较数据视作期初余额，实施恰当的审计程序，获取充分、适当的审计证据。

3. 审计期后事项和或有事项

期后事项是指资产负债表日至审计报告日之间发生的事项以及审计报告日后发生的事实，期后事项分为调整事项和非调整事项。或有事项是指过去的交易或事项形成的，其结果须在某些未来事项发生或不发生时才能决定的不确定性事项。

在终结阶段，注册会计师要对期后事项和或有事项予以审查，取得补充证据，使它们得到正确反映。

4. 考虑持续经营问题

持续经营假设是指被审计单位在编制财务报表时，假定其经营活动在可预见的将来会继续下去。在终结阶段，注册会计师应了解被审计单位是否存在可能导致对持续经营能力产生重大疑虑的事项，如债务违约、关键管理人员离职等。如存在此类事项，在发表审计意见时应增加强调事项段，对此问题予以强调说明。

5. 汇总审计差异

在上述步骤完成后，注册会计师要复核审计工作底稿，汇总审计差异。这些差异有的是核算错误造成的，有的是重分类错误造成的。注册会计师应根据重要性进行衡量，决定需要调整的事项，提出调整账项或报表的意见，并根据客户调整或不调整来确定审计意见的类型。

6. 编写审计报告

在形成审计意见后，注册会计师编写审计报告，经会计师事务所签章后，即可报送委托人，无须经其他单位审定。注册会计师应对所出具的审计报告的真实性、合法性负责。

二、初步业务活动

注册会计师在审计业务工作开始时，开展初步业务活动的主要目的是：①确保注册会计师已具备执行业务所需的独立性和专业胜任能力；②不存在因管理层诚信问题而影响注册会计师保持该项业务意愿的情况；③与被审计单位之间不存在对业务约定条款的误解。

（一）初步业务活动的主要内容

1. 针对保持客户关系和具体审计业务实施相应的质量控制程序

注册会计师在首次接受业务委托时，需要执行针对建立有关客户关系和承接具体审计业务的质量控制程序；在连续审计时，通常需要执行针对保持客户关系和具体审计业务的质量控制程序。执行这些程序的目的在于识别和评价会计师事务所所面临的风险。例如，注册会计师发现潜在客户正面临财务困难，或现有客户在之前的业务中做出虚假陈述，那么可以认为接受或保持该客户的风险非常高，甚至是不可接受的。

2. 评价遵守职业道德规范的情况

注册会计师具备了执行业务所需的独立性和专业胜任能力，才可能针对审计业务发表客观、公正的审计意见，因此初步业务活动应评价注册会计师遵守职业道德规范的情况，以确定当工作需要时，能否获得具有相应资格的员工、能否获得专业化协助、是否存在利益冲突、能否对客户保持独立。

3. 及时签订或修改业务约定书

在做出承接或保持客户关系及具体的审计业务决策后，注册会计师与被审计单位为避免对审计业务的理解产生分歧，应就审计业务约定条款达成一致意见，并签订或修改审计业务约定书。

初步业务活动的工作底稿如表1－6所示，业务承接评价如表1－7所示。

表1－6　　**初步业务活动程序表**

被审计单位：广州荣光机电科技有限公司　　索引号：A

项目：初步业务活动　　编制：杨忠　　日期：2020年2月10日

截止日/期间：2019年　　复核：李红　　日期：2020年2月12日

一、初步业务活动目标

1. 确定是否接受委托。
2. 如果接受业务委托，确保在计划审计工作时达到下列要求：
（1）注册会计师已具备执行业务所需要的独立性和专业胜任能力；
（2）不存在因管理层诚信问题而影响注册会计师承接或保持该项业务意愿的情况；
（3）与该审计单位不存在对业务约定条款的误解。

二、初步业务活动程序		**索引号**	**执行人**
首次接受委托的程序	1. 与委托人面谈，讨论下列事项：		
	①审计的目标		
	②审计报告的用途		
	③管理层对财务报表的责任		
	④审计范围		
	⑤执行审计工作的安排（包括出具审计报告的时间要求）		
	⑥审计报告格式和对审计结果的其他沟通形式		
	⑦管理层提供的工作条件和协助		
	⑧注册会计师不受限制地接触任何与审计有关的记录、文件所需要的其他信息		
	⑨与审计涉及的客户内部审计人员和其他员工工作的安排		

续表

首次接受委托的程序	⑩审计收费（包括收费的计算基础和收费安排）		
	2. 初步了解客户及其环境，进行初步业务风险评估并予以记录		
	3. 征得客户书面同意后，与前任注册会计师沟通		
连续审计的程序	1. 了解审计的目标、审计报告的用途、审计范围和时间安排是否发生了变化		
	2. 查阅以前年度审计工作底稿，重点关注非标准审计报告、管理建议书和重大事项概要等		
	3. 初步了解客户及其环境的变化，进行初步业务风险评估并予以记录		
	4. 考虑是否需要修改业务约定条款，是否需要提醒客户注意现有业务约定条款		
后续程序	1. 评价是否具备执行该项审计业务所需要的独立性和专业胜任能力		
	2. 完成业务承接/保持评价表		
	3. 签订审计约定书（适用于首次接受委托，以及连续审计中修改长期审计业务约定条款的情况）		

表1－7　　业务承接评价表

被审计单位：广州荣光机电科技有限公司　　索引号：AB

项目：业务承接　　编制：杨忠　　日期：2020年2月10日

截止日/期间：2019年　　复核：李红　　日期：2020年2月12日

一、客户基本情况

1. 法定名称：广州荣光机电科技有限公司

地址：广州番禺市桥大北路33号　联系人：袁铁　电话：1882456566　电子信箱：yt@gzrg.com.cn

2. 主要业务：电机的生产与销售

3. 所有制性质（国有/外商投资/民营/其他）　民营　组织形式　有限责任公司

4. 所有权结构、股东名称、注册资本、公司成立日期　股权结构：张伟70%、李元安30%；注册资本：5 600万元；成立日期：2012年7月1日

5. 子公司、合营企业、联营企业、分公司的基本情况　无

6. 所处行业是否属于高风险、发展趋势和竞争情况　传统行业、风险不高、发展快、本地区无竞争对手

7. 会计记录是否完整　完整

8. 内部控制情况　以前年度成本核算与成本管理有缺陷，其他方面的管理制度与管理措施较完善

二、审计业务基本情况

审计报告用途	☑通用目的 □特殊目的
已审财务报表的预期使用者	股东张伟、李元安；工商银行
提交审计报告的时间	3月1日

三、评价客户的诚信

客户的诚信	记录内容
1. 主要股东、关键管理人员、关联方及治理层的身份和商业信誉	未发现任何不良记录
2. 客户的经营性质	常规产品，正常经营

续表

客户的诚信	记录内容
3. 主要股东、关键管理人员、关联方对内部控制环境和会计准则的态度	（略）
4. 客户是否过分将会计师事务所的收费维持在尽可能低的水平	收费在行业自律范围之内
5. 注册会计师的工作范围受到不适当限制的迹象	不存在，已充公沟通
6. 客户可能涉嫌洗钱或其他刑事犯罪的迹象	没有该方面的任何迹象
7. 变更会计师事务所的原因	未变更
……	
信息来源：①与为客户提供专业会计服务的现任或前任人员进行沟通，并与其讨论；②向会计师事务所其他人员、监管机构、金融机构、法律顾问和客户的同行等第三方询问；③从互联网等相关数据库中搜索客户的背景信息等。	
评价结论：客户的诚信较好。	

四、可审性评价结论

根据上述对会计记录、内部控制和客户的诚信的了解，评价客户是否具有可审性。

评价结论：荣光公司的财务报表具有可审性。

五、评价独立性

评价项目	是/否
1. 识别并记录会计师事务所是否存在自身利益威胁、自我评价威胁、过度推介威胁、密切关系威胁和外在压力威胁等损害独立性的情形。这些包括但不限于：	
（1）向该客户收取的全部费用是否在会计师事务所审计收入总额中占有很大比重？	否
（2）是否存在或有收费？	否
（3）是否存在逾期收费？	否
（4）会计师事务所的审计人员是否曾接受客户提供的贵重礼品或超规格招待？	否
（5）会计师事务所是否与客户发生诉讼或可能发生诉讼？	否
（6）会计师事务所高级管理人员是否与客户的董事或高级管理人员存在直系亲属或近缘亲属关系？	否
（7）会计师事务所高级管理人员是否与客户对财务报表产生重大影响的员工存在直系亲属或近缘亲属关系？	否
（8）客户的董事或高级管理人员，或所处职位能够对财务报表产生重大影响的员工近期是否曾是会计师事务所的合伙人？	否
（9）会计师事务所是否在客户中拥有经济利益？	否
（10）会计师事务所是否为客户提供可能威胁独立性的服务，包括行使管理层职责的服务、代理记账或代编报表等服务？	否
（11）会计师事务所是否在法律诉讼中以客户名义进行辩护或在共同的推广活动中以客户名义进行宣传？	否
（12）是否存在会计师事务所同一名高级职员多年执行该客户审计业务的情况？	否
2. 如果上述评价项目选择“是”，说明采取的防范措施。	
评价结论：未发现违反独立性的事项。	

六、评价专业胜任能力、时间和资源

项目		是/否/不适用	详细情况
时间和资源	1. 根据会计师事务所的人力资源情况，是否拥有足够的具有必要素质和专业胜任能力的人员组成项目组？	是	均具必要素质
	2. 是否能够在提交报告的最后期限内完成业务？	是	能

续表

项目		是/否/不适用	详细情况
专业胜任能力	1. 项目组关键人员是否熟悉客户所处行业及主要业务，是否能够获取对客户及其环境的整体了解？	是	服务多年的客户，大致了解电机行业的整体情况
	2. 项目组关键人员是否充分了解适用于客户所处行业的会计处理？如否，是否能够获取相关知识，说明途径。	是	电机行业并无特殊的会计处理
	3. 执行业务是否需要特定专业知识？如是，是否能够获取这些知识或利用专家的工作，说明途径。	否	公司无非常规的会计事项，无需特定专业知识
	4. 如果需要项目质量控制复核，是否具备符合标准和资格要求的项目质量控制和复核人员？	否	不需要，项目组能够将审计风险控制为低水平

评价结论：审计人员有经验、有能力完成审计工作。

七、总体评价

对该项业务的总体评价：该业务可承接

基于我们目前对客户的了解，该客户的风险水平为：□高风险　□中等风险　☑低风险

八、审计收费可收回性评价

1. 预计审计收费：25 000 元
2. 成本能否收回：能收回

九、结论

项目负责人	风险管理人
基于上述方面，我们（接受~~或不接受~~）此项业务。 签名：李红 日期：2020 年 2 月 13 日	基于上述方面，我们（接受~~或不接受~~）此项业务。 签名：赵铁军 日期：2020 年 2 月 13 日

（二）审计的前提条件

注册会计师决定承接或保持一项审计业务之前，必须确认审计的前提条件存在，即注册会计师应当：①确定管理层在编制财务报表时采用的财务报告编制基础是否是可接受的；②就管理层认可并理解其责任与管理层达成一致意见。

如果审计的前提条件不存在，注册会计师应当就此与管理层沟通。除非满足管理层同意在财务报表中做出额外披露，或在审计报告中增加强调事项段加以说明，或注册会计师能与管理层就其应当承担的责任达成一致意见，否则，注册会计师不应承接拟议的审计业务。

（三）审计业务约定书

审计业务约定书是指会计师事务所与被单位签订的，用以记录和确认审计业务的委托与受托关系、审计目标和范围、双方的责任以及报告的格式等事项的书面协议。会计师事务所承接任何审计业务，都应与被单位签订审计业务约定书。审计业务约定书的具体内容和格式可能因被审计单位的不同而不同，但应当包括以下基本内容：

（1）财务报表审计的目标与范围；

（2）注册会计师的责任；

（3）管理层的责任；

（4）指出用于编制财务报表所适用的财务报告编制基础；

（5）提及注册会计师拟出具的审计报告的预期形式和内容，以及对在特定情况出具的审计报告可能不同于预期形式的内容的说明。

审计业务约定书具有经济合同的性质，一经约定各方签字认可，即成为法律上生效的契约，对各方均具有法定约束力。签署审计业务约定书的目的是为了明确约定各方的权利和责任义务，促使各方遵守约定事项并加强合作，保护签约各方的正当权益。审计业务约定书工作底稿如表1－8所示。

表1－8　审计业务约定书

甲方：广州荣光机电科技有限公司

乙方：广州市正峰会计师事务所

兹由甲方委托乙方对2019年度财务报表进行审计，经双方协商，达成以下约定：

一、审计的目标和范围

1. 乙方接受甲方委托，对甲方按照企业会计准则编制的2019年12月31日的资产负债表，2019年度的利润表和现金流量表以及财务报表附注（以下统称财务报表）进行审计。

2. 乙方通过执行审计工作，对财务报表的下列方面发表审计意见：

（1）财务报表是否在所有重大方面按照企业会计准则的规定编制；

（2）财务报表是否在所有重大方面公允反映甲方的财务状况以及经营成果。

二、甲方的责任

1. 根据《中华人民共和国会计法》及《企业财务会计报告条例》，甲方及甲方负责人有责任保证会计资料的真实性和完整性。因此，甲方管理层有责任妥善保存和提供会计记录（包括但不限于会计凭证，会计账簿及其他会计资料），这些记录必须真实、完整地反映甲方的财务状况及经营成果。

2. 按照企业会计准则的规定编制和公允列报财务报表是甲方管理层的责任，这种责任包括：

（1）按照企业会计准则的规定编制财务报表，并使其实现公允反映；

（2）设计、执行和维护必要的内部控制，以使财务报表不存在由于舞弊或错误而导致的重大错报；

3. 及时为乙方的审计工作提供与审计有关的所有记录、文件和所需的其他信息，并保证所提供资料的真实性和完整性。

4. 确保乙方不受限制地接触其认为必要的甲方内部人员和其他相关人员。

5. 甲方管理层对其做出的与审计有关的声明予以书面确认。

6. 为乙方派出的有关工作人员提供必要的工作条件和协助，乙方将于外勤工作开始前提供主要事项清单。

7. 按本约定书的约定及时足额支付审计费用以及乙方人员在审计期间的交通、食宿和其他相关费用。

8. 乙方的审计不能减轻甲方及甲方管理层的责任。

三、乙方的责任

1. 乙方的责任是在执行审计工作的基础上对甲方财务报表发表审计意见。乙方根据《中国注册会计师审计准则》（以下简称审计准则）的规定执行审计工作。审计准则要求注册会计师遵守中国注册会计师职业道德守则，计划和执行审计工作以对财务报表是否不存在重大错报获取合理保证。

2. 审计工作涉及实施审计程序，以获取有关财务报表金额和披露的审计证据。选择的审计程序取决于乙方的判断，包括对由于舞弊或错误导致的财务报表重大错报风险的评估。在进行风险评估时，乙方考虑与财务报表编制和公允列报相关的内部控制，以设计恰当的审计程序，但目的并非对内部控制的有效性发表意见。审计工作还包括评价管理层选用会计政策的恰当性和做出会计估计的合理性，以及评价财务报表的总体列报。

3. 由于审计和内部控制的固有限制，即使按照审计准则的规定适当地计划和执行审计工作，仍不可避免地存在财

续表

务报表的某些重大错报可能未被乙方发现的风险。

4. 在审计过程中，乙方若发现甲方存在乙方认为值得关注的内部控制缺陷，应以书面形式向甲方治理层或管理层通报。但乙方通报的各种事项，并不代表已全面说明所有可能存在的缺陷或已提出所有可行的改进建议。甲方在实施乙方提出的改进建议前应全面评估其影响。未经乙方书面许可，甲方不得向任何第三方提供乙方出具的沟通文件。

5. 按照约定时间完成审计工作，出具审计报告。

6. 除下列情况外，乙方应当对执行业务过程中知悉的甲方信息予以保密：①法律法规允许披露，并取得甲方的授权；②根据法律法规的要求，为法律诉讼、仲裁准备文件或提供证据，以及向监管机构报告发现的违法行为；③在法律法规允许的情况下，在法律诉讼、仲裁中维护自己的合法权益；④接受注册会计师协会或监管机构的执业质量检查，答复其询问和调查；⑤法律法规、执业准则和职业道德规范规定的其他情形。

四、审计收费

1. 本次审计服务的收费是以乙方各级别的工作人员在本次工作中所耗费的时间为基础计算的，本次审计服务的费用总额为人民币贰万伍仟元整。

2. 甲方应于本约定书签署之日起支付50%的审计费用，其余款项于审计报告完成日结清。

3. 如果由于无法预见的原因，致使乙方从事本约定书所涉及的审计服务实际时间较本约定书签订时预计的时间有明显的增加或减少时，甲乙双方应通过协商，相应调整本部分第1项所述的审计费用。

4. 如果由于无法预见的原因，致使乙方人员抵达甲方的工作现场后，本约定书所涉及的审计服务中止，甲方不得要求退还预付的审计费用；如上述情况发生于乙方人员完成现场审计工作，并离开甲方的工作现场后，甲方应另行向乙方支付人民币5 000元的补偿费，该补偿费应于甲方收到乙方的收款通知之日起十日内支付。

5. 与本次审计有关的其他费用（包括交通费，食宿费等）由甲方承担。

五、审计报告和审计报告的使用

1. 乙方按照《中国注册会计师审计准则》规定的格式和类型出具审计报告。

2. 乙方向甲方出具审计报告一式两份。

3. 甲方在提交或对外公布乙方出具的审计报告及其后附的已审计财务报表时，不得对其进行修改。当甲方认为有必要修改会计数据、报表附注和所做的说明时，应当事先通知乙方，乙方将考虑有关的修改对审计报告的影响，必要时，将重新出具审计报告。

六、本约定书的有效期间

本约定书自签署之日起生效，并在双方履行完毕本约定书约定的所有义务后终止。但其中第三项第6段、第四、五、七、八、九、十项并不因本约定书终止而失效。

七、约定事项的变更

如果出现不可预见的情况，影响审计工作如期完成，或需要提前出具审计报告，甲、乙双方均可要求变更约定事项，但应及时通知对方，并由双方协商解决。

八、终止条款

1. 如果根据乙方的职业道德及其他有关专业职责、适用的法律法规或其他任何法定的要求，乙方认为已不适宜继续为甲方提供本约定书约定的审计服务，乙方可以采取向甲方提出合理通知的方式终止履行本约定书。

2. 在终止业务约定的情况下，乙方有权就其于终止之日前对约定的审计服务项目所做的工作收取合理的审计费用。

九、违约责任

甲、乙双方按照《中华人民共和国合同法》的规定承担违约责任。

十、适用法律和争议解决

本约定书的所有方面均应适用中华人民共和国法律进行解释并受其约束。本约定书履行地为乙方出具审计报告所在地，因本约定书所引起的或与本约定书有关的任何纠纷或争议（包括关于本约定书条款的存在、效力或终止，或无效之后果）双方协商确定采取以下第（1）种方式予以解决：

（1）向有管辖权的人民法院提起诉讼；

（2）提交仲裁委员会仲裁。

十一、双方对其他有关事项的约定

本约定书一式两份，甲、乙双方各执一份，具有同等法律效力。

甲　　方：广州荣光机电科技有限公司	乙　　方：广州市正峰会计师事务所
授权代表：张景茂	授权代表：李红
签订日期：2020年2月15日	签订日期：2020年2月15日

任务3 获取审计证据，编制工作底稿

一、审计证据

（一）审计证据的含义

审计证据是指注册会计师为了得出审计结论、形成审计意见而使用的所有信息，包括构成财务报表基础的会计记录含有的信息和其他信息。审计凭“证据”与各方交流，注册会计师应当获取充分、适当的审计证据，以得出合理的审计结论，作为形成审计意见的基础。

1. 会计记录所含有的信息

依据会计记录编制财务报表是被审计单位管理层的责任，注册会计师应当测试会计记录以获取审计证据。会计记录主要包括原始凭证、记账凭证、总分类账、明细分类账、未在记账凭证中反映的对财务报表的其他调整，以及支持成本分配、计算、调节和披露的手工计算表和电子数据表。上述会计记录既是编制财务报表的基础，又是构成注册会计师执行财务报表审计业务所需获取的审计证据的重要部分。会计记录还可能包括合同记录、对账记录、生产工时记录等，这些内容通常不作为记账凭证的附件，而由相关责任人单独保管，将这些记录作为审计证据时，其信赖程度取决于被审计单位内部控制的强度。

2. 其他信息

会计记录中含有的信息本身并不足以提供充分的审计证据作为对财务报表发表意见的基础，注册会计师还应当获取用作审计证据的其他信息，包括：

（1）从被审计单位内部或外部获取的会计记录以外的信息（如会议记录、询证函回函等）；

（2）通过询问、观察和检查等审计程序获取的信息（如通过监盘获取存货存在性的证据）；

（3）自身编制或获取的可以合理推断得出结论的信息（如注册会计师编制的各种计算表、分析表）。

财务报表依据的会计记录中含有的信息和其他信息共同构成了审计证据，二者缺一不可。如果没有前者，审计工作将无法进行；如果没有后者，可能无法识别重大错报风险。只有将二者结合在一起，才能将审计风险降至可接受的低水平，从而为注册会计师发表审计意见提供合理基础。

（二）审计证据的分类

1. 审计证据按其形式不同分类

审计人员所取得的审计证据可以按其外形特征分为实物证据、书面证据、口头证据、视听或电子证据、鉴定和勘验证据、环境证据。

（1）实物证据。实物证据是指在审计对象作为实物形态而存在的情况下，审计人员通过实际观察或者清查盘点所获取的、用以确定实物资产存在性的证据。在实务工作中，固定资产、存货、有价证券和现金等资产可以通过监盘或者实地观察来证明其是否确实存在，因此典型的实物证据就是上述各类资产的盘点表。

（2）书面证据。书面证据是指审计人员在审计过程中所获取的各种以书面文件形式存在的证据，包括与审计有关的各种原始凭证、会计记录、会议记录和文件、各种合同、通知书、报告书、声明书及函件等。注册会计师发表审计意见基本上都以书面证据为基础。

书面证据往往是审计证据中的主要部分，数量多、来源广。其可靠性取决于两个因素：一是证据本身是否容易被涂改或伪造。一般来说，容易涂改或伪造的书面证据其可靠性差。二是书面证据的来源。通常而言，来源于企业外部的书面证据比来自于企业内部的书面证据可靠性高。

（3）口头证据。口头证据是指被审计单位职员或其他人员对审计人员提问的口头答复所形成的审计证据。例如，在审计过程中，审计人员通常会向有关人员询问：①被审事项发生时的实况；②会计记录、文件的存放地点；③采用特别会计政策和方法的理由；④可能事项的意见或态度等，若被审计单位相关人员对此进行口头答复，就构成了口头证据。

一般而言，口头证据并不足以证明事实的真相，因为被调查或询问人可能有意隐瞒实情或由于对过去事情记忆上的模糊或遗漏而导致口头证据不准确、不完整。因此，获取口头证据的同时，还应实施其他审计程序以获取其他形式的审计证据。

审计人员获取口头证据的目的，一是为了印证某一结果是否与注册会计师的判断相一致；二是往往可以通过口头证据发掘出一些重要的审计线索，从而有利于对某些需要审核的情况做进一步调查，收集到更为可靠的证据。

审计人员在取得口头证据时，应将其转换成书面记录，并要求提供证据者签字盖章。一般情况下，口头证据需要得到其他相应证据的支持。

（4）环境证据。环境证据是指影响被审事项的各种环境事实。具体地划分，环境证据包括反映内部控制状况的环境证据、反映管理素质的环境证据、反映管理水平和管理条件的环境证据。

环境证据一般不作为主要证据，但它可以帮助审计人员正确评价有关资料所反映信息在总体或大体上的可靠程度，亦即它对证实总体合理性这一审计目标有着积极的意义。

2. 审计证据按其来源不同分类

审计证据按其来源不同分为亲历证据、内部证据和外部证据。

（1）亲历证据。亲历证据是指审计人员在被审计单位执行审计工作时亲眼目击、亲自参加或亲自动手取得的证据。例如，审计人员监督财产物资盘点，动手编制的各种计算表、分析表等。亲历证据较其他来源形式证据更为可靠的证明力。

（2）内部证据。内部证据是指由被审计单位内部机构或职员编制并提供的有关书面证据。例如，被审计单位提供的会计记录、被审计单位管理当局声明书等。内部书面证据的可靠性一般不如外部书面证据强。审计人员在确认内部证据的可靠性时，应考虑内部证据是否经过外部流转，并获得其他单位或个人的承认；被审计单位内部控制的好坏。

（3）外部证据。外部证据是指审计人员从被审计单位以外的其他单位取得的审计证据，包括其他单位陈述和外来资料。其他单位陈述是指其他单位应审计人员的要求对被审计单位所寄存的财物的说明、经济业务往来情况的说明等。外来资料是指审计人员从其他单位取得的证明审计事项的凭证、账目、报表、合同、文件的摘录等。

小案例

广州市正峰会计师事务所注册会计师赵颖在对广州华达制衣有限公司2019年财务报告进行审计时，收集到以下6组审计证据：①销售发票副本与产品出库单；②收料单与购货发票；③领料单与产品成本计算表；④存货盘点表与存货监盘记录；⑤银行询证函回函与银行对账单；⑥工资计算表与工资发放表。

根据以上资料请思考：

（1）上述审计证据分别属于哪种类型的证据？

（2）请分别说明每组审计证据中哪个证据更为可靠，并简要说明理由。

（三）审计证据的特征

审计人员获取的审计证据应当具有适当性和充分性。

1. 审计证据的充分性

审计证据的充分性是对审计证据数量的衡量，它是指审计证据的数量足以使审计人员形成审计意见。注册会计师需要获取审计证据的数量受其对重大错报风险评估、审计项目的重要性、审计证据质量等多个方面的影响。在可接受审计风险一定的情况下，错报风险越大，审计人员就应实施越多的测试工作，所需要的审计证据越多。审计项目越重要，审计人员就越需要获取充分的审计证据以支持其审计结论或意见。

客观公正的审计意见必须建立在足够数量的审计证据的基础上，但并不是说审计证据的数量越多越好，审计人员应考虑取证的经济性。但对于重要事项，不应以审计成本的高低或获取证据的难易程度为由减少必要的审计程序。

2. 审计证据的适当性

审计证据的适当性是对审计证据质量的衡量，即审计证据在支持审计意见所依据的结论方面具有相关性和可靠性。相关性和可靠性是审计证据适当性的核心内容，只有相关且可靠的审计证据才是高质量的。

相关性是指用作审计证据的信息与审计程序的目的和所考虑的相关认定之间的逻辑联系。审计证据的相关性受审计程序及测试方向等方面的影响。一般来说，特定的审计程序只为某些特定的认定提供相关的审计证据，而与其他认定无关。

可靠性是指证据真实、可信。审计证据的可靠性受其来源和性质的影响，并取决于获取审计证据的具体环境。判断审计证据的可靠性时，通常会考虑下列原则：①从外部独立来源获取的审计证据比从其他来源获取的审计证据更可靠；②内部控制有效时内部生成的审计证据比内部控制薄弱时内部生成的审计证据更可靠；③直接获取的审计证据比间接获取或推论得出的审计证据更可靠；④以文件、记录形式存在的审计证据比口头形式的审计证据更可靠；⑤从原件获取的审计证据比从传真件或复印件获取的审计更可靠。

3. 充分性和适当性的关系

充分性和适当性是审计证据的两个重要特征，二者缺一不可，只有充分且适当的审计证据才是有证明力的。

审计证据的适当性会影响审计证据的充分性，即：审计证据的质量越高，需要的审计证据数量可能越少，例如，被审计单位内部控制健全时生成的审计证据更可靠，注册会计师只需获取适量的审计证据，就可以为发表审计意见提供合理的基础。而如果审计证据的质量存在缺陷（如审计证据与审计目标不相关、获取的审计证据不可靠），证据数量再多也难以起到证明作用。

必要审计证据的性质与范围取决于注册会计师对何种证据与实现审计目标相关做出的职业判断，这种判断受重要性评估水平、与特定认定相关的审计风险、总体规模以及影响账户余额的各类经常性或非经常性交易的影响。

小案例

注册会计师赵颖在对广州华达制衣有限公司2019年财务报告进行审计时，收集到的审计证据如下：

（1）赵颖怀疑某一张采购发票可能被篡改，但因审计工作不涉及文件记录真伪的鉴定，赵颖将该发票复印后，没有采取其他措施。

（2）为了证实每一笔销售业务都有库存商品发出，赵颖从2000笔销售业务中抽查了4笔业务并检查了相应的出库记录单。

（3）为了证实应付账款的完整性，赵颖检查了应付账款明细账的每笔记录及相关原始凭证。

根据以上资料请思考：

（1）上述审计证据的充分性和适当性是否符合要求？

（2）如果认为不符合要求，具体指出是充分性、相关性还是可靠性不符合要求。

（四）获取审计证据的方法

审计过程中，注册会计师可根据需要单独或综合运用相关审计方法，以获取充分、恰当的审计证据。获取审计证据的审计程序如表1－9所示。这些审计程序单独或组合起来可用作风险评估程序、控制测试和实质性程序。

表 1－9　获取审计证据的程序

程序	具体含义
检查	对被审计单位内部或外部生成的，以纸质、电子或其他介质形式存在的记录或文件进行审查，或对资产实物进行审查。检查有形资产可为其存在性提供可靠的审计证据，但不一定能够为权利和义务或计价认定提供可靠的审计证据
观察	察看相关人员正在从事的活动或实施的程序。观察可以提供执行有关过程或程序的审计证据，但所提供的审计证据仅限于观察发生的时点，并且被观察人员的行为可能因被观察而受到影响
询问	以书面或口头方式，向被审计单位内部或外部的知情人员获取财务信息和非财务信息，并对答复进行评价的过程。知情人员对询问的答复可能为注册会计师提供尚未获悉的信息或佐证证据，对询问的答复也可能提供与注册会计师已获取的其他信息存在重大差异的信息
函证	直接从第三方（被询证者）获取书面答复作为审计证据的过程。书面答复可以采用纸质、电子或其他介质形式。当针对的是与特定账户余额及其项目相关的认定时，函证常常是相关的程序，但函证不必局限于账户余额
重新计算	对记录或文件中的数据计算的准确性进行核对。通常包括计算销售发票和存货的总金额、加总日记账和明细账、检查折旧费用和预付费用的计算、检查应纳税额的计算等
重新执行	独立执行原本作为被审计单位内部控制组成部分的程序或控制。如重新编制银行存款余额调节表，并与被审计单位编制的银行存款余额调节表进行比较
分析程序	通过分析不同财务数据之间以及财务数据与非财务数据之间的内在关系，对财务信息做出评价。还包括在必要时对识别出的、与其他相关信息不一致或与预期值差异重大的波动或关系进行调查。其可用作风险评估程序、实质性程序和总体复核

二、审计工作底稿

（一）审计工作底稿的概念和作用

审计工作底稿是指注册会计师对制定的审计计划、实施的审计程序、获取的相关审计证据，以及得出的审计结论做出的记录。审计工作底稿是审计证据的载体，是注册会计师在审计过程中形成的审计工作记录和获取的资料。它形成于审计过程，也反映整个审计过程。

审计工作底稿通常包括总体审计策略、具体审计计划、分析表、问题备忘录、重大事项概要、询证函回函、管理层声明书、核对表、有关重大事项的往来信件，以及对被审计单位文件记录的摘要或复印件等，还包括业务约定书、管理建议书、项目组内部或项目组与被审计单位举行的会议记录、与其他人士（如其他注册会计师、律师、专家等）的沟通文件及错报汇总表等。审计工作底稿通常不包括已被取代的审计工作底稿的草稿或财务报表的草稿、反映不全面或初步思考的记录、存在印刷错误或其他错误而作废的文本，以及重复的文件记录等，因为这些草稿、记录、文本等不直接构成审计结论和审计意见的支持性证据，注册会计师通常也无须保留这些内容。

注册会计师应当及时编制审计工作底稿，以实现下列目的：

第一，提供充分、适当的记录，作为审计报告的基础。

第二，提供证据，证明其按照《中国注册会计师审计准则》的规定执行了审计工作。

（二）审计工作底稿的格式和内容

注册会计师编制的审计工作底稿，应当使未曾接触该项审计工作的有经验的专业人士清楚地了解：按照审计准则和相关法律法规的规定实施的审计程序的性质、时间安排和范围；实施审计程序的结果和获取的审计证据；审计中遇到的重大事项和得出的结论，以及在得出结论时做出的重大职业判断。审计工作底稿范例如表1－10所示。

表1－10　　广州市正峰会计师事务所审计程序表

客户：广州荣光机电科技有限公司　　索引号：ZA－1

项目：库存现金　　编制：杨忠　　日期：2020年3月10日

报表日期：2019年12月31日　　复核：李红　　日期：2020年3月15日

一、审计目标

①确定库存现金是否存在；②确定库存现金的收支记录是否完整；③确定库存现金的余额是否正确；④确定库存现金的披露是否恰当。

二、审计程序

序号	内容	执行情况说明	索引号
1	核对库存现金日记账与总账的金额是否相符，检查非记账本位币库存现金的折算汇率及折算金额是否正确	执行	
2	监盘库存现金	执行	ZA－1－2
3	抽查大额库存现金收支	执行	ZA－1－3
4	选取资产负债表日前后××张，金额在××以上的现金收支凭证进行截止测试	执行	ZA－1－4
5	根据评估的舞弊风险等因素增加的其他审计程序	执行	ZA－1－5

三、调整事项说明及调整分录

详见库存现金调整分录汇总表（底稿索引ZA－1－0）。

四、余额

单位：元

期初余额		期末余额	
上年审定数	本期审定数	未审数	本期审定数
6 675.59	6 675.59	10 069.12	12 095.20

五、审计结论

（1）本科目经审计后无调整事项，余额可以确认。□

（2）本科目经审计调整后，审定数可以确认。☑

（3）因××原因，本科目余额不能确认。□

通常，审计工作底稿包括下列全部或部分要素：

（1）审计工作底稿的标题（被审计单位名称、审计项目的名称以及资产负债表日或底稿覆盖的会计期间）。

（2）审计过程记录。审计过程记录即审计人员对审计项目实施审计测试情况所做的记录，主要包括所实施审计测试的性质、范围、抽取的样本、抽查的重要凭证、审计调整及重分类事项等情况。该项内容是审计工作底稿最为重要的内容，是审计证据的集中体现。

（3）审计标识及其说明。审计标识是审计人员为简洁表达审计含义而采用的符号。审计标识一般由会计师事务所确定，不同的会计师事务所可能使用不同的审计标识。表1－11所示为一些常用的审计标识。

表1－11　　常用的审计标识

标识	含义	标识	含义
B	期初余额与上年审计后报表期末数核对相符	¢	已收回询证函
G	与总账核对相符	∧	直栏数字加计，复核无误
S	与明细账核对相符	<	横栏数字加计，复核无误
T/B	与试算平衡表核对相符	▲	重点符号
F/S	与已审会计报表核对相符	*	备注1
A	与原始凭证核对相符	**	备注2
γ	与文件依据核对相符	N/A	无此情况，不适用
C	已发询证函		

（4）审计结论。注册会计师恰当地记录审计结论非常重要。注册会计师需要根据所实施的审计程序及获取的审计证据得出结论，并以此作为对财务报表审计意见的基础。在记录审计结论时需注意，在审计工作底稿中记录的审计程序和审计证据是否足以支持所得出的审计结论。

（5）索引号及编号。通常，审计工作底稿需要注明索引号及顺序编号，相关审计工作底稿之间需要保持清晰的勾稽关系。在实务中，注册会计师可以按照所记录的审计工作的内容层次进行编号。相互引用时，需要在审计工作底稿中交叉注明索引号。

（6）编制和复核信息。每一张工作底稿上应当注明执行审计工作的人员姓名及其完成该项审计工作的日期。审计人员必须在其复核过的审计工作底稿上签名和签署日期，在需要项目质量控制复核的情况下，还需要注明项目质量控制复核人员及复核的日期。

（三）审计工作底稿的编制及复核

1. 审计工作底稿的编制

审计工作的种类繁多，不同审计阶段所编制的审计工作底稿具体内容差别较大，即使是审计实施阶段所编制的业务类工作底稿，审计项目不同，其审计过程记录的具体内容、结构与格式也不尽相同。审计工作底稿通常分固定格式和手工填写任意格式两种。固定格式一般要求执业注册会计师必须完成规定的审计程序；手工填写相对较为自由，主要强调注册会计师的职业判断。经过多年发展，几乎所有的会计师事务所都已研究并形成了适合于自身特点的审计工作底稿。

审计工作底稿的编制要求：

（1）内容完整、真实，突出重点；

（2）观点明确，条理清楚，用词恰当，字迹清晰，格式规范；

（3）相关的审计工作底稿之间应当具有清晰的逻辑关系，相互引用时应注明索引号；

（4）所附的重要审计证据材料应当由提供证据的有关人员、单位签名或盖章。

2. 审计工作底稿的复核

（1）项目组内部成员实施的复核。项目组内部成员实施的复核可以由项目负责人执行，也可以由项目负责人指定的经验比较丰富的人员来执行。项目负责人对工作底稿的复核负完全责任，复核的内容包括：具体审计目标是否实现；审计措施是否有效执行；事实是否清楚；审计证据是否适当、充分；得出的审计结论及其相关标准是否适当；其他有关重要事项。

项目负责人复核审计工作底稿，应当根据不同情况分别提出下列意见：予以认可；责成采取进一步审计措施，获取适当、充分的审计证据；纠正或者责成纠正不恰当的审计结论。

（2）项目质量控制复核。会计师事务所应当对特定业务实施项目质量控制复核。具体做法是，会计师事务所挑选未参与该项业务的人员，在出具审计报告前，对项目组做出的重大判断和在准备报告时形成的结论做出客观评价。

项目质量控制复核并不减轻项目负责人的责任，更不能代替项目负责人的责任。

任务4 制定审计策略和具体审计计划

注册会计师在执行具体审计程序之前，必须根据具体情况制定科学、合理的计划，使审计业务以有效的方式得到执行。在计划审计工作时，注册会计师应当考虑重要性水平，即报表数额出入达到何种地步才会影响到报表使用者。

一、审计重要性

重要性是审计学的一个重要概念，其运用贯穿于整个审计过程。

（一）重要性的含义

财务报告编制基础通常从编制和列报财务报表的角度阐释重要性概念。财务报告编制基础可能以不同术语解释重要性，但通常而言，重要性概念可从下列方面进行理解：

（1）如果合理预期错报（包括漏报）单独或汇总起来可能影响财务报表使用者依据财务报表做出经济决策，则通常认为错报是重大的。

（2）对重要性的判断是根据具体环境做出的，并受错报的金额或性质的影响，或受二者共同作用的影响。

（3）判断某事项对财务报表使用者是否重大，是在考虑财务报表使用者整体共同的财务信息需求的基础上做出的。由于不同财务报表使用者对财务信息的需求可能差异很大，因此不考虑错报对个别财务报表使用者可能产生的影响。

（二）重要性水平的确定

1. 财务报表整体的重要性

由于财务审计的目标是注册会计师通过审计工作对财务报表发表审计意见，因此注册会计师应当考虑财务报表整体的重要性，只有这样才能得出财务报表是否公允的结论。注册会计师在制定总体审计策略时，应当确定财务报表整体的重要性。

确定多大错报会影响到财务报表使用者所做的决策，是注册会计师运用职业判断的结果。很多注册会计师根据所在的会计师事务所的惯例及自己的经验考虑重要性。通常先选定一个恰当的基准，再乘以适当的百分比作为财务报表整体的重要性。在选择基准时，需要考虑的因素有：

（1）财务报表要素。

（2）是否存在特定会计主体的财务报表使用者特别关注的项目（例如，为了评价财务业绩，使用者可能更关注利润、收入或净资产）。

（3）被审计单位的性质、所处的生命周期阶段以及所处行业和经济环境。

（4）被审计单位的所有权结构以及融资方式（例如，如果被审计单位仅通过债务进行融资，债权人可能更关注资产及资产的索偿权，而非被审计单位的收益）。

（5）基准的相对波动性。

适当的基准取决于被审计单位的具体情况，可以是各类收益（如税前收益、营业收入和费用总额），以及所有者权益或净资产中的某一项目，也可以是本期数、上期数、平均数、预算数等，关键是要符合被审计单位的具体情况。实务工作中较为常见的基准如表1－12所示。

表1－12　确定审计重要性常用的基准

被审计单位具体情况	可能选择的基准
①企业的盈利水平保持稳定	经常性业务的税前利润
②企业近年来经营状况大幅度波动，盈利和亏损交替发生，或者由正常盈利变为亏损或微利，或者本年度税前利润因情况发生变化而意外增加或减少	过去3～5年经常性业务的平均税前利润或亏损（取绝对值），或其他基准，如营业收入
③企业为新设企业，处于开办期，尚未开始经营，目前正在建造厂房及购买机器设备	总资产
④企业处于新兴行业，目前侧重于抢占市场份额、扩大企业知名度和影响力	营业收入

在确定恰当的基准后，需要运用职业判断确定百分比，百分比和选定的基准之间存在一定的联系，如经常性业务的税前利润对应的百分比通常比营业收入对应的百分比要

高。在审计实务中，通常有如下几种方法确定重要性水平：①税前净利润的5%～10%；②资产总额的0.5%～1%；③净资产的1%；④营业收入的0.5%～1%；⑤根据资产总额或营业收入二者中较大的一项确定一个百分比。

2. 特定交易、账户余额或披露的重要性水平

根据被审计单位的特定情况，下列因素可能表明存在一个或多个特定类别的交易、账户余额或披露，其发生的错报金额虽然低于财务报表整体的重要性，但合理预期将影响财务报表使用者依据财务报表做出的经济决策：

（1）法律法规或适用的财务报告编制基础是否影响财务报表使用者对特定项目（如关联方交易、管理层和治理层的薪酬）计量或披露的预期；

（2）与被审计单位所处行业相关的关键性披露；

（3）财务报表使用者是否特别关注财务报表中单独披露的业务的特定方面。

3. 实际执行的重要性

实际执行的重要性是指注册会计师确定的低于财务报表整体重要性的一个或多个金额，旨在将未更正或未发现错报的汇总数超过财务报表整体的重要性的可能性降至适当的低水平。如果适用，实际执行的重要性还指注册会计师确定的低于特定类别的交易、账户余额或披露的重要性水平的一个或多个金额。

单独非重大错报的汇总数可能导致财务报表出现重大错报，而且审计中还可能存在未发现的错报，因此，仅为发现单独重大的错报而计划审计工作是不科学的。确定财务报表整体的实际执行的重要性（根据定义可能是一个或多个金额），旨在将财务报表中未更正和未发现错报的汇总数超过财务报表整体的重要性的可能性降至适当的低水平。

确定实际执行的重要性并非简单机械的计算，需要注册会计师运用职业判断，并考虑下列因素的影响：①对被审计单位的了解；②前期审计工作中识别出的错报的性质和范围；③根据前期识别出的错报对本期错报做出的预期。

通常而言，实际执行的重要性通常为财务报表整体重要性的50%～75%。注册会计师选择接近财务报表整体重要性50%的情况：①非连续审计（首次接受委托的审计项目）；②连续审计项目，以前年度调整较多；③项目总体风险较高，例如，处于高风险行业，管理能力欠缺，面临较大市场竞争压力或业绩压力。

注册会计师选择接近财务报表整体75%的情况：①连续审计，以前年度调整较少；②项目总体风险较低；③以前期间的审计经验表明内部控制运行有效。

4. 审计过程中修改重要性

由于存在下列原因，注册会计师可能需要修改财务报表整体的重要性和特定类别的交易、账户余额或披露的重要性水平（如适用）：①审计过程中情况发生重大变化；②获取新信息；③通过实施进一步审计程序，注册会计师对被审计单位及其经营的了解发生变化。例如，注册会计师在审计过程中发现实际财务成果与最初确定财务报表整体的重要性时使用的预期本期财务成果相比存在很大差异，则需要修改重要性。

小案例

表1－13、表1－14是广州荣光机电科技有限公司2019年12月31日各科目余额表以及2019年利润表各项目的情况。

要求：分析重点审计项目，并讨论重要性的分配，完成审计总体策略表的填写。

表1－13　　单位：元

科目	期初	期末	科目	期初	期末
库存现金	6 675.59	10 069.12	短期借款	26 000 000.00	35 000 000.00
银行存款	11 434 640.40	1 936 431.60	应付利息	373 724.65	9 161.11
应收账款	－20 197 758.14	5 045 617.81	应付账款	－15 059 091.03	－3 078 096.77
其他应收款	73 274.68	133 036.33	其他应付款	13 920 948.44	14 229 854.24
原材料	23 287 985.78	28 761 066.34	应付职工薪酬	856 983.92	1 046 892.79
材料成本差异	－40 219.91		应交税费	57 282.57	268 223.38
库存商品	1 511 737.01	9 850 292.72	其他应交款	24 031.18	65 356.12
生产成本	807 973.99	1 498 375.86	长期借款		3 485 454.56
委托加工物资	55 125.59	64 854.78	实收资本	26 000 000.00	56 000 000.00
在途物资		0.01	资本公积	1 011 337.00	1 011 337.00
长期待摊费用	699 460.67	512 937.83	盈余公积	91 923.62	91 923.62
固定资产	18 573 242.20	43 123 831.28	利润分配	272 681.53	272 681.53
累计折旧	－1 563 646.41	－3 808 063.03	本年利润		915 847.79
在建工程	3 771 729.10	7 340 805.43			
工程物资	5 263.56	7 920.15			
无形资产	15 124 337.77	14 841 459.14			
合计	53 549 821.88	109 318 635.37	合计	53 549 821.88	109 318 635.37

表1－14　　单位：元

项目	金额	项目	金额
主营业务收入	128 361 867.91	销售费用	9 326.00
主营业务成本	122 080 931.13	管理费用	2 698 925.74
其他业务收入	392 548.60	财务费用	2 790 055.72
其他业务成本	69 118.54	营业外收入	69 602.14
税金及附加	231 531.64	营业外支出	28 282.09
		利润总额	915 847.79

相关知识

审计重要性的由来

重要性概念来自于现代审计方法的应用，随着公司组织结构的日趋复杂化，公司规模、业务量的日益庞大，传统的“逐笔、逐项”审计会计账目的方法耗时耗力，在成本上也无法为客户所接受。统计理论与技术的发展为抽样审计提供了数理上的支持。人们发现，用抽样的方法审计部分业务，以样本来推断总体，从而对被审计单位的财务报表提供合理的保证，是一种既不失客观性、科学性，又节约成本、提高效率的方法。

但抽样审计的运用不可避免地产生了一些副作用，即它加大了发生审计差错的可能性。这里的差错是指审计报告所陈述的情况与被审计单位的实际情况不相符合这一客观事实。这种差错可能成为遭受损失的报表使用人起诉审计人员的理由，因此，差错的可能性就意味着审计人员招致损失的风险。

重要性水平的实质是报表差错影响报表使用者决策判断的金额临界点，而这种临界点对不同的使用者在不同的情况下可能是不一致的。进而言之，重要性水平取决于报表使用人的主观判断。审计人员不能随意决定其高低，而只能根据自己的专业知识与经验，形成一个对使用者心目中的重要性水平的估计，以此为基础来计划审计工作，进行职业判断。

二、评价审计过程中识别出的错报

（一）错报的定义

错报是指某一财务报表项目的金额、分类、列报或披露，与按照适用的财务报告编制基础应当列示的金额、分类、列报或披露之间存在的差异；或根据注册会计师的判断，为使财务报表在所有重大方面实现公允反映，需要对金额、分类、列报或披露做出的必要调整。错报可能是由于错误或舞弊导致的，具体如下：

（1）收集或处理用以编制财务报表的数据时出现错误；

（2）遗漏某项金额或错误；

（3）由于疏忽或明显误解有关事实导致做出不正确的会计估计；

（4）注册会计师认为管理层对会计估计做出不合理的判断或对会计政策做出不恰当的选择和运用。

（二）累计识别出的错报

注册会计师可能将低于某一金额的错报界定为明显微小的错报，对这类错报不需要累计，因为这些错报的汇总明显不会对财务报表产生重大影响。但是，“明显微小”不等同于“不重大”，如果不确定一个或多个错报是否明显微小，就不能认为这些错报是明显微小的。

错报分为事实错报、判断错报和推断错报。

1. 事实错报

事实错报是毋庸置疑的错报。这类错报产生于被审计单位收集和处理数据的错误，对事实的忽略或误解，或故意舞弊行为。例如，审计测试中发现一项应收账款实际金额为16 500元，但账面记录金额却为165 000元，应收账款和营业收入均被虚计，这里被高估的148 500元就是已识别的对事实的具体错报。

2. 判断错报

判断错报是注册会计师认为管理层对会计估计做出不合理的判断或不恰当地选择和运用会计政策而导致的差异。这类错报产生于两种情况：一是管理层和注册会计师对会计估计值的判断差异；二是管理层和注册会计师对选择和运用会计政策的判断差异。

3. 推断错报

注册会计师对总体存在的错报做出的最佳估计数，涉及根据在审计样本中识别出的错报来推断总体的错报。通常包括：第一，通过测试样本估计出的总体的错报减去在测试中发现的已经识别的具体错报，如某公司的原材料年末余额为4 000万元，注册会计师抽查其中的60%（2 400万元），发现有480万元的高估（高估的比例为20%），据此推断总体的错报金额为800万元，其中480万元为已识别的具体错报，320万元为推断误差。第二，通过实质性分析程序推断出的估计错报。如某公司的销售费用为估计数，注册会计师（考虑该公司的预算资料及行业趋势等因素）所做出的估计与公司的估计有50%的差异，如果10%的差异是可接受的，而另外的40%若没有合理解释或不能取得佐证，即为推断误差。

（三）对审计过程识别出的错报的考虑

错报可能不会孤立发生，一项错报的发生还可能表明存在其他错报。

抽样风险和非抽样风险可能导致某些错报未被发现。审计过程中累积错报的汇总数接近重要性水平时，表明存在比可接受的低风险水平更大的风险，即可能未被发现的错报连同审计过程中累积错报的汇总数可能超过重要性。

注册会计师可能要求管理层检查某类交易、账户余额或披露，以使管理层了解注册会计师识别出的错报的产生原因，并要求管理层采取措施以确定这些交易、账户余额或披露实际发生错报的金额，以及对财务报表做出适当的调整。

（四）错报的沟通和更正

及时与适当层级的管理层沟通错报事项是重要的，因为这能使管理层评价这些事项是否为错报，并采取必要行动，如有异议则告知注册会计师。适当层级的管理层通常是指有责任和权限对错报进行评价并采取必要行动的人员。

法律法规可能限制注册会计师向管理层或被审计单位内部的其他人员通报某些错报，此种情况下，注册会计师的保密义务与通报义务之间存在的潜在冲突可能很复杂，此时，注册会计师可以考虑征询法律意见。

管理层更正所有错报（包括注册会计师通报的错报）能够保持会计账簿和记录的准确性，降低由于与本期相关的、非重大的且尚未更正的累积影响而导致未来期间财务报表出现重大错报的风险。

审计准则要求注册会计师评价财务报表是否在所有重大方面按照适用的财务报告编制基础编制，这项评价包括考虑被审计单位会计实务的质量（包括表明管理层的判断可能出现偏向的迹象）。注册会计师对管理层不更正错报的理由的理解，可能影响其对被审计单位会计实务质量的考虑。

（五）评价未更正错报的影响

未更正错报是指注册会计师在审计过程中累积的且被审计单位未予更正的错报。

注册会计师需要考虑每一单项错报，以评价其对相关类别的交易、账户余额或披露的影响，包括评价该项错报是否超过特定类别的交易、账户余额或披露的重要性水平（如适用）。如果认为某一单项错报是重大的，则该项错报不太可能被其他错报抵销。例如，收入高估完全可能被相同金额的费用高估所抵销，但依然被认为财务报表整体存在重大错报。而对于同一账户余额或同一类别的交易内部的错报，这种抵销并不认为会影响财务报表整体，但在得出这一结论之前，需要考虑可能存在其他未被发现的错报的风险。

确定某一项分类错报是否重大，需要进行定性评估。例如，分类错报对负债或其他合同条款的影响，对单个财务报表项目或小计数的影响，以及对关键比率的影响。即使分类错报超过了在评价其他错报时运用的重要性水平，注册会计师可能仍然认为该分类错报对财务报表整体不产生重大影响。例如，资产负债表项目之间的分类错报相对于所影响的资产负债表项目金额较小，并且对利润表或所有关键比率不产生影响，注册会计师可以认为这种分类错报对财务报表整体不产生重大影响，即使某些错报低于财务报表整体的重要性。但因与这些错报相关的某些情况，在将其单独或连同在审计过程中累积的其他错报一并考虑时，注册会计师也可能将这些错报作为重大错报。

拓展阅读

巴克雷斯建筑公司的错报是否重大

巴克雷斯建筑公司在保龄球风靡美国时，开始为一些投资财团承建保龄球道，公司连续几年财务报表销售额直线上升，但在发行外部15年期的长期债券之后半年，就因还不起半年利息而宣布破产。债券持有人集体上诉，状告巴克雷斯建筑公司和为其审计的毕马威会计师事务所。

在巴克雷斯建筑公司集体上诉案中，主审法官集中讨论三个问题：①巴克雷斯建筑公司在申请发行利率5.5%、期限15年债券时所递交的会计报表中，是否包含错误的披露；②如果有错误的披露，这些错误是否重大；③审计人员是否履行了应尽的谨慎责任。

主审法官最后做出如下判定：

(1) 财务报表存在某些错报。法官指出1960年巴克雷斯建筑公司财务报表的主要错误（如表1-15所示）。

表1-15

单位：元

项目	报表数	正确数	高估数	高估比例
销售收入	9 165 320	8 511 420	653 900	7.7%
营业净收益	1 742 801	1 496 196	246 605	16.5%
每股收益	0.75	0.65	0.10	15.3%
流动资产	4 524 021	3 914 332	609 689	15.6%
流动比率	1.9	1.6	0.30	18.8%
或有负债	4 719 835	5 095 630	-375 795	-7.4%

(2) 报表中错报属于重大。根据1933年证券法规定，被告被判是否负民事责任的最先决条件就是看是否存在重大的错误披露。法官分析，证券交

易委员会对重大性的定义是：当重大性用于任何信息披露要求时，其限定范围是，披露的内容使一般谨慎的投资者在购买上市登记证券时能得到合理的信息。法官裁定：报表中高估的销售额、营业净收益、每股收益每项错误的严重性均不足以打消一个谨慎投资者购买债券的念头，但裁定流动资产和由此计算出的流动比率的高估属重大错误。其理由是：债券持有人或未来投资者对公司资金流动状况高估的关心，更甚于对收益高估，尤其对曾发生过资金流动困难和不久将面临营运资金短缺的公司更是如此。

法官还指出，注册会计师所用的审计程序基本上与准则一致，但没有令人满意。只用了两天来复核，所以其复核没有任何价值。与此同时，法官还指出，注册会计师在无保留意见审计报告中指出了“财务报表真实地反映其财务状况”这一表述，因此，当财务报表没有达到这一要求时，注册会计师应对其承诺负责。

（资料来源：李若山，刘大贤主编．审计学——案例与教学［M］．北京：经济科学出版社，2000 年版）

三、审计风险

（一）审计风险的含义

审计风险是指财务报表存在重大错报时注册会计师发表不恰当审计意见的可能性。审计风险取决于重大错报风险和检查风险。

1. 重大错报风险

重大错报风险是指财务报表在审计前存在重大错报的可能性。在设计审计程序以确定财务报表整体是否存在重大错报时，注册会计师应当从财务报表层次和各类交易、账户余额和披露认定层次考虑重大错报风险。

（1）财务报表层次的重大错报风险。财务报表层次的重大错报风险与财务报表整体存在广泛联系，可能影响多项认定。通常与控制环境有关，但也可能与其他因素有关，如经济萧条时期大多数企业很难达到预期的财务指标。此类风险难以界定某类交易额、账户余额和披露的具体认定，但增加了不同认定发生重大错报的可能性，与注册会计师考虑由舞弊引起的风险特别相关。

评估该层次的重大错报风险包括：考虑审计项目组承担重要责任的人员的学识、技术和能力，是否需要专家介入；考虑给予业务助理人员适当的监督指导；考虑是否存在导致注册会计师怀疑被审计单位经营假设合理性的事项或情况。

（2）认定层次的重大错报风险。注册会计师同时考虑各类交易、账户余额、列报认定层次的重大错报风险，考虑的结果直接有助于注册会计师确定认定层次实施的进一步审计程序的性质、时间和范围。在各类交易、账户余额、列报认定层次获取审计证据，以便能够在审计工作完成时，以可接受的低审计风险水平对财务报表整体发表审计意见。

认定层次的重大错报风险又可以进一步细分为固有风险和控制风险。

固有风险是指在考虑相关的内部控制之前，某类交易、账户余额或披露的某一认定易于发生错报（该错报单独或连同其他错报可能是重大的）的可能性。例如，复杂的成本计算更可能出错；受重大计量不确定性影响的会计估计发生错报的可能性较大。产生经营风险的外部因素也可能影响固有风险，被审计单位及其环境中的某些因素还可能与多个甚至所有类别的交易、账户余额和披露有关，进而影响多个认定的固有风险。

控制风险是指某项交易、账户余额或披露的某一认定发生了错报，该错报单独或连同其他错报是重大的，但没有被内部控制及时防止或发现并纠正的可能性。控制风险取决于与财务报表编制有关的内部控制的设计和运行的有效性。由于控制的固有局限性，某种程度的控制风险始终存在。

2. 检查风险

检查风险是指如果存在某一错报，该错报单独或连同其他错报是重大的，注册会计师为将审计风险降至可接受的低水平而实施程序后没有发现这种错报的风险。

检查风险取决于审计程序设计的合理性和执行的有效性。由于注册会计师通常并不对所有的交易、账户余额和列报进行检查，以及其他原因（包括可能选择了不恰当的审计程序、审计过程执行不当，或者错误解读了审计结论），检查风险不可能降低为零。这些因素可以通过适当计划、在项目成员之间进行恰当的职责分配、保持职业怀疑态度以及监督、指导和项目组成员所执行的审计工作得以解决。

可接受的审计风险的确定，需要考虑会计师事务所对审计风险的态度、审计失败对会计师事务所可能造成损失的大小等因素。其中，审计失败对会计师事务所可能造成损失的大小又受所审计财务报表的用途、使用者的范围等因素的影响。但必须注意，审计业务是一种保证程度高的鉴证业务，可接受的审计风险应当足够低，以使注册会计师能够合理保证所审计财务报表不含有重大错报。

（二）审计风险模型

审计风险、重大错报风险以及检查风险之间的关系可以用数学模型表示如下：

审计风险 = 重大错报风险 × 检查风险

在既定的审计风险水平下，可接受的检查风险水平与认定层次重大错报风险的评估结果呈反向关系。其反向关系可以表示如下：

检查风险 = 审计风险 ÷ 重大错报风险

注册会计师应当合理设计审计程序的性质、时间和范围，并有效执行审计程序，以控制检查风险。审计计划在很大程度上就是围绕确定审计程序的性质、时间和范围而展开的。

（三）审计风险与重要性的关系

在审计工作中重要性与审计风险之间存在反向关系。重要性水平越高，审计风险越低；重要性水平越低，审计风险越高。这里所说的重要性水平仅指金额的大小。例如，一般情况下 8 000 元的重要性水平比 6 000 元的重要性水平高，如果重要性水平是 8 000 元，意味着低于 8 000 元的错报漏报不会影响到报表使用者的判断和决策，审计人员只需要通过执行有关审计程序查出高于 8 000 元的错报和漏报。如果重要性水平是 6 000 元，则意味着审计人员在审查时 6 000 元至 8 000 元之间的项目仍需执行审计程序。因为这个区间的错报漏报会影响到报表使用者的判断和决策。显然重要性水平为6 000元时审查不出重大错报的可能性，即审计风险要比重要性水平为8 000元时的审计风险高。

注册会计师不能通过不合理地人为调高重要性水平降低审计风险。因为重要性水平是依据重要性概念中所述的判断标准确定的，而不是由主观期望的审计风险水平决定的。

由于重要性和审计风险存在上述反向关系，而且这种关系对注册会计师将要执行的审计程序的性质、时间安排和范围有直接的影响，因此，注册会计师应综合考虑各种因素，合理确定重要性水平。

四、总体审计策略和具体审计计划

审计计划分为总体审计策略和具体审计计划两个层次，注册会计师应当针对总体审计策略中所识别的不同事项，制定具体审计计划，并考虑通过有效利用审计资源以实现审计目标。虽然制定总体审计策略的过程通常在具体审计计划之前，但是两项计划具有内在紧密联系，对其中一项的决定可能会影响甚至改变对另外一项的决定。

（一）总体审计策略

注册会计师应对审计工作制定总体审计策略。总体审计策略用以确定审计范围、时间安排和方向，并指导具体审计计划的制定（如表1-16所示）。在确定总体审计策略时，应当考虑以下主要事项：①审计范围；②报告目标、时间安排和所需沟通；③审计方向；④审计资源。

表1-16　　总体审计策略（参考范例）

被审计单位：广州荣光机电科技有限公司　　索引号：BE

项目：总体审计策略　　编制：杨忠　　日期：2019年2月18日

截止日/期间：2019年12月31日　　复核：李红　　日期：2019年2月20日

一、审计范围	
报告要求	
适用的财务报告准则	例如，中国会计准则、国际会计准则
适用的审计准则	例如，中国审计准则、国际审计准则
与财务报告相关的行业特别规定	例如，监管机构发布的有关信息披露法规、特定行业主管部门发布的与财务报告相关法规等
与财务报告相关的监管要求	
需要阅读的含有已审计财务报表的文件中的其他信息	例如，上市公司年报
制定审计策略需考虑的其他事项	例如，单独出具报告的子公司范围等
二、审计业务时间安排	
（一）对外报告时间安排	
（二）执行审计时间安排	
执行审计时间安排	**时间**
1. 期中审计	
（1）制定总体审计策略	

续表

执行审计时间安排	时间
（2）制定具体审计计划	
……	
2. 期末审计	
（1）存货监盘	
……	

（三）沟通的时间安排

所需沟通	时间
与管理层及治理层的会议	
项目组会议（包括预备会和总结会）	
与专家或有关人士的沟通	
与其他注册会计师的沟通	
与前任注册会计师的沟通	
……	

三、影响审计业务的重要因素

（一）重要性

确定的重要性水平	索引号

（二）可能存在较高重大错报风险的领域

（三）重要的组成部分和账户余额

填写说明：①记录所审计的公司内重要的组成部分；②记录重要的账户余额，包括本身具有重要性的账户余额（如存货），以及评估出存在重大错报风险的账户余额。

重要的组成部分和账户余额	索引号
1. 重要的组成部分	
……	
2. 重要的账户余额	
……	

四、人员安排

（一）项目组主要成员的责任

职位	姓名	主要职责

注：在分配职责时可以根据被审计单位的不同情况按会计科目划分，或按交易类别划分。

（二）与项目质量控制复核人员的沟通（如适用）

复核的范围：

沟通内容	负责沟通的项目组成员	计划沟通时间
风险评估、对审计计划的讨论		
对财务报表的复核		
……		

续表

五、对专家或有关人士工作的利用（如适用）

注：如果项目组计划利用专家或有关人士的工作，需要记录其工作的范围和涉及的主要会计科目等。另外，项目组还应按照相关审计准则的要求对专家或有关人士的能力、客观性及其工作等进行考虑和评估。

（一）对内部审计工作的利用

主要报表项目	拟利用的内部审计工作	索引号
存货	内部审计部门对各仓库的存货每半年至少盘点一次。中期审计时，项目组已经对内部审计部门的盘点进行观察，对其结果满意。因此，项目组将审阅其年底的盘点结果，并缩小存货监盘的范围。	
……		

（二）对其他注册会计师工作的利用

其他注册会计师名称	利用其工作范围及程度	索引号

（三）对专家工作的利用

主要报表项目	专家名称	主要职责及工作范围	利用专家工作的原因	索引号

（四）对被审计单位使用服务机构的考虑

主要报表项目	服务机构名称	服务机构提供的相关服务及注册会计师出具的审计报告意见及日期	索引号

（二）具体审计计划

在制定了总体审计策略之后，注册会计师应进一步制定具体审计计划。具体审计计划比总体审计策略更加详细，其内容包括为获取充分、适当的审计证据以将审计风险降至可接受的低水平，项目组成员拟实施的审计程序的性质、时间安排和范围。具体审计计划应当包括风险评估程序、计划实施的进一步审计程序和其他审计程序。

1. 风险评估程序

具体审计计划应当按照《中国注册会计师审计准则第 1211 号——通过了解被审计单位及其环境识别和评估重大错报风险》的规定，实施风险评估程序，以足够识别和评估财务报表重大错报风险；

2. 计划实施的进一步审计程序

按照《中国注册会计师审计准则第 1231 号——针对评估的重大错报风险采取的应对措施》的规定，针对评估的认定层次的重大错报风险，实施进一步审计程序。实施进一步审计程序包括控制测试和实质性程序；还需要兼顾其他准则中规定的、针对特定项目在审计计划阶段应执行的程序及记录要求，例如，《中国注册会计师审计准则第

1241号——财务报表审计中与舞弊相关的责任》，《中国注册会计师审计准则第1242号——财务报表审计中对法律法规的考虑》，《中国注册会计师审计准则第1323号——关联方》，《中国注册会计师审计准则第1324号——持续经营》等。

进一步审计程序通常可以分为进一步审计程序的总体方案和拟实施的具体审计程序两个层次，总体方案主要是指注册会计师针对各类交易、账户余额和披露决定采用的总体方案（包括实质性方案和综合性方案）。具体审计程序则是对进一步审计程序的总体方案的延伸和细化，通常包括控制测试和实质性程序的性质、时间安排和范围。

需要强调的是，计划审计工作并非审计业务的一个孤立阶段，而是一个持续、不断修正的过程，贯穿于整个审计业务的始终。由于未预期事项、条件的变化或在实施审计程序中获取的审计证据等原因，在审计过程中，注册会计师应当在必要时对总体审计策略和具体审计计划做出更新和修改。

任务5 评估和应对审计风险

一、风险评估

风险导向审计是当今主流的审计方法，它要求注册会计师评估财务报表重大错报风险，设计和实施进一步审计程序以应对评估的错报风险，根据审计结果出具恰当的审计报告。审计工作以重大错报风险的识别、评估和应对为审计工作的主线，以提高审计效率和效果。

（一）对风险评估的总体要求

《中国注册会计师审计准则第1211号——通过了解被审计单位及其环境识别和评估重大错报风险》作为专门规范风险评估的准则，规定注册会计师应当了解被审计单位及其环境，以充分识别和评估财务报表重大错报风险，设计和实施进一步审计程序。

了解被审计单位及其环境是必要程序，特别是为注册会计师在下列关键环节做出职业判断提供重要基础：①确定重要性水平，并随着审计工作的进程评估对重要性水平的判断是否仍然适当；②考虑会计政策的选择和运用是否恰当，以及财务报表的列报是否恰当；③识别需要特别考虑的领域，包括关联方交易、管理层运用持续经营假设的合理性，或交易是否具有合理的商业目的等；④确定在实施分析程序时所使用的期望值；⑤设计和实施进一步审计程序，以将审计风险降至可接受的低水平；⑥评价所获取审计证据的充分性和适当性。

了解被审计单位及其环境是一个连续和动态地收集、更新与分析信息的过程，贯穿于整个审计过程始终。注册会计师应当运用职业判断确定需要了解被审计单位及其环境的程度。

评价对被审计单位及其环境了解的程度是否恰当，关键是看注册会计师对被审计单位及其环境的了解是否足以识别和评估财务报表的重大错报风险。如果了解被审计单位及其环境获得的信息足以识别和评估财务报表的重大错报风险，设计和实施进一步审计程序，那么了解的程度就是恰当的。当然，要求注册会计师对被审计单位及其环境了解的程度，要低于管理层为经营管理企业而对被审计单位及其环境了解的程度。

（二）风险评估程序

注册会计师了解被审计单位及其环境，目的是识别和评估财务报表层次的重大错报风险。注册会计师为了解被审计单位及其环境而实施的程序称为“风险评估程序”。注册会计师应当依据这些程序所获取的信息评估重大错报风险。

注册会计师为了解被审计单位及其环境而实施的风险评估程序包括：

1. 询问被审计单位管理层和内部其他人员

询问被审计单位管理层和内部其他人员是了解被审计单位及其环境的一个重要信息来源。注册会计师可以考虑向管理层和财务负责人询问下列事项：管理层所关注的主要问题；被审计单位最近的财务状况、经营成果和现金流量；可能影响财务报告的交易和事项，被审计单位发生的其他重要变化。

尽管通过询问管理层和财务负责人可获取大部分信息，但向其他人员询问仍然是必要的，主要原因是询问所取得的为口头证据，需相互佐证。其主要目的当然是识别重大错报风险，故询问时可考虑不同的部门和不同的级别，并各有侧重（如表 1 – 17 所示）。

表 1 – 17　　执行风险评估程序时询问对象及其作用

询问对象	应起的作用
治理层	有助于了解财务报表编制的环境
内部审计人员	有助于了解其针对被审计单位内部控制设计和运行有效性而实施的内部审计程序，以及管理层是否实施这些程序的结果采取适当的应对措施
参与生成、处理或记录复杂或异常交易的员工	有助于评价被审计单位选择和运用某项会计政策的适当性
内部法律顾问	有助于了解如诉讼、遵守法律法规的情况、影响被审计单位的舞弊或舞弊嫌疑、产品保证、售后责任、与业务合作伙伴的安排、合同条款的含义等
营销或销售人员	有助于了解营销策略及其变化、销售趋势以及与客户的合同安排
采购和生产人员	有助于了解原材料采购和产品生产等情况
仓库人员	有助于了解存货的收发、保管和盘点情况

注册会计师应当从下列方面了解被审计单位及其环境：①行业状况、法律环境与监管环境以及其他外部因素；②被审计单位的性质；③被审计单位对会计政策的选择和运用；④被审计单位的目标、战略以及可能导致重大错报风险的相关经营风险；⑤被审计单位财务业绩的衡量和评价；⑥被审计单位的内部控制。其中第①项是外部环境，第②、③、④、⑥项是内部因素，第⑤项既有外部因素也有内部因素。被审计单位及其环

境的各个方面可能会互相影响，因此，对以上各方面进行了解和评估时，应当考虑各因素之间的相互关系。

对上述六个方面实施的风险评估程序的性质、时间和范围取决于审计业务的具体情况，如被审计单位的规模和复杂程度、注册会计师的相关审计经验。此外，识别被审计单位及其环境在上述各方面与以前期间相比发生的重大变化，对于充分了解被审计单位及环境、识别和评估重大错报风险尤其重要。

2. 实施分析程序

分析程序是指注册会计师通过研究不同财务数据之间以及财务数据与非财务数据之间的内在关系，对财务信息做出评价。还包括调查识别出的与其他相关信息不一致或与预期数据严重偏离的波动和关系。

分析程序既可用于风险评估程序和实质性程序，也可用于对财务报表的总体复核。实施分析程序有助于识别异常的交易或事项，以及对财务报表和审计产生影响的金额、比率和趋势。在实施分析程序时，应当预期可能存在的合理关系，并与被审计单位记录的金额、依据记录金额计算的比率或趋势进行比较，如果发现异常或未预期到的关系，应当在识别重大错报风险时考虑这些比较结果。

如果使用了高度汇总的数据，实施分析程序的结果可能仅初步显示财务报表存在重大错报风险，将分析程序的结果与识别重大错报风险时获取的其他信息一并考虑，可以帮助注册会计师了解并评价分析程序的结果。例如，被审计单位存在很多产品系列，各个产品系列的毛利率存在一定的差异。对总体毛利率实施分析程序的结果可能仅初步显示销售成本存在重大错报，注册会计师需要实施更为详细的分析程序。如对每一产品系列进行毛利率分析，或将总体毛利率分析的结果连同其他信息一并考虑。

3. 观察和检查

观察和检查程序可以支持对管理层和其他相关人员的询问结果，并可提供有关被审计单位及其环境的信息。观察和检查程序如表1－18所示。

表1－18　　执行风险评估程序时观察和检查的内容及其作用

项目（具体程序）	应起的作用
观察经营活动	增加对被审计单位如何进行生产经营活动及实施内部控制的了解
检查文件、记录和内部控制手册	了解被审计单位组织结构和内部控制制度的建立和健全情况
阅读由管理层和治理层编制的报告	了解自上一期审计结束至本期审计期间发生的重大事项
实地察看生产经营场所和设备	有机会与被审计单位管理层和担任不同职责的员工进行交流，增强对经营活动及其重大因素的了解
追踪交易在财务报告信息系统中的处理过程（穿行测试）	确定交易流程和相关控制是否与之前通过其他程序所获得的了解一致，并确定相关控制是否得到执行

以上是风险评估程序的基本要点，还需考虑：第一，除了从被审计单位内部获得信息外，如果根据职业判断认为从审计单位外部获取的信息有助于识别重大错报风险，注册会计师应当实施其他审计程序以获取这些信息；第二，阅读外部信息也可能有助于了解被审计单位及其环境；第三，在承接客户或续约过程中获取的信息以及向被审计单位

提供其他服务所获得的经验同样有助于识别重大错报风险。

（三）了解内部控制制度

内部控制是被审计单位为了合理保证财务报告的可靠性、经营的效率和效果以及对法律法规的遵守，由治理层、管理层和其他人员设计和执行的政策及程序。

1. 内部控制要素

内部控制要素包括控制环境、风险评估过程、与财务报告相关信息系统与沟通、控制活动、对控制的监督。

被审计单位并不一定采用这种分类方式来设计和运行其内部控制，通常会综合其规模和复杂程度等因素设计和执行内部控制，故不同单位间的内部控制不可能完全相同。不管内部控制如何设计，重要的是被审计单位的某项控制能否实现控制目标，是否能够以及如何防止或发现并纠正相关交易、账户余额、列报存在的重大错报。

此外，内控的设计和执行必然要消耗一定的管理资源，按成本效益原则，一些单位会舍弃一些并不重要的内部控制，甚至采取背离标准内部控制的做法，如业主凌驾于控制之上。

2. 与审计相关的控制

注册会计师需要了解和评价的内部控制只是与财务报表审计相关的内部控制，并非被审计单位所有的内部控制。审计执行过程中，一项非常重要的任务是分清与审计有关的控制和与审计无关的控制，以提高审计的效率和效果。

3. 内部控制固有局限性

内部控制无论如何有效，都只能对被审计单位实现财务报告目标提供合理保证。内部控制实现目标的可能性受其固有限制的影响，这些影响包括：①在决策时人为判断可能出现错误和由于人为失误而导致内部控制失效；②可能由于两个或两个以上的人员串通或管理层凌驾于内部控制之上而被规避；③行使内部控制的人员素质不适应岗位要求，影响内部控制功能的发挥；④成本效益原则影响内部控制的效能、控制环节或控制措施；⑤不经常发生或未预计到的业务，原有控制可能不适用。

4. 了解内部控制的步骤

注册会计师在了解内部控制时，应当评估被审计单位的内部控制设计，并确定是否得到执行。在评估内部控制的设计时，应当将被审计单位整体层面的内部控制状况和了解到的被审计单位及其环境等方面的情况结合起来考虑。了解内部控制包括四个重要的步骤：

（1）识别需要降低哪些风险以预防财务报表中发生重大错报。如果某内部控制目标没有实现，风险因素通常被描述为“可能的错误”。

（2）记录相关的内部控制。目的是识别是否存在内部控制降低第一步所列出的风险因素，但没有必要记录和评价与审计无关的内部控制。

（3）评估控制的执行。主要是实施穿行测试，以确信识别的内部控制确实存在。如果存在，注册会计师就可以完成对控制设计和执行的评估。

（4）评估内部控制的设计。汇总获得的所有信息，并根据风险因素描绘识别出的（或执行的）控制。

完成上述四个步骤后，注册会计师应当确定内部控制是否存在重大弱点。

小案例

注册会计师王英执行广州盈嘉有限公司审计业务过程中，与其内部审计机构中的钱大伟进行了沟通，钱大伟提到了在进行内部审计时发现的一些情况，并说之前他已向公司反映了，但问题总是得不到解决，领导总是说：疑人不用，用人不疑，我都很信任他们，内部审计机构也不要老是在凭证、账簿、报表上面打转转，这些都是财务部门的事情，你们今后要在如何提高经济效益方面多动脑筋。钱大伟对这些无可奈何，但还是将情况反映给了注册会计师：

（1）公司采购大量使用现金，供应部门每月提出采购计划，实际与计划相符的业务，仓库验收后，出纳直接付款，不符部分由供应部门签批后付款；

（2）预付货款的客户到公司提货时，经常查不到收款单，客户认为汇款基本上当天就可以收到，销售部与财务部为此互相指责，客户也认为公司办事效率太低；

（3）公司按销售收入的一定比例给各业务员赊销限额，并将每月赊销发生额、余额作为考核指标，实际执行时由业务员全权处理；

（4）每年年终，公司按各客户的销售量，分不同的档次支付销量奖，由销售部统计，或直接付款，或减少应收账款；

（5）本年度有二笔巨额的现金付款，没有任何付款手续，据说是购买专有技术和联营投资。

问题：

（1）执行审计业务时与内部审计部门沟通是否有必要？

（2）简要分析该公司内部控制。

（四）评估重大错报风险

1. 识别、评估财务报表层次和认定层次的重大错报风险

（1）识别和评估重大错报风险的审计程序。

①在了解被审计单位及其环境（包括与风险相关的控制）的整个过程中，结合对财务报表中各类交易、账户余额和披露的考虑，识别风险。

②评估识别出的风险，并评价其是否更广泛地与财务报表整体相关，进而潜在地影响多项认定。例如，经济不景气可能预示应收账款的回收存在问题，主要产品处于衰退期可能预示着存货和长期资产（如固定资产）的减值。

③结合对拟测试的相关控制的考虑，将识别出的风险与认定层次可能发生错报的领域相联系。例如，销售困难可能导致存货需计提跌价准备，这显示存货的计价可能发生错报。

④考虑发生错报的可能性（包括发生多项错报的可能性），以及潜在错报的重大程度是否足以导致重大错报。

注册会计师应当利用实施风险评估程序获取的信息，包括在评价控制设计和确定其是否得到执行时获取的审计证据，作为支持风险评估结果的审计证据。注册会计师应当根据风险评估结果，确定实施进一步审计程序的性质、时间和范围。

（2）识别两个层次的重大错报风险。在对重大错报风险进行识别和评估后，注册会计师应当确定，识别的重大错报风险是与特定的某类交易、账户余额、列报的认定相关，还是与财务报表整体广泛相关，进而影响多项认定。

小案例

注册会计师杨忠、李红调查了解到荣光公司如下情况：

（1）股东李元安对张伟非常信任，所以公司的生产经营基本上交张伟负责；

（2）2018年，由于增值税负担率与同行业相比偏低，当地国税局曾对荣光公司进行过增值税纳税评估，调查其向主要客户的订价政策和执行情况，但结果不甚明了；

（3）出纳员王倩是股东李元安的侄女；

（4）公司厂区内禁止吸烟；

（5）机器设备频繁地改装、移动；

（6）各车间有专门的统计员和核算员，但其工作主要是为人事部计算工资服务；

（7）由于涉及经营秘密，成本计算的原始资料不在记账凭证中，公司不向其他任何外界人士提供（包括审计人员）；

（8）连续3年被当地工商行政管理局评为“重合同、守信用”企业，银行对其评级也由BBB上升至A；

（9）员工的福利较好，平时员工俱乐部各种活动较多，每逢节日、红白喜事，公司都组织慰问；

（10）公司当年新扩建了生产能力。

根据以上资料请思考：

（1）以上情况可以通过何种方式调查了解到？是否对风险评估都有益处？

（2）是否表明涉及重大错报风险？如果涉及，是何理由，属于什么层次，涉及哪些账户？

注册会计师还需注意控制环境对评估财务报表层次重大错报风险的影响、控制对评估认定层次重大错报风险的影响。第一，财务报表层次的重大错报风险很可能源于薄弱的控制环境，薄弱的控制环境带来的风险可能对财务报表产生广泛影响，难以限于某类交易、账户余额、列报，注册会计师应当采取总体应对措施。第二，由于控制有助于防止或发现并纠正认定层次的重大错报，因此应当将所了解的控制与特定认定相联系（控制与某一认定可直接相关、可间接相关）。

考虑财务报表的可审计性：注册会计师在了解被审计单位内部控制后，可能对被审计单位财务报表的可审计性产生怀疑。如果通过对内部控制的了解发现下列情况，并对财务报表局部或整体的可审计性产生疑问，注册会计师应当考虑出具保留意见或无法表示意见的审计报告：①被审计单位会计记录的状况和可靠性存在重大问题，不能获取充分、适当的审计证据以发表无保留意见；②对管理层的诚信存在严重疑虑。必要时，注册会计师应当考虑解除业务约定。

2. 需要特别考虑的重大错报风险

作为风险评估的一部分，注册会计师应当运用职业判断，确定识别的风险哪些是需要特别考虑的重大错报风险（即特别风险）。

在确定风险性质时，应从以下方面判断：①风险是否属于舞弊风险；②风险是否与近期经济环境、会计处理方法和其他方面的重大变化有关；③交易的复杂程度；④风险是否涉及重大的关联方交易；⑤财务信息计量的主观程度，特别是对不确定事项的计量存在较大区间；⑥风险是否涉及异常或超出正常经营过程的重大交易。

日常的、不复杂的、经正规处理的交易不太可能产生特别风险，特别风险通常与重大的非常规交易和判断事项有关。

非常规交易是指由于金额或性质异常而不经常发生的交易，如企业购并、债务重组、重大或有事项等。由于非常规交易具有下列特征，与重大非常规交易相关的特别风险可能导致更高的重大错报风险：①管理层更多地介入会计处理；②数据收集和处理涉及更多的人工成分；③复杂的计算或会计处理方法；④非常规交易的性质可能使被审计单位难以对由此产生的特别风险实施有效控制。

判断事项通常包括做出的会计估计，如资产减值准备金额的估计需要运用复杂估值技术确定公允价值计量等。由于下列原因，与重大判断事项相关的特别风险可能导致更高的重大错报风险：①对涉及会计估计、收入确认等方面的会计原则存在不同的理解；②所要求的判断可能是主观和复杂的，或需要对未来事项做出假设。

对特别风险，应当评价相关控制的设计情况，并确定其是否已经得到执行。由于与重大非常规交易或判断事项相关的风险很少受到日常控制的约束，注册会计师应当了解被审计单位是否针对该特别风险设计和实施了控制。

如果管理层未能实施控制以恰当应对特别风险，注册会计师应当认为内部控制存在重大缺陷，并考虑其对风险评估的影响。在此情况下，注册会计师应当就此类事项与治理层沟通。

3. 仅通过实质性程序无法应对的重大错报风险

作为风险评估的一部分，如果认为仅通过实质性程序获取的审计证据无法将认定层次的重大错报风险降至可接受的低水平，注册会计师应当评价被审计单位针对这些风险设计的控制，并确定其执行情况。

在被审计单位对日常交易采用高度自动化处理的情况下，审计证据可能仅以电子形式存在，其充分性和适当性通常取决于自动化信息系统相关控制的有效性，注册会计师应当考虑仅通过实施实质性程序不能获取充分、适当审计证据的可能性。

4. 对风险评估的修正

注册会计师对认定层次重大错报风险的评估应以获取的审计证据为基础，并可能随着不断获取审计证据而做出相应的变化。

评估重大错报风险与了解被审计单位及其环境一样，也是一个连续和动态地收集、更新与分析信息的过程，贯穿于整个审计过程的始终。

二、风险应对

（一）针对财务报表层次重大错报风险的总体应对措施

财务报表层次重大错报风险难以限于某类交易、账户余额和披露，对财务报表的多项认定产生广泛影响，并相应增加对认定层次重大错报风险的评估难度。因此，评估的财务报表层次重大错报风险以及采取的总体应对措施对拟实施进一步审计程序的总体审计方案具有重大影响。拟实施进一步审计程序的总体审计方案包括实质性方案和综合性方案。实质性方案是指实施的进一步审计程序以实质性程序为主；综合性方案是实施进一步审计程序时将控制测试与实质性程序结合使用。当评估的财务报表层次重大错报风险属于高风险水平时，拟实施的进一步审计程序的总体方案往往更倾向于实质性方案。

针对财务报表层次重大错报风险，总体应对措施包括：①向项目组强调保持职业怀疑的必要性；②指派更有经验或具有特殊技能的审计人员；③提供更多的督导；④在选择拟实施的进一步审计程序时融入更多的不可预见的因素；⑤对拟实施审计程序的性质、时间安排或范围做出总体修改。

（二）针对认定层次重大错报风险的进一步审计程序

1. 进一步审计程序的含义

进一步审计程序相对于风险评估程序而言，是指注册会计师针对评估的各类交易、账户余额和披露认定层次重大错报风险实施的审计程序，包括控制测试和实质性程序。

注册会计师应当针对评估的认定层次重大错报风险设计和实施进一步审计程序，包括审计程序的性质、时间安排和范围。审计程序的性质、时间安排和范围应当与评估的认定层次重大错报风险具备明确的对应关系。实施的审计程序应具有目的性和针对性，有的放矢地配置审计资源，以提高审计效率和效果。

需要注意的是，尽管在应对评估的认定层次重大错报风险时，拟实施的进一步审计程序的性质、时间安排和范围都应当确保其具有针对性，但其中进一步审计程序的性质是最重要的。例如，评估的重大错报风险越高，实施的进一步审计程序的范围越大，但只有首先确保进一步审计程序的性质与特定风险相关时，扩大审计范围才是有效的。

2. 设计进一步审计程序时的考虑因素（如表 1－19 所示）

表 1－19　　设计进一步审计程序时的考虑因素

因素	解释
风险的重要性	其是指风险造成的后果的严重程度。风险的后果越严重，就越需关注和重视，越需要精心设计有针对性的进一步审计程序
重大错报的可能性	重大错报发生的可能性越大，越需要精心设计进一步审计程序
涉及的各类交易、账户余额和披露的特征	不同的交易、账户余额和披露产生的认定层次的重大错报风险也会存在差异，适用的审计程序也有差异，需要区别对待，并设计有针对性的进一步审计程序予以应对

续表

因素	解释
被审计单位采用的特定控制的性质	不同性质的控制（特别是人工控制还是自动化控制）对设计进一步程序具有重要影响
是否拟获取审计证据以确定内部控制在防止或发现并纠正重大错报方面的有效性	如果在风险评估时预期内部控制运行有效，随后拟实施的进一步审计程序就必须包括控制测试，且实质性自然会受到之前控制测试结果的影响

综合上述几个方面的因素，注册会计师对认定层次重大错报风险的评估为确定进一步审计程序的总体审计方案奠定了基础。因此，应当根据对认定层次重大错报风险的评估结果恰当选用实质性方案或综合性方案。通常情况下，出于成本效益的考虑，可以采用综合性方案设计进一步审计程序，即将测试控制运行的有效性与实质性结合使用。但在某些情况下（如仅通过实质性程序无法应对重大错报风险），必须通过实施控制测试才可能有效应对评估出的某一认定的重大错报风险，而在另一些情况下（如风险评估程序未能识别出与认定相关的任何控制，或认为控制测试很可能不符合成本效益），注册会计师可能认为仅实施实质性就是适当的。

小型企业可能不存在能够被注册会计师识别的内部控制活动，审计过程中实施的进一步审计程序可能主要是实质性程序。但始终应当考虑缺乏控制的情况下，仅通过实施实质性程序是否能够获取充分、适当的审计证据。

需要特别注意的是，注册会计师对重大错报风险的评估毕竟是一种主观判断，可能无法充分识别所有的重大错报风险，同时内部控制存在固有局限性（特别是存在管理层凌驾于内部控制之上的可能性），因此，无论选择何种方案，注册会计师都应当对所有重大的各类交易、账户余额和披露设计和实施实质性程序。

3. 进一步审计程序的性质

进一步审计程序的性质是指进一步审计程序的目的和类型。进一步审计程序的目的包括通过实施控制测试以确定内部控制运行的有效性，通过实施实质性程序以发现认定层次的重大错报。进一步审计程序的类型包括检查、观察、询问、函证、重新计算、重新执行和分析程序。

由于不同的审计程序应对特定认定错报风险的效力不同，因此合理确定审计程序的性质是最重要的。

在确定审计程序的性质时，首先需要考虑的是认定层次重大错报风险的评估结果，根据认定层次重大错报风险的评估结果选择审计程序。评估的认定层次重大错报风险越高，对通过实质性程序获取的审计证据的相关性和可靠性的要求越高，从而影响进一步审计程序的类型及其综合运用。除了从总体上把握认定层次重大错报风险的评估结果对选择进一步审计程序的影响外，在确定拟实施的审计程序时，还应当考虑评估的认定层次重大错报风险产生的原因，包括考虑各类交易、账户余额和披露的具体特征以及内部控制。

需要说明的是，如果在实施的进一步审计程序时拟利用被审计单位信息系统生成的信息，注册会计师应当就信息的准确性和完整性获取审计证据。

4. 进一步审计程序的范围

进一步审计程序的范围是指实施进一步审计程序的数量，包括抽取的样本量、对某项控制活动的观察次数等。

在确定进一步审计程序的范围时，需要考虑下列因素：①确定的重要性水平。确定的重要性水平越低，实施的进一步审计程序越广；②评估的重大错报风险。评估的重大错报风险越高，对拟获取审计证据的相关性、可靠性的要求越高，进一步审计程序的范围也越广；③计划获取的保证程度。计划获取的保证程度是指注册会计师计划通过所实施的审计程序对测试结果可靠性所获取的信心。计划获取的保证程度越高，对测试结果可靠性要求越高，进一步审计程序的范围越广。

注册会计师在综合运用不同审计程序时，除了面临各类审计程序的性质选择问题外，还面临如何权衡各类程序的范围问题。因此，在综合运用不同审计程序时，不仅应当考虑各类审计程序的性质，还应当考虑测试的范围是否适当。

（三）控制测试

1. 控制测试的含义

控制测试是指用于评价内部控制在防止或发现并纠正认定层次重大错报方面的运行有效性而实施的审计程序。这一概念需要与“了解内部控制”进行区分，“了解内部控制”包含两层含义：一是评价控制的设计；二是确定控制是否得到执行。测试控制运行的有效性与确定控制是否得到执行所需获取的审计证据是不同的。

在实施风险评估程序以获取控制是否得到执行的审计证据时，注册会计师应当确定某项控制是否存在，被审计单位是否正在使用。

在测试控制运行的有效性时，注册会计师应当从下列方面获取关于控制是否有效运行的审计证据：①控制在所审计期间的不同时点是如何运行的；②控制是否得到一贯执行；③控制由谁执行；④控制以何种方式运行（如人工控制或自动化控制）。从这四个方面来看，控制运行有效性强调的是控制能够在各个不同时点按照既定设计得以一贯执行。因此，在了解控制是否得到执行时，注册会计师只需抽取少量的交易进行检查或观察某几个时点。但在测试控制运行的有效性时，注册会计师需要抽取足够数量的交易进行检查或对多个不同时点进行观察。

测试控制运行的有效性与确定控制是否得到执行所需获取的审计证据虽然存在差异，但二者也有联系。为评价控制设计和确定控制是否得到执行而实施的某些风险评估程序并非专为控制测试而设计，但可能提供有关控制运行有效性的审计证据，注册会计师可以考虑在评价控制设计和获取其得到执行的审计证据的同时测试控制运行的有效性，以提高审计效率；同时应当考虑这些审计证据是否足以实现控制测试的目的。

2. 控制测试的要求

作为进一步审计程序的类型之一，控制测试并非在任何情况下都需要实施。当存在下列情形之一时，注册会计师应当实施控制测试：①在评估认定层次重大错报风险时，预期控制的运行是有效的；②仅实施实质性程序不足以提供认定层次充分、适当的审计证据。

如果在评估认定层次重大错报风险时预期控制的运行是有效的，注册会计师应当实施控制测试，就控制在相关期间或时点的运行有效性获取充分、适当的审计证据。只有认为控制设计合理、能够防止或发现和纠正认定层次的重大错报，注册会计师才有必要对控制运行的有效性实施测试。如果认为仅实施实质性程序获取的审计证据无法将认定层次重大错报风险降至可接受的低水平，注册会计师应当实施相关的控制测试，以获取控制运行有效性的审计证据。在认为仅通过实施实质性程序不能获取充分、适当的审计证据的情况下，注册会计师必须实施控制测试，且这种测试已经不再是单纯出于成本效益的考虑，而是必须获取的一类审计证据。

需要说明的是，被审计单位在所审计期间内可能由于技术更新或组织管理变更而更换了信息系统，从而导致在不同时期使用了不同的控制。如果被审计单位在所审计期间内的不同时期使用了不同的控制，注册会计师应当考虑不同时期控制运行的有效性。

3. 控制测试的性质

控制测试的性质是指控制测试所使用的审计程序的类型及其组合。

计划从控制测试中获取的保证水平是决定控制测试性质的主要因素之一。注册会计师应当选择适当类型的审计程序以获取有关控制运行有效性的保证。对控制有效性的信赖程度越高，应当获取越有说服力的审计证据。当拟实施的进一步审计程序主要以控制测试为主，尤其是仅实施实质性程序无法或不能获取充分、适当的审计证据时，注册会计师应当获取有关控制运行有效性的更高的保证水平。

控制测试与了解内部控制的目的不同，但二者采用审计程序的类型通常相同（如表1－20所示）。

表1－20　　控制测试通常采用的审计程序

类型	要点
询问	①询问对象是被审计单位适当员工，目的是获取与运行情况相关的信息；②虽然询问是一种有用的手段，但仅仅通过询问不能为控制运行的有效性提供充分的证据，必须和其他测试手段结合使用才能发挥作用（如印证被询问者的答复）；③询问过程中应当保持职业怀疑态度
观察	①主要特点是不留下书面记录（如查看仓库门是否锁好，空白支票是否妥善保管）；②通常情况下，通过观察直接获取的证据比间接获取的证据更可靠；③提供的证据仅限于观察发生的时点，不足以测试控制运行的有效性，要考虑所观察到的控制在其他场合可能未被执行的情况
检查	①对运行情况留有书面证据的控制，检查非常适用；②书面说明、复核时留下的记号或其他记录在偏差报告中的标志，都可以当作控制运行情况的证据。（如检查销售发票是否有复核人员签字、检查销售发票是否附有客户订购单和出库单）
重新执行	①通常只有当询问、观察和检查程序结合在一起仍无法获得充分的证据时，才考虑通过重新执行来证实控制是否有效运行；②如果需要进行大量的重新执行，就要考虑通过实施控制测试以缩小实质性程序的范围是否有效率
穿行测试	①它不是单独的一种程序，而是将多种程序按特定审计需要进行结合运用的方法；②它是通过追踪交易在财务报告信息系统中的处理过程来证实注册会计师对控制的了解、评价控制设计的有效性以及确定控制是否得到执行

确定控制测试的性质时的要求：①考虑特定控制的性质。应当根据特定控制的性质选择所需实施审计程序的类型。例如，某些控制可能存在反映运行有效性的文件记录，相应地，可以检查这些文件记录以获取控制运行有效性的审计证据；某些控制可能不存

在文字记录（如一项自动化的控制活动）或文件记录与能否证实控制运行有效性不相关，则应当考虑实施检查以外的其他审计程序（如询问和观察）或借助计算机辅助审计技术，以获取有关控制运行有效性的审计证据。②考虑与认定直接相关和间接相关的控制。例如，被审计单位可能针对超出信用额度的例外赊销交易设置报告和审核制度（与认定直接相关的控制）。在测试该项制度的运行有效性时，注册会计师不仅应当考虑审核的有效性，还应当考虑与例外赊销报告中信息准确性有关的控制（与认定间接相关的控制）是否有效运行。③如何对一项自动化的应用控制实施控制测试。对于一项自动化的应用控制，由于信息技术处理过程的内在一贯性，注册会计师可以利用该项控制得以执行的审计证据和信息技术一般控制（特别是系统变动的控制）运行有效性的审计证据，作为支持该项控制在相关期间运行有效性的重要审计证据。

4. 控制测试的时间

控制测试的时间包含两层含义：一是何时实施控制测试；二是测试所针对的控制适用的时点或期间。一个基本的原理是，对特定时点的控制的测试所得到的是该时点控制运行有效性的审计证据；对某一期间的控制的测试所得到的是控制在该期间有效运行的审计证据。因此，应当根据控制测试的目的确定控制测试的时间，并确定拟信赖相关控制的时点或期间。

5. 控制测试的范围

控制测试的范围主要是指某项控制活动的测试次数，注册会计师应当设计控制测试，以获取控制在整个拟信赖的期间有效运行的充分、适当的审计证据。

（1）在整个拟信赖的期间，被审计单位执行的频率。控制执行的频率越高，控制测试的范围越大。

（2）在所审计期间，拟信赖控制运行有效性的时间长度。拟信赖控制运行有效性的时间长度不同，在该时间长度内发生的控制活动次数也不同。拟信赖期间越长，控制测试的范围越大。

（3）控制的预期偏差。预期偏差可以用控制未得到执行的预期次数占控制应当得到执行次数的比例加以衡量（也可称预期偏差率）。考虑该因素是因为，在考虑测试结果是否可以得出控制有效性的结论时，不可能只要出现任何控制执行偏差就认定控制运行无效，所以需要确定一个合理水平的预期偏差。控制的预期偏差率越高，需要实施控制测试的范围越大。如果控制的预期偏差率过高，注册会计师应当考虑控制可能不足以将认定层次的重大错报风险降至可接受的低水平，从而针对某一认定实施的控制测试可能是无效的。

（4）通过测试与认定相关的其他控制获取的审计证据的范围。针对同一认定，可能存在不同的控制。当针对其他控制获取审计证据的充分性和适当性较高时，测试该控制的范围可适当缩小。

（5）拟获取有关认定层次控制运行有效性的审计证据的相关性和可靠性。

（四）实质性程序

1. 实质性程序的含义

实质性程序是指注册会计师针对评估的重大错报风险实施的直接用以发现认定层次

重大错报的审计程序。因此，注册会计师应当针对评估的重大错报风险设计和实施实质性程序，以发现认定层次的重大错报。实质性程序包括对各类交易、账户余额、列报的细节测试以及实质性分析程序。

注册会计师实施的实质性程序应当包括下列与财务报表编制完成阶段相关的审计程序：①将财务报表与其所依据的会计记录相核对；②检查财务报表编制过程中做出的重大会计分录和其他会计调整。注册会计师对会计分录和其他会计调整检查的性质和范围，取决于被审计单位财务报告过程的性质和复杂程度以及由此产生的重大错报风险。

由于注册会计师对重大错报风险的评估是一种判断，可能无法充分识别所有的重大错报风险，并且由于内部控制存在固有局限性，无论评估的重大错报风险结果如何，注册会计师都应当针对所有重大的各类交易、账户余额、列报实施实质性程序。

2. 针对特别风险实施的实质性程序

如果认为评估的认定层次重大错报风险是特别风险，注册会计师应当专门针对该风险实施实质性程序。如果针对特别风险仅实施实质性程序，注册会计师应当使用细节测试，或将细节测试与实质性分析程序结合使用，以获取充分、适当的审计证据。因为仅实施实质性分析程序不足以获取有关特别风险的充分、适当的审计证据。针对特别风险的应对措施如表1－21所示。

表1－21　　针对特别风险的应对措施

项目	简要说明	审计要求	举例
经营目标	为了从被审计单位高层次的经营目标中识别出经营风险和审计风险，通常需要了解被审计单位的经营目标	记录对当期审计有影响的经营目标	被审计单位计划的业务收入或利润比上年大幅度增加
经营风险	是指任何可能导致被审计单位不能实现经营目标的风险	只记录那些对当期审计有影响的经营风险，或注册会计师认为对未来审计产生影响并有必要向被审计单位报告的经营风险	过于激进的销售政策会增加坏账风险
特别风险	涉及较多的假设和人为判断因素，考虑与之相对应的经营风险及对经营目标的影响	记录源自经营风险的特别风险，或在审计过程中发现的并非由经营目标和经营风险导致的特别风险	收入确认可能不符合规定、应收账款计价可能不准确
管理层应对或控制措施	管理层对特别风险是否有相应的应对措施	记录管理层认为有助于降低特别风险的控制及其评价。如果评价结果显示注册会计师不能依赖这些内部控制，应相应调整审计方案，并考虑把问题报告给被审计单位	及时编制应收账款账龄分析报告、逾期应收账款应有相应的控制措施、坏账准备的计提应与实际业务情况相匹配
财务报表项目及认定	需要将特别风险与财务报表项目及认定相联系	记录受特别风险影响的财务报表项目和认定	应收账款的计价

续表

项目	简要说明	审计要求	举例
审计措施	列出应对特别风险的进一步审计程序的方案，即综合性方案或实质性方案	记录应对特别风险的审计措施，即综合性方案或实质性方案。根据控制测试和实质性程序的结果对本栏内容予以更新	讨论所执行的坏账风险评估程序、坏账准备计提方法、审阅账龄分析报告和还款协议及执行情况、抽查货款收回情况
向被审计单位报告的事项	管理层没有实施控制来正确应对特别风险，由此判断被审计单位的控制存在重大缺陷，应与管理层和治理层沟通	汇总记录向被审计单位报告的事项，并注明与相关工作底稿的勾稽关系	无或详见管理建议书

3. 实质性程序的性质

实质性程序是指用于发现认定层次重大错报的审计程序，包括对各类交易、账户余额和披露的细节测试以及实质性分析程序。应包括下列与财务报表编制完成阶段相关的审计程序：

（1）将财务报表与其所依据会计记录进行核对或调节。

（2）检查财务报表编制过程中做出的重大会计分录和其他调整。对会计分录和其他会计调整检查的性质和范围，取决于被审计单位财务报告过程的性质和复杂程度以及由此产生的重大错报风险。

由于注册会计师对重大错报风险的评估是一种判断，可能无法充分识别所有的重大错报风险，并且由于内部控制存在固有局限性，无论评估的重大错报风险结果如何，注册会计师都应当针对所有重大的各类交易、账户余额和披露实施实质性程序。

细节测试是对各类交易、账户余额、列报的具体细节进行测试，目的在于直接识别财务报表认定是否存在错报。细节测试被用于获取与某些认定相关的审计证据，如存在、准确性、计价等。

实质性分析程序从技术特征上讲仍然是分析程序，主要是通过研究数据间关系评价信息，只是将该技术方法用作实质性程序，用以识别各类交易、账户余额、列报及相关认定是否存在错报。对在一段时间内存在可预期关系的大量交易，注册会计师可以考虑实施实质性分析程序。运用实质性分析程序时，应当考虑如下因素：①对特定认定使用实质性分析程序的适当性；②对已记录的金额或比率做出预期时，所依据的内部或外部数据的可靠性；③做出预期的准确程度是否足以在计划的保证水平上识别重大错报；④已记录金额与期望值之间可接受的差异额。考虑到数据及分析的可靠性，当实施实质性分析程序时，如果使用被审计单位编制的信息，注册会计师应当考虑测试与信息编制相关的控制，以及这些是否在本期或前期经过审计。

由于细节测试和实质性分析程序的目的和技术手段存在一定差异，因此，各自有不同的适用领域。

4. 实质性程序的范围

评估的认定层次重大错报风险和实施控制测试的结果是注册会计师在确定实质性程序的范围时应当考虑的重要因素，评估的认定层次的重大错报风险越高，需要实施的实质性程序的范围就越广。如果对控制测试结果不满意，应当考虑扩大实质性程序的范围。

在设计细节测试时，注册会计师除了从样本量的角度考虑测试范围，还要考虑选样方法的有效性等因素。如从总体中选取大额或异常项目，而不是进行代表性抽样或分层抽样。

实质性分析程序的范围有两层含义：一是对什么层次上的数据进行分析。注册会计师可以选择在高度汇总的财务数据层次进行分析，也可以根据重大错报风险的性质和水平调整分析层次。二是需要对什么幅度或性质的偏差展开进一步调查。实施分析程序可能发现偏差，但并非所有的偏差都值得展开进一步调查。可容忍或可接受的偏差（即预期偏差）越大，进一步调查的范围就越小。于是确定适当的预期偏差同样属于实质性分析程序的范畴。因此，在设计实质性程序时，注册会计师应当确定已记录金额与预期值之间可接受的差异额。在确定该差异额时，应当主要考虑各类交易、账户余额、列报及相关认定的重要性和计划的保证水平。

2 项目二 货币资金审计

学习目标

□ 知识学习目标

了解货币资金的内部控制并对其进行控制测试；
明确库存现金的审计目标，掌握库存现金的实质性程序；
明确银行存款的审计目标，掌握银行存款的实质性程序。

□ 技能训练目标

能够实施货币资金的控制测试；
能够实施库存现金的实质性程序；
能够实施银行存款的实质性程序。

工作任务

任务 1　库存现金审计
任务 2　银行存款审计

导入案例

广州安邦会计师事务所接受业务委托，对广州市大华科技有限公司（以下简称大华公司）2019 年度财务报表进行审计，注册会计师李一鸣负责货币资金项目审计。在项目组进驻大华公司后，了解到公司相关情况如下：

(1) 财务部人员配备及岗位分工情况如下：

财务经理：张亮，负责会计制度设计、会计监督与决策工作；

会计主管：刘涛，负责办理总账业务，报税业务，编制财务报表；

会计：田欣，负责销售、往来、职工薪酬及税费的核算；

会计：李丹丹，负责存货、固定资产以及成本费用核算；

出纳：王莉莉，负责现金收支凭证的办理，登记库存现金及银行存款日记账，盘点现金，保管预留印鉴及重要票据，月末与银行对账。

（2）货币资金相关的授权审批权限。日常费用报销实行总经理“一支笔”审批，资本性支出在100万元以下股东会已授权由总经理审批，但100万元以上的单项投资需要报股东会讨论并对总经理进行特别授权。

（3）货币资金支付的控制制度。所有款项的支付先由经手人填制支付请求单，由所在部门和财务部经理同意后报总经理审批签字，再交由财务部出纳安排付款。

根据以上资料请思考：

（1）李一鸣应如何评价大华公司货币资金的内部控制？

（2）在审计过程中是否需要对大华公司的货币资金进行控制测试？

任务1 库存现金审计

任务描述

注册会计师李一鸣按照审计计划开始对广州市大华科技有限公司（以下简称大华公司）的库存现金进行审计，组长程斌要求其完成如下工作：①实施货币资金的内部控制测试，检查货币资金收、付、存等方面管理制度的完善性与执行性；②对库存现金实施实质性程序，重点是做好库存现金监盘和抽查大额现金收支。

审计准备

（1）审计人员应当向相关人员询问了解被审计单位库存现金核算的相关管控制度及人员配置情况。

（2）需要收集的证据：库存现金盘点表。

（3）涉及的凭证和会计记录包括：库存现金总账、库存现金明细账、库存现金日记账以及相关的记账凭证。大华公司2019年库存现金相关会计记录概要如表2－1所示。

表 2-1 大华公司 2019 年库存现金相关会计记录表 单位：元

月份	摘要	借方	贷方	借/贷	余额
	年初余额			借	8 125.20
1	本月发生	101 166.76	101 135.22	借	8 156.74
2	本月发生	177 659.38	176 830.70	借	8 985.42
3	本月发生	189 523.76	180 764.64	借	17 744.54
4	本月发生	102 719.61	111 163.34	借	9 300.81
5	本月发生	82 352.27	89 396.08	借	2 257.00
6	本月发生	115 131.60	109 897.25	借	7 491.35
7	本月发生	307 429.58	311 668.80	借	3 252.13
8	本月发生	100 379.29	90 815.95	借	12 815.47
9	本月发生	145 432.04	145 758.83	借	12 488.68
10	本月发生	156 363.52	164 543.31	借	4 308.89
11	本月发生	154 755.85	141 409.77	借	17 654.97
12	本月发生	199 278.70	205 414.94	借	11 518.73
	本年累计	1 832 192.36	1 828 798.83	借	14 912.26

相关知识

货币资金

货币资金包括库存现金、银行存款及其他货币资金。其中，库存现金包括企业的记账本位币（人民币）和外币，企业应当设置“库存现金日记账”进行核算。银行存款科目核算企业存入银行或其他金融机构的各种款项，企业应当按照开户银行和其他金融机构、存款种类等，分别设置“银行存款日记账”进行核算。其他货币资金科目核算企业的外埠存款、银行汇票存款、银行本票存款、信用卡存款、信用证保证金存款、存出投资款等各种其他货币资金。

审计过程

一、确定库存现金的审计目标

库存现金是企业流动性最强的资产，虽然其在企业总资产中的比重不大，但企业发生的舞弊事件很多都与库存现金有关。常见的库存现金业务问题主要有：库存现金超过限额；坐支现金收入；超范围使用库存现金；私设“小金库”；贪污、挪用库存现金等。因此，审计人员在审计过程中，切不可对库存现金的审计掉以轻心。库存现金的具体审计目标如表 2-2 所示。

表 2-2　　库存现金审计目标与财务报表认定的对应关系

审计目标	财务报表认定				
	存在	完整性	权利和义务	计价和分摊	列报和披露
A. 资产负债表中记录的库存现金是存在的	√				
B. 应当记录的库存现金均已记录		√			
C. 记录的库存现金由被审计单位拥有或控制			√		
D. 库存现金以恰当的金额包括在财务报表中，与之相关的计价调整已恰当记录				√	
E. 库存现金已按照企业会计准则的规定在财务报表中做出恰当列报和披露					√

二、货币资金的控制测试

货币资金与其他交易或业务活动均有密切联系，几乎各项资产、负债的增减变动和收入、费用的形成都会引起货币资金的变动，加之货币资金的流动性极强，因此被审计单位货币资金内部控制制度是否健全，内部控制是否有效运行，对保障货币资金的安全完整起着重要作用。审计人员在审查货币资金项目时，应首先要了解被审计单位货币资金的内部控制，并对其运行的有效性进行测试。

相关知识

货币资金的内部控制

货币资金包括库存现金、银行存款和其他货币资金。货币资金在企业的资产中流动性最强，为了确保货币资金的安全完整，企业应参照国家有关规定建立和健全库存现金管理制度。一般而言，货币资金内部控制包括以下内容：

1. 岗位分工及授权批准

(1) 企业应建立货币资金的岗位责任制，明确相关部门和岗位的职责权限，确保办理现金业务的不相容岗位相互分离、制约和监督。出纳人员不得兼任稽核、会计档案保管和收入、支出、费用、债权债务账务的登记工作。企业不得由一人办理货币资金业务的全过程。

(2) 企业应当对库存现金业务建立严格的授权批准制度，明确审批人对现金业务的授权批准方式、权限、程序、责任和相关控制措施，规定经办人办理现金业务的职责范围和工作要求。审批人应当根据货币资金授权批准制度的规定，在授权范围内进行审批，不得超越审批权限。

(3) 企业应当按照规定的程序办理货币资金支付业务，支付程序一般包括：①支付申请。企业有关部门或个人用款时，应当向有权审批人提交货币资金的支付申请，注明款项的用途、金额、预算、支付方式等内容，并附有效经济合同或相关证明。②支付审批。审批人根据其职责、权限和相应的程序对支付申请进行审批。对不符合规定的货币资金支付申请，审批人应当拒绝审批。③支付复核。财务人员应对批准后的货币资金支付申请进行复核，复核货币资金的支付申请的批准范围、批准权限、审批程序是否正确，手续及相关单据是否齐备，金额计算是否正确，支付企业是否准确，支付方式是否妥当。复核无误后交由出纳人员办理支付手续。④办理支付。出纳人员应根据复核无误的支付申请，按规定办理货币资金支付手续，及时登记库存现金和银行存款日记账。

(4) 对于重要现金支付业务，应当实行集体决策和审批，并建立责任追究制度。

(5) 严禁未经授权的机构或人员办理货币资金业务或直接接触货币资金。

2. 库存现金和银行存款的管理

(1) 库存现金的限额。超过库存限额的现金应及时存入银行。

(2) 库存现金的开支范围。企业应根据《现金管理暂行条例》的规定，结合本企业的实际情况，确定本企业的库存现金开支范围，不属于现金开支范围的业务应当通过银行办理转账结算。

(3) 送存现金时间要求。企业收取的现金应当及时送存开户银行，不得坐支现金。因特殊情况需要坐支现金的，应当报经开户银行审批。

(4) 现金盘点要求。企业应当定期和不定期进行现金盘点，确保账实相符。

(5) 货币资金入账要求。企业取得的货币资金收入必须及时入账，严禁设置“小金库”和账外账，严禁收款不入账。

(6) 货币资金出借要求。企业借出款项要执行严格的审批程序，严禁擅自挪用、借出货币资金。

(7) 银行账户管理。企业应当加强银行账户的管理，严格按照规定开立账户，办理存款、取款和结算。应当定期检查、清理银行账户的开立和使用情况。

(8) 签发和使用票据要求。企业应当严格遵守银行结算纪律，不准签发没有资金保证的票据和远期支票；不准签发、取得和转让没有真实交易和债权债务关系的票据；不准无理由拒绝付款，占用他人资金。

(9) 银行存款清查要求。企业应指定专人定期核对银行账户，及时核对未达账项，定期编制银行存款余额调节表。

3. 票据及有关印章的管理

(1) 单位应当加强与银行存款相关的票据的管理，明确各种票据的购买、保管、领用、背书转让、注销等环节的职责权限和程序，并专设登记簿进行记录，防止空白票据的遗失和被盗用。

(2) 单位应加强银行预留印鉴的管理，财务专用章应由专人保管，个人名章必须由本人或其授权人保管，严禁一人保管支付款项所需的全部印章。

（3）按规定需要有关负责人签字或盖章的经济业务，必须严格履行手续。

4. 监督检查

（1）单位应当建立对货币资金业务的监督检查制度，明确监督检查机构或人员的职责权限，定期和不定期地进行检查。

（2）监督检查的内容主要包括现金业务相关岗位及人员的设置情况（重点检查是否存在不相容职务混岗的现象）、货币资金授权批准制度的执行情况（重点检查资金支出的授权批准手续是否健全，是否存在越权审批行为）；支付款项印章的保管情况（重点检查是否存在办理付款业务所需的全部印章交由一人保管的情况）、票据的保管情况（重点检查票据的购买、领用、保管手续是否健全，是否存在漏洞）。

（3）对监督检查过程中发现的货币资金内控中的薄弱环节，应当及时采取措施加以纠正和完善。

（一）了解和评价被审计单位货币资金的内部控制制度

了解和评价被审计单位货币资金的内部控制制度一般在风险评估环节进行。通过对被审计单位货币资金重要交易类别和交易流程的了解，检查被审计单位货币资金控制手册和其他书面材料，询问相关人员和观察货币资金业务操作流程，对被审计单位货币资金的内部控制是否存在或可信赖进行评估（如表2－3至表2－7所示）。如果评估结果为被审计单位货币资金内部控制值得信赖，则可进行进一步的控制测试；若评估结果是被审计单位货币资金内部控制不值得信赖，则直接进入实质性程序环节。

表2－3 **了解内部控制汇总表** 索引号：HQL－1

1. 受本循环影响的相关交易和账户余额：现金、银行存款、其他货币资金

2. 主要业务活动

主要业务活动	是否在本循环中进行了解
资金预算	是
银行账户开立	是
收付款控制	是
现金盘点及银行余额调节表处理	是
银行预留印鉴和印章及票据管理	是
货币资金的内部稽核	是

3. 了解交易流程

根据对交易流程HQL－2的了解，记录如下：公司建立了不相容职务相分离。各相关部门之间相互牵制并在其授权范围内履行职责，同一部门或个人不得处理采购与付款业务的全过程。

续表

职务	姓名
总经理：预算审核、大额付款审核	魏大勇
财务经理：审核相关凭证	张亮
财务：编制相关凭证	刘涛、田欣、李丹丹
出纳员：收、付款	王莉莉

4. 信息系统（略）
5. 初步结论：控制设计合理，并得到执行
6. 沟通事项（无）

表 2-4　了解内部控制设计——控制流程　索引号：HQL-2

我们采用询问、观察和检查等方法，了解并记录了采购与付款循环的主要控制流程，并已与张亮、刘涛 等确认下列所述内容：

1. 预算编制审核

每年年末，各部门编制下年度经营预算，经总经理、股东大会核准。发生预算外特殊的资金事项，应取得较高层次管理层的核准，并适当记录。（控制活动编号：HQKZ-1）

2. 银行账户的开立、审批

财务经理对所有银行存款户的开设和终止进行审批，且妥善保存开户许可证。（控制活动编号：HQKZ-2）；出纳对银行账户的使用情况进行定期汇报，对确定不再使用的账户上报财务经理核准后办理注销。（控制活动编号：HQKZ-3）

3. 收付款控制

（1）付款。申请付款时，采购部门需填写付款申请单，附相关单据，如采购订单、采购发票及验收单等，并经部门经理审批。（控制活动编号：CGKZ-11）

费用由总经理魏大勇负责审批；金额在人民币 100 万元以上的资本性支出则需得到董事会的批准。（控制活动编号：CGKZ-11）

应付账款记账员李丹丹收到经批准的付款申请单后，与应付账款明细账记录进行核对。如核对相符，应付账款记账员李丹丹编制付账凭证，并附相关单证，如付款申请单等，提交财务经理张亮审批。（控制活动编号：CGKZ-12）

出纳员王莉莉根据经复核无误的付款凭证办理付款，并及时登记现金和银行存款日记账，并在所有单证上加盖“核销”印戳。（控制活动编号：CGKZ-13）

（2）收款。款项收妥后，应收账款记账员田欣将编制收款凭证，并附相关单证，如银行结汇水单、银行到款通知单等，交财务经理张亮复核。（控制活动编号：XSKZ-14）

4. 银行余额调节表及现金盘点

每月末由不负责现金的财务人员监盘现金库存，与账面结存核对，对存在的差异，调查原因，及时处理。（控制活动编号：HQKZ-4）；

每月末，由财务经理张亮指定出纳员以外的人员核对银行存款日记账和银行对账单，编制银行存款余额调节表，并提交财务经理张亮复核签字。（控制活动编号：CGKZ-14）

5. 银行预留印鉴和印章及票据管理

相关银行印章分别由财务经理和出纳保管。（控制活动编号：HQKZ-5）

空白票据由出纳保管，建立空白票据领用簿，领用需经财务经理核准。（控制活动编号：HQKZ-6）

表2-5　　了解内部控制设计——控制目标及控制活动　　索引号：HQL-3

主要业务活动	控制目标	常用的控制活动	被审计单位的控制活动	是否有效
资金预算	根据预算安排资金	编制资金预算且业已通过管理层核准，特殊的资金事项，应取得较高层次管理层的核准，并适当记录	HQKZ-1	是
银行账户的开立、审批	所有银行存款户的开设和终止都有正式的批准手续	管理层应对所有银行存款户的开设和终止进行审批，且妥善保存开户许可证	HQKZ-2	是
	定期检查、清理银行账户的开立及使用情况	对银行账户的使用情况进行定期清理，对确定不再使用的，报经管理层核准后办理注销	HQKZ-3	是
收付款控制	所有收付款都有正式的审批手续	制定收付款业务的管理制度，管理层定期监督	CGKZ-11 XSKZ-14	是
	所有收付款业务均及时正确入账	定期与银行对账单核对，对发现的差异及时处理	CGKZ-14 HQKZ-4	是
银行余额调节表及现金盘点	银行存款账面余额与银行对账单余额是否调节相符。如调节不符，应当查明原因，及时处理	每月末进行一次与银行对账单的核对，业已通过管理层复核	CGKZ-14	是
	现金账面余额是否与实存现金相符，对差异及时查明原因处理	每月末由不负责现金的财务人监盘现金库存，与账面结存核对，对存在的差异，调查原因，及时处理	HQKZ-4	是
银行预留印鉴和有关印章及票据的管理	印章的安全使用	制定印章的管理制度，未经授权人员不得保管	HQKZ-5	是
	空白票据的安全使用	建立空白票据领用簿，且领用业已通过管理层核准	HQKZ-6	是

表2-6　　确认货币资金控制是否得到执行　　索引号：HQL-4

主要业务活动	测试内容	测试结果	索引号
资金预算	预算表是否得到适当审批（是/否）	是	
银行账户的开立、审批	取得银行账户明细表		
	开户审批表是否得到适当审批（是/否）	是	
	开户许可证是否得到适当保存（是/否）	是	
	银行账户使用情况报告，查看是否存在长期不使用的账户（是/否）	否	

续表

主要业务活动	测试内容	测试结果	索引号
付款	付款凭证编号#（日期）		
	付款凭证是否得到财务经理的适当审批（是/否）	是	
	有关支持性文件上是否加盖“核销”章（是/否）	是	
	凭证编制是否正确（是/否）	是	
	支票编号#（日期）		
	收款人名称		
	支票是否已支付给恰当的供应商（是/否）	是	
收款	收款凭证编号#（日期）		
	收款凭证是否得到会计主管的适当审批（是/否）	是	
	有关支持性文件上是否加盖“核销”章（是/否）	是	
	付款人名称是否与顾客一致（是/否）	是	
	银行进账单编号#/信用证编号#（日期）		
	凭证编制是否正确（是/否）	是	
银行余额调节表及现金盘点	现金盘点表编制是否准确，是否得到适当审批（是/否）	是	
	银行余额调节表编制是否准确，是否得到适当审批（是/否）	是	
银行预留印鉴和有关印章及票据的管理	印鉴保存是否恰当（是/否）	是	
	票据领用簿是否得到适当审批（是/否）	是	

表2－7　货币资金控制执行情况评价结果　　索引号：HQL－5

主要业务活动	控制目标	被审计单位的控制活动	控制活动是否有效	是否得到执行	是否测试运行有效性
资金预算	根据预算安排资金	HQKZ－1	是	是	是
银行账户的开立、审批	所有银行存款户的开设和终止都有正式的批准手续	HQKZ－2	是	是	是
	定期检查、清理银行账户的开立及使用情况	HQKZ－3	是	是	是
收付款控制	所有收付款都有正式的审批手续	CGKZ－11 XSKZ－14	是	是	是
	所有收付款业务均及时正确入账	CGKZ－14 HQKZ－4	是	是	是
银行余额调节表及现金盘点	银行存款账面余额与银行对账单余额是否调节相符。如调节不符，应当查明原因，及时处理	CGKZ－14	是	是	是
	现金账面余额是否与实存现金相符，对差异及时查明原因处理	HQKZ－4	是	是	是
银行预留印鉴和有关印章及票据的管理	印章的安全使用	HQKZ－5	是	是	是
	空白票据的安全使用	HQKZ－6	是	是	是

（二）控制测试

控制测试的一般方法有询问、观察、检查、重新执行和穿行测试等。一般采用询问、观察和检查法进行控制测试，当上述方法结合使用仍无法获得控制有效的充分证据时，可以考虑采用重新执行和穿行测试。如表2－8、表2－9、表2－10所示。

表2－8 **货币资金控制测试程序** 索引号：CLG－2

1. 控制测试——付款

（1）询问程序。通过实施询问程序，广州市大华科技有限公司已确定下列事项：①本年度未发现任何特殊情况、错报和异常项目；②财务人员在未得到授权的情况下，无法访问或修改系统数据；③本年度未发现下列控制活动未得到执行；④本年度未发现下列控制活动发生变化。

（2）其他测试程序。

控制目标	被审计单位的控制活动	控制测试程序	执行控制频率	测试的数量	索引号
所有付款都有正式的审批手续	制定付款业务的管理制度，管理层定期监督	从库存现金明细账中抽取若干张付款凭证检查是否有相关审批人员签字	不定期	10	略
所有付款业务均及时正确入账	定期对账，对发现的差异及时处理	从库存现金明细账中抽取若干张付款凭证检查入账日期与业务发生日期是否相近	不定期	10	略

2. 控制测试——收款（略）

3. 控制测试——库存现金盘点（略）

表2－9 **货币资金控制测试过程** 索引号：CLG－3

1. 与付款有关业务活动的控制

主要业务活动	测试内容	1月33#	3月86#	4月28#	……
付款	付款业务是否及时入账	√	√	√	……
	付款凭证是否得到财务经理的适当审批	√	√	√	……
	有关支持性文件上是否加盖“核销”章	√	×	√	……
	凭证编制是否正确	√	√	√	……
	是否支付给正确的收款人	√	√	√	……

2. 与收款有关业务活动的控制

……

3. 与库存现金盘点有关业务活动的控制

……

表 2－10　　货币资金控制测试结果　　索引号：CLG－4

1. 了解内部控制的初步结论：控制设计合理，并得到执行

2. 控制测试结论

控制目标	被审计单位控制活动	控制设计是否有效	是否得到执行	运行是否有效	是否支持风险评估获取的证据
所有付款都有正式的审批手续	制定付款业务的管理制度，管理层定期监督	是	是	是	支持
所有付款业务均及时正确入账	定期对账，对发现的差异及时处理	是	是	是	支持
……	……	……	……	……	……

3. 相关交易和账户余额的审计方案

（1）货币资金。

完整性		存在		计价和分摊		……	
测试结果	需从实质性程序中获取的保证程度	测试结果	保证程度	测试结果	保证程度	……	……
支持	低	支持	低	支持	低		
……							

三、库存现金的实质性程序

（一）获取或编制库存现金明细表

审计目标：计价和分摊。

工作底稿：库存现金明细表。

审计步骤如下：

（1）向被审计单位获取库存现金明细表，如未能获取，也可自行根据明细账、日记账等相关资料编制。

（2）核对库存现金明细表、库存现金日记账与总账的余额是否相符。库存现金日记账的登记与总账的登记为不相容职责，日记账由出纳员登记，总账由会计人员登记。资产负债表日，二者的余额应当相符。如果不符，应要求被审计单位查明原因，并做出适当调整。如果被审计单位未设现金日记账，应视为二者余额相符。

（3）检查非记账本位币库存现金的折算汇率及折算金额是否正确。对于以外币记账的企业，应检查库存现金的折算汇率及折算金额是否正确。

（二）监盘库存现金

审计目标：存在、权利与义务、计价和分摊。

工作底稿：库存现金监盘表（如表 2－11 所示）。

表 2-11　　　　　　　　　　**库存现金监盘表**　　　　　　　　　　索引号：ZA1-2

<table>
<tr><th colspan="4">检查核对记录</th><th colspan="5">实有现金盘点记录</th></tr>
<tr><th colspan="2" rowspan="2">项目</th><th rowspan="2">人民币</th><th rowspan="2">美元</th><th rowspan="2">面额</th><th colspan="2">人民币</th><th colspan="2">美元</th></tr>
<tr><th>张</th><th>金额</th><th>张</th><th>金额</th></tr>
<tr><td colspan="2">上一日账面库存金额</td><td>17 079.12</td><td></td><td>100 元</td><td>83</td><td>8 300.00</td><td></td><td></td></tr>
<tr><td colspan="2">盘点日未记账传票收入金额</td><td>3 583.74</td><td></td><td>50 元</td><td>95</td><td>4 750.00</td><td></td><td></td></tr>
<tr><td colspan="2">盘点日未记账传票支出金额</td><td>1 906.35</td><td></td><td>20 元</td><td>26</td><td>520.00</td><td></td><td></td></tr>
<tr><td colspan="2">盘点日账面应有金额</td><td>18 756.51</td><td></td><td>10 元</td><td>18</td><td>180.00</td><td></td><td></td></tr>
<tr><td colspan="2">盘点实有现金数额</td><td>13 756.50</td><td></td><td>5 元</td><td>1</td><td>5.00</td><td></td><td></td></tr>
<tr><td colspan="2">盘点日应有与实有差异</td><td>5 000.01</td><td></td><td>2 元</td><td></td><td></td><td></td><td></td></tr>
<tr><td rowspan="5">差异原因分析</td><td>白条抵库（1 张）</td><td>5 000.00</td><td></td><td>1 元</td><td></td><td></td><td></td><td></td></tr>
<tr><td></td><td></td><td></td><td>0.5 元</td><td>2</td><td>1.00</td><td></td><td></td></tr>
<tr><td></td><td></td><td></td><td>0.2 元</td><td></td><td></td><td></td><td></td></tr>
<tr><td></td><td></td><td></td><td>0.1 元</td><td>5</td><td>0.50</td><td></td><td></td></tr>
<tr><td></td><td></td><td></td><td>合计</td><td></td><td>13 756.50</td><td></td><td></td></tr>
<tr><td rowspan="5">追溯调整</td><td>报表日至审计日现金付出金额</td><td>124 915.94</td><td></td><td colspan="5" rowspan="6">情况说明及审计结论：
白条系司机临时外出的借款（魏大勇已电话认可），0.01 元系找零误差。
调整分录见索引 A1-2-1，调整后与盘点数一致。</td></tr>
<tr><td>报表日至审计日现金收入金额</td><td>128 760.19</td><td></td></tr>
<tr><td>报表日库存现金应有余额</td><td>14 912.26</td><td></td></tr>
<tr><td>报表日账面汇率</td><td></td><td></td></tr>
<tr><td>报表日余额折算本位币金额</td><td></td><td></td></tr>
<tr><td colspan="2">本外币合计</td><td colspan="2">14 912.26</td></tr>
</table>

审计步骤：

监盘库存现金是证实现金是否存在的一项重要程序。盘点库存现金时，必须有出纳员和被审计单位会计主管人员参加，并由审计人员进行监盘。监盘库存现金的步骤和方法主要有：

（1）制定监盘计划，确定监盘时间。在制定库存监盘计划时，需要注意：监盘的方式最好实施突击性检查；监盘时间最好选择在上午上班前或下午下班时进行；监盘范围一般包括被审计单位各部门经管的库存现金；监盘原则上采用同时监盘，即企业库存现金有多处存放地点的应同时监盘，以防止互相挪用。

（2）盘点现场过程控制。

①出纳盘点保险柜（含现金、有价证券、未入账的支出凭证等），审计人员在旁监盘，并将盘点情况进行记录。

②盘点结束需进行盘点确认，由企业财务负责人和出纳员在盘点表上签字，并加盖单位公章或财务专用章。

③审计人员将盘点库存现金金额与现金日记账余额进行核对。如有差异，应要求被审计单位查明原因并做出适当调整，如无法查明原因，应要求被审计单位按管理权限批准后做出调整，使账实相符。

若有冲抵库存现金的借条、未提现支票、未作报销的原始凭证，应在“库存现金盘点表”中注明，必要时应提请被审计单位做出调整。

（3）编制监盘表，并评价监盘结果。审计人员编制“库存现金监盘表”，并对监盘结果进行评价。如库存现金监盘在非资产负债表日进行，应将监盘金额调整至资产负债表日的金额，并对变动情况实施审计程序。

小案例

注册会计师刘贺明在对光华公司2019年度财务报表进行审计时发现：①现金总账与现金日记账余额不符；②报表日现金余额 -43 018.20 元；③2020年记账凭证中记录有本年现金借款12 000.00元，现金销售2 516.83元，现付费用1 510.95元；④盘点现金时发现有白条借款2 000.00元。

刘贺明调查并了解到如下情况：①总账由会计登记，日记账由出纳登记；②日常现金收付由出纳完成，手续完备的凭证由出纳交与会计记账，双方均有交接手续，手续不完备的凭证会计不做账务处理，并予以退回；③现金总账与现金日记账余额不符的原因主要是手续不完备的凭证所致，另据出纳介绍，有一笔支出无凭证，系总经理口头通知，刘贺明询问总经理时，总经理根本不承认此事。

根据以上资料请思考：

（1）会计报表审计过程中为何要监盘库存现金？能否用被审计单位的现金盘点表代替？

（2）如何确认库存现金账面余额？

（3）库存现金余额为何会出现贷方余额？

（4）光华公司对会计报表认定存在什么问题？

（5）如果需要调整会计报表，需调整哪些项目，如何调整？

（6）对白条借款需要追加何种审计程序？

（三）抽查大额异常现金收支

审计目标：存在、计价和分摊。

工作底稿：大额、异常现金收支检查表（如表2-12所示）。

表2-12　　大额、异常现金收支检查表　　单位：元　　索引号：ZA1-20

记账日期	凭证编号	业务摘要	会计科目	借方金额	贷方金额	核对内容					备注
						1	2	3	4	5	
2019-1-25	78	临时工工资	销售费用	13 265.50		√	√	√	√	√	未发现异常
2019-1-25	78	临时工工资	库存现金		13 265.50						
2019-3-29	137	设备拆除劳务费	管理费用	3 800.00		×	√	×	√	√	需进一步追查
2019-3-29	137	设备拆除劳务费	库存现金		3 800.00						
2019-7-22	105	7.12事故赔偿	营业外支出	2 000 000.00		√	√	√	√	√	未发现异常
2019-7-22	105	7.12事故赔偿	库存现金		2 000 000.00						
……	……	……	……	……	……						

续表

记账日期	凭证编号	业务摘要	会计科目	借方金额	贷方金额	核对内容					备注
						1	2	3	4	5	
核对说明	①原始凭证内容完整；②有授权批准；③账务处理正确；④账证内容相符；⑤金额相符。										
审计说明	已查验金额合计472 781.04，占本期发生额比例25.80%。										
审计结论	通过查验所有发生额大额标准以上的现金收支凭证，未发现异常业务（38）笔；发现异常业务（1）笔，进一步查验见索引：ZA1－20－2－1。										

审计步骤如下：

（1）选择抽样样本。根据风险评估结果及审计策略书的抽样规定，审计人员对一些重大异常、大额现金收支业务的凭证进行了随机抽样检查。

（2）检查原始凭证是否齐全、内容是否完整、有无授权批准、记账凭证与原始凭证是否相符、账务处理是否正确、是否记录于恰当的会计期间等内容。如有与被审计单位生产经营业务无关的收支事项，应查明原因，并做相应记录。在检查过程中，应关注：

①大额现金使用范围是否符合《现金管理暂行条例》的规定；

②现金销售业务，应核对付款方式和付款金额与合同、订单、出库单是否一致；

③现金可能滋生“小金库”等舞弊事项；

④抽查记账凭证时要注意后付的原始凭证，需检查其完整性、正确性及法律效力。

（四）检查库存现金是否已经按照企业会计准则的规定在财务报表中做出恰当的列报和披露

审计目标：列报与披露。

工作底稿：货币资金审定表、货币资金披露表。

审计步骤如下：

审计人员在实施上述审计程序后，确定库存现金期末余额是否正确，结合银行存款、其他货币资金的审计情况确定货币资金在资产负债表上列报是否恰当。

知识拓展

私设小金库的主要手法及检查方法

“小金库”是指违反法律法规及其他有关规定，应列入而未列入符合规定的单位账簿的各项资金（含有价证券）及其形成的资产。

1. 私设小金库的主要手法

（1）截留各种收入款项。现金收入不入账，或以个人账户或其他企业账户截留企业的营业收入；资产处置残值收入、资产出租收入不入账；截留企业的各种罚没收入；私自将投资、联营所得转移，存放于外单位或境外，隐匿佣金、回扣等。

（2）虚列支出、虚报冒领。以会议费、劳务费、培训费和咨询费等名义套取资金；以假发票等非法票据骗取资金；虚列支出将资金转出给其他单位或个人，再从对方收回；虚列员工工资、劳务费等支出，并签字冒领。

2. 对私设小金库行为的主要检查方法

（1）审查会计凭证。注意从奇异的数字、时间、地点、物品、票据、编号、联系单位、报账手续、开支规律等中发现问题，如某单位按月发放某项补贴，若发现在财务账上开支不连续，则应查明原因，核实是否有从“小金库”中开支的情况。

（2）审查收款票据。主要审查已使用发票、收据的存根联是否齐全，有无缺号情况；所有开具了未作废的发票、收据的记账联是否都做了账务处理，存根联与记账联上的数量、金额是否一致；未使用的发票、收据有无缺号的情况，每份未使用的发票、收据及发票、收据联是否存在；核实有无将收入转入“小金库”中的情况。

（3）审查货币资金。对库存现金进行突击盘点，核对库存现金实有数与现金日记账和总账余额是否相符，如发现溢余或短款，则应追查原因，核实是否有“小金库”的资金放入其中或“小金库”中的支出挪用了库存现金；如发现活期储蓄存折或定期存单，要追查资金来源、去向及其情况，核实是否属于“小金库”资金。对银行存款进行审查，核对被查单位所有银行存款账户的银行存款账面余额与单位银行存款实有金额是否相符，未达账款是否由于正常原因所致，特别要注意一收一付金额相等的未达账款，如发现不正常情况，则要追查资金去向及其原因，核实是否转入“小金库”。另外，对有公款私存的，还要核实有无将其利息转入“小金库”中的情况。

（4）审查往来账户。有些单位惯用往来账户过渡设“小金库”，此种手法通常是把单位的正常收入先记入往来账户，虚列出结算中的债务，伺机再将其转入“小金库”中；还有的将已收回或可收回的债权列作呆账予以核销，把资金转入“小金库”。在清查中，一是看往来发生和结算的单位名称是否一致；二是看往来款项支付的事由是否合理；三是看往来款项支付的手续是否正常；四是看列作呆账核销的条件是否充分，发现疑点则进行追查，核实是否将资金转入了“小金库”中。

（5）审核实物资产。对产成品、材料、低值易耗品、固定资产等实物资产特别是副产品、残次品、边角废料、报废固定资产进行盘点，并审查相应的总账、明细账、仓库保管账和备查账，核实账实、账账是否相符以及减少这些物资属于出售的部分是否都有收入进账，有无截留出售物资收入转入“小金库”中的情况。

（6）比较分析收支。对审查期间的各项收入、支出数特别是一些比较容易套取资金项目的收入、支出数与相应的上期实际数、本期计划数进行比较，如差异较大，则分析原因，核实有无将一些收入不入账而转入了

"小金库"中的情况，有无采取虚报支出的手段套取资金转入"小金库"中的情况。

任务2
银行存款审计

任务描述

注册会计师李一鸣按照审计计划开始对广州大华科技有限公司的银行存款进行审计，组长程斌要求其完成对银行存款实施实质性程序，重点是做好检查银行存款余额调节表、函证银行存款余额和抽查大额银行存款收支。

审计准备

（1）审计人员应当向相关人员询问了解被审计单位银行存款核算的相关管控制度及人员配置情况。

（2）需要收集的证据清单：①企业在所有金融机构开户清单及开户资料；②企业信用报告；③银行对账单及银行存款余额调节表；④支票登记簿及存根联；⑤银行票据登记簿；⑥询证函。

（3）涉及的凭证和账簿包括：有关会计账簿（包括银行存款总账、银行存款明细账、银行存款日记账）、有关科目的记账凭证及其附件。大华公司2019年银行存款相关会计记录概要如表2-13所示。

表2-13 大华公司2019年银行存款总账 单位：元

月份	摘 要	借 方	贷 方	借/贷	余 额
	年初余额			借	16 834 641.93
1	本月发生	12 108 000.08	12 480 722.73	借	16 461 919.28
2	本月发生	11 620 792.34	13 595 412.16	借	14 487 299.46
3	本月发生	8 139 423.01	9 449 926.13	借	13 176 796.34
4	本月发生	12 632 000.26	12 183 934.07	借	13 624 862.53
5	本月发生	18 589 071.95	10 251 267.27	借	21 962 667.21

续表

月份	摘　要	借　方	贷　方	借/贷	余　额
6	本月发生	12 823 865.09	21 709 153.34	借	13 077 378.96
7	本月发生	9 106 434.73	8 820 295.65	借	13 363 518.04
8	本月发生	11 613 914.04	11 668 126.73	借	13 309 305.35
9	本月发生	27 942 684.30	25 916 290.08	借	15 335 699.57
10	本月发生	12 588 939.58	12 015 079.02	借	15 909 560.13
11	本月发生	56 215 152.25	53 742 799.59	借	18 381 912.79
12	本月发生	10 860 069.48	13 905 548.80	借	15 336 433.47
	本年累计	204 240 347.11	205 738 555.57	借	15 336 433.47

审计过程

一、确定银行存款的审计目标

银行存款是指企业存放在银行或其他金融机构的各种款项。企业在银行开立账户以后，除按规定的限额保留库存现金外，超过限额的现金必须存入银行；除了在规定的范围可以用现金直接支付的款项外，在经营过程中所发生的一切货币收支业务，都必须通过银行存款账户进行结算。随着与银行存款有关的犯罪和会计造假的不断出现，多头开户、大量套现；出借、转让账户；票据管理不严，款项被盗损失等现象层出不穷，银行存款的审计越来越受到重视。银行存款的具体审计目标如表 2 - 14 所示。

表 2 - 14　　银行存款审计目标与财务报表认定的对应关系

审计目标	财务报表认定				
	存在	完整性	权利和义务	计价和分摊	列报和披露
A. 资产负债表中记录的银行存款是存在的	√				
B. 应当记录的银行存款均已记录		√			
C. 记录的银行存款由被审计单位拥有或控制			√		
D. 银行存款以恰当的金额包括在财务报表中，与之相关的计价调整已恰当记录				√	
E. 银行存款已按照企业会计准则的规定在财务报表中做出恰当列报和披露					√

二、银行存款的实质性程序

（一）获取或编制银行存款余额明细表

审计目标：计价和分摊。

工作底稿：银行存款余额明细表（如表2－15所示）。

审计步骤如下：

（1）审计人员获取或自行编制银行存款明细表，并确认明细表项目复核加计是否正确，并与总账数和日记账合计数核对是否相符。如不符，应要求被审计单位查明原因，并考虑是否应建议做出适当调整。

（2）审计人员应检查被审计单位银行开户情况与账面记录是否相符，如不符，应逐个追查未入账的银行账户，查明未入账的具体原因和依据，并确定是否需要审计调整。

表2－15 银行存款余额明细表 单位：元 索引号：ZA2－1

开户银行	银行账号	账户性质	账户状态（正常/冻结/质押等）	币种	期末余额	对账单余额	差异
工商银行黄埔支行	6212263602101006283	基本户	正常	人民币	5 261 409.21	5 500 492.47	－239 083.26
农业银行黄埔支行	6228483038165890152	一般户	正常	人民币	830 860.32	830 860.32	0.00
招商银行黄埔支行	6225882001382255	一般户	正常	人民币	4 365 699.18	4 365 699.18	0.00
广发银行黄埔支行	165071521630548254	一般户	正常	人民币	1 322 215.84	1 322 215.84	0.00
广州银行黄埔支行	6221596780356146	一般户	正常	人民币	3 501 184.29	3 501 184.29	0.00
广州银行黄埔支行	6221596780346754	一般户	正常	人民币	55 064.63	55 064.63	0.00
合计					15 336 433.47		－239 083.26

审计说明：复核加计正确总账、明细账核对一致；工商银行日记账与对账单差异为未达账项，底稿详见ZA2－3。

（二）实施实质性分析程序

审计目标：存在、完整性、计价和分摊。

工作底稿：银行存款利息收入测试表。

审计步骤如下：

实施银行存款分析性程序，并结合“财务费用——利息收入”数据测试利息收入的合理性，判断是否存在体外资金循环或虚增存款的情形。

（1）计算银行存款累计余额应收利息收入，分析比较被审计单位银行存款应收利息收入与实际利息收入的差异是否恰当，评估利息收入的合理性。

（2）检查是否存在高息资金拆借，确认存款余额是否存在，利息收入是否已经完整记录。

相关知识

实质性分析程序的一般步骤

实质性分析程序就是通过对数据之间、数据与现象之间的分析，发现其中可能存在的问题，再取得证据来排除怀疑，是职业判断和职业怀疑态度的具体运用。其一般程序包括：

（1）考虑可获取信息的来源、可比性、性质和相关性以及与信息编制相关的控制，评价在对已记录的金额或比率做出预期时使用数据的可靠性。

（2）对已记录的金额做出预期，评价预期值是否足够精确以识别重大错报。基于对被审计单位及其环境的了解，通过进行比较，同时考虑有关数据间关系的影响，建立用于分析程序的期望值。

（3）确定可接受的差异额。确定已记录金额与预期值之间可接受的、无须进一步调查的可接受的异额。

（4）将实际的情况与期望值相比较，识别需要进一步调查的差异。

（5）调查差异。如果差异额超过可接受的差异额，调查原因，获取充分的解释和恰当的佐证证据：①询问管理层，针对管理层的答复获取适当的审计证据；②根据具体情况在必要时实施其他审计程序。

（6）评估分析的测试结果。

（三）检查银行存单

审计目标：存在、权利和义务。

工作底稿：银行定期存款检查表。

审计步骤如下：

（1）根据银行存款明细表所列银行定期存款，编制银行存款定期检查表。

（2）检查银行定期存款开户证实书的正本，检查是否与账面记录金额一致，是否被质押或限制使用，是否为被审计单位所拥有的事项。

一般情况下，单位定期存款，没有存单，只有开户证实书。对于开户证实书的审计，特别注意要查看其原件，并由审计人员亲自复印取证，如果由被审计单位代复印，审计人员还应核对正本，否则难以发现如款项已提前支取、存款已被质押、存款已背书转让等问题。

（3）询问了解是否存在被质押或限制使用的定期存款，并与企业信用报告信息核对。

（四）函证银行存款余额

审计目标：存在、权利与义务。

工作底稿：银行往来询证函（如表 2－16 所示）、银行存款函证结果汇总表。

表 2－16　　**银行询证函**　　索引号：ZA2－6

编号：2020－1

中国工商银行黄埔支行：

本公司聘请的广州安邦会计师事务所正在对本公司 2019 年度财务报表进行审计，按照中国注册会计师审计准则的要求，应当询证本公司与贵行的相关的信息。下列信息出自公司记录，如与贵行记录相符，请在本函下端“信息证明无误”处签章证明；如有不符，请在“信息不符”处列明不符项目及具体内容；如存在与本公司有关的未列入本函的其他重要信息，也请在“信息不符”处列出其详细资料。回函请直接寄至广州安邦会计师事务所。

回函地址：广州市天河区大源路 28 号金融大厦 1324 房　　邮编：511000

电话：020－848326666　　传真：020－848326665　　联系人：李一鸣

续表

截至2019年12月31日，本公司与贵行相关的信息如下：

1. 银行存款

账户名称	账号	币种	利率	余额	起止日期	是否受限制	备注
广州市大华科技有限公司	6212263602101006283	人民币	0.35%	5 261 409.21		否	

2. 银行借款

借款人名称	币种	本息余额	借款日期	到期日期	利率	借款条件	抵（质）押品/担保人	备注

3. 截至函证日之前12个月注销的账户

账户名称	银行账号	币种	注销账户日

……

13. 其他重大事项

广州市大华科技有限公司

2020年2月22日

以下仅供被询证银行使用

结论：	
1. 信息证明无误	2. 信息不符，请列明不符项目及具体内容：截至2019.12.31贵公司账户资金余额为5 500 492.47元。 （中国工商银行黄埔支行业务专用章） 经办人：李薇　2020年2月25日

审计步骤如下：

（1）填写询证函，确定银行存款函证范围。审计人员根据银行对账单余额填写银行往来询证函，并确定银行存款的函证范围。

一般情况下，对所有的银行存款账户进行函证。对于零余额账户和在本期内注销的账户，注册会计师也应当实施函证，以防止被审计单位隐瞒银行存款或借款。对资产负债表日银行存款余额为零且已经销户的，应索取相关的银行销户通知书。

（2）选择函证的方式，控制函证过程。函证可以选择跟函的方式，也可以选择邮寄的方式进行。采用跟函方式函证的，审计人员应在被审计单位相关人员的陪同下亲自到银行进行函证，要求银行将回函寄回会计师事务所，或现场取得回函。采用邮寄方式函证的，由审计人员亲自寄信并由银行寄往会计师事务所，收到回函应同时保留信封。

（3）编制银行存款函证结果汇总表，并评价函证结果。审计人员收到银行回函后，要检查银行回函并编制银行函证结果汇总表。函证结果不符的，应调查不符事项，确定是否表明存在错报；如果未回函，应实施替代程序。

对未实施函证的账户，应取得被审计单位不同意函证的说明（签字、盖章），并对其理由（例如，金额小，专用账户，已取得贷款卡信息，已取得经银行盖章的审计期间最后一月对账单等）进行分析，判断其是否合理（注：在银行函证结果汇总表下的

“审计说明”中填写审计人员就被审计单位所述理由进行的分析判断），并实施必要的替代程序。

相关知识

银行存款函证

银行存款函证是指在执行审计业务中，以被审计单位的名义向银行发函询证，要求银行直接回函给会计师事务所，以验证被审计单位的银行存款是否真实、合法、完整的一项审计活动。

函证银行存款余额是证实银行存款是否存在的重要审计程序。虽然注册会计师可以从被审计单位内部取得银行对账单，了解其银行存款的实有数额，但由于对账单毕竟经过了被审计单位职员之手，不能排除伪造、更改的可能性。通过向往来银行函证，不仅可了解银行存款的存在，还可了解企业账面反映所欠银行债务的情况，并有助于发现企业未入账的银行借款和未披露的或有负债。

（五）获取并检查银行存款余额调节表

审计目标：存在、完整性、权利与义务。

工作底稿：银行存款余额调节表（如表2－17所示）、银行存款未达账项查验记录（如表2－18所示）。

表2－17 银行存款余额调节表 单位：元 索引号：ZA2－3

项 目	金 额	项 目	金 额
企业银行存款日记账余额	5 261 409.21	银行对账单余额	5 500 492.47
加：银行已收、企业未入账	788 305.26	加：企业已收、银行未入账	654 501.03
其中：		其中：	
1. 多付运费退回（12.29）	3 305.26	青峰公司货款（12.31）	654 501.03
2. 有利贸易预付款（12.31）	785 000.00		
减：银行已付、企业未入账	15 108.43	减：企业已付、银行未入账	120 387.46
其中：		其中：	
12月份电费（12.28）	15 108.43	付佛山德实原料款（12.30）	120 387.46
调节后余额	6 034 606.04	调节后余额	6 034 606.04

注：

①本表应按不同的银行存款账号及不同的货币种类分别编制。

②未达账项应注明日期、日记账页次、事项。

③检查未达账项真实性，查验资产负债表日后的进账情况，索引号：<ZA2－4>。

表 2－18

银行存款未达账项查验记录

单位：元　　索引号：ZA2－4

项目	金额	原始凭证查验		查验索引	审核意见	调整分录		
		凭证类型	凭证日期			借方科目	贷方科目	金额
企业银行存款日记账余额	5 261 409.21							
▲银行已收企业未收款项合计	788 305.26							
其中：1. 多付运费退回（12.29）	3 305.26	电汇单	2019.12.29	ZA2－4－1	未见异常			
2. 有利贸易预付款（12.31）	785 000.00	电汇单	2019.12.31	ZA2－4－2	该金额影响资产负债表，且大于 SAD，应予以审计调整	银行存款	预收账款	785 000.00
▲银行已付、企业未付款项合计	15 108.43							
其中：1. 12月份电费（12.28）	15 108.43	代扣款通知	2019.12.28	ZA2－4－3	该金额影响损益，但小于 SAD，不予以审计调整			
▲企业已收银行未收款项合计	654 501.03							
其中：1. 青峰公司货款（12.31）	654 501.03	进账单	2019.12.31	ZA2－4－4	未见异常			
▲企业已付、银行未付款项合计	120 387.46							
其中：1. 付佛山德实原料款（12.30）	120 387.46	银行进账贷方凭证	2019.12.30	ZA2－4－5	未见异常			

审计结论：经审计除上述需要调整事项，未见其他重大异常。

审计步骤如下：

银行存款余额调节表通常由被审计单位根据不同的银行账户及币种分别编制。取得银行存款余额调节表并检查未达账项是证实银行存款是否存在的重要程序，通常所用方法如下：

（1）取得被审计单位的银行存款余额对账单，并与银行询证函回函核对，确认是否一致，抽样核对账面记录的已付票据金额及存款金额是否与对账单记录一致。

（2）取得被审计单位全年的银行对账单和全部的银行存款余额调节表。检查调节表中加计数是否正确，调节后银行存款日记账余额与银行对账单余额是否一致。

（3）检查银行存款余额调节表中的调节项目是否合理，确认未达账项是否存在，记账时间差异是否合理，必要时提请被审计单位调整。对于企业已入账银行未入账的款项，检查收付款凭证，并取得期后银行对账单，查明发生在途存款的具体原因。对于银行已入账企业未入账的款项检查期后收付款凭证，确定账簿记录时间晚于银行对账单的日期是否合理。关注长期未达账项，查看是否存在挪用资金等事项。

①检查是否存在跨期收支和跨行转账的调节事项。编制跨行转账业务明细表，检查跨行转账业务是否同时对应转入和转出，未在同一期间完成的转账业务是否反映在银行存款余额调节表的调整事项中。

②检查大额在途存款和未付票据。检查在途存款的日期，查明发生在途存款的具体原因，追查期后银行对账单存款记录日期，确定被审计单位与银行记账时间差异是否合理，确定在资产负债表日是否需审计调整；检查被审计单位的未付票据明细清单，查明被审计单位未及时入账的原因，确定账簿记录时间晚于银行对账单的日期是否合理；检查被审计单位未付票据明细清单中有记录，但截止资产负债表日银行对账单无记录且金额较大的未付票据，获取票据领取人的书面说明，确认资产负债表日是否需要进行调整；检查资产负债表日后银行对账单是否完整地记录了调节事项中银行未付票据金额。

③检查是否存在未入账的利息收入和利息支出。

④检查是否存在其他跨期收支事项。

⑤当企业存在支付货币资金时未经授权或授权不清的现象，且该现象比较突出时，应检查银行存款余额调节表中支付异常的领款（包括没有载明收款人）、签字不全、收款地址不清、金额较大票据的调整事项，确认是否存在舞弊。

（六）抽查大额银行存款的收支

审计目标：存在、完整性。

工作底稿：大额银行存款收支凭证查验表（如表2－19所示）。

表 2－19

大额银行存款收支凭证查验表

索引号：ZA2－20

开户银行：招商银行黄埔支　　账号：××××2255　　币种：人民币　　发生额大额标准：借方 535 000 元；贷方 283 000 元

编号	起点	会计账簿记录						审核原始凭证							审核对账单记录			审计意见
		记账日期	凭证号	摘要	会计分录			附件	凭证号	其他核对内容					业务发生日期	金额	摘要	
					科目名称	借方金额	贷方金额			1	2	3	4	5				
1	日记账	19.01.26	83#	收回欠款	银行存款－招商	1 255 261.48		进账单	8366#	√	√	√	√	√	2019－1－26	1 255 261.48	货款	未见异常
1	日记账	19.01.26	83#	收回欠款	应收账款－博雅		1 255 261.48	收款单	博－211	√	√	√	√	√				
2	对账单	19.02.05		设备预付款	预付账款－亚华	836 599.99		付款申请		√	√	√	√	√				
2	对账单	19.02.05		设备预付款	银行存款－招商		836 599.99	电汇单		√	√	√	√	√	2019－2－5	836 599.99	设备款	未见异常
……	……	……	……	……	……	……	……	……	……						……	……	……	……
合计			—	—	—	64 642 069.86	60 241 583.42								—	0.00	—	—

核对内容说明：

占本期发生额比例：31.65%。

①原始凭证内容完整；②有授权批准；

③账务处理正确；④账证内容相符；

⑤金额相符。

审计结论：

①通过查验所有发生额大额标准以上的银行存款收支凭证，未发现异常业务（121）笔，发现异常业务（0）笔。

②通过会计账簿记录→银行对账单核对，未发现企业会计账簿列支，银行对账单未列支现象。

③通过对账单发生额→会计账簿记录核对，未发现银行对账单列支，企业会计账簿未列支现象，所有大额银行对账单业务均已计入会计账簿。

审计步骤如下：

(1) 选取交易频率较高的银行账户，包括基本账户及主要一般账户浏览全年对账单流水，选取大额或异常的交易进行检查。

大额银行收支业务抽查核心是样本选择，如何选取样本量是发现问题的关键，因此应当在大额及异常选择上积累一定的实务经验，一般大额是规定一定的金额，在实务工作中常常用某一账户的借贷方发生额分别除以借贷方交易的笔数作为衡量大额交易的一个标准；异常是发现与常规业务存在异常，如收支款项对应科目异常、款项支付单位较为异常等。

根据风险评估水平的不同，根据银行对账单及银行日记账，抽查合计比例占全部借方或贷方累计发生额比例一般不低于30%，采取银行存款日记账与银行对账单抽样核对的方式进行。

(2) 检查银行存款收支的原始凭证是否齐全，记账凭证与原始凭证是否相符，账务处理是否正确，是否记录于恰当的会计期间等内容，检查是否存在非营业目的的大额货币资金转移（如大股东或关联方占用资金不入账），并核对相关账户的进账情况。

(七) 检查银行存款收支的正确截止

审计目标：存在、完整性。

工作底稿：银行存款截止性测试表（如表2－20所示）。

表2－20 **"银行存款"截止性测试** 单位：元 索引号：SA2－30

日期	凭证编号	业务内容	会计分录			银行业务是否跨期	对应业务是否跨期
			科目名称	借方金额	贷方金额		
截止日前							
截止日2019年12月31日							
2019.12.30	156	收现销项	银行存款	2 168 397.51		×	
2019.12.31	156	现销收入	主营业务收入		1 918 935.85		√
2019.12.31	156	销售税金	应交税费		249 461.66		√
2019.12.31	31	预付料款	预付账款	3 505 000.00			×
2019.12.31	31	预付款	银行存款		3 505 000.00	×	
……	……	……	……	……	……	……	……
截止日后							
2020.01.01	9	收欠款	银行存款	2 826 954.33		×	
2020.01.01	9	收欠款	应收账款		2 826 954.33		×
2020.01.01	11	付广告费	销售费用	2 650 200.00			√
2020.01.01	11	付广告费	银行存款		2 650 200.00	×	
……	……	……	……	……	……	……	……

审计结论：

①资产负债表日前后的银行收支业务对应的会计科目是费用，特别关注费用入账是否跨期。

②银行收支业务对应的会计科目是往来款，特别关注资产负债表日前的收款期后是否返回。

通过抽查资产负债表日前后3天，金额大于200万元的大额收支业务，未发现异常业务（33）笔，发现异常业务（2）笔，进一步查验见索引：SA2－30－1。

审计步骤如下：

(1) 在取得并检查银行存款余额的基础上，选择资产负债表日前后若干天（如5

天)，所有大额收支业务进行检查，主要核查经济业务发生时点是否存在跨期。

(2) 确认为跨期事项应当根据重要性确定是否进行审计调整。

(八) 检查银行存款是否已按照企业会计准则的规定在财务报表中做出恰当的列报

审计目标：列报和披露。

工作底稿：货币资金审定表（如表2-21所示）、货币资金披露表。

表2-21 货币资金审定表 单位：元 索引号：ZA

项目	期初数		期末数		索引
	审前金额	审定金额	审前金额	审定金额	
一、报表数	16 842 767.13	16 842 767.13	15 351 345.73	16 167 045.73	
二、总账数	16 842 767.13	16 842 767.13	15 351 345.73	16 167 045.73	
三、明细账数					
1. 库存现金	8 125.20	8 125.20	14 912.26	45 612.26	ZA1-1
2. 银行存款	16 834 641.93	16 834 641.93	15 336 433.47	16 121 433.47	ZA2-1
3. 其他货币资金					
小计	16 842 767.13	16 842 767.13	15 351 345.73	16 167 045.73	

审计说明：

①报表与总账合计数核对一致。

②明细账与总账核对及查验见分科目查验底稿。

审计结论：

①本科目经审计后无调整事项，余额可以确认。( )

②本科目经审计调整后，审定数可以确认。(√)

③因_________原因，本科目余额不能确认。( )

审计步骤如下：

审计人员在实施上述审计程序后，确定银行存款期末余额是否正确，据以确定货币资金在资产负债表上列报是否恰当。如果企业的银行存款存在抵押、冻结等使用限制情况或者潜在回收风险，注册会计师应关注企业是否已经恰当披露有关情况。

想一想

关于货币资金的审计，有一些做法不一定合理，但往往在审计实务中得到运用。①如果现金余额很小，或者现金管理实行定额管理制度，则不进行盘点；②有些审计人员倾向使用函证的替代程序，如将银行对账单复印后，到银行去询问，取得口头证据，或使用网上银行的查询系统。理由如下：银行存款函证往往时间拖得很长，甚至银行不配合，注册会计师对此没有约束措施；函证费用较高，不经济。③未将银行存款未达账列入审计重点，理由是未达账对净资产并无大的影响；④库存现金、银行存款、其他货币资金实质性程序中抽查收支与审计目标并无直接关联，故可以不执行。

问题：

试分析以上做法的适当性及可能带来的风险。

3 项目三 应收款项审计

学习目标

□ 知识学习目标

了解收款业务的内部控制及其控制测试；
明确应收账款的审计目标，掌握应收账款的实质性程序；
明确应收票据的审计目标，掌握应收票据的实质性程序；
明确预付账款的审计目标，掌握预付账款的实质性程序；
明确其他应收款的审计目标，掌握其他应收款的实质性程序。

□ 技能训练目标

能够实施收款交易的控制测试；
能够实施应收账款的实质性程序；
能够实施应收票据的实质性程序；
能够实施预付账款的实质性程序；
能够实施其他应收款的实质性程序。

工作任务

任务 1　应收账款审计
任务 2　应收票据审计
任务 3　预付账款审计
任务 4　其他应收款审计

导入案例

广州市中信会计师事务所接受业务委托，审计广州市瑞妮服装有限公司（以下简称瑞妮公司）2019年财务报表，注册会计师张健在审计过程中了解到以下情况：

（1）应收梦丹公司款项2 280 000元长期挂账。经核实，梦丹公司营运资金紧缺一直未还款，经友好协商，双方已于2015年12月签订协议，将228万元的款项作为瑞妮公司对梦丹公司的借款，年利率5%，每年付息一次。张健检查利息收入，梦丹公司每年年末均按时支付利息。

（2）应收舒尔公司款项3 513 648.81元长期挂账。经了解该笔款项舒尔公司以当年所售服装有质量问题为由拒付。瑞妮公司已于2018年6月向其提起诉讼，目前尚未宣判。

（3）应收杭州尤利、湖北利民、西安鼎盛三家公司的款项余额为负数。经检查，发现2020年1月账上确认了一笔杭州尤利的销售收入，金额恰好为2 752 386.56元，发票开票日期为2019年12月29日；其他两家往来未见异常。

（4）瑞妮公司采用账龄分析法核算坏账损失。计提坏账准备的比例如下：1年以内0%、1～2年10%、2～3年20%、3～4年30%、4～5年50%、5年以上80%。

（5）瑞妮公司应收票据总账、明细账的记录与备查账记录有差异：2019年8月13日收到三张面值为100万元的银行承兑汇票，出票人为深圳中兴创业有限公司，收款人为广州市瑞妮服装有限公司。经查公司往来客户中并无此客户，此笔款项实为中兴公司替深圳伟达代垫货款，有其出具的代垫款证明一张。10月15日收到广州友谊纺织有限公司银行承兑汇票10万元，此款乃广州友谊替乔丹公司代垫款项。

（6）瑞妮公司2019年11月1日向工商银行申请贴现银行承兑汇票一张，票面金额250万元，汇票到期日为2020年4月13日，贴现率4.75%。

（7）2019年4月5日，瑞妮公司预付其关联公司恒远公司800万元款项。经检查，凭证附件中附有一份房屋转让协议，协议约定转让款为800万元，2019年4月1日前预付50%，剩余款项在5月1日办理过户手续后一次性付清。公司未能提供过户后的不动产证书、董事会决议、交易相关的发票及税款凭证。财务经理承认此笔款项实际为借款，期限1年，实际并无交易实质。

（8）2019年10月15日，瑞妮公司预付肇庆鼎新公司340万元款项，经检查记账凭证后除汇款记录外无其他原始凭证。瑞妮公司未能提供购货合同、协议等有关资料。经追查，发现董事会决议中有以下记录：2019年10月，以现金340万元对外投资组建成立“肇庆鼎新贸易有限公司”，持股比例34%。由于资产负债表日未办妥工商注册登记，该款项暂挂在预付账款。张健查询“企业信用信息公示系统”，发现鼎新公司已于2020年1月注册成立，股东信息与瑞妮公司董事会记录一致。

(9) 瑞妮公司预付龙海公司约 14 万元款项账龄较长，经核对交易记录，证实款项确认期初留存。经了解，2019 年 8 月瑞妮公司向龙海公司订购了一批特殊规格的包装纸箱，后因货物质量未达到要求，瑞妮公司要求退货，但龙海公司对此有异议。目前龙海公司因原料问题已无法再加工该规格的产品，双方发生纠纷，至今尚未解决，瑞妮公司已准备向法院提起诉讼。

(10) 瑞妮公司预付东莞裕隆公司 450 万元，拟购入一批服装加工机械，经检查合同、凭证未见异常。

(11) 瑞妮公司 2017 年 5 月借款给关联方瑞妮投资 1 000 万元，期限 3 年，因本年度公司资金较为紧张，在与对方协商后，对方提前还款。同时借给瑞妮公司 500 万元，用于流动资金周转，期限 6 个月，两个公司借款利率同为年利率 5%。

(12) 瑞妮公司有一笔公司年会活动借款，是管理部筹办 2018 年经营公司年会时所借款项，据了解年会活动增值税专用发票已于 2019 年 12 月 26 日寄到，不含税价 15.3 万元，增值税税率 5%，管理部尚未办理冲账手续。

(13) 鑫洋贸易的其他应收款为负数，经了解此为销货时收取的包装物押金。

问题：

(1) 上述哪些事项在审计过程中需要进行审计调整？

(2) 针对瑞妮公司预付肇庆鼎新公司 340 万元款项，还需要实施什么样的进一步审计程序？

(3) 如果上年度会计报表由其他注册会计师审计，是否考虑对期初余额实施审计？

任务 1 应收账款审计

任务描述

注册会计师张健按照审计计划开始应收账款的审计工作，组长周华要求其完成如下工作：①进行销售与收款循环的内部控制测试，检查赊销批准、清收方面管理制度的完善性与执行性；②对应收账款实施实质性程序，重点是做好应收账款的函证和账龄检查。

审计准备

（1）审计人员向被审计单位询问了解被审计单位应收账款核算体系及销售政策，以及应收账款的客户管理情况等信息。

（2）需要收集的证据清单：①现有销售政策的文件；②企业销货商的维护及管理等资料；③应收账款明细表及账龄分析表；④销售合同；⑤货运单等。

（3）涉及的凭证和会计记录包括：有关会计账簿（包括应收账款总账、明细账）、有关科目的记账凭证。瑞妮公司2019年应收账款余额明细及账龄相关数据如表3-1所示。

相关知识

应收账款和坏账准备

1. 应收账款的核算

应收账款是指企业销售商品、提供劳务等原因，应向购货客户或接受劳务的客户收取的款项或代垫的运杂费，是企业在销售活动中所形成的债权性资产。应收账款可按债务人进行明细核算。企业应收账款期末所属明细账的借方余额反映尚未收回的应收账款，应收账款期末所属明细账的贷方余额应当重分类到预收款项进行列报。资产负债表日应收账款发生减值的，应当按照一定的估计方法计提坏账准备，坏账准备按照应收款项类别进行明细核算。

2. 应收账款的账龄分析

应收账款的账龄是应收账款从产生之日至资产负债表日所经历的时间。应收账款账龄分析一般采用：个别认定法、先进先出法、个别认定法与先进先出法结合。实务中较多采用的划分方法是个别认定法与先进先出法结合使用。即如果同一客户应收账款发生和收回的笔数较多，一般情况下应当逐笔认定，如果确实无法认定，则按照先发生先收回的原则确定。编制账龄分析表时，可以考虑选择重要的顾客及其余额列示，将不重要或余额较小的汇总列示。

3. 坏账准备

市场经济条件下，企业间交易所形成的部分或全部款项无法收回的情况司空见惯。根据企业会计准则的规定，企业应当在期末对应收款项进行检查，并预计可能产生的坏账损失（应收款项包括应收票据、应收账款、预付账款、其他应收款和长期应收款等）。

核算坏账的方法有直接转销法和备抵法。我国企业会计准则规定应采用备抵法按期估计坏账损失（将预计不能收回的应收款项作为坏账损失及时计入费用），以免虚增利润和资产。

备抵法下计提坏账准备的方法有应收账款余额百分比法、账龄分析法、

表 3－1　　应收账款余额及账龄分析表　　单位：元

项目名称	关联方/非关联方	期初余额	借方发生额	贷方发生额	期末余额	账龄分析					
						1 年以内	1～2 年	2～3 年	3～4 年	4～5 年	5 年以上
广州梦丹服装有限公司	关联方	2 280 000.00	0	0	2 280 000.00					611 792.34	1 668 207.66
广州乔丹服装有限公司	关联方	4 106 465.28	18 624 588.34	11 741 509.45	10 989 544.17	10 989 544.17					
广州舒尔童装有限公司	关联方	3 513 648.81	0	0	3 513 648.81						3 513 648.81
广州宏发贸易有限公司	非关联方	16 429 160.26	17 872 791.19	15 173 481.60	19 128 469.85	17 872 791.19	1 255 678.66				
深圳伟达贸易有限公司	非关联方	5 399 876.99	32 185 903.79	33 030 000.00	4 555 780.78		2 658 303.43	1 577 612.06	121 305.42	198 559.87	
佛山精纶服装有限公司	非关联方	1 263 174.14		0	1 263 174.14		1 263 174.14				
江门欣欣商贸有限公司	非关联方	1 649 578.26	218 795.75		1 868 374.01	218 795.75		1 649 578.26			
中山大华贸易有限公司	非关联方	116 598.15	0		116 598.15		116 598.15				
东莞嘉佳贸易有限公司	非关联方	7 355.84			7 355.84				7 355.84		
天津春藤贸易有限公司	非关联方	105 233.19			105 233.19		105 233.19				
杭州尤利贸易有限公司	非关联方	3 129 719.69		5 882 106.25	－2 752 386.56	－2 752 386.56					
湖北利民商贸有限公司	非关联方	2 549 368.14		3 218 378.55	－669 010.41	－669 010.41					
西安鼎盛贸易有限公司	非关联方	307 325.62		1 580 574.38	－1 273 248.76	－1 273 248.76					
非关联方		30 957 390.28	50 277 490.73	58 884 540.78	22 350 340.23	13 396 941.21	5 398 987.57	3 227 190.32	128 661.26	198 559.87	0.00
关联方		9 900 114.09	18 624 588.34	11 741 509.45	16 783 192.98	10 989 544.17	0.00	0.00	0.00	611 792.34	5 181 856.47
合计		40 857 504.37	68 902 079.07	70 626 050.23	39 133 533.21	24 386 485.38	5 398 987.57	3 227 190.32	128 661.26	810 352.21	5 181 856.47

个别认定法等。企业具体采用哪种方法由企业自行确定（报经批准后经有关各方备案），但一经确定，不得随意变更。一般使用账龄分析法或应收账款余额百分比法，如果某项应收款项的可收回性与其他应收款项存在明显区别，可对该项应收账款采用个别认定法计提坏账准备。

企业应根据所持应收款项的实际可收回情况，合理计提坏账准备，不得多提或少提，否则应视为滥用会计估计，按照会计差错更正的方法进行会计处理。

审计过程

一、确定应收账款的审计目标

应收账款是企业流动资产的重要组成部分，与其他流动资产项目相比，该项目很容易被虚构，进而产生重大舞弊。应收账款在会计核算中常见的问题有：虚列应收账款从而虚增利润；应收账款长期挂账；异常的贷方余额；费用虚挂应收账款。在审计过程中，审计人员必须对应收账款相关资料进行仔细审查，确定经济业务是否真实、计价是否合理。应收账款的具体审计目标如表3-2所示。

表3-2　应收账款审计目标与财务报表认定的对应关系

审计目标	财务报表认定				
	存在	完整性	权利和义务	计价和分摊	列报和披露
A. 资产负债表中记录的应收账款是存在的	√				
B. 应当记录的应收账款均已记录		√			
C. 记录的应收账款由被审计单位拥有或控制			√		
D. 应收账款以恰当的金额包括在财务报表中，与之相关的计价调整已恰当记录				√	
E. 应收账款已按照企业会计准则的规定在财务报表中做出恰当列报和披露					√

二、收款交易的控制测试

销售与收款是一笔完整业务的两个环节，在进行控制测试时一般合并进行称为销售与收款循环控制测试。注册会计师在进行销售与收款循环控制测试之前，应通过风险评估程序，了解被审计单位销售与收款循环的内部控制，确定被审计单位应在哪些环节设置控制，以防止发生或纠正各重要业务流程可能发生的错误。注意可能发生错报的关键点，选择一笔或几笔销售与收款交易进行穿行测试，确定相关控制的设计是否得到执行。

相关知识

收款交易的内部控制

一般来说，企业的收款交易需要遵循如下内部控制：

(1) 企业应当按照《现金管理暂行条例》、《支付结算办法》等规定，及时办理销售收款业务。

(2) 企业应将销售收入及时入账，不得账外设账，不得擅自坐支现金。销售人员应当避免接触销售现款。

(3) 企业应当建立应收账款账龄分析制度和逾期应收账款催收制度。销售部门应当负责应收账款的催收，财会部门应当督促销售部门加紧催收。对催收无效的逾期应收账款可通过法律程序予以解决。

(4) 企业应当按客户设置应收账款台账，及时登记每个客户应收账款余额增减变动情况和信用额度使用情况。对长期往来客户应当建立完善的客户资料，并对客户资料实行动态管理，及时更新。

(5) 企业对于可能成为坏账的应收账款应当报告有关决策机构，由其进行审查，确定是否确认为坏账。企业发生的各项坏账，应查明原因，明确责任，并在履行规定的审批程序后做出会计处理。

(6) 企业注销的坏账应当进行备查登记，做到账销案存。已注销的坏账又收回时应当及时入账，防止形成账外款。

(7) 企业应收票据的取得和贴现必须经由保管票据以外的主管人员的书面批准。应有专人保管应收票据，对于即将到期的应收票据，应及时向付款人提示付款；已贴现票据应在备查簿中登记，以便日后追踪管理；并应制定逾期票据的冲销管理程序和逾期票据追踪监控制度。

(8) 企业应当定期与往来客户通过函证等方式核对应收账款、应收票据、预收款项等往来款项。如有不符，应查明原因，及时处理。

(一) 拟定控制测试程序

在了解被审计单位销售与收款循环内部控制程序有效的基础上，通过观察和了解销售和收款的关键控制点制定相应的控制测试程序，并根据被审计单位执行控制的频率，决定控制测试项目的数量。在人工控制环境下最低测试样本数量如表 3－3 所示。例如，对全年共发生 300 次的赊销批准控制，如果初步评估控制运行有效，注册会计师至少要测试 25 个样本。

表 3－3　　人工控制最低样本规模表

控制执行频率	控制发生总次数	最低样本数量
1 次/年度	1 次	1
1 次/季度	4 次	2
1 次/月度	12 次	3

续表

控制执行频率	控制发生总次数	最低样本数量
1次/每周	52次	5
1次/每日	250次	20
每日数次	大于250次	25

（二）进行控制测试

控制测试可采用询问、观察、检查、重新执行、穿行测试等方式进行。一般来说，收款交易的控制测试通常采用抽查销售与收款业务的会计记录，检查关键控制点生成的有关文件和记录，核实销售和收款的有关控制措施是否得到执行；或通过追踪交易在财务报告信息系统中的处理过程（穿行测试），以提取对关键控制点控制有效支持的审计证据。注册会计师在审计时重点关注如下几个方面的控制测试及评价：

（1）是否建立了赊销批准制度，所有赊销业务均获得授权审批；

（2）应收账款的记录是否以经销售部门核准的销售发票和发运凭证为依据；

（3）销售与收款业务的不相容职务是否分离，应收账款总账和明细账是否由不同的人员分别登记；

（4）是否按客户设置应收账款台账，及时登记每个客户余额并与信用额度对比；

（5）企业是否定期编制客户对账单并与客户对账；

（6）是否定期编制账龄分析表，并标出虚列的应收账款或不能回收的应收账款；

（7）是否建立了应收账款清收制度，对账龄较长的客户的应收账款是否指定专人进行催收，保证债权的回收；

（8）应收账款的各种贷项调整（包括坏账冲销、折扣与折让的给予）是否经过专人的授权审批；

（9）是否由独立于记录应收账款的其他人员定期核查；

（10）企业是否建立了坏账准备金制度，对注销的坏账是否进行了备查登记。

（三）控制测试结果评价

（1）根据控制测试的结果（如表3－4所示）对是否支持风险评估结论做出评价，决定是否需要修正某些认定的重大错报风险水平。如果样本中没有发现偏差，样本结果支持初步风险评估结果。如果样本中发现了偏差，样本结果不支持初步风险评估结果，此时注册会计师可以得出控制运行无效的结论，或考虑扩大样本量。对于小型被审计单位，如果再次发现偏差的可能性较大时，那么继续实施控制测试的意义不大，因为若发现另一偏差，样本规模不得不再次扩大，此时得出控制运行无效的结论，直接实施实质性程序可能更加有效。如果拟测试的控制是针对相关认定的唯一控制时，注册会计师应考虑更大的样本量。

表 3-4　　销售与收款循环控制测试结果　　索引号：XSC-4

1. 了解内部控制的初步结论：控制设计合理，并得到执行

2. 控制测试结论

业务活动	控制目标	被审计单位控制活动	控制设计是否有效	是否得到执行	运行是否有效	是否支持风险评估结论
销售	……	……	……	……	……	……
记录应收账款	已记录的销售均已发出货物	应收款会计根据系统显示的“已出库”销售订单信息，将销售订单、销售合同、出库单客户确认回单等进行核对。如所有单证核对一致，开具销售发票；记账员编制销售确认会计凭证，后附有关单证，交财务经理复核，凭证过至明细账和总账。月末，应收账款记账员与顾客对账核对情况，若有差异，及时进行处理	是	是	有效	支持
	已记录的销售交易计价准确		是	是	有效	支持
	与销售货物相关的权利均已记录至应收账款		是	是	有效	支持
	销售交易均已记录于适当期间		是	是	否	不支持
	已发生的销售退回、折扣与折让均已准确记录		是	是	有效	支持
	准确计提坏账准备和核销坏账，并记录于恰当期间	略	是	是	有效	支持
收款	……	……	……	……	……	……
维护档案	……	……	……	……	……	……

3. 相关交易和账户余额的审计方案

（1）应收账款。

完整性		存在		计价和分摊		……	
测试结果	需从实质性程序中获取的保证程度	测试结果	保证程度	测试结果	保证程度	……	……
不支持	高	支持	低	支持	低		

（2）应收票据。

……

（2）根据修正的重大错报风险水平，制订销售与收款循环相关交易与账户余额的具体审计方案。一般来说，重大错报风险水平与需要从实质性程序获得保证的程度是正相关的。即若相关交易与账户余额的某项认定重大错报风险评估为高风险，则相应需要从实质性程序中获取的保证程度比较高。反之，若相关交易与账户余额的某项认定重大错报风险评估为低风险，则相应需要从实质性程序中获取的保证程度低。

三、应收账款的实质性程序

（一）获取或编制应收账款明细表

审计目标：计价和分摊。

工作底稿：应收账款余额明细表（如表3-5所示）。

审计步骤如下：

（1）向被审计单位获取应收账款明细表，如未提供，可根据应收账款明细账等资料分析后自行编制。关注各债务单位有无与企业经营业务无关的单位，存在疑问的可检查应收账款明细账并追查至有关原始凭证，以查证确认是否存在不属于结算业务的债权。

（2）复核加计，并与报表数、总账、明细账核对（应收账款明细账余额之和应与总账余额相等，报表数应与应收账款总账余额减去坏账准备中的应收账款部分相等）。

（3）分析有贷方余额的项目，查明原因，必要时，建议作重分类调整。大额的贷方余额，必须查验相关合同和凭证，确认是预收账款，方可重分类调整。如果是公司利润，销售指标完成较好，财务未将已销售的货物发票入账，但对收到回款进行入账，形成应收账款期末贷方余额，审计人员应依据发票、运（送）货单的回执，确认调整为收入。

（4）识别重要欠款单位及关联方明细，并进行标记。如余额较大、发生额较大、关联方往来或账龄较长的明细项目，作为函证及进一步检查的对象。

（5）结合其他应收款、预收账款等往来项目的明细余额，调查有无同一客户多处挂账、异常余额或与销售无关的其他款项（如代销账户、关联方账户或员工账户），如有，应做出记录，必要时提出调整建议。

（6）检查非记账本位币应收账款的折算汇率及折算是否正确。对于用非记账本位币结算的应收账款，审计人员应检查业务发生时及会计期末记账汇率的选择是否恰当，折算差额的会计处理是否正确。

（二）执行应收账款分析性程序

审计目标：存在、完整性、计价和分摊。

工作底稿：应收账款分析表（如表3-6所示）。

审计步骤如下：

应收账款分析程序主要包括发生额、余额分析程序，主要结构占比分析程序，相关指标与同行业分析程序三个方面，旨在发现应收账款是否存在应当关注的异常领域，以便执行更有针对性的进一步程序。

（1）应收账款发生额分析。复核应收账款借方累计发生额与主营业务收入是否配比，如存在差异应查明原因。发生额分析程序主要揭示收入不转入相关科目而隐藏的其他异常交易事项，也从另一方面分析与收入相关的经济利益是否流入所对应的相关资产范围。

（2）应收账款结构性分析。分析销售最大客户及其回款情况，以及占用应收账款余额最大客户及其销售情况，检查是否存在大额赊销长期不回款却确认收入以及没有商

表 3－5

应收账款余额明细表

单位：元　　索引号：ZD－1

序号	债务人名称	A/B	期末未审数	审计调整		重分类调整		调整索引	审定金额		
				借方	贷方	借方	贷方		期初数	期末数	比例
1	广州梦丹服装有限公司		2 280 000.00		2 280 000.00				0.00	0.00	0.00%
2	广州乔丹服装有限公司	A	10 989 544.17						4 106 465.28	10 989 544.17	26.45%
3	广州舒尔童装有限公司		3 513 648.81						3 513 648.81	3 513 648.81	8.46%
4	广州宏发贸易有限公司	B	19 128 469.85						16 429 160.26	19 128 469.85	46.04%
5	深圳伟达贸易有限公司	B	4 555 780.78						5 399 876.99	4 555 780.78	10.97%
6	佛山精纶服装有限公司		1 263 174.14						1 263 174.14	1 263 174.14	3.04%
7	江门欣欣商贸有限公司		1 868 374.01						1 649 578.26	1 868 374.01	4.50%
8	中山大华贸易有限公司		116 598.15						116 598.15	116 598.15	0.28%
9	东莞嘉佳贸易有限公司		7 355.84						7 355.84	7 355.84	0.02%
10	天津春藤贸易有限公司		105 233.19						105 233.19	105 233.19	0.25%
11	杭州尤利贸易有限公司		－2 752 386.56	2 752 386.56					3 129 719.69	0.00	0.00%
12	湖北利民商贸有限公司		－669 010.41			669 010.41			2 549 368.14	0.00	0.00%
13	西安鼎盛贸易有限公司		－1 273 248.76			1 273 248.76			307 325.62	0.00	0.00%
	应收账款余额合计		39 133 533.21	2 752 386.56		1 942 259.17		—	40 857 504.37	41 548 178.94	100.00%
	应收账款坏账准备		5 774 596.48	1 901 908.54					1 438 892.44	3 872 687.94	
	应收账款净额合计		33 358 936.73						37 138 611.93	37 675 491.00	26.45%

审计说明：①明细账合计与总账、报表核对一致；②应收款项中持本公司5%以上股份的主要股东欠款，在债务人名称旁标明“A”；③应收款项中余额占总额10%（含10%）以上的，在债务人名称旁标明“B”和发生原因、性质及内容，索引见：ZD－1－1；④应收梦丹公司228万元已转为借款，索引见ZD－20；⑤应收杭州尤利－275.23万元，属于收入跨期确认，索引见ZD－70；⑥应收湖北利民、西安鼎盛属预收款，进行重分类调整，索引见ZD－70。

表 3－6 **应收账款分析表** 单位：元 索引号：ZD－2

一、公司赊销政策		
对于往来1年以上的客户实行赊销，新客户实行预收款销售。		
二、应收账款周转率分析		
项目	**2019 年度**	**2018 年度**
期初应收账款	40 857 504.37	38 725 386.93
期末应收账款	39 133 533.21	40 857 504.37
主营业务收入	82 222 222.00	71 947 338.64
期末应收账款余额占收入比重	47.59%	56.79%
应收账款周转率	2.06	1.81
平均周转天数（天）	177.55	201.87
分析：本年应收账款周转率高于上年，周转天数提高24天。		
三、应收账款借方发生额与收入核对		
项目	**金额**	**数据来源（索引号）**
本期主营业务收入	82 222 222.00	SA－2
增值税税率	13%	FG－5
收入价税合计	92 911 110.86	
本期应收账款借方发生额合计	68 902 079.07	
收入价税合计与应收账款借方发生额差异	24 009 031.79	
差异分析：部分客户采用预收款方式销售，经核对预收账款本期借方发生额为24 009 031.79元。		
调整后差异：经调整后，无差异。		
审计结论：借方发生额可以确认。		

四、应收账款贷方发生额分析			
项目	金额	数据来源	与对应科目核对
本期应收账款贷方发生额合计	70 626 050.23	ZD－3	核对相符
其中：1. 应收账款转入应收票据金额	20 000 000.00	ZD－3	核对相符
2. 收到现金	0.00	ZD－3	核对相符
3. 收到银行存款	50 626 050.23	ZD－3	核对相符
4. 其他（请分类列示）		<ZD－3>	
小计	70 626 050.23		
审计结论：贷方发生额可以确认。			

业实质的收入等事项。

（3）计算应收账款周转率、周转天数等指标，并与上年指标、同行业同期相关指标对比分析，检查是否存在重大异常。

（三）获取或编制应收账款账龄分析表

审计目标：存在、完整性、计价和分摊。

工作底稿：应收账款账龄分析表。

审计步骤如下：

（1）编制或索取应收账款账龄分析表。向被审计单位索取或自行编制应收账款账龄分析表。若为连续审计，则只需核对期初账龄分析表与上年审计报告数据是否一致，存在差异查明原因；若为首次承接，则需要结合期末应收账款账龄划分情况推导期初账龄的合理性，并进行必要的复核。

（2）测试期末账龄分析的准确性。若应收账款账龄分析表为被审计单位编制，选取一定的样本量，检查原始凭证，如销售发票、运输记录，核查账龄划分采用的方法，测试账龄划分的准确性。

通过本期回款情况复核1年以上账龄划分的正确性，并对期末账龄在上年账龄基础上递增的合理性进行分析。

（四）向债务人函证应收账款

审计目标：存在、权利和义务、计价和分摊。

工作底稿：询证函（如表3－7、表3－8、表3－9所示）、应收账款函证结果汇总表（如表3－10所示）。

审计步骤如下：

函证是指为了获取影响财务报表或相关披露认定的项目的信息，通过直接来自第三方对有关信息和现存状况的声明，获取和评价审计证据的过程。函证应收账款的目的在于证实应收账款账户余额的真实性、正确性，防止或发现被审计单位及有关人员在销售交易中发生的错误或舞弊行为。通过函证应收账款，可以比较有效地证明被询证者（即债务人）的存在和被审计单位记录的可靠性。

审计人员应当对应收账款实施函证程序，除非有充分的证据表明应收账款对财务报表不重要或函证很可能无效。如果不对应收账款进行函证，应在工作底稿中说明理由。

（1）选取函证样本。一般情况下，注册会计师应选择以下项目作为函证对象：

①大额或账龄较长的项目；

②与债务人发生纠纷的项目；

③关联方项目；

④主要客户项目；

⑤交易频繁但余额较小的项目；

⑥非正常的项目。

函证对象选择应选取所有超过财务报表层次重要性水平50%的应收账款明细项目，且覆盖率（指细节测试的金额达到该科目余额的比率）要达到50%以上。

函证范围多大、数量多少是由多个方面因素决定的：①应收账款在全部资产的重要性。如果应收账款在全部资产中所占的比重较大，则函证的范围要相对大一些。②被审计单位内部控制的强弱。若被审计单位内部控制健全，则可以相应减少函证的数量。③以前期间函证的结果。若以前期间函证过程中发现重大差异，或欠款纠纷较多，则应扩大函证的范围。

（2）选择函证方式。函证方式主要有积极式函证和消极式函证两种。

①积极式函证。积极式函证是指要求被询证者直接向注册会计师回复，表明是否同意询证函所列示的信息，或填列所要求的信息的一种询证方式。积极式函证要求被询证者在所有情况下都必须回函。积极的函证方式有两种，如表3－7、表3－8所示。

表3－7　企业询证函（积极式之一）

编号：201902

广州宏发贸易公司：

本公司聘请的广州市中信会计师事务所下在对本公司2019年度财务报表进行审计，按照中国注册会计师审计准则的要求，应当询证本公司与贵公司的往来账项等事项。下列数据出自本公司账簿记录，如与贵公司记录相符，请在本函下端“信息证明无误”处签章证明；如有不符，请在“信息不符”处列明不符金额。回函请直接寄至广州市中信会计师事务所。

回函地址：广州市越秀区小北路311号粤海大厦1808房　邮编：511000

电话：020－348356888　传真：020－348356888　联系人：张健

1. 本公司与贵公司的往来账项列示如下

单位：元

截止日期	贵公司欠	欠贵公司	备注
2019年12月31日	19 128 469.85		

2. 其他事项

本函仅为复核账目之用，并非催款结算。若款项在上述日期之后已经付清，仍请及时函复为盼。

广州市瑞妮服装有限公司　2020年3月15日

1. 信息证明无误 广州宏发贸易公司公章 经办人：赵晶晶　2020年3月20日	2. 信息不符，请列明不符项目及具体内容

表3－8　企业询证函（积极式之二）

编号：201903

佛山精纶服装有限公司：

本公司聘请的广州市中信会计师事务所下在对本公司2019年度财务报表进行审计，按照中国注册会计师审计准则的要求，应当询证本公司与贵公司的往来账项等事项。请列示截止2019年12月31日贵公司与本公司往来款项余额。回函请直接寄至广州市中信会计师事务所。

回函地址：广州市越秀区小北路311号粤海大厦1808房　邮编：511000

电话：020－348356888　传真：020－348356888　联系人：张健

本函仅为复核账目之用，并非催款结算。若款项在上述日期之后已经付清，仍请及时函复为盼。

广州市瑞妮服装有限公司

2020年3月15日

1. 本公司与贵公司的往来账项列示如下

单位：元

截止日期	贵公司欠	欠贵公司	备注

2. 其他事项

佛山精纶服装有限公司

2020年3月25日

通常认为，第一种积极式询证函的回复能够提供可靠的审计证据，但其缺点是被询证者可能对所列示信息根本不加以验证就予以回函确认；第二种积极式询证函则要求被询证者做出更多的努力，可能会导致回函率降低，进而导致执行更多的替代程序。积极的函证方式下，只有收到回函才能为财务报表认定提供审计证据。如没有收到回函，则无法证明所函信息是否正确。下列情况可能无法收到回函：被询证者根本不存在；被询证者没有收到回函；被询证者不理会询证函。

②消极式函证。消极式询证函是指要求被询证者只有在不同意询证函所列示的信息时才直接向注册会计师回复的一种询证方式。消极式询证函格式如表 3 -9 所示。

消极的函证方式下，如果收到回函能够为财务报表认定提供说服力强的审计证据。未收到询证函的原因可能有：被询证者已收到询证函且核对无误；被询证者根本不存在；被询证者没有收到回函；被询证者不理会询证函。因而通常还需辅之以其他审计程序。当同时存在下列情况下，可考虑采用消极的函证方式：重大错报风险评估为低水平；涉及大量余额较小的账户；预期不存在大量的错误；没有理由相信被询证者不认真对待函证。消极的函证格式如表 3 -9 所示。

表 3 -9　　企业询证函（消极式）　　编号：201904

深圳伟达贸易有限公司：

本公司聘请的广州市中信会计师事务所下在对本公司 2019 年度财务报表进行审计，按照中国注册会计师审计准则的要求，应当询证本公司与贵公司的往来账项等事项。下列数据出自本公司账簿记录，如与贵公司记录相符，则无需回函；如有不符，请直接通知广州市中信会计师事务所，并请在空白处列贵公司认为是正常的信息。回函请直接寄至广州市中信会计师事务所。

回函地址：广州市越秀区小北路 311 号粤海大厦 1808 房　邮编：511000

电话：020 -34835688　　传真：020 -34835688　　联系人：张健

1. 本公司与贵公司的往来账项列示如下　　单位：元

截止日期	贵公司欠	欠贵公司	备注
2019 年 12 月 31 日	4 555 780. 78		

2. 其他事项

本函仅为复核账目之用，并非催款结算。若款项在上述日期之后已经付清，仍请及时函复为盼。

广州市瑞妮服装有限公司

2020 年 3 月 15 日

广州市中信会计师事务所：

以上所列信息不正确，截止 2019 年 12 月 31 日，我司对瑞妮公司欠款为 4 235 915. 45 元。

深圳伟达贸易有限公司

2020 年 3 月 22 日

（3）选择函证的时间。通常以资产负债表日为截止日，在资产负债表日后适当的时间实施函证。如果重大错报风险评估为低水平，注册会计师可选择资产负债表日前适当日期为截止日实施函证，并对所函证项目自截止日起至资产负债表日发生的变动实施实质性程序。

（4）控制函证的过程。通常利用被审计单位提供的应收账款明细账户名称及客户地址等资料据以编制询证函，但应对选择被询证者、设计询证函以及发出和收回询证函保持控制。出于掩盖舞弊的目的，被审计单位可能想方设法拦截或更改询证函及回函的内容，导致函证结果发生偏差和函证程序失效。对函证实施过程进行控制的措施有：

①将被询证者的名称、地址与被审计单位有关记录核对。应合理追查或核对至外部电话簿、贸易名录或债务人、债权人自己网站（而不是核对至客户的内部记录或客户提供的与债务人的往来函件）。

②将询证函中列示的账户余额及其他信息与被审计单位有关资料核对。

③在询证函中指明直接向审计业务委托的会计师事务所回函。

④询证函经被审计单位盖章后，由审计人员直接发出。询证函的寄发应在审计人员的控制下，采用独立于客户的邮寄方式：不得使用客户的收发室；在对环境不了解的情况下，可由客户人员陪同寄件，但不得由客户人员单独送邮局寄件；当天未寄出的询证函应由审计人员保管或以同样有效的方式对询证函加以控制。

⑤将发出询证函的情况形成审计工作记录。

⑥将收到的回函形成审计工作记录，并汇总统计函证结果。

（5）函证结果的处理。

①汇总函证结果。注册会计师应关注回函信息所确认的应收账款是否相符，形成审计工作记录，并汇总统计函证结果。

②对不符事项的处理。若回函结果显示，被询证者提供的信息与询证函要求确认的信息不一致，或与被审计单位记录的信息不一致，注册会计师应当考虑不符事项是否构成错报。

③总结和评价。根据函证的结果注册会计师重新考虑对内部控制的原有评价、控制测试的结果、分析程序的结论是否适当。若函证结果表明没有审计差异，则可以合理推论全部应收账款总体是正确的；若函证结果表明有审计差异，可以进一步扩大函证的范围，并估算应收账款总额中可能出现的累积差错。

应收账款函证结果汇总表如表3-10所示。

（五）对未函证应收账款实施替代程序

审计目标：存在、计价和分摊、权利和义务。

工作底稿：应收账款替代测试表。

审计步骤如下：

对最终未回函的应收账款逐一实施替代审计程序时，应当考虑两种情况：

（1）核查期后回款情况，如果回款可以证实期末余额的存在性认定，确认应收账款入账日期是否合理；若期后出现减免应收账款、销售退回等情况，应检查应收账款交易相关的原始凭证，确认应收账款是否真实。

（2）期后回款不能核实期末余额的存在性认定，应当检查相关支持性文件（如销售合同、销售订单、销售发票副本、发运凭证及回款单据等），以核查期末余额的存在性。

（六）检查大额、异常应收账款

审计目标：存在、计价和分摊。

表 3－10

应收账款函证结果汇总表

单位：元　　索引：ZD－20

序号	选取样本依据	单位名称	期末余额	是否函证	是否收到回函	可以确认金额		难以确认金额		通过替代审计可确认金额	未核实金额	可确认金额合计	审计意见
						回函直接确认	调节后可确认	争议未决金额	其他				
1	账龄	广州梦丹服装有限公司	2 280 000.00	√	√				0.00			0.00	审计说明 1
2	大额	广州乔丹服装有限公司	10 989 544.17	√	√	10 989 544.17						10 989 544.17	可以确认
3	大额	广州舒尔童装有限公司	3 513 648.81	√	×					3 513 648.81		3 513 648.81	审计说明 2
4	大额	广州宏发贸易有限公司	19 128 469.85	√	√	19 128 469.85						19 128 469.85	可以确认
5	大额	深圳伟达贸易有限公司	4 555 780.78	√	√	4 235 915.49	319 865.29					4 555 780.78	可以确认
6	大额	佛山精纶服装有限公司	1 263 174.14	√	√	1 263 174.14						1 263 174.14	可以确认
7	大额	江门欣欣商贸有限公司	1 868 374.01	√	√	1 868 374.01						1 868 374.01	可以确认
合计			43 598 991.76	—	—	37 485 477.66	319 865.29	0.00	0.00	3 513 648.81	0.00	41 318 991.76	
应收账款审定余额			41 548 178.94										
占总额的比例			104.94%										

审计说明：

①梦丹公司回函确认无应付款，进一步查验该笔应收款已转为借款，索引见 ZD20－1。

②舒尔童装函证未收到回函，通过替代程序进一步查证，索引见 ZD20－1。

工作底稿：应收账款检查情况表。

审计步骤如下：

（1）抽查应收账款中大额或异常的借方发生额相关业务，核查对应收入确认是否符合政策规定，其销售合同、发票、运输凭证、出库单等是否可以确认交易的真实性、合法性。

（2）抽查应收账款中大额或异常的贷方发生额相关业务，核查对应款项是否收回，资金流入来源是否正常。

（3）关注期后收款情况，结合对资产负债表日前后销售退回和赊销水平的检查，确定是否存在异常迹象。若存在重大、异常的应收账款减免或销售退回情况，应进一步检查该项交易是否存在。

（4）检查银行询证函回函、会议纪要、借款协议和其他文件，确定应收账款是否已被质押或出售。

（七）评价坏账准备计提的恰当性

审计目标：计价和分摊。

工作底稿：坏账准备计算表（如表3－11所示）。

表3－11 坏账准备计算表 单位：元 索引号：ZD－9

分类	期末审定余额	计提比例	期末应有余额	上期审定数	本期转出金额	应计提金额	当年实际计提坏账准备	差异
1年以内	29 081 131.11	0.00%	—			—	—	—
1－2年	7 296 464.92	10.00%	729 646.49	32 991.57		696 654.93	539 898.76	－156 756.17
2－3年	1 649 578.26	20.00%	329 915.65	441.35		329 474.30	645 438.06	315 963.76
3－4年	7 355.84	30.00%	2 206.75	—		2 206.75	38 598.38	36 391.63
4－5年	—	50.00%	—	1 405 459.52		－1 405 459.52	405 176.11	1 810 635.63
5年以上	3 513 648.81	80.00%	2 810 919.05			2 810 919.05	4 145 485.18	1 334 566.13
合计	41 548 178.94		3 872 687.94	1 438 892.44	—	2 433 795.50	5 774 596.48	3 340 800.98

审计步骤如下：

（1）取得或编制坏账准备计算表，复核加计正确，与坏账准备总账数、明细账合计数核对相符。

（2）结合对公司的内部控制测试检查应收账款坏账准备计提和核销的批准程序是否完备，取得书面报告等证明文件。检查公司董事会决议、股东大会决议中披露的会计政策或公司制定的资产减值管理办法，评价计提坏账准备所依据的资料、假设及方法，复核应收账款坏账准备是否按经股东（大）会或董事会批准的计提方法和比例，复核其计算和会计处理是否正确。

①将应收账款坏账准备本期计提数与信用减值损失相应明细项目的发生额核对是否相符。

②实际发生坏账损失的，检查转销依据是否符合有关规定，会计处理是否正确。

③已经确认并转销的坏账重新收回的，检查其会计处理是否正确，以及前期将其作为坏账转销是否合理。

④通过比较前期坏账准备计提数和实际发生数，以及检查期后事项，与授信部门经理或其他负责人员讨论金额较大、账龄较长的款项的可收回性，并复核往来函件或其他相关信息，评价应收账款坏账准备计提的合理性。

⑤选取应收账款中账龄较长，长期未发生往来交易的款项，检查公司的对账记录、催收记录，并向公司法律部门核实公司已完结及尚未完结有关经济纠纷案件的审判情况，核实是否存在债务人破产或者死亡，以其破产财产或者遗产清偿后仍无法收回，或者债务人长期未履行偿债义务的情况，判断应收账款的坏账准备计提是否充分。

⑥选取有疑虑的应收账款，如一般账龄很长且长期没有交易的债务人，应当核查债务人在《全国企业信用信息公示系统》中是否正常年检及是否持续经营状况，如已经不再年检或不继续经营，则应当考虑坏账准备计提是否充分。

（八）检查关联方往来及交易

审计目标：存在、列报和披露。

工作底稿：合并关联方往来核对记录、非合并关联方往来核对记录。

审计步骤如下：

（1）确定关联方范围，浏览应收账款中是否存在关联方并标注关联方款项，包括持股5%以上（含5%）股东的款项，并分析关联方期末余额占总体的比例。

（2）对于纳入合并报表范围内的关联方往来，应当核对应收账款余额及本年度交易金额，填写特殊合并底稿，注明合并报表应予抵销的金额，核对不一致的情形，需要说明对差异的处理结果及理由。

（3）对于非纳入合并报表范围内的关联方往来，检查销售合同、销售发票、货运单证、货款结算单据等相关文件资料，确认关联方交易的真实性，了解交易事项目的、价格和条件，做比较分析，确认关联方交易是否公允；必要时可向关联方、有密切关系的主要客户或其他注册会计师函询，以确认关联方往来及交易的真实性、合理性。

（九）检查应收账款是否已经按照企业会计准则的规定在财务报表中做出恰当列报

审计目标：列报和披露。

工作底稿：应收账款审定表、应收账款披露表。

审计步骤如下：

（1）附注披露的常规信息主要包括个别认定下的单项金额重大和单项金额不重大两种款项披露、组合计提坏账准备下的信用风险特征进行分类披露，以及坏账准备中的计提、收回或转回的情况、应收款项集中度情况等的披露。

（2）附注披露的非常规信息主要包括关联方款项及交易披露、应收账款转移情况（包括终止确认或继续涉入两种情况）的影响。

小案例

欣泰电气财务造假案——虚构收回应收账款

欣泰电气（300372，SZ）是鸭绿江畔的一家公司，主营业务是电力、风电、石油业务，主要产品是变电站和电力变压器，2014年1月27日在创业板上市。

2015年7月14日，欣泰电气公告《股票存在暂停上市风险的提示性公告》，称因涉嫌违反证券法律法规被证监会进行立案调查。

接到立案调查之后，公司随即展开了财务自查，并于2015年11月27日发布了《关于对以前年度重大会计差错更正与追溯调整的公告》：公司在2011~2014年连续4年虚构收回应收账款并于下一会计期初转出资金、转回应收账款，导致少计提应收账款坏账准备，财务报表项目列示不正确，不符合准则规定。

2012年、2013年分别虚增利润618万元、1 054万元，2014年虚减利润255万元。相应地，2012年、2013年分别多交所得税109万元、186万元，2014年少交所得税45万元。

2016年7月8日，证监会宣布欣泰电气欺诈上市，启动强制退市程序，2017年8月28日从深交所摘牌退市。并对相关企业和人员处罚如下：

（1）公司及相关舞弊人员被罚款1 900多万元；

（2）公司董事长和总会计被处以终身证券市场禁入处罚，二者终身不得从事证券业务或担任上市公司董监高；

（3）保荐机构及承销商兴业证券及相关责任人也被罚没近5 800万元；

（4）相关会计师事务所、律所、评估公司也被立案调查。

欣泰电气的主要造假手法：虚构收回应收账款，减少坏账准备计提。由于每年3、4季度为销售旺季，应收账款余额较大，而每年年末，企业都要对应收账款进行坏账准备计提，作为资产减值损失冲减当期损益。对于应收账款水涨船高的欣泰电气来说，在行业不景气的情况下，回款下降，现金流承压。于是为使欣泰电气顺利上市，公司的总会计向董事长建议，在会计期末采取“用外部借款减少应收账款，并于下期初再还款冲回”的做法，给外部信息使用者一种期末应收账款和回款情况都处于正常水平，财务指标“漂亮”的直观感受。它的具体操作方式是：

从外部借款，让财务人员去银行同时办理提现和交款业务，将借款资金提取之后，再分批做成收款业务，填写现金交款单，付款人写上与其有业务往来的各个公司名称，假装是该公司的销售回款入账，从而冲销本期应收账款，按照账龄法计提坏账时，减少计提坏账；过了报告期，再从银行账户中将该笔资金提取出来，还给借款人。

该类操作的突破点是可以通过核查银行流水，可以发现期末、期初较为异常的现金流入和流出；另外查看应收账款明细账，看期末是否存在大笔收回、期初大量红字冲回的账务处理。

还有一种方式是，让外部借款方给公司客户开银行汇票，客户再将该汇票背书给公司，背书人写上该客户，公司收到该汇票后，作为应收账款回款入账，最终汇票又经由客户原路返回给借款人。这样的话，流转在账上毫无痕迹，只能通过核查汇票才能发现该类不正常的交易。

（资料来源：新浪财经）

任务 2 应收票据审计

任务描述

注册会计师张健按照审计计划开始应收票据的审计，组长周华要求其完成如下工作：对应收票据实施实质性程序，重点是做好应收票据监盘和抽查大额应收票据。

审计准备

（1）审计人员向被审计单位询问了解被审计单位应收票据的取得、转让、贴现等相关基本情况，了解是否存在带息应收票据。

（2）需要收集的证据清单：①应收票据盘点表；②销售合同；③贴现合同。

（3）涉及的凭证和会计记录包括：有关会计账簿（包括应收票据总账、应收票据明细账、应收票据备查账等）、有关科目的记账凭证。瑞妮公司 2019 年应收票据总账、明细账相关数据如表 3－12 所示。

表 3－12 瑞妮公司 2019 年应收票据总账，明细账数据表 单位：元

项目		期初余额	借方发生额	贷方发生额	期末余额
总账数		10 450 000. 00	20 232 000. 00	18 818 000. 00	11 864 000. 00
明细账	银行承兑汇票	10 450 000. 00	18 232 000. 00	18 818 000. 00	9 864 000. 00
	其中：乔丹服装	4 600 000. 00	100 000. 00	4 600 000. 00	100 000. 00
	广州宏发	0. 00	5 638 000. 00	1 638 000. 00	4 000 000. 00
	深圳伟达	5 850 000. 00	12 262 000. 00	12 580 000. 00	5 532 000. 00
	汕头鑫洋	0. 00	232 000. 00		232 000. 00
	商业承兑汇票	0. 00	2 000 000. 00	0. 00	2 000 000. 00
	乔丹服装	0. 00	2 000 000. 00		2 000 000. 00

审计过程

一、确定应收票据的审计目标

应收票据是以书面形式表现的债权资产，包括商业承兑汇票和银行承兑汇票，其款项具有一定的保证，经持有人背书后可以提交银行贴现，具有较大的灵活性。企业应收票据方面存在的常见问题有：接受无真实业务的应收票据；应收票据未经银行渠道私下贴现；已贴现、已转让票据未及时入账，导致账实不符；逾期票据未按企业会计准则要求转为应收账款；企业不设置应收票据备查登记簿，票据管理混乱。应收票据的具体审计目标如表3-13所示。

表3-13 应收票据审计目标与财务报表认定的对应关系

审计目标	财务报表认定				
	存在	完整性	权利和义务	计价和分摊	列报和披露
A. 资产负债表中记录的应收票据是存在的	√				
B. 应当记录的应收票据均已记录		√			
C. 记录的应收票据由被审计单位拥有或控制			√		
D. 应收票据以恰当的金额包括在财务报表中，与之相关的计价调整已恰当记录				√	
E. 应收票据已按照企业会计准则的规定在财务报表中做出恰当列报和披露					√

二、应收票据的实质性程序

（一）获取或编制应收票据明细表

审计目标：计价和分摊。

工作底稿：应收票据明细表（如表3-14所示）。

审计步骤如下：

（1）向被审计单位获取应收票据明细表，若未获提供，也可自行根据总账、明细账及被查登记簿进行编制。

（2）复核加计是否正确，并与报表数、总账、明细账合计数核对是否相符。

（3）检查应收票据到期日是否在资产负债表日以前，如是则为逾期票据，应调整为应收账款。

（二）核对应收票据备查登记簿

审计目标：存在。

表 3－14 应收票据余额明细表

单位：元　　索引号：ZC－2

种类及编号	出票者	是否关联方	出票日	到期日	前手（交付者）	是否关联方	收票日期	是否带息	票面金额	是否逾期	是否贴现	是否质押	是否为银行退回	期后收款
1. 银行承兑汇票									9 864 000.00					3 000 000.00
№GB01－1265388	深圳伟达贸易有限公司	否	2019－12－25	2020－6－25			2019－12－30	否	1 000 000.00	否	否	否	否	
№GB01－1360807	深圳中兴创业有限公司	否	2019－8－10	2020－2－10			2019－8－13	否	1 000 000.00	否	否	否	否	1 000 000.00
№GB01－1360808	深圳中兴创业有限公司	否	2019－8－10	2020－2－10			2019－8－13	否	1 000 000.00	否	否	否	否	1 000 000.00
№GB01－1360809	深圳中兴创业有限公司	否	2019－8－10	2020－2－10			2019－8－13	否	1 000 000.00	否	否	否	否	1 000 000.00
№GB01－1571034	揭阳忠旺贸易有限公司	否	2019－9－1	2020－3－1	深圳伟达贸易有限公司	否	2019－9－12	否	832 000.00	否	否	否	否	
№GB01－1060662	广州宏发贸易有限公司	否	2019－9－18	2020－3－18			2019－9－22	否	1 500 000.00	否	否	否	否	
№GB01－1535530	广州友谊纺织有限公司	否	2019－10－14	2020－4－14			2019－10－15	否	100 000.00	否	否	否	否	
№GB01－1480178	广州宏发贸易有限公司	否	2019－10－13	2020－4－13			2019－10－14	否	2 500 000.00	否	是	否	否	
№GB01－1268109	珠海大雅百货有限公司	否	2019－11－15	2020－5－15	深圳伟达贸易有限公司	否	2019－11－26	否	700 000.00	否	否	否	否	
№GB01－1574306	江苏天叶百货公司	否	2019－11－25	2020－5－25	汕头鑫洋贸易有限公司	否	2019－12－10	否	232 000.00	否	否	否	否	
2. 商业承兑汇票									2 000 000.00					0.00
№BB01－653201	广州乔丹服装有限公司	是	2019－10－8	2020－4－8			2019－12－03	否	2 000 000.00	否	否	否	否	0.00
合　计						0.00			11 864 000.00	0.00				3 000 000.00

审计说明：①明细合计与总账数、报表数一致；②核对公司提供的年末贷款卡资料，无票据抵押现象。

工作底稿：应收票据备查簿核对表。

审计步骤如下：

（1）取得被审计单位“应收票据备查登记簿”（如表3-15所示），核对其是否与应收票据明细账记录一致。

（2）在应收票据明细表上标出至审计时已兑现或已贴现的应收票据，检查相关收款凭证等资料，以确认其真实性。

（三）监盘库存票据，并与应收票据备查簿核对

审计目标：存在、完整性、权利和义务、计价和分摊。

工作底稿：应收票据监盘表。

审计步骤如下：

（1）监盘库存票据，并与“应收票据备查簿”的有关内容核对。审计人员应对库存应收票据进行监督盘点，清查工作应结合清点库存现金、有价证券同时进行，以防止利用现金代替被盗用的票据，或利用票据替代被挪用的现金，掩饰现金短缺。应收票据监盘也应该实行突击检查。

检查库存票据，注意票据的种类、号数、签收的日期、到期日、票面金额、交易合同号、付款人、承兑人、背书人姓名或单位名称，以及利率、贴现率、收款日期、收回金额等是否与应收票据登记簿的记录相符。

审计人员监盘时，盘点的应收票据一定要是原件，如不是，要询问原因，做记录，并做相应处理。同时需详细核对票据的各项内容是否与备查簿记录完全一致。

（2）关注是否对背书转让或贴现的票据负有连带责任；注意是否存在已作质押的票据和银行退回的票据。

（四）函证应收票据

审计目标：存在、权利和义务、计价和分摊。

工作底稿：应收票据函证结果汇总表。

审计步骤如下：

必要时选取部分票据（如未盘点到的资产负债表日应有票据、有疑问的商业承兑汇票）向承兑人、出票人或前手函证，并对函证结果进行汇总、分析，同时对不符事项做出适当处理。函证时，要严格控制函证过程，由审计人员发送和收回函证。

（五）检查大额票据

审计目标：存在。

工作底稿：大额应收票据检查表。

审计步骤如下：

（1）审计人员浏览应收票据明细账，选取大额票据和关联方往来票据，检查与应收票据相应的销售合同或协议、销售发票和出库单等原始交易资料，以证实是否存在真实交易。

（2）对发现异常的交易进行记录，并寻找异常原因。

表 3－15　　应收票据备查登记簿　　单位：元

收到日期	出票人全称	前手	票据号	汇票金额	出票日期	票据到期日	背书转让单位	日期	凭证号	转让金额
2018－12－4	深圳伟达贸易有限公司		1360202	5 850 000.00	2018－12－1	2019－6－1	广州中大纺织有限公司	2019－3－20	196	5 850 000.00
2018－12－26	广州乔丹服装有限公司		1840083	4 600 000.00	2018－12－21	2019－5－21	广州中大纺织有限公司	2019－4－1	5	4 600 000.00
2019－3－5	广州宏发贸易有限公司		1756345	1 500 000.00	2019－3－5	2019－9－5	广州中大纺织有限公司	2019－4－25	227	1 500 000.00
2019－4－15	深圳宝安永隆百货公司	深圳伟达贸易有限公司	1282726	750 000.00	2019－4－12	2019－7－30	上海新浦服装面料有限公司	2019－5－18	168	750 000.00
2019－5－18	深圳伟达贸易有限公司		1543124	1 200 000.00	2019－5－16	2019－11－16	上海新浦服装面料有限公司	2019－5－28	266	1 200 000.00
2019－6－4	深圳市永惠超市有限公司	深圳伟达贸易有限公司	1772341	1 300 000.00	2019－4－30	2019－10－30	上海新浦服装面料有限公司	2019－6－16	149	1 300 000.00
2019－7－2	深圳伟达贸易有限公司		1528098	500 000.00	2019－6－30	2019－12－30	广州金翎商贸有限公司	2019－7－8	28	500 000.00
2019－7－25	广州市嘉佳连锁超市有限公司	广州宏发贸易有限公司	1675540	138 000.00	2019－6－25	2019－12－25	广州金翎商贸有限公司	2019－7－30	257	138 000.00
2019－8－13	深圳中兴创业有限公司		1360807	1 000 000.00	2019－8－10	2020－2－10				
2019－8－13	深圳中兴创业有限公司		1360808	1 000 000.00	2019－8－10	2020－2－10				
2019－8－13	深圳中兴创业有限公司		1360809	1 000 000.00	2019－8－10	2020－2－10				
2019－9－12	深圳华为新材有限公司	深圳伟达贸易有限公司	1783267	2 980 000.00	2019－9－5	2019－12－5				
2019－9－12	揭阳忠旺贸易有限公司	深圳伟达贸易有限公司	1571034	832 000.00	2019－9－1	2020－3－1	广州金翎商贸有限公司	2019－11－15	123	832 000.00
2019－9－22	广州宏发贸易有限公司		1060662	1 500 000.00	2019－9－18	2020－3－18	广州金翎商贸有限公司	2019－10－15	115	1 500 000.00
2019－10－15	广州友谊纺织有限公司		1535530	100 000.00	2019－10－14	2020－4－14	广州中大纺织有限公司	2019－11－25	189	100 000.00
2019－10－14	广州宏发贸易有限公司		1480178	2 500 000.00	2019－10－13	2020－4－13	工商银行广州南村支行	2019－11－1	7	
2019－11－26	珠海大雅百货有限公司	深圳伟达贸易有限公司	1268109	700 000.00	2019－11－15	2020－5－15	广州金翎商贸有限公司	2019－11－29	210	700 000.00
2019－12－3	广州乔丹服装有限公司		653201	2 000 000.00	2019－10－8	2020－4－8				
2019－12－10	江苏天叶百货公司	汕头鑫洋贸易有限公司	1574306	232 000.00	2019－11－25	2020－5－25	广州金翎商贸有限公司	2019－12－16	226	232 000.00
2019－12－30	深圳伟达贸易有限公司		1265388	1 000 000.00	2019－12－25	2020－6－25				

(六) 检查已兑现或贴现的票据

审计目标：计价和分摊。

工作底稿：应收票据明细表、贴现票据检查表。

审计步骤如下：

(1) 在应收票据明细表上标出至审计时已兑现、已背书转让或已贴现的应收票据，检查相关审批文件、收款凭证、合同等资料，以确认其真实性。

(2) 对已贴现应收票据，检查原始凭证，复核其贴现息是否与银行贴现单一致，会计处理是否正确。

(七) 复核带息票据利息

审计目标：计价和分摊。

工作底稿：应收票据利息测算表。

审计步骤如下：

复核带息票据的利息计算是否正确，并检查其会计处理是否正确。

(八) 检查应收票据是否已按照企业会计准则的规定在财务报表中做出恰当列报

审计目标：列报和披露。

工作底稿：应收票据披露表。

审计步骤如下：

如果被审计单位是一般企业，其已贴现的商业承兑汇票应在报表附注中加以披露；如果被审计单位是上市公司，其会计报表附注通常应披露贴现或用作抵押的应收票据情况和原因说明，以及持有其5%（含5%）以上股份的股东单位欠款情况。

任务3 预付账款审计

任务描述

注册会计师张健按照审计计划开始预付账款的审计，组长周华要求其完成如下工作：对预付账款实施实质性程序，重点是审查预付账款借方的合理性与余额的存在性。

审计准备

（1）需要收集的证据清单：①预付账款明细表；②预付账款账龄分析表；③采购合同。

（2）凭证和会计记录包括：有关会计账簿（包括预付账款总账、预付账款明细账、银行存款日记账等）、有关科目的记账凭证及其附件。瑞妮公司2019年预付账款相关资料如表3－16所示。

表3－16　瑞妮公司2019年预付账款相关资料　单位：元

债务人名称	期初余额	本期发生额		期末余额	账龄
		借方	贷方		
肇庆鼎新贸易有限公司		3 400 000.00		3 400 000.00	1年以内
广州龙海贸易有限公司	411 583.75	321 680.43	589 624.03	143 640.15	1－2年
广州中大纺织有限公司	4 231 675.09	13 590 473.68	15 859 618.77	1 962 530.00	1年以内
中基精细化工有限公司	733 160.38	1 899 565.95	2 203 433.21	429 293.12	1年以内
上海新浦服装面料有限公司	635 904.96	4 771 605.68	4 553 603.53	853 907.11	1年以内
广州恒远实业有限公司	—	8 000 000.00		8 000 000.00	1年以内
广州金翎商贸有限公司	1 335 468.01	4 025 916.19	5 361 384.20	—	1年以内
江门吉利化工有限公司	—	423 657.26	815 510.38	－391 853.12	1年以内
东莞裕隆纺织机械有限公司	—	4 500 000.00		4 500 000.00	1年以内
合计	7 347 792.19	40 932 899.19	29 383 174.12	18 897 517.26	

审计过程

一、确定预付账款的审计目标

预付账款是指企业按采购合同的规定，预先支付给供应单位的货款（包括企业进行在建工程预付的工程价款）。在企业会计实务中预付账款常见的核算问题有：虚设预付账款供应商套取资金；预付账款长期挂账，粉饰财务报表；通过预付账款进行资金拆借等。预付账款的具体审计目标如表3－17所示。

二、预付账款的实质性程序

（一）获取或编制预付账款明细表

审计目标：计价和分摊。

工作底稿：预付账款明细表。

表3-17　　预付账款审计目标与财务报表认定的对应关系

审计目标	财务报表认定				
	存在	完整性	权利和义务	计价和分摊	列报和披露
A. 资产负债表中记录的预付账款是存在的	√				
B. 应当记录的预付账款均已记录		√			
C. 记录的预付账款由被审计单位拥有或控制			√		
D. 预付账款以恰当的金额包括在财务报表中，与之相关的计价调整已恰当记录				√	
E. 预付账款已按照企业会计准则的规定在财务报表中做出恰当列报和披露					√

审计步骤如下：

（1）获取或自行编制预付账款明细表，复核加计是否正确，并与报表数、总账、明细账核对（预付账款明细账余额之和应与总账余额相等，报表数应与预付账款总账余额减去坏账准备中的预付账款部分相等）。

（2）结合应付账款明细账，检查有无重复付款或收到由预付款项购买的物资时未冲减预付款项而增加应付款的情况。

（3）分析出现预付账款余额明细表贷方余额的项目，并查明其形成原因，必要时建议做重分类调整。

（二）分析预付账款账龄及余额构成，并检查款项是否按合同支付

审计目标：存在、完整性、计价和分摊。

工作底稿：预付账款检查表。

审计步骤如下：

（1）审计人员根据期初已审定账龄，结合本期发生额，必要时追查至相关凭证，审查期末账龄划分是否正确，账龄划分不正确的应建议被审计单位进行调整。

（2）对于账龄较长（一般为一年以上）的预付款项，应通过询问被审计单位、核对购货合同的相应条款判断预付款项挂账时间是否正常，检查预付款项未核销的原因。因供货单位破产、撤销等原因无法再收到所购货物的预付款项是否已按管理权限经批准后作为坏账，转销预付款项。

（3）检查每笔款项是否根据有关购货或工程建设合同支付，以确定款项内容的真实性。

（三）实施预付账款函证程序

审计目标：存在、权利和义务、计价和分摊。

工作底稿：预付账款函证结果汇总表。

审计步骤如下：

选择大额或异常的项目的预付款重要项目（包括零余额账户）函证。函证的要求

和函证过程的控制参考应收账款函证程序。

（四）检查与预付账款相关的期后事项

审计目标：存在、完整性。

工作底稿：预付账款明细表。

审计步骤如下：

检查资产负债表日后的预付款项、存货及在建工程明细账，并检查相关凭证，核实期后是否已收到实物并转销预付款项，分析资产负债表日预付款项的真实性和完整性。

（五）实施关联方及其交易的审计程序

审计目标：存在、完整性、权利和义务、计价和分摊。

工作底稿：预付账款关联往来检查表。

审计步骤如下：

了解交易的商业理由，检查支持性文件（例如，发票、合同、协议及入库和运输单据等相关文件）。

（六）评价计提预付账款的坏账准备

审计目标：计价和分摊。

工作底稿：坏账准备计算表。

审计步骤如下：

检查预付账款计提坏账准备的方法与应收账款坏账准备的方法相同，可参考应收账款相应部分的内容。

（七）检查预付款项是否已按照企业会计准则的规定在财务报表中做出恰当列报

审计目标：列报和披露。

工作底稿：预付账款披露表。

审计步骤如下：

（1）检查是否按不同账龄列示预付账款余额及各账龄余额占预付账款总额的比例。

（2）检查账龄超过一年的重要预付账款，是否逐项披露说明未及时结算的原因。

（3）预付账款中如有预付持公司5%（含5%）以上表决权股份的股东单位的款项，检查是否单独列示。

（4）金额较大的预付账款（占期末预付账款总额的30%及以上），检查是否已说明其性质和内容。

任务4
其他应收款审计

任务描述

注册会计师张健按照审计计划开始其他应收款的审计，组长周华要求其完成如下工作：对其他应收款实施实质性程序，重点检查余额的存在性，必要时实施函证。

审计准备

（1）向被审计单位了解是否存在关联方大额其他应收款项。

（2）需要收集的证据清单：①其他应收款明细表；②其他应收款账龄分析表；③相关合同。

（3）涉及的凭证和会计记录包括：有关会计账簿（包括其他应收款总账、其他应收款明细账等）、有关科目的记账凭证及其附件。瑞妮公司2019年其他应收款如表3－18所示。

表3－18　　瑞妮公司2019年其他应收款明细表　　单位：元

债务人名称	原因、性质及内容	期初金额	借方发生	贷方发生	期末金额	账龄
关联往来						
广东瑞妮投资有限公司	项目借款	10 000 000.00		15 000 000.00	－5 000 000.00	1年以内
外部往来						
惠州姿妍贸易有限公司	诉讼执行款	1 688 384.26			1 688 384.26	1年以内
备用金/暂借款						
职工备用金		30 000.00	100 000.00		130 000.00	1年以内
公司年会活动借款			200 000.00		300 000.00	1年以内
工程部旧房整修借款	办公楼维修		100 000.00		100 000.00	1年以内
押金/保证金/定金						
复印机押金	租用复印机押金	10 000.00			10 000.00	1年以内
汕头鑫洋贸易有限公司	包装物押金			5 360.00	－5 360.00	1年以内

续表

债务人名称	原因、性质及内容	期初金额	借方发生	贷方发生	期末金额	账龄
番禺发展投标保证金	项目投标		600 000.00		600 000.00	1年以内
购车辆定金	预付购车定金		20 000.00		20 000.00	1年以内
代垫款						
广州爱舍物业管理有限公司	代垫房租	5 600.00	22 400.00	22 400.00	5 600.00	1年以内
其他应收余额小计		11 733 984.26	1 042 400.00	15 027 760.00	-2 251 375.74	

审计过程

一、确定其他应收款的审计目标

其他应收款是指与购销业务无关的债权性资产，主要包括企业员工和内部单位的备用金、保证金、押金等。一般来说，其他应收款包括以下几个方面的事项：①借给其他公司（或股东）的资金，资金拆借款，一般金额比较大；②员工备用金，单个金额不大，总体有可能金额大；③公司因办理某些事项交的押金，金额大小根据事项定；④保证金，如投标保证金，质量保证金等；⑤其他杂项。实际工作中，其他应收款项目多、内容杂、金额大小不一，常被认为是会计报表的“垃圾桶”，极易出现审计风险。其他应收款审计目标如表3－19所示。

表3－19 其他应收款审计目标与财务报表认定的对应关系

审计目标	财务报表认定				
	存在	完整性	权利和义务	计价和分摊	列报和披露
A. 资产负债表中记录的其他应收款是存在的	√				
B. 应当记录的其他应收款均已记录		√			
C. 记录的其他应收款由被审计单位拥有或控制			√		
D. 其他应收款以恰当的金额包括在财务报表中，与之相关的计价调整已恰当记录				√	
E. 其他应收款已按照企业会计准则的规定在财务报表中做出恰当列报和披露					√

二、其他应收款的实质性程序

（一）获取或编制其他应收款明细表

审计目标：计价和分摊。

工作底稿：其他应收款明细表。

审计步骤如下：

（1）获取或自行编制其他应收款明细表，复核加计是否正确，并与报表数、总账、明细账核对（明细账余额之和应与总账余额相等，报表数应与总账余额减去坏账准备中的其他应收款部分相等）。

（2）了解重大明细项目的其他应收款内容及性质，进行类别分析，重点关注是否存在资金被关联企业（或实际控制人）大量占用、变相拆借资金、隐形投资、误用会计科目、或有损失等现象。

（3）结合应收账款、其他应付款等明细余额，检查是否有同时挂账的项目，核算内容是否重复，必要时做出适当调整。

（4）分析有贷方余额的项目，查明原因，必要时提请被审计单位做重分类调整。

（5）在其他应收款明细表中标识重要明细账户（余额较大、发生额较大及账龄较长款项）作为函证及进一步检查的对象。

（二）实施其他应收款函证

审计目标：存在、权利和义务、计价和分摊。

工作底稿：其他应收款函证结果汇总表。

审计步骤如下：

判断选择一定金额以上、账龄较长或异常的明细账户余额发函询证，编制函证结果汇总表（对发出询证函未能收到回函的样本采用替代审计程序，特别注意是否存在抽逃资金、隐藏费用等现象）。

（三）获取其他应收款的账龄分析表

审计目标：计价和分摊。

工作底稿：其他应收款账龄检查表。

审计步骤如下：

（1）检查原始凭证，测试账龄划分的适当性，要求被审计单位根据资产负债表日后收款情况对账龄分析表进行更新。如果未收款余额不重大，则无需针对每一账户的账龄进行测试，或测试的范围无需太大。

（2）请被审计单位协助在其他应收款明细表上标出至审计时已收回的款项金额，对已收回金额较大的款项进行检查至支持性文件，如核对收款凭证等，并注意凭证发生日期的合理性，分析收款时间是否与合同相关要素一致。

（四）评价计提的坏账准备

审计目标：计价和分摊。

工作底稿：坏账准备计算表（其他应收款）。

审计步骤如下：

（1）获取或自行编制坏账准备计算表，复核加计是否正确，与坏账准备总账、明细账合计数核对相符，将其他应收款坏账准备本期计提数与信用减值损失相应明细项目的发生额核对，是否相符。

(2) 检查其他应收款坏账准备的计提是否正确，程序可参考应收账款坏账准备的相应内容。

(五) 核查关联方及其交易

审计目标：存在、计价和分摊。

工作底稿：关联方检查表（其他应收款）。

审计步骤如下：

(1) 检查是否有将关联方单位归入非关联方单位的现象。

(2) 检查异常的账户是否为关联方：①询问管理当局；②获取管理当局声明书。

(3) 如有必要，实施进一步审计程序（如获取对方工商信息、交易背景，律师意见等）。

(4) 对于纳入合并报表范围内的关联方往来，注明合并报表应予抵销的金额。对于非纳入合并报表范围内的关联方往来，如果系重点客户需发询证函。

(六) 检查其他应收款是否已按照企业会计准则的规定在财务报表中做出恰当的列报和披露

审计目标：列报和披露。

工作底稿：其他应收款披露表。

审计步骤如下：

财务报表附注中应按不同账龄列示其他应收款余额及相应比例，说明账龄超过一年的其他应收款未收回的原因，以及持有5%以上（含5%）表决权股份的股东单位账款等情况。

4 项目四 存量资产审计

学习目标

□ 知识学习目标

了解采购与付款交易的内部控制及其控制测试;
了解生产与仓储循环的内部控制及其控制测试;
明确存货的审计目标,掌握存货的实质性程序;
明确固定资产的审计目标,掌握固定资产的实质性程序;
明确在建工程的审计目标,掌握在建工程的实质性程序;
明确无形资产的审计目标,掌握无形资产的实质性程序;

□ 技能训练目标

能够实施采购与付款的控制测试;
能够实施生产与仓储的控制测试;
能够实施存货的实质性程序;
能够实施固定资产的实质性程序;
能够实施在建工程的实质性程序;
能够实施无形资产的实质性程序;

工作任务

任务1 存货审计
任务2 固定资产审计
任务3 在建工程审计
任务4 无形资产审计

导入案例

广州市环亚会计师事务所接受业务委托，审计广州好口福食品有限公司（以下简称好口福公司）2019年财务报表。注册会计师段暄在审计过程中了解到以下情况：

（1）好口福公司产品包括桔子罐头、枇杷罐头、黄桃罐头、速冻桔、速冻青豆。原材料中水、电随用随购，其他材料提前订购。仓库设有材料会计，财务部设数量金额账对存货进行核算。原材料采用计划成本法、周转材料采用实际成本法核算，按直接工人比例分配制造费用。

（2）好口福公司固定资产有房屋及建筑物、机器设备、运输工具和管理设备四类。折旧政策采用平均年限法，并采用分类折旧的办法按月计提。房屋建筑物年折旧率4.8%（净残值率4%，使用年限20年）；机器设备年折旧率9%（净残值率10%，使用年限10年）、运输工具年折旧率12%（净残值率4%，使用年限8年）、管理设备年折旧率19%（净残值率5%，使用年限5年）。盘点固定资产过程中发现公司2台叉车中1台不见。经询问得知该叉车于12月26日发生交通事故报废，变卖后得残值5 760元，因公司尚未对事故定性，因此尚未入账。因现有产品销售形势良好，固定资产未计提减值准备。

（3）好口福公司2019年在建工程业务：①2018年12月开工建设一座新厂房，今年5月份全部验收合格；②2018年11月新建一条自动化速冻生产流水线，经安装调试后于本年3月份投产；③2019年9月份对因台风造成的仓库屋面损坏漏水进行维修，当月完成修理工程投入使用。

（4）好口福公司账面上有三项无形资产：土地使用权、商标权、专利技术。土地使用权是2011年12月支付土地出让金530万元所形成的；商标权是2013年8月以38万元买断其他公司商标所有权所形成的；专利技术是去年研发的低温烘干果蔬新型生产工艺，好口福公司投入原料、人工、电费共计60万元，2019年2月研发成功向国家知识产权局申请专利，支付申报费用1.5万元，2019年3月份获得专利权。财务处理上，土地使用权按使用年限40年平均摊销，专利技术按10年平均摊销，商标权作为使用寿命不确定的无形资产未作摊销。财务人员介绍，土地出让金价格一直呈上涨趋势，现有产品销售一直很好，故对所有无形资产未提减值准备。

问题：

（1）实际成本法与计划成本法的适用条件分别是什么？

（2）叉车报废未入账的理由是否充分？

（3）仓库维修费应该资本化还是费用化？

（4）商标权作为使用寿命不确定的无形资产未作摊销，是否恰当？

任务1
存货审计

任务描述

注册会计师段暄按照审计计划开始存货的审计，组长吴迪要求其完成如下工作：①完成采购与付款、生产与仓储循环的控制测试，检查采购、仓储、领用、加工等环节制度的完善性与执行性；②对存货实施实质性程序，重点是做好存货的监盘以及存货期末的计价测试。

▣ 审计准备

（1）审计人员应当向相关人员了解被审计单位存货的相关内部控制制度及其运行情况。

（2）需要收集的证据清单：①完整的存货清单；②存货盘点计划与盘点表；③存货核算方法的说明。

（3）涉及的账簿和会计记录包括：有关会计账簿（包括材料采购、原材料、生产成本、库存商品的总账和明细账等）、有关科目的记账凭证及其附件（如出入库单、成本计算单、材料费用分配表、制造费用分配表等）。好口福公司2019年有关存货科目明细账相关数据如表4－1、4－2所示。

表4－1 好口福公司2019年存货数量账

序号	项目	单位	期初数量	本期增加量	本期减少量	期末数量
原料及主要材料	原桔	吨	5.67	611.26	612.33	4.60
	枇杷	吨	1.52	499.48	497.36	3.64
	黄桃	吨	1.28	508.51	508.48	1.31
	青豆	吨	3.33	417.60	418.62	2.31
辅助材料	水	吨		3 218.66	3 218.66	0.00
	30%盐酸	吨	0.04	11.90	11.87	0.07
	固碱	吨	0.03	7.66	7.66	0.03
	白糖	吨	1.88	101.24	101.50	1.62
	盐	吨	0.02	0.50	0.49	0.03

续表

序号	项目	单位	期初数量	本期增加量	本期减少量	期末数量
燃料及动力	电	千瓦		49 360.00	49 360.00	0.00
	煤	吨	2.10	35.58	36.06	1.62
库存商品	桔子罐头	盒	32 396.00	312 330.00	321 146.00	23 580.00
	枇杷罐头	盒	16 617.00	397 360.00	401 385.00	12 592.00
	黄桃罐头	盒	5 785.00	203 392.00	208 013.00	1 164.00
	速冻桔子	袋	0.00	41 633.00	40 052.00	1 581.00
	速冻青豆	袋	0.00	84 526.00	76 859.00	7 667.00
周转材料	玻璃罐	个	15 229.00	4 110 000.00	3 652 328.00	472 901.00
	速冻食品包装袋	个	10 834.00	130 140.00	126 159.00	14 815.00
	包装盒	个	33 050.00	1 008 500.00	913 082.00	128 468.00

表 4-2　　好口福公司 2019 年存货金额账　　单位：元

序号	项目	期初余额	本期增加	本期减少	期末余额
1	材料采购	235 625.48	6 518 846.93	6 711 656.69	42 815.72
2	在途物资	45 962.71	4 880 955.66	4 820 271.00	106 647.37
3	原材料	36 115.80	6 636 032.61	6 632 910.49	39 237.91
	其中：原桔	5 670.00	611 257.00	612 330.00	4 597.00
	枇杷	5 776.00	1 898 016.40	1 889 968.00	13 824.40
	黄桃	6 348.80	2 522 189.76	2 522 060.80	6 477.76
	青豆	8 258.40	1 035 643.78	1 038 177.60	5 724.58
	水	0.00	3 862.39	3 862.39	0.00
	30% 盐酸	23.60	7 018.64	7 003.30	38.94
	固碱	101.40	25 880.66	25 890.80	91.26
	白糖	8 742.00	470 779.95	471 975.00	7 546.95
	盐	19.60	490.98	480.20	30.38
	电	0.00	40 968.80	40 968.80	0.00
	煤	1 176.00	19 924.24	20 193.60	906.64
4	材料成本差异	-1 029.13	75 624.08	74 155.74	439.21
5	库存商品	376 760.20	11 050 944.94	11 061 072.72	366 632.42
	其中：桔子罐头	166 981.79	1 549 105.77	1 592 884.16	123 203.40
	枇杷罐头	131 318.29	3 284 158.13	3 315 440.10	100 036.32
	黄桃罐头	98 460.12	4 171 081.75	4 266 346.63	3 195.24
	速冻桔子	0.00	474 376.83	456 785.57	17 591.26
	速冻青豆	0.00	1 572 222.46	1 429 616.26	142 606.20
6	周转材料	63 383.30	4 820 271.00	4 310 409.25	573 245.05
	玻璃罐	12 183.20	3 288 000.00	2 921 862.40	378 320.80

续表

序号	项目	期初余额	本期增加	本期减少	期末余额
	速冻食品包装袋	1 625.10	19 521.00	18 923.85	2 222.25
	包装盒	49 575.00	1 512 750.00	1 369 623.00	192 702.00
7	生产成本	311 059.60	11 113 376.27	11 050 944.94	373 490.94
	其中：桔子罐头	82 809.50	1 565 146.78	1 549 105.77	98 850.50
	枇杷罐头	108 227.75	3 220 116.11	3 284 158.13	44 185.73
	黄桃罐头	120 022.36	4 196 531.04	4 171 081.75	145 471.65
	速冻桔子	0.00	488 240.82	474 376.83	13 863.99
	速冻青豆	0.00	1 643 341.53	1 572 222.46	71 119.07
8	制造费用	35 706.18	584 786.19	595 890.83	24 601.54
	罐头车间	35 706.18	470 486.24	486 578.99	19 613.43
	速冻车间	0.00	114 299.95	109 311.84	4 988.11
9	存货跌价准备				0.00

相关知识

存货的核算

存货是指企业在日常活动中持有以备出售的产成品或商品、处在生产过程中的在产品、在生产过程或提供劳务过程中耗用的材料和物料。存货类科目主要包括材料采购（或在途物资）、原材料、周转材料（如包装物、低值易耗品）、材料成本差异、库存商品、商品进销差价、委托加工物资、受托代销商品、分期收款发出商品、生产成本、制造费用、劳务成本、存货跌价准备、受托代销商品款等。

(1) 存货取得的计价。存货有不同的取得方式，如外购、自制、投资者投入、接受捐赠等。不同取得方式的存货其计价方法有所不同，一般而言，取得存货应按成本计量（包括采购成本、加工成本、公允价值、重置成本等）。外购的存货是存货最常见的取得方式之一，其成本由采购成本构成。存货的采购成本包括购买价款、相关税费、运输费、装卸费、保险费以及其他可直接归属于存货采购的费用。

(2) 存货发出的计价。日常工作中，企业发出的存货可以按实际成本核算，也可以按计划成本核算。发出存货按实际成本核算的计价方法包括先进先出法、加权平均法和个别计价法，商品流通企业还可以采用毛利率法。如发出存货采用计划成本核算，则期末应结转发出材料应负担的成本差异，将发出材料的计划成本调整为实际成本。

(3) 生产成本的核算。制造业的生产成本可以采用定额成本或标准成本计价，根据生产经营的特点和管理的要求组织成本核算，完工产品成本的核算内容是存货加工成本，包括直接材料、直接人工、制造费用（成本项目可根据企业的实际情况适当调整）。

(4) 期末存货的计价。期末存货按成本与可变现净值孰低计量，确定可变现净值，应当以取得的确凿证据为基础，并且考虑持有存货的目的、资产负债表日后事项的影响等因素。

(5) 存货核算流程及主要原始凭证。采购业务通常要经过请购→订货→验收→付款程序，相应的凭证有请购单、订购单、合同或协议、验收单、卖方发票、付款凭单、记账凭证。

制造业的加工过程即为将原材料加工为产成品的过程，相应的凭证有：生产指令（生产任务通知单）、领（发）料凭证、产量和工时记录、工薪汇总表及工薪费用分配表、材料费用分配表、制造费用分配表、成本计算单、存货明细账。

(6) 企业应当定期或不定期组织财产清查、价值评估，保证存货账实相符。

审计过程

一、确定存货的审计目标

存货是企业在生产经营过程中为销售或生产耗用而储备的物资，它贯穿于企业运作的各个环节，是企业重要的流动资产。存货管理的好坏，直接影响到企业的资金占用水平、资产运作效率，是企业管理中不可忽视的部分。对于审计师而言，由于存货涉及采购、验收、仓储、生产、工资与人事、销售与收款等多个环节，因此，存货的重大错报会对财务报表产生直接的影响，其重要性不言而喻。存货的具体审计目标如表4-3所示。

表4-3　存货审计目标与财务报表认定的对应关系

审计目标	财务报表认定				
	存在	完整性	权利和义务	计价和分摊	列报和披露
A. 资产负债表中记录的存货是存在的	√				
B. 应当记录的存货均已记录		√			
C. 记录的存货由被审计单位拥有或控制			√		
D. 存货以恰当的金额包括在财务报表中，与之相关的计价调整已恰当记录				√	
E. 存货已按照企业会计准则的规定在财务报表中做出恰当列报和披露					√

二、采购与付款循环的控制测试

采购与付款循环是制造企业的重要业务流程，这一循环主要业务活动包括：①请购商品和劳务；②编制订购单；③验收商品；④储存已验收商品；⑤编制付款凭单；⑥确认和记录负债；⑦款项支付。企业外购存量资产均会涉及采购与付款业务，包括外购存货、外购固定资产、外购无形资产等。这些业务的控制测试均在采购与付款循环进行。注册会计师在进行采购与付款循环控制测试之前，应通过风险评估程序，了解被审计单位采购与付款循环的内部控制，确定被审计单位应在哪些环节设置控制，以防止发生或纠正各重要业务流程可能发生的错误。注意可能发生错报的关键点，选择一笔或几笔采购与付款交易进行穿行测试，确定相关控制的设计是否得到执行。

相关知识

采购与付款交易的内部控制

采购与付款交易的内部控制制度通常包括以下几个方面：

（1）适当的职责分离。企业应当建立采购与付款业务的岗位责任制，明确相关部门和岗位的职责、权限，确保办理采购与付款业务的不相容岗位相互分离、制约和监督。企业不得由同一部门或个人办理采购与付款业务的全过程。企业采购与付款业务的不相容岗位至少包括：①请购与审批；②询价与确定供应商；③采购合同的订立与审核；④采购与验收，采购、验收与相关会计记录；⑤付款的申请、审批与执行。

（2）正确的授权审批。企业应当建立采购与付款业务的授权制度和审核批准制度，明确审批人对采购与付款业务的授权批准方式、权限、程序、责任和相关控制措施，规定经办人办理采购与付款业务的职责范围和工作要求。审批人应当根据采购与付款业务授权批准制度的规定，在授权范围内进行审批，不得超越审批权限。经办人应当在职责范围内，按照审批人的批准意见办理采购与付款业务。

（3）充分的凭证和记录。企业应按照请购、审批、采购、验收、付款等规定的程序办理采购与付款业务，并在采购与付款各环节设置相关的记录、填制相应的凭证，建立完整的采购登记制度，加强请购手续、采购订单（或采购合同）、验收证明、入库凭证、采购发票等文件和凭证的相互核对工作。

（4）请购控制。企业应当建立采购申请制度，依据购置商品或劳务的类型，确定归口管理部门，授予相应的请购权，并明确相关部门或人员的职责权限及相应的请购程序。

企业应当建立严格的请购审批制度。对于超预算和预算外采购项目，应当明确审批权限，由审批人根据其职责、权限以及企业实际需要对请购申请进行审批。

（5）采购控制。企业应当根据物品或劳务等的性质及其供应情况确定采购方式。一般物品或劳务等的采购应采用订单采购或合同订货等方式。机器设备等固定资产的采购应由采购部门、设备管理部门、使用部门共同参与采购。如果采购金额较大，也可采用招投标的方式。小额零星物品或劳务等的采购可以采用直接购买等方式，但应由经授权的部门事先对价格等有关内容进行审查。

（6）验收控制。企业应当根据规定的验收制度和经批准的订单、合同等采购文件，由独立的验收部门或指定专人对所购物品或劳务等的品种、规格、数量、质量和其他相关内容进行验收，出具检验报告、计量报告和验收证明。

对验收过程中发现的异常情况，负责验收的部门或人员应当立即向有关部门报告，有关部门应当查明原因，及时处理。

（7）付款控制。企业应当按照《现金管理暂行条例》、《支付结算办法》和《内部会计控制规范——货币资金（试行）》等规定办理采购付款业务。财会部门在办理付款业务时，应当对采购发票、结算凭证、验收证明等相关凭证的真实性、完整性、合法性及合规性进行严格审核。应当建立预付账款和定金的授权批准制度，加强预付账款和定金的管理。应当加强应付账款和应付票据的管理，由专人按照约定的付款日期、折扣条件等管理应付款项。可以建立应付凭单制度，在应付凭单的显著位置注明约定的付款日期，并按付款日期的先后顺序保存应付凭单。

（8）内部监督核查。企业应当建立对采购与付款内部控制的监督检查制度，明确监督检查机构或人员的职责权限，定期或不定期地进行检查。监督检查机构或人员应通过实施控制测试和实质性程序检查采购与付款业务内部控制制度是否健全，各项规定是否得到有效执行。

采购与付款内部控制监督检查主要包括：采购与付款业务相关岗位及人员的设置情况；重点检查是否存在采购与付款业务不相容职务混岗的现象；采购与付款业务授权批准制度的执行情况；重点检查大宗采购与付款业务的授权批准手续是否健全，是否存在越权审批的行为；应付账款和预付账款的管理；重点审查应付账款和预付账款支付的正确性、时效性和合法性；有关单据、凭证和文件的使用和保管情况；重点检查凭证的登记、领用、传递、保管、注销手续是否健全，使用和保管制度是否存在漏洞。

（一）拟定控制测试程序

在了解被审计单位采购与付款循环内部控制程序有效的基础上，通过观察和了解采购与付款循环的关键控制点制定相应的控制测试程序，并根据被审计单位执行控制的频率，决定控制测试项目的数量。

（二）进行控制测试

一般来说，采购与付款的控制测试通常采用抽查会计记录，检查关键控制点生成的有关文件和记录，核实采购与付款的有关控制措施是否得到执行；或通过追踪交易在财务报告信息系统中的处理过程（穿行测试），以提取对关键控制点控制有效支持的审计证据。尤其是货物的采购和验收极其重要，在控制测试时往往采用属性抽样，并选择相对较低的可容忍误差，对其中大额和不寻常的项目筛选出来，100%地加以测试。注册会计师在审计时重点关注如下几个方面的控制测试及评价：

（1）采购与付款业务的不相容职务是否分离，验收部门是否独立于采购、发运、会计和仓储部门等控制职能之外；

（2）是否建立了请购批准制度，所有采购业务均获得授权审批；

（3）是否签订了购买协议，购买协议内容是否与请购、询价一致；

（4）请购单、订购单、验收单和采购发票是否齐全；

（5）订购单、验收单、应付凭单是否事先连续编号并登记入账；

（6）是否建立了仓库台账，仓库台账是否准确、及时更新；

（7）采购发票所载内容与采购订单、验收单的内容是否相符；

（8）验收单是否得到适当审批（验收员、仓库保管员、仓储主管）；

（9）相关记账凭证是否得到适当的审批，会计科目是否正确。

（三）控制测试结果评价

根据控制测试的结果（如表4-4所示）对是否支持风险评估结论做出评价，决定是否需要修正某些认定的重大错报风险水平。根据修正的重大错报风险水平，制订采购与付款循环相关交易与账户余额的具体审计方案。

表4-4　　采购与付款循环控制测试结果　　索引号：CGC-4

1. 了解内部控制的初步结论：控制设计合理，并得到执行

2. 控制测试结论

业务活动	控制目标	被审计单位控制活动	控制设计是否有效	是否得到执行	运行是否有效	是否支持风险评估结论
采购	采购计划安排合理	如某种原材料库存不足，仓库管理员编制待购材料明细表，经仓储经理复核后，及时通知生产部门及采购部门原材料的库存情况。生产部门填写请购单，经生产经理签字审批。采购部门收到请购单后，对金额在人民币5万元以下的请购单由采购经理负责审批；金额在人民币5万元至50万元的请购单由总经理负责审批；金额超过50万元的请购单需经董事会审批	是	是	是	支持

续表

业务活动	控制目标	被审计单位控制活动	控制设计是否有效	是否得到执行	运行是否有效	是否支持风险评估结论
采购	只有经过核准的采购订单才能发给供应商	经恰当审批的请购单，由采购管理员填制连续编号的采购订单。每周，采购管理员核对本周内生成的采购订单，将请购单和采购订单存档，由采购经理审核	是	是	是	支持
	已记录的采购订单内容准确	同上	是	是	是	支持
	采购订单均已得到处理	同上	是	是	是	支持
	供应商选择恰当	采购员根据采购订单信息，向3家以上供应商同时询价，收集相关信息后，按权限完成采购审批并签署购买协议。采购管理员根据购买合同更新采购信息	是	是	是	支持
验收与仓储	已验收材料均附有有效采购订单	采购员按照批准的采购订单及购买合同，安排供应商发货，并通知质检员、仓库收货。材料运达后，质量检验员比较所收材料与采购订单的要求是否相符，并检查其质量等级。验收无误后，签发预先编号的验收单。根据验收单，仓库管理员清点商品数量并在验收单签字，对已验收商品进行保管	是	是	是	支持
	已验收材料均已准确记录	仓库管理员负责将购入材料的采购订单编号、验收单编号，材料数量、规格等信息输入系统，经仓储经理复核并确认后，系统确认已收货并更新材料明细台账。仓库分别于每月、每季和年度终了，对存货进行盘点，财务部门对盘点结果进行复盘。仓库管理员编写存货盘点明细表，发现差异及时处理，经仓储经理、财务经理、生产经理复核后调整入账	是	是	是	支持

续表

业务活动	控制目标	被审计单位控制活动	控制设计是否有效	是否得到执行	运行是否有效	是否支持风险评估结论
验收与仓储	已验收材料均已记录于适当期间	同上	是	是	是	支持
记录应付账款	……	……	……	……	……	……
付款	……	……	……	……	……	……

3. 相关交易和账户余额的审计方案

（1）存货。

完整性		存在		计价和分摊		……	
测试结果	需从实质性程序中获取的保证程度	测试结果	保证程度	测试结果	保证程度	……	……
支持	低	支持	低	支持	低		

（2）应付账款。

……

三、生产与仓储循环控制测试

商品生产加工型企业的存货还涉及生产与仓储循环，这一循环的主要业务活动有：①计划和安排生产；②发出原材料；③生产产品；④核算产品成本；⑤储存产成品；⑥发出产成品。注册会计师在进行生产与仓储循环控制测试之前，应通过风险评估程序，了解被审计单位存货内部控制和成本会计制度的内部控制，确定被审计单位在哪些环节设置控制，以防止发生或纠正各重要业务流程可能发生的错误。注意可能发生错报的关键点，选择一笔或几笔业务进行穿行测试，确定相关控制的设计是否得到执行。

相关知识

存货的内部控制

与存货相关的内部控制涉及被审计单位供、产、销各个环节，包括采购、验收、仓储、领用、加工、装运出库等，还涉及存货的盘存制度。

（1）采购。与采购相关的内部控制的总体目标是所有交易都已获得适当的授权与批准，具体包括：

①适当的职责分离。请购与审批、询价与确定供应商、采购合同的订立与审批、采购与验收、业务执行与相关会计记录、付款审批与付款执行等岗位都需要由不同的人来执行。审计人员通常通过观察有关人员的活动并与这些人员进行讨论来实施职责分离的控制测试。

②正确的授权审批。在购货发生之前，要有请购单，并经审批；订货单、验收单和对方的销货发票等必须经过审批方可支付货款，审批人应当在授权范围内审批。

③充分的凭证和记录。只有具备充分的记录手续，才有可能实现其他各项控制目标。

④内部核查程序。由内部审计人员或其他独立人员核查，是实现内控目标不可缺少的一项控制措施。

(2) 验收。与存货验收相关的内部控制的总体目标是所有收到的货物都已得到记录。使用验收单是一项基本的内部控制措施。被审计单位应当设置独立的部门负责验收货物，该部门具有验收存货实物、确定存货数量、编制验收报告、将验收报告传送至会计核算部门以及运送货物至仓库等一系列职能。

(3) 仓储。与仓储相关的内部控制的总体目标是确保存货实物的接触必须得到管理层的指示和批准。被审计单位应当采取实物控制措施，使用适当的存储设施，以使存货免受意外损毁、盗窃或破坏。

(4) 领用。与领用相关的内部控制的总体目标是所有存货的领用均应得到批准和记录。使用存货领用单是一项基本的内部控制措施。对存货领用单应当定期进行清点。

(5) 加工。与加工相关的内部控制的总体目标是对所有的生产过程做出适当的记录。使用生产报告是一项基本的内部控制措施。在生产报告中，应当对产品质量缺陷和零部件报废情况及时做出说明。

(6) 装运出库。与装运出库相关的内部控制的总体目标是所有的装运都得到了记录。使用发运凭证是一项基本的内部控制措施。发运凭证应当预先编号，定期进行清点，并作为日后开具收款账单的依据。

(7) 存货的盘存制度。存货的盘存制度分为实地盘存制和永续盘存制。存货盘存制度不同，对存货数量的控制程度的影响也不同。为了核对存货账面记录，加强存货管理，企业每年至少应对存货进行一次全面清查盘点。

存货涉及采购、验收、仓储、领用、加工、出库等多个业务环节，某些环节与其他相关业务的联系非常紧密，在控制测试时往往作为其他循环的一部分进行测试，具体如表4-5所示，因此生产与仓储循环的控制测试主要关注于成本会计制度的控制测试。

表4-5

序号	业务活动	控制测试环节
1	存货采购	采购与付款循环
2	存货验收	
3	存货仓储	生产与仓储循环
4	领用材料	
5	存货加工	
6	装运出库	销售与收款循环

成本会计制度的控制测试过程同样包括拟定控制测试程序、进行控制测试和评价测试结果三个方面（可以参考采购与付款环节控制测试）。成本会计制度的控制目标、关键控制环节以及主要常用的控制测试如表4－6所示。

表4－6　成本会计制度的控制目标、关键内部控制和常用控制测试

内部控制目标	关键内部控制	常用的控制测试
1. 生产业务是根据管理层一般或特定的授权进行的（存货/存在；营业成本/发生）	对以下三个关键点应履行恰当手续，经过特别审批或一般审批：①生产指令的授权批准；②领料单的授权批准；③员工薪酬的授权批准	检查在凭证中是否包括生产指令、领料单、员工薪酬的授权批准这三个关键点的恰当审批
2. 记录的成本为实际发生的而非虚构的（存货/存在；营业成本/发生）	成本的核算是以经过审核的生产通知单、领发料凭证、产量和工时记录、工薪费用分配表、材料费用分配表、制造费用分配表为依据的	检查有关成本的记账凭证是否附有生产通知单、领发料凭证、产量和工时记录、工薪费用分配表、材料费用分配表、制造费用分配表等原始凭证
3. 所有耗费和物化劳动均已反映在成本中（存货/完整性；营业成本/完整性）	生产通知单、领发料凭证、产量和工时记录、工薪费用分配表、材料费用分配表、制造费用分配表均事先编号并已经登记入账	检查生产通知单、领发料凭证，产量和工时记录、工薪费用分配表、材料费用分配表、制造费用分配表的顺序编号是否完整
4. 成本以正确的金额，在恰当的会计期间及时记录于适当的账户（存货/存在、完整性、计价和分摊；营业成本/发生、完整性、准确性）	①采用适当的成本核算方法，并且前后各期一致；②采用适当的费用分配方法并且前后各期一致；③采用适当的成本核算流程和账务处理流程；④内部核查	①选取样本测试各种费用的归集和分配以及成本的计算；②测试是否按照规定的成本核算流程和账务处理流程进行核算和账务处理
5. 对存货实施保护措施，保管人员与记录、批准人员相互独立（存货/存在、完整性）	存货保管人员与记录人员职务相分离	询问和观察存货与记录的接触控制以及相应的批准程序
6. 账面存货与实际存货定期核对相符（存货/存在、计价和分摊；营业成本/发生、准确性）	定期进行存货盘点	询问和观察存货盘点程序

小案例

注册会计师张伟在进行广州耀洋制衣有限公司存货审计时，进行了如下的活动，并发现了一些情况：

（1）为测试存货内部控制，分别与下列人员座谈：车间统计员、仓库保管员、门卫、采购员、物流公司司机。通过座谈张伟了解到公司对包括缝纫线、纽扣、拉链在内的辅助材料采用实地盘存制，怀疑其可能低估负债。

（2）审计材料采购明细账时发现：①10月10日，从河南某企业购入棉花1 000吨，每吨18 700元，另支付运杂费200 000元。据了解，同等级的棉花当地有大量供应。②10月25日，棉花入库，实收980吨，短缺20吨计入材料成本差异。

（3）在审计原材料及库存商品时发现：①原材料中，棉布账面结存数量与金额均出现红字；②产成品中男式休闲西服账面结存数量是正数，而金额是负数。

(4) 耀洋公司9月份购入一批绵羊皮，至月底尚未收到对方单位的发票账单。仓库已填收料单将材料入库，并将收料单汇总至财务部门，但财务部门未进行暂估入账。经询问，会计认为暂估入账后第二个月还得冲回，这样做没有任何意义，一是对净资产和利润没有任何影响；二是人为增加工作量。

根据上述资料请思考：

(1) 资料 (1) 的座谈范围是否恰当？怀疑被审计单位低估负债是否合理？

(2) 根据资料 (2) 评价该公司材料采购的内部控制，并分析对实质性程序有何影响？

(3) 资料 (3) 所述业务可能存在什么问题？

(4) 对资料 (4) 被审计单位财务人员的做法和观点进行分析。

四、存货的实质性程序

(一) 获取或编制存货明细表

审计目标：计价和分摊。

工作底稿：存货余额明细表（如表4-7所示）。

表4-7 **存货余额明细表** 单位：元 索引号：ZI-1

序号	存货一级科目名称	期初余额	本期增加	本期减少	期末余额	调整数		调整索引	审定金额
						借	贷		
1	材料采购	235 625.48	6 518 846.93	6 711 656.69	42 815.72				42 815.72
2	在途物资	45 962.71	4 880 955.66	4 820 271.00	106 647.37				106 647.37
3	原材料	36 115.80	6 636 032.61	6 632 910.49	39 237.91				39 237.91
4	材料成本差异	-1 029.13	75 624.08	74 155.74	439.21				439.21
5	库存商品	376 760.20	11 050 944.94	11 061 072.72	366 632.42				366 632.42
6	发出商品				0.00				0.00
7	委托加工物资				0.00				0.00
8	周转材料	63 383.30	4 820 271.00	4 310 409.25	573 245.05				573 245.05
9	生产成本	311 059.60	11 113 376.27	11 050 944.94	373 490.94				373 490.94
					0.00				0.00
	合　计	1 067 877.96	45 096 051.49	44 661 420.83	1 502 508.62	0.00	0.00		1 502 508.62
	存货跌价准备				0.00				0.00
	存货报表数	1 067 877.96			1 502 508.62	0.00	0.00		1 502 508.62

审计说明：①明细合计与总账、报表数一致；②明细账与总账核对及查验见分科目查验底稿。

审计步骤如下：

（1）向被审计单位获取或自行编制存货明细表分类汇总明细表，复核加计是否正确，并与报表数、总账、明细账合计数核对是否相符（存货明细账余额之和应与总账余额相等，报表数应与存货总账余额减去存货跌价准备后金额相等）。

（2）检查存货明细表中是否有异常或负余额（包括数量为负或金额为负）的项目。

（二）实施存货监盘程序

审计目标：存在、完整性、计价和分摊。

工作底稿：存货监盘报告、存货监盘结果汇总表、存货抽盘核对表。

相关知识

存货监盘

1. 存货监盘的概念

根据《中国注册会计师审计准则第1311号——对存货、诉讼和索赔、分部信息等特定项目获取审计证据的具体考虑》，存货监盘是指注册会计师在评价被审计单位盘点计划的基础上，现场观察和检查被审计单位存货盘点，并执行抽盘的审计程序。

2. 存货监盘的作用

存货监盘是存货审计的一项核心审计程序，注册会计师应当在存货盘点现场实施监盘（除非不可），其主要作用：

（1）获取存货数量和状况的充分、适当的审计证据。

（2）通过存货监盘，可实现下列认定：①存在；②完整性（需结合其他审计程序）；③权利和义务（需结合其他审计程序）。

审计步骤如下：

（1）复核或讨论被审计单位存货盘点计划。注册会计师一般需要复核或与管理层讨论其存货盘点程序。在复核或讨论存货盘点程序时，应着重评价盘点程序是否能合理确定存货的数量和状况。如果注册会计师认为被审计单位的存货盘点程序存在缺陷，应当提请被审计单位调整。

（2）制定存货监盘计划。注册会计师在评价被审计单位存货盘点计划的基础上，根据被审计单位存货的特点、盘存制度和存货内部控制的有效性等情况，编制存货监盘计划。存货监盘计划的主要内容：

①存货监盘的目标、范围及时间安排。存货监盘的主要目标包括获取被审计单位资产负债表日有关存货数量和状况以及存货盘点可靠性的审计证据，检查存货是否存在、完整、是否归被审计单位所有，有无毁损、陈旧、过时、残次和短缺等状况。

存货监盘范围的大小取决于存货的内容、性质以及与存货相关的内部控制的完善程度和重大错报风险的评估结果。对于存放在外单位的存货，应当考虑实施适当的替代程序，以获取充分、适当的审计证据。

存货监盘的时间包括实地察看盘点现场的时间、观察存货盘点的时间和对已盘点存货实施检查的时间等，应当与被审计单位实施存货盘点的时间相协调。如果存货盘点在财务报表日以外的其他日期进行，注册会计师除实施存货监盘相关审计程序外，还应当实施其他审计程序，以获取审计证据，确定存货盘点日与财务报表日之间的存货变动是否已得到恰当的记录。

②存货监盘的要点及关注事项。存货监盘的要点主要包括注册会计师实施存货监盘程序的方法、步骤，各个环节应注意的问题以及所要解决的问题。注册会计师需要重点关注的事项包括盘点期间的存货移动、存货的状况、存货的截止确认、存货的各个存放地点及金额等。

③参加存货监盘人员的分工。注册会计师应当根据被审计单位参加存货盘点人员分工、分组情况、存货监盘工作量的大小和人员素质情况，确定参加存货监盘的人员组成以及各组成人员的职责和具体的分工情况，并加强督导。

④检查存货的范围。注册会计师应当根据对被审计单位存货盘点和对被审计单位内部控制的评价结果确定检查存货的范围。在实施观察程序后，如果认为被审计单位内部控制设计良好且得到有效实施，存货盘点组织良好，可以相应缩小实施检查程序的范围。

⑤是否需要专家协助。注册会计师可能不具备其他专业领域专长与技能。在确定资产数量或资产实物状况（如矿石堆），或在收集特殊类别存货（如艺术品、稀有玉石、房地产、电子器件、工程设计等）的审计证据时，注册会计师可以考虑利用专家的工作。

相关知识

影响存货重大错报风险的因素

存货通常具有较高水平的重大错报风险，影响重大错报风险的因素主要包括：

(1) 存货的数量和种类。数量、品种繁多的存货往往具有更高的重大错报风险。

(2) 成本归集的难易程度。制造企业的存货与其他企业（如商贸企业）的存货相比，往往具有更高的重大错报风险。

(3) 陈旧过时的速度或易损坏程度。技术进步等原因可能导致某些产品过时，从而导致存货价值更容易发生高估（如时装、鲜活易腐商品、高科技产品）。

(4) 遭受失窃的难易程度（如单位价值高昂、容易被盗的古董）。

(3) 观察管理层制定的盘点程序的执行情况。

①应当观察盘点现场，确定应纳入盘点范围的存货是否已经适当整理和排列，并附有盘点标识，防止遗漏或重复盘点。对未纳入盘点范围的存货，应当查明未纳入的原因。

对所有权不属于被审计单位的存货，应当取得其规格、数量等有关资料，确定是否已分别存放、标明，且未被纳入盘点范围。即使在被审计单位声明不存在受托代存存货的情形下，也应当关注是否存在某些存货不属于被审计单位的迹象，以避免盘点范围不当。

②观察被审计单位货物移动的控制程序。实施存货监盘过程中，应当跟随被审计单位安排的存货盘点人员，注意观察被审计单位事先制定的存货盘点计划是否得到了贯彻执行，盘点人员是否准确无误地记录了被盘点存货的数量和状况。

尽管盘点存货时最好能保持存货不发生移动，但在某些情况下，存货的移动是难以避免的。如果盘点过程中被审计单位的生产经营活动仍将继续进行，注册会计师应通过实施必要的检查程序，确定被审计单位是否已经对此设置了相应的控制程序，确保在适当的期间内对存货做出了准确记录。

对某些特殊类型的存货而言，被审计单位通常使用的盘点方法和控制程序并不完全适用。这些存货通常或者没有标签，或者其数量难以估计，或者其质量难以确定，或者盘点人员无法对其移动实施控制。在这些情况下，注册会计师需要运用职业判断，根据存货的实际情况，设计恰当的审计程序，对存货的数量和状况获取审计证据（如表4－8所示）。

表4－8　　特殊类型存货的审计方法

存货类型	盘点方法与潜在问题	可供实施的审计方法
木材（原木、板方、板材）、钢筋	难以确定存货的数量和等级	检查标记、利用专家
煤、矿石、散装粮食等堆积物	估计存货数量时存在困难	用几何方法测定
荒料（石材加工原料）、贵金属	数量和质量均难以直接判断	利用专家、依赖永续盘存记录
用袋、桶、罐等容器包装的物品	数量和质量均难以直接判断	破坏法抽查数量、检查质量等
水库中的鱼	数量无法判断	利用专家
养殖场中的牲畜	由于安全的原因，不能直接点盘	远处目测、现场录像

③获取有关截止性信息（如存货移动的具体情况）的复印件，有助于日后对存货移动的会计处理实施审计程序。在监盘过程中，注册会计师应当获取存货验收入库、装运出库以及内部转移截止等信息，以检查库存记录与会计记录期末截止是否正确。注册会计师通常可以观察存货的验收入库地点和装运出库地点以执行截止测试。企业在存货入库和装运过程中对相关单据连续编号的，注册会计师应当关注截止日期前的最后编号。

（4）检查存货。在监盘过程中检查存货，虽然不一定确定存货的所有权，但有助于确定存货的存在，以及识别过时、毁损或陈旧的存货。注册会计师应当把所有过时、毁损或陈旧存货的详细情况记录下来，这既便于进一步追查这些存货的处置情况，也能为测试被审计单位存货跌价资金准备计提的准确性提供证据。

（5）执行抽盘。注册会计师应当对已盘点的存货进行适当检查，并将检查结果与被审计单位盘点记录相核对，形成相应记录。

抽查的范围通常包括所有盘点工作小组的盘点内容以及难以盘点或隐蔽性较强的存货。如果观察程序能够表明被审计单位的组织管理得当，并存在充分有效的盘点、监督以及复核程序，那么注册会计师可决定减少所需抽查的存货项目。需要特别说明的是，注册会计师应避免被审计单位了解自己将抽取测试的存货项目。

在对存货盘点结果进行测试时，注册会计师可以从存货盘点记录中选取项目追查至存货实物，以获取有关盘点记录准确性的审计证据，还可以从存货实物中选取项目追查至盘点记录，以获取有关盘点记录完整性的审计证据。

注册会计师在实施抽盘程序时发现差异，很可能表明被审计单位的存货盘点在存在性或完整性方面存在错误。由于抽查的内容通常仅涉及存货盘点中的一小部分，所以抽查发现的错误通常意味着在被审计单位的存货盘点中很可能还存在着其他错误。一方面，注册会计师应当查明原因，并及时提请被审计单位更正；另一方面，注册会计师应当考虑错误的潜在范围和重大程度，在可能的情况下，扩大检查范围以减少错误的发生。注册会计师还可要求被审计单位重新盘点。重新盘点的范围可限于某一特殊领域的存货或特定盘点小组。

（6）存货监盘结束时的工作。在被审计单位存货盘点结束前，注册会计师应当实施下列审计程序：

①再次观察盘点现场，以确定所有应纳入盘点范围的存货是否均已盘点。

②取得并检查已填用、作废及未使用盘点表单的号码记录，确定其是否连续编号，查明已发放的表单是否均已收回，并与存货盘点的汇总记录进行核对。

在此基础上，注册会计师应当复核盘点结果汇总记录，评估其是否正确反映了实际盘点结果。如果存货盘点日不是资产负债表日，注册会计师应当实施适当的审计程序，确定盘点日与资产负债表日之间存货的变动是否已得到恰当的记录。

（7）特殊情况的处理。

①无法在预定日期实施监盘。如因不可预见的因素导致无法在预定的日期实施存货监盘（例如，由于不可抗力导致注册会计师无法到达存货存放地点实施现场监盘；或者由于恶劣天气等导致注册会计师无法实施存货监盘程序），注册会计师应当另择日期实施监盘，并对间隔期间内发生的交易实施审计程序。

②无法在盘点现场实施监盘。对于无法实施现场监盘的存货，注册会计师应当实施替代审计程序，以获取有关存货的存在和状况的充分、适当的审计证据。无法实施现场监盘的原因通常为：由于被审计单位存货的性质导致无法实施监盘的（如存货的流转涉及保密问题或者存货系有毒有害性物资）；由于存放位置等原因导致无法实施监盘（如在途物资）。一般替代程序为：一是复核采购、生产和销售记录；二是向接触到相关存货项目的第三方人员询证；三是取得存货相关正式报告。

如果不能实施替代审计程序或者实施替代审计程序可能无法获取有关存货的存在和状况的充分、适当的审计证据，注册会计师需要按照审计准则的规定发表非无保留意见。需要特别注意的是，对注册会计师带来不便的一般因素不足以支持注册会计师做出实施监盘不可行的决定，审计中的困难、时间或成本等事项本身，不能作为注册会计师省略不可替代的审计程序或满足于说服力不足的审计证据的正当理由。

③委托其他单位保管或控制的存货。对于被审计单位委托其他单位保管或控制的存货，如果该存货对于被审计单位的财务报表是重要的，注册会计师应当实施下列审计程序，以获取该存货存在和状况的充分、适当的审计证据：一是向保管或控制存货的单位函证存货的数量或状况；二是实施检查或其他适合具体情况的审计程序。

其他替代程序一般包括：亲自实施或安排其他注册会计师实施对保管或控制存货的单位的存货监盘；检查与保管或控制存货的单位持有的存货相关的文件记录；当存货被

作为抵押品时，应通过函证要求其他机构或人员进行确认。

一般情况下，函证程序能够获取有关委托其他单位保管或控制的存货的充分、适当的审计证据。如果获取的信息使注册会计师对保管或控制存货的单位产生怀疑，注册会计师可以认为实施其他审计程序是适当的。其他审计程序可以作为函证的替代程序，也可以作为追加的审计程序。

④被审计单位已经完成盘点。对于注册会计师实施监盘前被审计单位已经完成存货盘点的，注册会计师应评估与存货相关的内部控制的有效性，并根据评估结果对存货进行适当检查或提请重新盘点。

⑤首次接受业务委托。对于首次接受业务委托，注册会计师在实施监盘前应：查阅前任注册会计师工作底稿；复核上期存货盘点记录及文件；检查上期交易记录；使用分析程序。

小案例

注册会计师江浩接受委托，对常年审计客户广州耀华玻璃制造有限公司（以下简称耀华公司）2019年度财务报表进行审计。耀华公司存货主要有玻璃、煤炭、烧碱和石英砂，其中玻璃成品大量存放于外地公用仓库。另有金辉公司部分水泥存放于耀华公司的仓库。耀华公司对存货核算采用永续盘存制，与存货相关的内部控制比较薄弱。

耀华公司拟于2019年11月28日至11月30日盘点存货，存货盘点计划部分内容摘抄如下：

（1）存货盘点的范围、地点和时间安排如表4－9所示。

表4－9

地点	存货类型	估计占存货总额的比例	盘点时间
原料仓库一	烧碱、煤炭	烧碱10%、煤炭5%	2019年11月28日
原料仓库二	烧碱、石英砂	烧碱10%、石英砂10%	2019年11月29日
成品仓库	玻璃	玻璃25%	2019年11月30日
外地公用仓库	玻璃	玻璃40%	—

（2）存放在外地公用仓库存货的检查。对存放在外地公用仓库的玻璃，检查公用仓库签收单，请公用仓库自行盘点，并提供2019年11月30日的盘点清单。

（3）存货数量的确定方法。对于烧碱、煤炭和石英砂等堆积型存货，采用观察以及检查相关的收、发、存凭证和记录的方法确定存货数量；对于存放在成品仓库的玻璃，按照包装箱标明的规格和数量进行盘点，并辅以适当的开箱检查。

（4）盘点标签的设计、使用和控制。对存放在成品仓库玻璃的盘点，设计预先编号的一式两联盘点标签。使用时，由负责盘点存货的人员将一联粘贴在已盘点的存货上，另一联由其留存；盘点结束后，连同存货盘点表交存财务部门。

(5) 盘点结束后，对出现盘盈或盘亏的存货，由仓库保管员将存货实物数量和仓库存货记录调节相符。

注册会计师江浩根据上述盘点计划撰写了存货监盘计划，部分内容节选如下：

(1) 存货监盘的目标：检查耀华公司2019年11月30日存货数量是否真实完整。

(2) 存货监盘范围：2019年11月30日耀华公司库存的所有存货，包括玻璃、煤炭、烧碱和水泥。

(3) 监盘时间：存货的观察与检查时间均为2019年11月30日。

(4) 存货监盘的主要程序：①与管理层讨论存货监盘计划；②观察耀华公司盘点人员是否按照盘点计划盘点；③检查相关凭证以证实盘点截止日前所有已确认为销售但尚未装运出库的存货均已纳入盘点范围；④对于存放在外地公用仓库的玻璃，主要实施检查货运文件、出库记录等替代程序。

……

根据上述材料请思考：

(1) 逐项判断上述耀华公司的存货盘点计划是否存在缺陷。如果存在缺陷，简要提出改进建议。

(2) 请指出江浩存货监盘计划中的目标、范围和时间存在的错误，并简要说明理由。

(3) 请判断存货监盘计划中列示的主要程序是否恰当，若不恰当，请予以修改。

（三）实施存货实质性分析程序

审计目标：存在、完整性、计价和分摊。

工作底稿：存货分析复核表。

审计步骤如下：

存货的实质性分析主要是通过对存货构成、重点科目、前后期变动来发现存货可能存在的问题，其一般方法有：

（1）计算存货周转率，与上期进行比较或与其他同行业的企业进行比较；

（2）比较前后各期及各月份存货余额及其构成，以判断期末余额及其构成的总体合理性；

（3）将本期存货增加与进项税发生额、应付、预付账款贷方发生额进行核对；

（4）按品种分析重要存货项目各月单位成本的变动趋势；

（5）分析重要存货项目各月份材料成本差异率的变动趋势；

（6）根据被审计单位现有生产能力，分析本期产量与生产能力匹配关系；

（7）计算本期主要产品的直接材料、直接人工、制造费用占生产成本的比例，分析本期及较上年同期的变化趋势。

做一做

广州友谊电器有限公司单位成本比较资料如表 4－10 所示，试分析成本变化是否正常（单位：万元）。

表 4－10

成本项目	甲电器		乙电器	
	本年度	上年度	本年度	上年度
直接材料	1 040	1 200	2 280	2 100
直接人工	235	210	760	720
制造费用	245	70	630	1 040
合计	1 520	1 480	3 670	3 860

（四）对分类存货的数量、计价以及账务处理的查验

审计目标：存在、完整性、权利和义务、计价和分摊、列报与披露。

工作底稿：各个分项目查验底稿。

审计步骤如下：

详见各分项审计：原材料审计、生产成本审计、库存商品审计、存货跌价准备审计。

（五）审核有无长期挂账的存货

审计目标：存在、计价和分摊。

工作底稿：存货检查表。

审计步骤如下：

注册会计师应审核被审计单位账上是否存在长期挂账的存货。存货长期挂账有可能是存货滞销造成的，存在贬值跌价的风险，也可能是由于销货后未同步结转销售成本造成的。总之应查明原因，必要时进行审计调整。

（六）了解是否存在用于债务担保的存货

审计目标：权利和义务、列报和披露。

工作底稿：存货披露表。

审计步骤如下：

结合银行借款等科目，了解是否有用于债务担保的存货。如有，则应取证并做好相应的记录，同时核查被审计单位财务报表是否已做出恰当披露。

（七）检查存货是否已按照企业会计准则规定在财务报表中做出恰当列报和披露

审计目标：列报和披露。

工作底稿：存货审定表、存货披露表。

审计步骤如下：

（1）检查是否分项列示存货期初、期末金额及对应的跌价准备；

（2）检查是否披露存货的核算方法和成本计算方法；

（3）检查是否披露存货可变现净值的确定依据、计提存货跌价准备的依据及本期转回存货跌价准备的原因、本期转回金额占该项存货期末余额的比例。

（4）检查是否披露用于担保的存货账面价值。

五、存货分项——原材料的实质性程序

（一）获取或编制原材料明细表

审计目标：计价和分摊。

工作底稿：原材料明细表（如表4－11所示）。

审计步骤如下：

获取或编制原材料明细表，复核加计是否正确，并与总账余额、存货——原材料类合计数核对是否相符。

（二）原材料实质性分析程序

审计目标：存在、完整性、计价和分摊。

工作底稿：原材料分析表。

审计步骤如下：

执行原材料实质性分析程序，发现异常情况并查找原因：

（1）比较当年度及以前年度原材料成本占生产成本百分比的变动；

（2）原材料的实际用量与预算用量的差异；

（3）核对仓库记录的原材料领用量与生产部门记录的原材料领用量是否相符；

（4）将原材料收发存情况与投入产出比较，分析本期材料领用、消耗、结存的合理性。

（三）选取代表性样本，抽查原材料明细账的数量与盘点记录的原材料数量是否一致

审计目标：存在、完整性。

工作底稿：原材料明细账与盘点记录抽查核对表（如表4－12所示）。

审计步骤如下：

（1）从原材料明细账中选取具有代表性的样本，与盘点报告（记录）的数量核对；

（2）盘点报告（记录）中抽取有代表性的样本，与原材料明细账的数量核对。

（四）原材料截止测试

审计目标：存在、完整性。

工作底稿：原材料入库截止测试表（如表4－13所示）、原材料出库截止测试表。

表 4-11

原材料明细表

单位：元　　索引号：ZI-2-1

序号	三级科目	单位	期初数		本期增加		本期减少		期末数		调整数		审定金额	变动额	变动比
			数量	金额	数量	金额	数量	金额	数量	金额	借	贷			
1	原桔	吨	5.67	5 670.00	611.26	611 257.00	612.33	612 330.00	4.60	4 597.00			4 597.00	-1 073.00	-18.92%
2	枇杷	吨	1.52	5 776.00	499.48	1 898 016.40	497.36	1 889 968.00	3.64	13 824.40			13 824.40	8 048.40	139.34%
3	黄桃	吨	1.28	6 348.80	508.51	2 522 189.76	508.48	2 522 060.80	1.31	6 477.76			6 477.76	128.96	2.03%
4	青豆	吨	3.33	8 258.40	417.60	1 035 643.78	418.62	1 038 177.60	2.31	5 724.58			5 724.58	-2 533.82	-30.68%
5	水	吨		0.00	3 218.66	3 862.39	3 218.66	3 862.39	0.00	0.00			0.00	0.00	—
6	30%盐酸	吨	0.04	23.60	11.90	7 018.64	11.87	7 003.30	0.07	38.94			38.94	15.34	65.00%
7	固碱	吨	0.03	101.40	7.66	25 880.66	7.66	25 890.80	0.03	91.26			91.26	-10.14	-10.00%
8	白糖	吨	1.88	8 742.00	101.24	470 779.95	101.50	471 975.00	1.62	7 546.95			7 546.95	-1 195.05	-13.67%
9	盐	吨	0.02	19.60	0.50	490.98	0.49	480.20	0.03	30.38			30.38	10.78	55.00%
10	电	千瓦		0.00	49 360.00	40 968.80	49 360.00	40 968.80	0.00	0.00			0.00	0.00	—
11	煤	吨	2.10	1 176.00	35.58	19 924.24	36.06	20 193.60	1.62	906.64			906.64	-269.36	-22.90%
合计				36 115.80		6 636 032.61		6 632 910.49		39 237.91	0.00	0.00	39 237.91	3 122.11	

审计说明：

①明细合计与总账、报表数一致；②经比较原材料期末余额与期初余额，枇杷期末比期初多 1.12 吨，是由于本期枇杷货源紧张，本期采购量加大导致，其余未发现异常波动的情形；③比较原材料实际用量与预算用量未见重大差异；④核对仓库记录的原材料领用量与生产部门原材料领用量，未见重大异常。

表 4－12 **原材料明细账与盘点记录抽查核对表** 索引号：ZI－2－4

1. 从明细账中选取具有代表性的样本，将明细账上存货数量与经确定盘点报告的数量核对

序号	地点	样本描述		期末存货明细账记录			仓库台账数量	存货盘点表数量	数量差异	差异分析及处理
		存货类别	存货名称	单价	数量	金额				
1	材料库	原材料	黄桃	4 960	1. 31	6 497. 60	1. 3	1. 3	0. 01	虫蛀、腐烂
2	材料库	辅料	盐	980	0. 03	29. 40	0. 03	0. 03	0	

2. 从经确定的盘点报告中抽取有代表性的样本，将盘点报告的数量与存货明细账核对

序号	地点	样本描述		存货盘点表数量	期末存货明细账记录			仓库台账数量	数量差异	差异分析及处理
		存货类别	存货名称		单价	数量	金额			
1	材料库	原材料	枇杷	3. 64	3 800	3. 64	13 832. 00	3. 64	0	
2	材料库	辅料	固碱	0. 03	3 380	0. 03	101. 40	0. 03	0	

审计说明：监盘日 2019 年 12 月 31 日。

审计结论：经审计，未发现重大异常。

表 4－13 **原材料入库截止测试表** 索引号：ZI－2－5

1. 从存货明细账的借方发生额中抽取样本与入库记录核对，以确定存货入库被记录在正确的会计期间

序号	明细账	采购发票				入库单				是否跨期
	凭证号	发票号	发票日期	数量	金额	入库单号	入库日期	数量	金额	
1	235#	038265512	2019. 12. 31	3. 5	3 500	000812	2019. 12. 31	3. 5	3 500	否
2	238#	038272552	2019. 12. 31	0. 72	3 348	000813	2019. 12. 31	0. 72	3 348	否
……	……	……	……	……	……	……	……	……	……	……
截止日（2019 年 12 月 31 日）前										
截止日（2019 年 12 月 31 日）后										
1	7#	033281825	2020. 01. 01	1. 46	3 620. 8	000819	2020. 01. 01	1. 46	3 620. 8	否
2	11#	035566381	2020. 01. 01	0. 56	1 892. 8	000820	2020. 01. 01	0. 56	1 892. 8	否
……	……	……	……	……	……	……	……	……	……	……

2. 从存货入库记录中抽取样本与明细账的借方发生额核对，以确定存货入库被记录在正确的会计期间

序号	入库单				采购发票				明细账	是否跨期
	入库单号	入库日期	数量	金额	发票号	发票日期	数量	金额	凭证号	
1	000814	2019. 12. 31	1. 83	1 024. 8					243#	否
2	000815	2019. 12. 31	0. 35	2 06. 5	034881452	2019. 12. 31	0. 35	206. 5	244#	否
……	……	……	……	……	……	……	……	……	……	……
截止日（2019 年 12 月 31 日）前										
截止日（2019 年 12 月 31 日）后										
1	000819	2020. 01. 01	1. 46	3 620. 8	033281825	2020. 01. 01	1. 46	3 620. 8	7#	否
2	000820	2020. 01. 01	0. 56	1 892. 8	035566381	2020. 01. 01	0. 56	1 892. 8	11#	否
……	……	……	……	……	……	……	……	……	……	……

审计说明：①原材料入库单连续编号，检查 2019 年末最后五张原材料入库单及 20 年前五张原材料入库单；②票未到原材料公司已做暂估入账，因此截止测试未发现异常。

审计结论：经审计，原材料入库期末截止未发现重大异常情况。

审计步骤如下:

存货截止测试包括入库截止测试和出库截止测试，有两条不同的测试路线：一是从存货明细账的借、贷方发生额中抽取样本与入库记录核对；二是从出、入库记录中抽取样本与存货明细账的借、贷方发生额核对，以确定存货入库被记录在正确的会计期间。

（1）存货入库截止测试。根据采购合同中与存货所有权转移有关的主要条款，确定存货确认的关键条件，据此进一步执行以下程序：

①在存货明细表的借方发生额中选取资产负债表日前后若干张一定金额以上的凭证，并与入库记录（如入库单，或购货发票，或运输单据）或其他表明所有权转移的单据核对，以确定原材料入库被记录在正确的会计期间。

②在入库记录（如入库单或购货发票或运输单据）或其他表明所有权转移的单据中选资产负债表日前后若干张一定金额以上的凭证，与存货明细账的借方发生额进行核对，以确定存货入库被记录在正确的会计期间。

③检查入库记录编号是否与执行存货监盘程序中获取的截止性资料编号存在冲突。

（2）存货出库截止测试。

①在存货明细账的贷方发生额中选取有资产负债表日前后若干张一定金额以上的凭证，并与出库记录（如原材料领用）核对，以确定存货出库被记录在正确的会计期间。

②在出库记录（如原材料领用单）中选取资产负债表日前后若干张一定金额以上的凭证，与存货明细账的贷方发生额进行核对，以确定存货出库被记录在正确的会计期间。

③检查出库记录编号是否与执行存货监盘程序中获取的截止性资料编号存在冲突。

小案例

注册会计师刘娜在对时代机械公司进行存货审计时从财务部门抽选了部分与存货有关的会计记录，如表4-14所示。

表4-14

单位：元

记账凭证			出入库凭证			备注
编号	日期	金额	编号	日期	金额	
156	2019.12.20	150 000.00	1004962	2019.12.20	150 000.00	材料购进
185	2019.12.25	286 000.00	2007978	2019.12.25		产成品完工入库
201	2019.12.28	179 000.00	0003462	2019.12.23		产成品销售
206	2019.12.29	20 000.00	1004968	2020.1.2	23 200.00	零配件购进
12	2020.1.3	8 500.00	0003477	2019.12.28	8 500.00	下脚料销售
26	2020.1.5	351 000.00	1004968	2020.1.2	351 000.00	材料购进

刘娜又从业务部门抽选了与上述编号不同的出入库凭证并追查至会计凭证，如表4－15所示。

表4－15

单位：元

出入库凭证			记账凭证			备注
编号	日期	金额	编号	日期	金额	
1004956	2019.12.26	720 000.00	103	2020.1.15	720 000.00	材料购进
0003464	2019.12.27		24	2020.1.5	380 000.00	产成品销售
2008011	2019.12.30		210	2019.12.30	250 000.00	产成品完工入库
0003465	2019.12.29		193	2019.12.29	450 000.00	产成品销售
0003481	2020.1.3	150 000.00	15	2019.12.25	15 000.00	材料销售

根据上述材料，请协助刘娜完成以下工作：

（1）填制存货截止测试表；

（2）分析在何种情况下不构成实质上的跨期；

（3）分析在何种情况下不构成重大错报。

（五）原材料计价测试

审计目标：计价和分摊。

工作底稿：原材料计价测试表（如表4－16所示）。

审计步骤如下：

根据原材料计价方法，抽查期末结存余额较大的原材料的计价是否正确，具体步骤如下：

（1）了解原材料的入账基础和计价方法，核实其计价方法的一贯性。

（2）检查原材料计价方法的正确性：①以实际成本计价时，将其单位成本与购货发票核对，并确认其成本不包含增值税；②以计划成本计价时，将其单位成本与材料成本差异明细账及购货发票核对，同时关注被审计单位计划成本制定的合理性。

（3）检查原材料发出的计价方法是否正确：①了解原材料发出的计价方法，前后期是否一致，并抽取主要材料复核其计算是否正确。若原材料以计划成本计价，还应检查材料成本差异的发生和结转的金额是否正确；②编制本期发出材料汇总表，与相关科目勾稽核对，并复核某一月份发出材料汇总表的正确性。

（4）结合原材料的盘点检查期末有无料到单未到情况，如有，应查明是否已暂估入账，其暂估价是否合理。

表 4-16

原材料发出计价测试表

原材料名称：原桔　　数量单位：吨　　金额单位：元　　索引号：ZI-2-6

月份	计划单价	本期增加		本期发出				期末结存		材料成本差异		本期应结转实际成本	成本结转差异
		数量	计划成本	数量	计划成本	账面分摊差异	实际成本	数量	计划成本	差异率	应分摊差异		
期初	1 000.00							5.67	5 670.00			—	—
1月	1 000.00	72.97	72 970.00	76.55	76 550.00	938.34	77 488.34	2.09	2 090.00	1.23%	938.34	77 488.34	0.00
2月	1 000.00	61.45	61 450.00	60.38	60 380.00	-138.55	60 241.45	3.16	3 160.00	-0.23%	-138.55	60 241.45	0.00
3月	1 000.00	54.93	54 930.00	56.12	56 120.00	806.44	56 926.44	1.97	1 970.00	1.44%	806.44	56 926.44	0.00
4月	1 000.00	31.38	31 380.00	33.35	33 350.00	557.93	33 907.93	0.00	0.00	1.67%	557.93	33 907.93	0.00
5月	1 000.00		0.00		0.00	0.00	0.00	0.00	0.00	1.58%	0.00	0.00	0.00
6月	1 000.00		0.00		0.00	0.00	0.00	0.00	0.00	2.01%	0.00	0.00	0.00
7月	1 000.00		0.00		0.00	0.00	0.00	0.00	0.00	0.56%	0.00	0.00	0.00
8月	1 000.00		0.00		0.00	0.00	0.00	0.00	0.00	1.72%	0.00	0.00	0.00
9月	1 000.00	77.68	77 680.00	75.81	75 810.00	1 122.42	76 932.42	1.87	1 870.00	1.48%	1 122.42	76 932.42	0.00
10月	1 000.00	85.46	85 460.00	85.23	85 230.00	1 142.51	86 372.51	2.10	2 100.00	1.34%	1 142.51	86 372.51	0.00
11月	1 000.00	124.35	124 350.00	122.95	122 950.00	1 513.90	124 463.90	3.50	3 500.00	1.23%	1 513.90	124 463.90	0.00
12月	1 000.00	103.04	103 040.00	101.94	101 940.00	1 546.91	103 486.91	4.60	4 600.00	1.52%	1 546.91	103 486.91	0.00
合计		611.26	611 260.00	612.33	612 330.00	7 489.90	619 819.90	4.60	4 600.00		7 489.90	619 819.90	0.00

审计结论：

①经复核无差异，该项原材料发出时按计划成本法结转可以确认，材料成本差异率复核详见索引 ZI-11-1；

②原桔计价方法与上期一致；

③原桔发出的计价方法恰当：好口福公司与基地农户签有供货协议，供货价格波动不大，但收发货比较频繁，采用计划成本法是恰当的。

相关知识

存货的计价测试

存货监盘程序主要是对存货的结存数量予以确认。为验证财务报表中存货余额的真实性，还必须对存货的计价进行审计。存货计价测试主要是针对被审计单位所使用的存货单位成本是否正确所进行的测试。

（1）选择测试样本。一般而言，应从存货汇总表的结存存货中选择。样本存货数量已经盘点、单价和总金额已经计入存货汇总表。选择样本时应着重选择结存余额较大且价格变化比较频繁的项目，同时考虑所选样本的代表性。抽样方法一般采用分层抽样法，抽样规模应足以推断总体的情况。

（2）确认被审计单位的存货计价方法。存货的计价方法多种多样，被审计单位应结合企业会计准则的基本要求选择符合自身特点的方法。审计人员除应了解掌握被审计单位的存货计价方法外，还应对这种计价方法的合理性与一贯性予以关注。没有足够理由，计价方法在同一会计年度不得变动。

（3）进行计价测试。进行计价测试时，注册会计师首先应对存货价格的组成内容予以审核，然后按照所确认的被审计单位的存货计价方法对所选择的样本进行计价测试。测试时，应尽量排除被审计单位已有计算程序和结果的影响，进行独立测试。测试结果出来后，应与被审计单位账面记录对比，编制对比分析表，分析形成差异的原因。如果差异过大，应扩大测试范围，并根据审计结果考虑是否应提出审计调整建议。

小案例

广州耀洋制衣有限公司原材料——棉花期初结存 1 022 000 千克（13 023 610.77 元），2019 年度的账面情况如表 4－17 所示，采用全月一次加权平均法计算领用材料成本。

表 4－17

月份	购入		领用	
	金额（元）	数量（千克）	金额	数量（千克）
1	3 722 067.99	313 540		572 000
2	1 002 635.87	82 923		452 000
3	1 167 645.53	98 315		457 000
4	2 038 190.33	182 568		200 000
5	6 738 318.59	575 968		208 000
6	3 045 343.45	282 346		212 000
7	3 279 692.34	290 681		214 000
8	3 852 687.83	338 080		315 000
9	580 814.98	49 386		132 000
10	2 913 831.98	245 543		200 000
11	3 220 067.57	261 766		295 000
12	8 532 982.81	675 655		240 000

根据上述资料，请协助注册会计师张伟完成以下工作：

(1) 编制棉花的计价测试表；

(2) 如果张伟发现该公司2019年生产领用的金额计算有误，应如何处理？

六、存货分项——生产成本的实质性程序

(一) 获取或编制生产成本明细表

审计目标：计价和分摊。

工作底稿：生产成本明细表（如表4－18所示）。

审计步骤如下：

(1) 获取或编制生产成本明细表，复核加计是否正确，并将合计数与总账余额、存货——生产成本类余额核对是否相符。

(2) 核对生产成本归集各成本项目是否相符。

①生产成本中原料成本项目与原材料收、发、存明细表中的原料发出数进行核对；

②生产成本中制造费用成本项目与制造费用各月明细表中的发生额进行核对；

③完工生产成本结转与产成品收、发、存各月明细表中的入库金额进行核对；

④生产成本中各成本项目或结转数与其他科目的发生额进行核对。

(二) 执行生产成本实质性分析程序

审计目标：存在、完整性、计价和分摊。

工作底稿：产成品年度成本比较表（如表4－19所示）、完工产品月度成本比较表（如表4－20所示）。

审计步骤如下：

(1) 检查各月及前后期同一产品的单位成本是否有异常波动，是否存在调节成本的现象。

(2) 分别比较前后各期及本年度各个月份的生产成本项目，以确定成本项目是否有异常变动以及是否存在调节成本的现象。

(3) 比较当年度及以前年度直接材料、直接人工、制造费用占生产成本的比例，并查明异常情况的原因。

(4) 核对下列相互独立部门的数据，并查明异常情况的原因：

①仓库记录的材料领用量与生产部门记录的材料领用量；

②工资部门记录的人工成本与生产部门记录的工时和工资标准之积。

(三) 生产成本计价方法的测试

审计目标：计价和分摊。

工作底稿：生产成本分配检查表。

审计步骤如下：

表 4－18

生产成本明细表

单位：元　　索引号：ZI－3－1

产品名称	期初余额构成（元）				本期增加（元）				本期减少（元）				期末余额构成（元）			
	直接材料	直接人工	制造费用	合计	直接材料	直接人工	制造费用	合计	直接材料	直接人工	制造费用	合计	直接材料	直接人工	制造费用	合计
桔子罐头	3 203.56	69 530.23	10 075.71	82 809.50	608 675.47	833 162.85	123 308.46	1 565 146.78	575 193.15	848 531.50	125 381.12	1 549 105.77	36 685.88	54 161.58	8 003.05	98 850.50
枇杷罐头	10 440.28	85 365.54	12 421.93	108 227.75	2 035 854.41	1 031 586.46	152 675.24	3 220 116.11	2 027 749.94	1 094 612.96	161 795.23	3 284 158.13	18 544.75	22 339.04	3 301.94	44 185.73
黄桃罐头	14 296.95	92 516.87	13 208.54	120 022.36	2 687 825.96	1 314 202.54	194 502.54	4 196 531.04	2 621 228.48	1 350 450.63	199 402.64	4 171 081.75	80 894.43	56 268.78	8 308.44	145 471.65
速冻桔子	0.00	0.00	0.00	0.00	206 329.84	245 566.96	36 344.02	488 240.82	200 923.18	238 199.95	35 253.70	474 376.83	5 406.66	7 367.01	1 090.32	13 863.99
速冻青豆	0.00	0.00	0.00	0.00	1 038 657.80	526 727.79	77 955.94	1 643 341.53	997 772.92	500 391.40	74 058.14	1 572 222.46	40 884.88	26 336.39	3 897.80	71 119.07
合计	27 940.78	247 412.64	35 706.18	311 059.60	6 577 343.48	3 951 246.60	584 786.19	11 113 376.27	6 422 867.67	4 032 186.44	595 890.83	11 050 944.94	182 416.59	166 472.80	24 601.54	373 490.94

审计说明：①与总账余额、存货——生产成本类余额核对无误；②各成本项目归集与相关科目核对相符。

审计结论：经审计，未见重大异常。

表 4－19

完工产品年度成本比较表

索引号：ZI－3－2

品名	本年单位成本				上年单位成本				波动比例				是否存在异常波动	进一步审验底稿索引
	直接材料	直接人工	制造费用	合计	直接材料	直接人工	制造费用	合计	直接材料	直接人工	制造费用	合计		
桔子罐头	1.84	2.72	0.40	4.96	2.16	2.71	0.40	5.27	－14.74%	0.29%	0.36%	－5.87%	是	ZI－3－2－1
枇杷罐头	5.10	2.75	0.41	8.26	5.05	2.75	0.41	8.20	1.05%	0.21%	0.54%	0.74%	否	
黄桃罐头	12.89	6.64	0.98	20.51	12.84	3.36	0.41	16.61	0.37%	97.61%	139.12%	23.47%	是	ZI－3－2－2
速冻桔子	4.83	5.72	0.85	11.39				0.00	0.00%	0.00%	0.00%	0.00%	否	
速冻青豆	11.80	5.92	0.88	18.60				0.00	0.00%	0.00%	0.00%	0.00%	否	

审计说明：①桔子罐头直接材料成本与去年相比下降14.74%，主要原因：今年桔子丰产，价格下跌，详见索引ZI－3－2－1；②黄桃罐头直接人工比去年增长97.61%、制造费用比去年增长139.12%，经检查用工人数与工资标准均未有明显变化，进一步检查工资发放记录，被审计单位虚列人员工资649 968.58元，应进行审计调整，详见索引ZI－3－2－2。

审计结论：经审计，除上述调整事项外，其他未见重大异常。

表 4－20

完工产品月度成本比较表

品名：黄桃罐头

单位：元　　索引号：ZI－3－3

月份	产量	直接材料			直接人工			制造费用			合计		
		金额	单位成本	波动比例（与平均成本比较）	金额	单位成本	波动比例（与平均成本比较）	金额	单位成本	波动比例（与平均成本比较）	金额	单位成本	波动比例（与平均成本比较）
1	3 105.62	40 123.89	12.92	0.25%	10 474.88	3.37	－49.20%	1 553.68	0.50	－48.97%	52 152.45	16.79	－18.11%
2	3 864.41	49 872.85	12.91	0.14%	12 964.41	3.35	－49.47%	1 923.27	0.50	－49.24%	64 760.53	16.76	－18.28%
3	3 070.83	39 775.53	12.95	0.51%	10 507.98	3.42	－48.46%	1 531.57	0.50	－49.13%	51 815.08	16.87	－17.72%
4	3 431.07	44 518.15	12.98	0.68%	11 468.39	3.34	－49.66%	1 698.38	0.50	－49.51%	57 684.92	16.81	－18.02%
5	3 001.96	38 987.96	12.99	0.78%	10 183.58	3.39	－48.91%	1 513.67	0.50	－48.57%	50 685.21	16.88	－17.67%
6	3 020.56	39 127.67	12.95	0.51%	10 157.08	3.36	－49.36%	1 408.75	0.47	－52.43%	50 693.50	16.78	－18.16%
7	43 652.39	562 273.19	12.88	－0.05%	339 536.23	7.78	17.15%	50 154.68	1.15	17.19%	951 964.10	21.81	6.34%
8	72 617.43	934 862.15	12.87	－0.11%	532 203.93	7.33	10.38%	78 683.30	1.08	10.52%	1 545 749.38	21.29	3.80%
9	43 835.25	563 829.81	12.86	－0.19%	329 801.48	7.52	13.31%	48 797.28	1.11	13.55%	942 428.57	21.50	4.84%
10	12 078.96	156 668.43	12.97	0.64%	42 399.21	3.51	－47.13%	6 140.51	0.51	－48.15%	205 208.15	16.99	－17.16%
11	8 422.75	108 948.77	12.94	0.37%	28 984.06	3.44	－48.17%	4 270.53	0.51	－48.28%	142 203.36	16.88	－17.67%
12	3 290.77	42 240.08	12.84	－0.40%	11 769.40	3.58	－46.13%	1 727.02	0.52	－46.47%	55 736.50	16.94	－17.41%
合计	203 392.00	2 621 228.48	12.89		1 350 450.63	6.64		199 402.64	0.98		4 171 081.75	20.51	0.00%

审计说明：直接人工和制造费用3季度单位成本明显高于平均值，其他月份均大幅低于平均值，需要进一步抽取样本检查月份成本分配及相关原始凭证。

审计结论：除上述事项外，未见重大异常。

(1) 了解被审计单位的生产工艺流程和成本核算方法，检查成本核算方法与生产工艺流程是否匹配，前后期是否一致并做出记录。

(2) 抽查成本计算单，检查直接材料、直接人工及制造费用的计算和分配是否正确，并与有关佐证文件（如领料记录、生产工时记录、材料费用分配汇总表、人工费用分配汇总表等）相核对。①获取并复核生产成本明细汇总表的正确性，将直接材料与材料耗用汇总表、直接人工与职工薪酬分配表、制造费用总额与制造费用明细表及相关账项的明细表核对，并作交叉索引；②检查车间在产品盘存资料，与成本核算资料核对；检查车间月末余料是否办理假退料手续；③获取直接材料、直接人工和制造费用的分配标准和计算方法，评价其是否合理和适当，以确认在产品中所含直接材料、直接人工和制造费用是合理的。

(3) 获取完工产品与在产品的生产成本分配标准和计算方法，检查生产成本在完工产品与在产品之间以及完工产品之间的分配是否正确，分配标准和方法是否适当，与前期比较是否存在重大变化，该变化是否合理。

(4) 对采用标准成本或定额成本核算的，检查标准成本或定额成本在本期有无重大变动，分析其是否合理；检查本期材料成本差异的计算、分配和会计处理是否正确，库存商品期末余额是否已按实际成本进行调整。

相关知识

直接材料、直接人工、制造费用的检查测试方法

1. 直接材料的检查测试方法

一般应从审阅材料和生产成本明细账入手，抽查有关的费用凭证，验证企业产品直接耗用材料的数量、计价和材料费用分配是否真实、合理。①抽查产品成本计算单，检查直接材料成本的计算是否正确，材料费用的分配标准与计算方法是否合理和适当，是否与材料费用分配汇总表中该产品分摊的直接材料费用相符；②检查直接材料耗用数量的真实性，有无将非生产用材料计入直接材料费用；③分析比较同一产品前后各年度的直接材料成本，如有重大波动应查明原因；④抽查材料发出及领用的原始凭证，检查领料单的签发是否经过授权，材料发出汇总表是否经过适当的人员复核，材料单位成本计价方法是否适当，是否及时入账；⑤对采用定额成本或标准成本的被审计单位，应检查直接材料成本差异的计算、分配与会计处理是否正确，并查明直接材料的定额成本、标准成本在本年度有无重大变更。

2. 直接人工的检查测试方法

①抽查产品成本计算单，检查直接人工成本的计算是否正确，人工费用的分配标准与计算方法是否合理和适当，是否与人工费用分配汇总表中该产品分摊的直接人工费用相符；②将本年度直接人工成本与前期进行比较，查明其异常波动的原因；③分析比较本年度各个月份的人工费用发生额，如有变动，查明原因；④结合应付职工薪酬的检查，抽查人工费用会计记录及会计处理是否正确；⑤对采用标准成本法的被审计单位，应抽查直接人工成本差异的计算、分配和会计处理是否正确，并查明直接人工的标准成本在本年

度内有无重大变更。

3. 制造费用的检查测试方法

①审阅制造费用明细账，检查其核算内容及范围是否正确，并应注意是否存在异常；②必要时，对制造费用实施截止测试，即检查资产负债表日前后若干天的制造费用明细账及其凭证，确定有无跨期入账的情况；③检查制造费用的分配方法是否适合企业自身的生产特点，是否体现受益原则，分配率和分配额的计算是否正确；④对采用标准成本法的被审计单位，应抽查标准制造费用的确定是否合理，计入成本计算单的数额是否正确，制造费用的计算、分配与会计处理是否正确，并查明标准制造费用在本年度内有无重大变动。

七、存货分项——库存商品的实质性程序

（一）获取或编制库存商品明细表（略）

（二）执行库存商品实质性分析程序

审计目标：计价和分摊。

工作底稿：库存商品分析表。

审计步骤如下：

(1) 按品种分析库存商品各月单位成本的变动趋势，以评价是否有调节生产成本或销售成本的因素。

(2) 比较前后各期的主要库存商品的毛利率（按月、按生产线、按地区等）、库存商品周转率和库存商品账龄等，评价其合理性并对异常波动做出解释，查明异常情况的原因。

(3) 比较库存商品库存量与生产量及库存能力的差异，并分析其合理性。

(4) 核对仓库记录的库存商品入库量与生产部门记录的库存商品生产量是否一致，并对差异做出解释。

(5) 核对发票记录的数量与发货量、订货量、主营业务成本记录的销售量是否一致，并对差异做出解释。

(6) 比较库存商品销售量与生产量或采购量的差异，并分析其合理性。

(7) 比较库存商品销售量和平均单位成本之积与账面库存商品销售成本的差异，并分析其合理性。

（三）选取代表性样本，抽查库存商品明细账的数量与盘点记录的库存商品数量是否一致

审计目标：存在、完整性。

工作底稿：库存商品抽查核对表。

审计步骤如下：

(1) 从库存商品明细账中选取具有代表性的样本，与盘点报告（记录）的数量核对。

(2) 从盘点报告（记录）中抽取有代表性的样本，与库存商品明细账的数量核对。

(四) 库存商品截止性测试

审计目标：存在、完整性。

工作底稿：库存商品截止测试表。

审计步骤如下：

其包括库存商品入库截止性测试和库存商品出库截止性测试，具体可参考原材料截止性测试步骤。

(五) 库存商品计价方法的测试

审计目标：计价和分摊。

工作底稿：库存商品计价测试表。

审计步骤如下：

(1) 检查库存商品的计价方法是否前后期一致。

(2) 检查库存商品的入账基础和计价方法是否正确，自库存商品明细表中选取适量品种：

①自制库存商品：以实际成本计价时，将其单位成本与成本计算单核对；以计划成本计价时，将其单位成本与相关成本差异明细账及成本计算单核对。

②外购库存商品：以实际成本计价时，将其单位成本与购货发票核对；以计划成本计价时，将其单位成本与相关成本差异明细账及购货发票核对。

③抽查库存商品入库单，核对库存商品的品种、数量与入账记录是否一致，并将入库库存商品的实际成本与相关科目（如生产成本）的结转额核对并作交叉索引。

(3) 检查外购库存商品的发出计价是否正确。

①了解被审计单位库存商品发出的计价方法，并抽取主要库存商品，检查其计算是否正确；若库存商品以计划成本计价，还应检查产品成本差异的发生和结转金额是否正确。

②编制本期库存商品发出汇总表，与相关科目勾稽核对，并复核某一月份库存商品发出汇总表的正确性。

(4) 结合库存商品的盘点，检查期末有无库存商品已到而相关单据未到的情况，如有，应查明是否暂估入账，其暂估价是否合理。

八、存货分项——存货跌价准备的实质性程序

(一) 获取或编制存货跌价准备明细表（略）

(二) 检查计提存货跌价准备的合理性、准确性

审计目标：计价和分摊。

工作底稿：存货跌价准备调查问卷、存货跌价准备审核表。

审计步骤如下：

注册会计师应检查评价计提的坏账准备是否恰当、金额是否正确、确认和处理是否经过授权、有关会计处理是否正确。检查评价存货跌价准备的方法如下：

（1）检查存货是否存在减值迹象。

①将存货余额与现有的订单、资产负债表日后各期的销售额和下一年度的预测销售额进行比较，评估存货滞销和跌价的可能性。

②比较当年及以前年度存货跌价准备占存货余额的比较，并调查异常情况的原因。

③结合存货监盘，对存货的外观形态进行观察，了解其物理形态是否正常；检查期末结存库存商品和在产品，对于型号陈旧、产量下降、生产成本或售价波动、技术或市场需求变化的情况，结合期后销售情况考虑是否需要进一步计提跌价准备。

（2）检查存货可变现净值计算是否合理、计提存货跌价准备是否恰当。

①评价存货跌价准备所依据的资料、假设及计提方法，考虑是否有确凿证据为基础计算确定存货的可变现净值。

②考虑不同存货可变现净值的确定原则，复核可变现净值的正确性（即充足但不过度）。

③抽查计提存货跌价准备的项目，其资产负债表日后售价是否低于账面价值。

任务2
固定资产审计

任务描述

注册会计师段暄按照审计计划开始固定资产的审计，组长吴迪要求其完成如下工作：对固定资产实施实质性程序，重点是实地检查重要固定资产、检查固定资产所有权、检查固定资产的增减变动、复核累计折旧以及判断是否存在减值迹象。

▣ 审计准备

（1）需要收集的证据清单：①固定资产的盘点表；②房屋产权证、机动车登记证和车辆行驶证等权属证据；③在建工程完工转固的竣工决算、验收和移交报告；④租出、融资租入的合同；⑤固定资产计提减值或处置的决议等文件资料。

（2）涉及的凭证和账簿记录包括：有关会计账簿（包括固定资产、累计折旧、固定资产减值准备等科目的总账和明细账）、有关科目的记账凭证及其附件。好口福公司2019年固定资产、累计折旧明细账相关数据如表4－21所示。

表4－21　　好口福公司2019年固定资产及累计折旧明细表　　单位：元

序号	固定资产名称	购置日期	固定资产原值				累计折旧			
			期初数	本期增加	本期减少	期末数	期初数	本期增加	本期减少	期末数
1	办公楼	2012.05	3 480 000.00			3 480 000.00	1 099 680.00	167 040.00		1 266 720.00
2	仓库	2012.03	1 550 360.00	105 138.48		1 655 498.48	502 316.64	74 842.47	558 129.60	19 029.51
3	厂房	2012.03	2 895 365.00			2 895 365.00	938 098.26	138 977.52		1 077 075.78
房屋建筑物小计			7 925 725.00	105 138.48	0.00	8 030 863.48	2 540 094.90	380 859.99	558 129.60	2 362 825.29
4	叉车	2015.02	225 000.00				103 500.00	27 000.00		130 500.00
5	依维柯汽车	2016.03	201 903.13			201 903.13	66 627.99	24 228.36		90 856.35
运输工具小计			426 903.13	0.00	0.00	201 903.13	170 127.99	51 228.36	0.00	221 356.35
6	酸碱流槽	2017.08	175 500.00			175 500.00	21 060.00	15 795.00		36 855.00
7	自动封罐机	2017.12	476 630.00			476 630.00	42 896.76	42 896.76		85 793.52
8	自动洗罐机	2017.12	310 080.00			310 080.00	27 907.20	27 907.20		55 814.40
9	预煮锅	2012.05	156 800.00		156 800.00	0.00	92 904.00	14 112.00	107 016.00	0.00
10	罐头生产流水线	2017.05	1 198，300.00			1 198，300.00	170 757.75	107 847.00		278 604.75
11	锅炉	2016.12	220 300.00			220 300.00	39 654.00	19 827.00		59 481.00
12	分级机	2019.03		52 600.00		52 600.00		3 550.50		3 550.50
13	烘干机	2019.03		179 240.00		179 240.00		12 098.70		12 098.70
14	速冻机	2019.03		128 850.00		128 850.00		8 697.42		8 697.42
15	冷库	2019.03		487 500.00		487 500.00		32 906.25		32 906.25
16	速冻生产流水线	2019.03		2 851，068.47		2 851，068.47		192 447.09		192 447.09
机器设备小计			2 537 610.00	3 699 258.47	156 800.00	6 080 068.47	395 179.71	478 084.92	107 016.00	766 248.63
17	华为电脑	2018.11	41 600.00			41 600.00	658.67	7 904.04		8 562.71
18	格力空调	2018.06	38 500.00			38 500.00	3 657.48	7 314.96		10 972.44
管理设备小计			80 100.00	0.00	0.00	80 100.00	4 316.15	15 219.00	0.00	19 535.15
总计			10 970 338.13	3 804 396.95	156 800.00	14 392 935.08	3 109 718.75	925 392.27	665 145.60	3 369 965.42

相关知识

固定资产的核算

固定资产是指企业为生产商品、提供劳务、出租或经营管理而持有的，使用寿命超过一个会计年度的有形资产，如房屋、建筑物、机器、机械、运输工具，以及其他与生产、经营有关的设备、器具、工具等。企业应建立固定资产总账、明细账、固定资产卡片等账簿体系，保证账账相符、账卡相符、账实相符。

1. 固定资产取得

固定资产取得应当按照成本进行初始计量，由于固定资产来源渠道不同，其取得成本构成的具体内容也有所不同。

外购固定资产的成本包括买价、进口关税等相关税费，以及为使固定资产达到预定可使用状态前所发生的可直接归属于该资产的其他支出，如场地整理费、运输费、装卸费、安装费和专业人员服务费等。如果一笔款项购入多项没有单独标价的固定资产，按照各项固定资产公允价值的比例对总成本进行分配，分别确定各项固定资产的入账价值。

自行建造的固定资产，按建造该项固定资产达到预定可使用状态前发生的必要支出作为入账价值，包括工程物资成本、人工成本、缴纳的相关税费、应予资本化的借款费用以及应分摊的间接费用等。

投资者投入的固定资产，应当按照投资合同或协议约定的价值确定，但合同或协议约定价值不公允的除外。

2. 固定资产折旧

企业应当根据与固定资产有关的经济利益的预期实现方式合理选择折旧方法，折旧方法包括年限平均法、工作量法、双倍余额递减法、年数总和法等。不同的折旧方法会影响固定资产使用寿命期内不同的折旧费用，因此，固定资产折旧方法一经确定，不得随意变更。企业至少应当于每年年度终了，对固定资产的使用寿命、预计净残值和折旧方法进行复核，对固定资产使用寿命、预计净残值和折旧方法的改变应作会计估计变更处理。

3. 固定资产后续支出

固定资产的后续支出是指固定资产使用过程中发生的更新改造支出、修理费用等。其处理原则为：与固定资产有关的更新改造等后续支出，符合固定资产确认条件的，应当计入固定资产成本，同时将替换部分的账面价值扣除；与固定资产有关的修理费用等后续支出，不符合固定资产确认条件的，应当计入当期损益。

与固定资产有关的后续支出，如果使可能流入企业的经济利益超过了原先的估计，如延长了固定资产的使用寿命，或者使产品质量实质性提高，或者使产品成本实质性降低，则应当计入固定资产账面价值，其增计后的金额不应超过该固定资产的可收回金额。除此以外的后续支出，应当确认为当期费用。

4. 固定资产的处置

企业在经营过程中，对那些不适用或不需用的固定资产可以出售转让。对那些由于使用磨损或其他原因导致固定资产报废、毁损应及时予以清理。以固定资产对外投资、捐赠、债务重组等也属于固定资产清理。总之，如果某项固定资产处于处置状态或预期通过使用（处置）不能产生经济利益，应予终止确认。固定资产的处置一般通过“固定资产清理”科目进行核算，清理完成，应将其余额转入“资产处置损益”（或“营业外收入”或“营业外支出”）。

5. 固定资产减值

按照《企业会计准则第8号——资产减值》的规定，如存在下列迹象的，表明固定资产可能发生了减值：①固定资产的市价当期大幅度下跌，其跌幅明显高于因时间的推移或正常使用而预计的下跌；②企业经营所处的经济、技术或者法律等环境以及固定资产所处的市场在当期或者将在近期发生重大变化，从而对企业产生不利影响；③市场利率或者其他市场投资回报率在当期已经提高，从而影响企业计算固定资产预计未来现金流量现值的折现率，导致固定资产可收回金额大幅度降低；④有证据表明固定资产陈旧过时或者实体已经损坏；⑤固定资产已经或者将被闲置、终止使用或者计划提前处置；⑥企业内部报告的证据表明固定资产的经济绩效已经低于或者将低于预期；⑦其他表明固定资产可能已经发生减值的迹象。

6. 固定资产清查

企业对固定资产应当定期或者至少每年盘点一次，即将固定资产卡片同实物进行核对。固定资产清查中盘亏的固定资产，其损失计入“营业外支出”；盘盈的固定资产，作为前期差错处理，计入“以前年度损益调整”。

审计过程

一、确定固定资产的审计目标

固定资产单位价值比较高、使用年限比较长，通常是企业经营过程中所必不可少的重要资源。在企业会计核算实务中，固定资产方面主要存在的问题有：固定资产与周转材料划分不清；固定资产折旧计算不正确；随意调整固定资产使用寿命、折旧方法、预计净残值；固定资产后续支出划分不清，资本化支出与费用化支出相互调节等。固定资产的审计范围包括固定资产原价、累计折旧、减值准备项目的审计，也包括与固定资产增减变动及计提折旧有关项目的审计。固定资产具体审计目标如表4－22所示。

表4－22　　固定资产审计目标与财务报表认定的对应关系

审计目标	财务报表认定				
	存在	完整性	权利和义务	计价和分摊	列报和披露
A. 资产负债表中记录的固定资产是存在的	√				
B. 应当记录的固定资产均已记录		√			

续表

审计目标	财务报表认定				
	存在	完整性	权利和义务	计价和分摊	列报和披露
C. 记录的固定资产由被审计单位拥有或控制			√		
D. 固定资产以恰当的金额包括在财务报表中，与之相关的计价调整已恰当记录				√	
E. 固定资产已按照企业会计准则的规定在财务报表中做出恰当列报和披露					√

二、固定资产的实质性程序

(一) 获取或编制固定资产明细表

审计目标：计价和分摊。

工作底稿：固定资产明细表。

审计步骤如下：

(1) 获取或自行编制固定资产明细表，按类别进行分类汇总。自行编制时需根据固定资产、累计折旧卡片账及固定资产减值准备明细账、总账等信息进行计算填列。

(2) 复核加计是否正确，并与总账数和明细账合计数核对是否相符；结合累计折旧以及固定资产减值准备科目相关数据与报表数核对是否相符。

(3) 特别关注期初数与审定数据之间是否存在差异，是否存在利用固定资产类别调整改变计提折旧的金额。

(二) 实施固定资产实质性分析程序

审计目标：存在、完整性、计价和分摊。

工作底稿：固定资产分析性复核表、固定资产折旧测算表。

审计步骤如下：

实施固定资产实质性分析程序，应当充分考虑固定资产规模、分布、构成、技术性能、成新率等特性是否符合行业特点。在进行各种数据之间的相关性分析时，应当考虑财务信息和非财务信息的联系，根据实际情况判断数据分析的合理性。

(1) 按类别分析固定资产构成及固定资产原值的合理性和准确性。分析固定资产构成的合理性以及固定资产与生产产能的合理性，并通过在建工程结转、现金流量金额等信息判断固定资产增减金额的准确性。

(2) 分析固定资产折旧额计提的合理性。一般采用测算固定资产折旧与实际计提折旧之间差异，判断计提折旧的合理性。测算固定资产折旧可以采用三种方法：分类综合折旧率法、分类匡算法、逐项测算法。将测算结果与上期相比，确认是否存在重大差异；若有重大差异，应进一步核实造成差异的原因。

①分类综合折旧率法。分类综合折旧率是根据固定资产的分类，计算分类综合折旧率（本期计提折旧与平均固定资产之比）。

分类综合折旧率 = 本年计提折旧额 ÷ [（期初固定资产原值 + 期末固定资产原值）÷ 2]

②分类匡算法。分类匡算法是根据固定资产的分类，分别按照期初固定资产、本期新增固定资产、本期减少固定资产计算相应的折旧金额，最后匡算出本期应计提的折旧金额。在计算时应将已提足折旧固定资产在匡算中剔除。

本期匡算折旧额 = 期初固定资产原值 × 匡算平均年折旧率 + 本期增加固定资产原值 × 匡算平均年折旧率 × 6 ÷ 12 − 本期减少固定资产原值 × 匡算平均年折旧率 × 6 ÷ 12

③逐项测算法。逐项测算法实质上属于重新计算程序，也就是将所有固定资产逐项计算应当计提的折旧额，包括新增固定资产应当根据增加当月不计提，下月计提；减少固定资产当月计提，下月不计提等原则，重新计算每项固定资产折旧。

（3）分析固定资产维修费的合理性。本程序一般适用于固定资产维修费较大且维护频繁的情况，如水电企业，其成本中主要是固定资产折旧及维修费，因此，从重要性原则考虑，应当执行单独分析程序，识别在维修费确认计量上可能存在的异常领域，并确定进一步检查的方向。

计算固定资产修理及维护费用占固定资产原值（也可以用营业成本或营业收入）的比例，并与本期各月、本期与以前各期的比较。

（三）实地检查重要固定资产

审计目标：存在。

工作底稿：固定资产盘点检查情况表。

审计步骤如下：

（1）从设备管理部门取得固定资产台账，与财务部门的固定资产明细清单核对相符。

（2）会同财务人员和设备管理人员，对照台账上固定资产的名称、数量、规格和存放地点对实物进行盘点核对（从账到实物，确认真实性），并将所盘点到的实物与台账进行核对（从实物到账，确认完整性），做好盘点核对记录，获取盘点清单。

在实地检查重要固定资产过程中，若被审计单位内控情况较好，且非初次审计，可对重要的及本期新增的固定资产进行实地抽查。如为首次接受业务委托，则应适当扩大检查范围。

若存在数量众多的外型相同、用途相似的固定资产，必须全面逐一盘点，以防遗漏。若同一地点只有一幢房屋的，可目测或丈量结构如砖混或钢混等以及面积是否与台账相符。若同一地点上有数幢房屋的，则需按实地勘察轨迹，绘制简易平面布置图，在图上标注用途如原料仓库、生产车间等、结构和面积，与台账核对是否相符。若有账在总部核算而实物却存放在外地分支机构的或者是由外单位代为保管的固定资产，需视重要性水平，进行实地勘察或发函询证。

（3）汇总盘点记录，统计盘点结果，形成盘点小结。盘点小结内容如盘点时间、地点，盘点人、监盘人，盘点量（金额）占当年新增固定资产总金额的百分比，正确率为多少等应填写完整，并注意盘点人员、监盘人员（即审计人员）要签名。

（4）对盘点中存在的盘盈、盘亏情况，查明原因，形成追查记录，并关注是否存在闲置（包括技术陈旧过时）、毁损、报废以及已经提足折旧尚在使用等情形，从而根据现场资产状况判断是否存在需要计提减值或相关会计处理。

（四）检查固定资产的所有权或控制权

审计目标：存在、完整性、计价和分摊。

工作底稿：房屋建筑物权证查验记录、车辆权证查验记录、租赁固定资产询证函等。

审计步骤如下：

对各类固定资产，注册会计师应获取、收集不同的证据以确定其是否确实归属于被审计单位所有：对外购的机器设备等固定资产，审核采购发票、采购合同，核查原始单据上购买人为被审计单位；对于房地产类固定资产，查阅有关合同、产权证明、财产税单、抵押借款的还款凭证、保险单等书面文件，确定房屋建筑物权属以及是否已抵押、质押、担保、查封、冻结等权利受限制事项；对融资租入的固定资产，检查融资租赁合同以及融资合同清单所列资产是否与实际资产标牌一致，是否归属于被审计单位实际控制；对汽车等运输设备，检查有关营运证件（机动车登记证、车辆行驶证），确定其是否归被审计单位所有；对受留置权限制的固定资产，通常还应审核被审计单位的有关负债项目等予以证实。检查具体程序一般如下：

（1）获取公司相关权证原件。对有关原件复印并写明“已与原件核对一致”，并请公司加盖公章，同时编制相应的底稿索引；如请公司人员复印，还需实施核对原件程序。

（2）检查权证上权利人名称是否与被审计单位名称一致。若权证上权利人名称与被审计单位名称不一致：①提请客户书面解释说明，并且取证权证上权利人的书面声明（仅限于金额较小、实质是客户出资购买的资产）。②要求被审计单位变更权属关系（如该类资产金额较大，或是由投资者投入的、产权关系未进行变更的资产）。同时根据性质和影响，应在会计报表附注中披露资产权属尚未办理过户手续等信息。

若产权证上所记录的资产相关明细信息与账面记录不符：①有证无账的，需查明权证取得的原由，判断未入账的理由是否合理，是否存在账外资产；②有账无证，则应查明未能取得产证的原因，分析对公司经营可能造成的影响，并在底稿中进行详细说明。

（3）关注有无抵押、质押、担保、查封、冻结等权利受限制事项。若被审计单位存在资金周转困难、财务状况恶化等情况，应结合贷款卡信息及银行询证了解有无抵、质押事项并由被审计单位出具声明，说明有无抵、质押、查封、冻结等权利受限制事项，并向公司的律师发函询证。必要时可由被审计单位陪同前往当地房地产交易管理部门、国土资源管理部门、公安局交警支队车辆管理处，查询被审计单位有关资产所有权属情况，并与被审计单位提供的产证核对是否相符。

（五）检查本期固定资产的初始计量

审计目标：存在、完整性、权利和义务、计价和分摊。

工作底稿：固定资产增加检查表（如表4－23所示）。

表 4－23　　固定资产增加检查表　　单位：元　索引号：ZO－4

固定资产名称	取得日期	取得方式	类别	增加情况		凭证号	核对内容（用√×表示）						
				数量	单价		①	②	③	④	⑤	⑥	⑦
分级机	2019.03	购入	机器	1	52 600.00		√	√	√	√	√	-	√
烘干机	2019.03	购入	机器	1	179 240.00		√	√	√	√	√	-	√
速冻机	2019.03	购入	机器	1	128 850.00		√	√	√	√	√	-	√
冷库	2019.03	购入	机器	1	487 500.00		√	√	√	√	√	-	√
速冻生产流水线	2019.03	自建	机器	1	2 851 068.47		√	√	√	√	√	√	√

核对内容说明：①与发票是否一致；②与付款单据是否一致；③与购买/建造合同是否一致；④与验收报告或评估报告是否一致；⑤审批手续是否齐全；⑥与在建工程转出数是否一致；⑦会计处理是否正确。

审计说明：经审计，未见异常。

审计步骤如下：

（1）询问管理层当年固定资产的增加情况，并与获取或编制的固定资产明细表进行核对。

（2）逐笔检查或抽查新购入的固定资产，检查购货合同、发票、保险单、运单等文件，检查文件上单位名称是否与客户单位一致，其入账时间、计价是否正确，授权批准手续是否齐备，会计处理是否正确。对于不同来源的固定资产，检查的内容一般如表 4－24 所示。

表 4－24　　不同来源固定资产增加的检查内容

增加类型	检查内容
外购	检查采购合同、发票、保险单、发运凭证等支持性文件，确定入账价值是否正确，授权批准手续是否齐备，会计处理是否正确
自行建造	检查固定资产确认时点是否符合企业会计准则的规定，入账价值与在建工程的相关记录是否核对相符，是否与竣工决算、验收和移交报告等一致；已达到预定可使用状态，但尚未办理竣工决算手续的固定资产，检查其是否已按估计价值入账，并按规定计提折旧。决算完成后，是否及时调整
投资者投入	检查投资者投入的固定资产是否按投资各方确认的价值入账，并检查确认价值是否公允，交接手续是否齐全，权属关系是否转移；涉及国有资产的，是否有评估报告并经国有资产管理部门评审备案或核准确认
更新改造	查明通过更新改造是否确实提高了固定资产的效用或能延长使用寿命，增加的原值是否符合资本化条件，重新确定的剩余折旧年限是否恰当
融资租赁	获取相关证明文件、检查合同，检查账务处理是否正确
债务重组、非货币性资产交换	检查产权过户手续是否齐备、入账价值及确认的损益是否正确
其他	检查原始凭证，核对其计价及会计处理是否正确，法律手续是否齐全

（3）检查在建工程转入的固定资产的竣工决算报告、移交验收报告，与在建工程相关记录核对相符。

（4）检查固定资产的后续支出是否满足资产确认条件，如不满足，检查该支出是否在该后续支出发生时计入当期损益。

（六）检查本期固定资产的减少

审计目标：存在、完整性、计价和分摊。

工作底稿：固定资产减少检查表（如表4－25所示）。

表4－25 固定资产减少检查表 索引号：ZO－5

固定资产名称	处置日期	处置方式	原值	累计折旧	账面净值	处置费用	处置收入	收益（损失）	核对内容			
									①	②	③	④
预煮锅	2019.12	报废	156 800	107 016	49 784				×	×	×	×

核对内容说明：①与收款单据是否一致；②与合同是否一致；③审批手续是否齐全；④会计处理是否正确。

审计说明：预煮锅报废出售，被审计单位按账面净值全额确认营业外支出，经检查出售合同，处置收入为28 100元，应予以审计调整，调整分录详见ZO－5－1。

审计步骤如下：

（1）询问管理层当年固定资产的减少情况，并与获取或编制的固定资产明细表进行核对。

（2）逐笔检查减少的固定资产是否经授权批准，账务处理是否正确，形成检查记录。

①对于出售、盘亏、转让、报废或毁损的固定资产是否经授权批准，相关支持性批准文件是否合规、会计处理是否正确。

②检查因修理、更新改造而停止使用的固定资产是否有更新或大修理计划并经授权批准，是否转入“在建工程”科目停止计提折旧，替换、拆除或报废等不再使用部分会计处理是否正确。

③检查投资转出固定资产是否经过授权批准，相关合同协议等支持性文件是否合规、会计处理是否正确。

④检查债务重组或非货币性资产交换转出固定资产是否经过授权批准，相关合同协议等支持性文件是否合规、会计处理是否正确。

⑤检查其他减少固定资产的会计处理是否正确，应当关注固定资产处置时，有关折旧的会计处理是否正确。

（3）将本期固定资产的减少金额与“固定资产清理”和“营业外收支”科目的发生额进行核对，确认是否相符。

（七）检查固定资产的折旧

审计目标：计价和分摊。

工作底稿：固定资产折旧分配测算表（如表4－26所示）。

表 4－26　折旧计算检查表　索引号：ZO－6

固定资产名称	取得时间	使用年限	原值	净残值率	累计折旧期初余额	减值准备期初余额	本期应提折旧	本期已提折旧	差异

审计说明：

审计步骤如下：

（1）检查被审计单位制定的折旧政策和方法是否符合相关会计准则的规定，计提折旧的范围是否正确，采用的折旧方法能否在固定资产预计使用寿命内合理分摊其成本，前后期是否一致，预计使用寿命和预计净残值是否合理。

（2）抽查若干月份计提折旧的会计凭证，复核本期折旧费用的计提和分配。

①复核本期折旧费用的计提是否正确，关注已计提减值准备的固定资产的折旧。一是复核被审计单位计提折旧的范围是否正确（是否对已提足折旧的固定资产或按规定单独估价作为固定资产的土地进行计提折旧）；二是未使用、不需用和暂时闲置的固定资产是否按规定计提折旧；三是已计提部分减值准备的固定资产，计提的折旧是否正确；四是已全额计提减值准备的固定资产，是否已停止计提折旧；五是因更新改造而停止使用的固定资产是否已停止计提折旧，因大修理而停止使用的固定资产是否照提折旧。

②检查折旧费用的分配方法是否合理，是否与上期一致。

③分配计入各项目的金额占本期全部折旧计提额的比例与上期比较是否有重大差异。所计提折旧是否按照固定资产使用部门确定为受益对象，计入相关成本、费用及相关资产。

（3）将“累计折旧”账户贷方的本期计提折旧额与相应的成本费用中的折旧费用明细账户的借方相比较，检查本期所计提折旧金额是否已全部摊入本期产品成本或费用。

（4）检查累计折旧的减少是否合理、会计处理是否正确。抽查累计折旧减少的会计处理，应当结合检查本期固定资产的减少的实质性程序进行。对于出售、盘亏、转让、报废或毁损、因修理、更新改造而停止使用、对外投资、非货币性资产交换、债务重组等减少的固定资产，应当相应结转“累计折旧”科目。

（八）检查固定资产的抵押、质押、担保情况

审计目标：权利和义务、计价和分摊。

工作底稿：固定资产抵押、担保检查表。

审计步骤如下：

（1）结合所有权的查验，检查在产权证的“他项权利登记”栏内有无抵押情况，

抵押资产为设备、运输工具等，应取得抵押清单，与长（短）期借款合同、企业信用报告等信息核对是否相符，并统计出分大类的已抵押固定资产的原值、净值，形成查验记录。

（2）结合对银行借款等的检查，了解固定资产是否存在重大的抵押、担保情况。如存在，应取证并作相应的记录，同时提请被审计单位做出恰当披露。

（九）检查固定资产减值准备

审计目标：计价和分摊。

工作底稿：固定资产减值准备检查表。

审计步骤如下：

（1）获取或编制固定资产减值准备明细表，复核加计是否正确，并与总账数和明细账合计数核对是否相符。

（2）检查被审计单位计提固定资产减值准备的依据是否充分，会计处理是否正确。

①获取管理层在资产负债表日就固定资产是否存在可能发生减值迹象的判断说明。

②获取闲置固定资产的清单，并观察其实际状况，识别是否存在减值迹象。

③检查资产组的认定是否恰当，计提固定资产减值准备的依据是否充分，会计处理是否正确。

（3）计算期末固定资产减值准备占期末固定资产原值的比率，并与期初该比率进行比较，分析固定资产的质量状况。

（4）检查被审计单位处置固定资产时，原先计提的减值准备是否同时结转，会计处理是否正确。

（5）检查是否存在转回固定资产减值准备的情况。按照企业会计准则的规定，固定资产减值损失一经确认，不得转回。

（十）检查固定资产是否已按照企业会计准则的规定在财务报表中做出恰当列报和披露

审计目标：列报和披露。

工作底稿：固定资产披露表。

审计步骤如下：

（1）检查固定资产列报是否正确。

（2）检查固定资产相关披露是否恰当。

财务报表附注通常应说明固定资产（包括融资租入）的标准、分类、计价和折旧方法（包括预计使用寿命和预计净残值）；对固定资产所有权限制（抵押、质押和担保）的相关内容（类别、金额、时间等情况）；已承诺将为购买固定资产支付的金额；暂时闲置固定资产的原因（如开工不足、自然灾害等）和金额；已提足折旧仍继续使用的固定资产的账面价值；已退废和准备处置的固定资产账面价值。如果被审计单位是上市公司，还应按类别分项列示（包括融资租赁、经营租赁租出）固定资产期初余额、本期增加额、本期减少额及期末余额；说明固定资产中在建工程转入、出售、置换等情况。

财务报表附注通常应按固定资产类别列示累计折旧期初余额、本期计提额、本期减少额及期末余额。

如果企业计提了固定资产减值准备，根据规定，应当在会计报表附注中披露当期确认的固定资产减值金额和累计提取金额。如果发生重大固定资产减值损失的，还应当说明导致重大固定资产减值损失的原因、固定资产可收回金额的确定方法以及当期确认的重大固定资产减值损失的金额。如果被审计单位是上市公司，财务报表附注通常还应分项列示计提的固定资产减值金额、增减变动情况以及计提的原因。

小案例

张伟对广州耀洋制衣有限公司固定资产进行审计，取得固定资产和累计折旧分类汇总表后，对固定资产原值进行了整理，资料如表4－27所示（金额单位：万元）。

表4－27

部门及类别		期初余额	本期增加	本期减少	期末余额
行政	房屋建筑物	4 325			4 325
	设备	1 120	225		1 345
	车辆	250			250
一车间	房屋建筑物	821			821
	生产设备	4 280		1 500	2 780
二车间	房屋建筑物	720			720
	生产设备	1 456	2 500		3 956
三车间	房屋建筑物	1 521	150		1 671
	生产设备	6 532	358		6 890

通过审查账目和询问，张伟又掌握了如下资料：

(1) 本期增加的固定资产中，行政部门的设备是购入的检验设备和办公用设备，二车间的设备是在建工程转入的一条新生产线，三车间房屋建筑物是对车间原吊梁加固所发生的支出、设备系改造支出；

(2) 本期减少的是一车间出售了部分设备；

(3) 由于一车间生产的成品已无销路，公司准备将其设备全部出售。

由于是第一次对该公司审计，张伟对下一步工作做出如下安排：

(1) 以实物为起点，对现有固定资产进行全面核查，并核对房产所有权证、车辆行驶证；

(2) 检查减少固定资产的账务处理是否正确。

根据以上资料请思考：

张伟的审计安排是否有缺陷？如果你来审计该公司，你将如何安排？

任务3
在建工程审计

任务描述

注册会计师段暄按照审计计划开始在建工程的审计，组长吴迪要求其完成如下工作：对在建工程实施实质性程序，重点检查在建工程增加及减少的入账依据是否齐全、会计处理是否正确，并实地进行检查。

审计准备

（1）需要收集的证据清单：①公司在建工程清单；②在建工程承包合同（出包）；③在建工程监理报告；④在建工程完工转固的竣工决算、验收和移交报告；⑤在建工程计提减值或处置的决议等文件资料。

（2）涉及的凭证和账簿包括：有关会计账簿（包括在建工程、预付账款、在建工程减值准备的总账和明细账等）、有关科目的记账凭证及其附件。好口福公司2019年在建工程明细表如表4－28所示。

表4－28 好口福公司2019年在建工程明细表

单位：元

项目	期初余额	本期发生额		期末余额
		借方	贷方	
新厂房工程	3 159 033.28	3 402 912.73		6 561 946.01
速冻生产流水线	2 529 388.04	321 680.43	2 851 068.47	—
仓库修理		105 138.48	105 138.48	—
合计	5 688 421.32	3 829 731.64	2 956 206.95	6 561 946.01

相关知识

在建工程

在建工程是指企业在建工程的新建、改建、扩建，或技术改造、设备更新和大修理工程等尚未完工的工程支出。在建工程通常有“自营”和“出包”两种方式。自营在建工程指企业自行购买工程用料、自行施工并进行管理的工程；出包在建工程是指企业通过签订合同，由其他工程队或单位承包建造的工程。

企业所建造的固定资产已达到预定可使用状态，但尚未办理竣工决算的，应当自达到预定可使用状态之日起，根据工程预算、造价或者工程实际成本等，按估计的价值转入固定资产，并于转入固定资产的次月起计提固定资产的折旧，待办理了竣工决算手续后再作调整。

审计过程

一、确定在建工程的审计目标

在建工程通常金额较大，在实务中通过在建工程舞弊的案例也不少。在实务核算中常见的问题主要有：工程形象进度与实际进度不符；已完工未转固定资产；在建工程长期挂账；虚增工程价值等。在建工程的具体审计目标如表 4－29 所示。

表 4－29　　在建工程审计目标与财务报表认定的对应关系

审计目标	财务报表认定				
	存在	完整性	权利和义务	计价和分摊	列报和披露
A. 资产负债表中记录的在建工程是存在的	√				
B. 应当记录的在建工程均已记录		√			
C. 记录的在建工程由被审计单位拥有或控制			√		
D. 在建工程以恰当的金额包括在财务报表中，与之相关的计价调整已恰当记录				√	
E. 在建工程已按照企业会计准则的规定在财务报表中做出恰当列报和披露					√

二、在建工程的实质性程序

（一）获取或编制在建工程明细表

审计目标：计价和分摊。

工作底稿：在建工程明细表。

审计步骤如下：

（1）获取或自行编制在建工程明细表，自行编制时需根据在建工程、在建工程减值准备明细账、总账等信息进行计算填列。

（2）复核加计是否正确，并与总账数和明细账合计数核对是否相符；结合在建工程减值准备科目与报表数核对是否相符。

（3）特别关注期初数与去年审定数据之间是否存在差异。

（二）检查在建工程的本期增加

审计目标：存在、完整性、权利和义务、计价和分摊。

工作底稿：在建工程增加检查表（如表4－30所示）。

表4－30 在建工程增加检查表 单位：元 索引号：ZP－2

工程项目名称	期初余额	本期增加额	核对内容（用√×表示）				
			①	②	③	④	⑤
新厂房工程	3 159 033.28	3 402 912.73	√	√	√	√	√
速冻生产流水线	2 529 388.04	321 680.43	√	√	√	√	√
仓库修理		105 138.48	√	√	√	√	√

核对内容说明：①与立项文件是否一致；②与施工合同是否一致；③与发票是否一致；④工程进度与监理报告是否一致；⑤会计处理是否正确。

审计说明：经审计未发现重大异常。

审计步骤如下：

（1）询问管理层在建工程本期增加情况，并与在建工程明细表核对。

（2）查阅资本支出预算、相关会议决议等，检查本期增加的在建工程是否得到全部记录。

（3）检查本期增加的在建工程的原始凭证是否完整、计价是否正确。

①检查立项申请、工程借款合同、施工合同、发票、工程物资请购申请、付款单据、运单、验收报告是否完整。

②检查承包合同、购货合同、发票、监理报告等文件，检查文件上单位名称是否与客户单位一致，入账时间是否正确，完工进度是否符合账面记载金额，授权批准手续是否齐备，会计处理是否正确。

特别需要注意的是，有无审批手续不齐全或者虽有审批但与合同、进度等实际情况不符的大额资金的划付，谨防虚构在建工程支出以隐瞒资金拆借、巨额亏损等交易实质；工程物资转入的在建工程，检查工程物资与该在建工程是否对应，有无工程进度报告、交接手续及工程负责人的签字确认。

（三）检查在建工程的本期减少

审计目标：存在、完整性。

工作底稿：在建工程减少检查表（如表4－31所示）。

表4－31 在建工程减少检查表 单位：元 索引号：ZP－3

工程项目名称	转入固定资产		其他减少		核对内容			
	金额	其中：资本化利息	金额	其中：资本化利息	①	②	③	④
新厂房工程	0.00	0.00			×	×	×	×
速冻生产流水线	2 851 068.47	0.00			√	√	√	√

续表

工程项目名称	转入固定资产		其他减少		核对内容			
	金额	其中：资本化利息	金额	其中：资本化利息	①	②	③	④
仓库修理	105 138.48	0.00			√	×	√	×

核对内容说明：①与验收交接单核对一致；②结转固定资产时点正确；③与竣工有关文件一致；④会计处理正确。

审计说明：①经查验竣工验收记录，新厂房工程已于2019年5月11日竣工，达到预定可使用状态。应予以审计调整，调整分录详见索引ZP－3－1；②仓库修理不满足资本化条件，应予以审计调整，详见索引ZP－3－2。

审计步骤如下：

（1）了解在建工程结转固定资产的政策，并结合固定资产的审计，检查在建工程结转是否正确，是否存在将已经达到预计可使用状态的固定资产挂列在建工程而少提折旧的情况。

会计准则和会计制度所描述的“达到预计可使用状态”，并不一定与通过验收手续时间完全一致，审计人员要有自己的专业判断。如果有验收的，则主要检查有无设备管理部门的验收手续，上述验收文件均需查见到原件并复印留底。

（2）检查在建工程其他减少的情况，入账依据是否齐全，会计处理是否正确。如有在建工程其他转出数，如工程报废、毁损以及工程完工后剩余物资的退库等，需检查是否符合规定，审批手续是否完整，是否有设备管理部门或技术部门的鉴定意见，报废单、退库单等原始凭证是否齐全，如有保险公司赔偿的，检查是否已冲减了损失等。

（四）检查借款费用资本化的计算是否正确

审计目标：计价和分摊。

工作底稿：在建工程减少检查表。

审计步骤如下：

复核资本化的借款费用、资本化率、实际支出数以及资本化的开始、暂停和停止时间。

（五）实施在建工程实地检查程序

审计目标：存在。

工作底稿：在建工程实地考察记录。

审计步骤如下：

（1）审计人员应当全面了解被审计单位所有在建工程实际状况，包括建设进度、完工时间及地点分布等，并取得工程进度报告（初次审计，需取得项目规划设计平面图、工程进度报告或监理报告）。

（2）从被审计单位在建工程管理部门取得在建工程台账，与财务部门的在建工程明细清单核对，确定是否相符。

（3）会同被审计单位财务人员和工程项目负责人员，对照进度表，将明细表上工程项目与实物进行一一对照（从账到实物，确认真实性），并将所观察到的实物与明细表进行核对（从实物到账，确认完整性），观察和询问工程实际完工进度，做好观察核对记录，获取观察盘点清单。观察时需注意有无长期停工的半拉子工程或已安装的机器设备长期不用等异常情况。

（4）汇总观察盘点记录，统计观察结果，形成观察记录小结。

（六）检查在建工程减值准备

审计目标：计价和分摊。

工作底稿：在建工程减值准备明细表。

审计步骤如下：

（1）检查在建工程是否出现减值情形（重点关注停建工程），是否应计提减值准备。

（2）复核被审计单位测算的可收回金额的依据和方法。

（七）检查在建工程是否已按规定做出恰当列报和披露

审计目标：列报和披露。

工作底稿：在建工程披露表。

审计步骤如下：

（1）如果被审计单位是上市公司，财务报表附注中通常应分项列示在建工程的名称、预算数、资金来源（募股资金、贷款、其他来源等）、期初余额、本期增加额、本期转入固定资产减少数、其他减少数、期末余额、累计投入占预算的比例。借款费用资本化的金额应分项单独列示；用于确定利息资本化的资本化率应单独披露；在建工程如存在抵押、担保的情况，应当披露。

（2）如果被审计单位计提了在建工程减值准备，应当在会计报表附注中披露当期确认的在建工程减值金额和累计提取金额。如果发生重大在建工程减值损失的，还应当说明导致重大在建工程减值损失的原因以及当期确认的重大在建工程减值损失的金额。如果被审计单位是上市公司，通常还应分项列示计提的在建工程减值金额、增减变动情况以及计提的原因。

拓展阅读

从万福生科财务舞弊案看在建工程审计策略

1. 万福生科财务舞弊案回顾

万福生科在2003年成立，2011年在创业板上市。2012年9月被证监会调查并于10月26日承认2012年半年报及2011年财务报告存在舞弊情况。2011年财务报告中虚增营业收入2.8亿元，虚增净利润5 913万元；2012年半年报中虚增营业收入1.88亿元，虚增净利润4 023万元。值得注意的是，该企业通过财务舞弊虚增在建工程8 036万元，同时对预付账款、应收账款、其他应收款等多个报表项目产生重大影响。

2. 万福生科在建工程项目舞弊手段的分析

该企业2012年半年报中，固定资产科目没有在建工程项目转入，其在建工程从2011年的8 675万元增加到2012年上半年的17 998万元，短短半年内新增了 8 323 万元。与此同时，企业的现金流量表中的固定资产、无形资产和其他长期资产支付有关的现金流出增加了 5 883.18 万元，这些数据表明企业与工程建设有关的应付账款或者预付账款应该有大额变动。而企业2012 年上半年应付账款新增 379 万元，预付账款新增 2 632 万元，这两个科目中还包括企业经营活动产生的往来款项。应付账款、预付账款新增金额与在建工程科目增加金额相比显得太小，存在舞弊的可能。

同时，2012 年半年报中与在建工程有关的附注中还存在非常明显的漏洞。在工程投入增加情况下，淀粉糖扩改工程 2011 年的工程进度为 90%，2012 年半年报中蹊跷地变成了 30%；污水处理工程 2011 年的工程进度为 50%，2012 年半年报中工程进度仍然为 50%，诸如此类的漏洞还有许多。在万福生科 2012 年半年报的更正公告中，我们发现在 2012 年 6 月底，该企业通过虚构在建工程项目的手段套现 8 036 万元，虚增预付账款的方式套现 4 468 万元，累计套现 1.24 亿元，这些套现新增现金流用来购买本企业产品新增收入 2 亿多元。

3. 在建工程科目审计面临的问题

（1）在建工程转固定资产的时点的确定。企业在建工程科目的特点是金额较大、审计专业性要求较高、实际会计核算也比较复杂，因此给企业粉饰财务报表留下一定的空间。根据《企业会计准则第 4 号——固定资产》的规定，在建工程转成固定资产的时点是企业所建造的资产达到预定可使用状态而不应该等到企业办理了竣工结算。该准则中规定的“预定可使用状态”指的是以下三种情况之一：实体工程建造已全部完成或实质上已完成；工程与设计的要求、合同规定或生产要求基本相符；建造继续发生的支出很少或者几乎不再发生。

企业如果想提升利润，会延迟在建工程转固定资产时间或减少在建工程的预估值，少提折旧，使得利息可继续资本化，以减少企业的财务费用，最终达到虚构利润的目的。万福生科财务舞弊案中，2012 年上半年企业的在建工程的完工程度甚至比上年底还低，企业试图通过延迟资产建造完成时间来资本化一些费用，达到虚增利润的目的。

因此，核实在建工程转固定资产的时点是注册会计师在建工程审计中的一大重点。已达到预定可使用状态的在建工程如果没有按准则规定及时转为固定资产，则会影响到企业的折旧、利润等财务信息，甚至成为利润调节的“蓄水池”。

（2）利用往来款项虚构交易。在企业在建工程的会计核算中，利用与工程物资采购将资金转出，最终通过往来款项进行现金的体外循环，是一种虚构利润的更隐蔽的手段。在万福生科财务舞弊案中，2012 年半年报中的在建工程、预付账款、应收账款、其他应收款等资产负债表项目与现金流量表中“构建固定资产、无形资产和其他长期资产支付的现金”科目之间的勾稽关系出现了脱节。这说明万福生科可能通过往来款项科目来粉饰报表，即虚构工程承包和工程物资采购，将企业虚构工程资金转移到对方的账户；然后，虚构若干笔交易，将资金转移到对方的账户；最后，对方与本企业再次进行一些交易，使得企业自有的资金回笼。这样操作的结果是企业营业收入和利润增加，并且企业的资产负债表和利润表在逻辑上是正确的。

万福生科2012年半年报的更正公告表明，企业就是利用往来款项虚增收入。万福生科借着采购工程物资之名把企业的资金通过预付账款科目转移到虚构的客户账户中，并把预付款项转入建设中的供热车间改造、淀粉糖扩改工程及污水处理工程相关的科目。最后，企业通过伪造销售合同，把已经流出的资金作为销售回款来虚增销售收入。这样的资金循环使得企业的销售收入、销售成本和销售利润都虚增了，同样资产负债表中的未分配利润增加，预付账款和在建工程也增加了。同时，保持了资产负债表的平衡以及资产负债表和利润表的勾稽关系，但是打破了资产负债表、利润表、现金流量表的勾稽关系，报表附注与前面三大报表也存在不对应的问题。

因此，检查资产负债表、利润表、现金流量表的勾稽关系和报表附注与报表的联系是注册会计师在建工程审计的一大重点。

(3) 在建工程资本化支出与费用化支出的界定的问题。企业计入在建工程的资本化支出与其他费用的界限难以准确划分，会计核算时以及审计中容易产生误区。在建工程与其建造成本、财务费用、管理费用产生混淆。辅助生产部门为在建工程提供的水、电、设备的安装、修理、运输等劳务需要按一定标准与工程建造成本进行合理的分摊。企业固定资产的新建、改建、扩建，或技术改造、设备更新和大修理工程等尚未完工的工程支出应计入在建工程，但没有满足确认条件的项目如固定资产的日常维护应计入管理费用。

在会计实务中，确定应资本化的利息费用是关键之处。在建工程完工后，企业借款的利息费用不应继续资本化。万福生科通过会计舞弊，变动了在建工程的完工程度，变相延长了应当资本化的利息费用的归集期间，减少了企业当年的财务费用，最终虚增了企业的净利润。

当然，审计人员即便观测到企业财务报表中的在建工程金额存在异常增长也很难找出相关的审计证据，这需要专业资产评估机构的职业判断。企业往往会把当期发生的日常费用通过一定方法包装成企业在建工程的资本化成本，以粉饰企业业绩。

(资料来源：《商业会计》(节选)，2016年第09期)

任务4 无形资产审计

任务描述

注册会计师段暄按照审计计划开始无形资产的审计，组长吴迪要求其完成如下工作：核实好口福公司无形资产的所有权，并检查无形资产增加和减少的账务处理是否合理、合规，摊销是否正确，余额是否存在。

审计准备

（1）需要收集的证据清单：①土地使用权证书、专利权证书等权属证据；②无形资产相关采购合同及附件；③无形资产计提减值或处置的决议等文件资料。

（2）涉及的凭证和账簿包括：有关会计账簿（无形资产、累计摊销、研发支出、无形资产减值准备等等）总账和明细分类账、有关科目的记账凭证及其附件。好口福公司2019年无形资产及累计摊销相关资料如表4－32所示。

表4－32　　好口福公司2019年无形资产及累计摊销明细表　　单位：元

项目名称	期初余额	本期借方	本期贷方	期末余额	备注
无形资产：	5 680 000.00	615 000.00	—	6 295 000.00	
土地使用权	5 300 000.00			5 300 000.00	2011年12月取得，40年
“好口福”商标权	380 000.00			380 000.00	2013年8月取得
专利技术		615 000.00		615 000.00	2019年3月取得，10年
累计摊销：	938 541.67	183 750.00	—	1 122 291.67	
土地使用权	938 541.67	132 500.00		1 071 041.67	
专利技术		51 250.00		51 250.00	

相关知识

无形资产的核算

无形资产是指企业拥有或控制的没有实务形态的可辨认非货币性资产，包括专利权、非专利技术、商标权、著作权、土地使用权、特许权等。商誉的存在无法与企业自身分离，不具有可辨认性，因此在会计报表中单独列报。

为了对无形资产进行会计核算，企业一般需要设置“研发支出”、“无形资产”、“累计摊销”等科目。核算无形资产研发、取得、计提摊销等不同阶段的会计处理。

1. 无形资产的初始计量

无形资产通常是按实际成本初始计量，即以取得无形资产并使之达到预定用途而发生的全部支出作为无形资产的成本。对于不同来源取得的无形资产，其成本构成不尽相同。

外购的无形资产，其成本包括购买价款、相关税费以及直接归属于使该项资产达到预定用途所发生的其他支出（如专业服务费用、测试无形资产是否能够正常发挥作用的费用等），不包括：①为引入新产品进行宣传发生的广告费、管理费用及其他间接费用；②达到预定用途后所发生的支出。购买无形资产的价款超过正常信用条件延期支付时，应以现值作为购入无形资产的成本。

对于研发所形成的无形资产，企业应根据实际情况区分研究阶段与开发阶段（研究阶段通常只有计划性和探索性，而开发阶段具有项目的针对性和成果的可能性），研究阶段的支出应当费用化，开发阶段的支出满足一定的条件才能资本化（通常是指技术的可行性、市场的充分性或使用的有用性、支持开发的广泛性、计量的可靠性）。同时从事多项开发活动的情况下，所发生的支出同时用于支持多项开发活动的，应当按照合理的标准在各项开发活动之间进行分配，无法合理分配的，应予费用化。无法区分研究阶段与开发阶段的支出，应予费用化。

对于其他方式取得的无形资产，如投资者投入、非货币性资产交换、企业合并等，其成本的确定应遵循企业会计准则的相关规定。

2. 无形资产的摊销

企业持有的无形资产，通常来源于合同性权利或其他法定权利，且合同或法律规定了明确的使用年限，一般将合同或法律规定的年限作为无形资产的摊销年限，但合同性权利或其他法定权利在到期因续约等延续、且有证据表明企业不需要付出大额成本的，续约期应当计入使用寿命。合同或法律没有规定使用年限的，企业应当综合各方面因素进行判断，以确定无形资产能为企业带来经济效益的期限。

无形资产的摊销方法包括直线法、生产总量法等；无形资产的摊销一般计入当期损益，但如果某项无形资产是专门用于生产某种产品的，则应计入该产品的生产成本；确定无形资产摊销总额时，符合一定条件的（第三方承诺），可预计无形资产的残值（以资产处置时的可收回金额为基础）。

根据可获得的相关信息判断，如果无法合理估计某项无形资产的使用寿命，应将其作为使用寿命不确定的无形资产进行核算。对于使用寿命不确定的无形资产，在持有期间内不需要进行摊销。

企业至少应当于每年年度终了，对使用寿命确定的无形资产的使用寿命、残值进行复核。对使用寿命不确定的无形资产，应当在每个会计期间进行减值测试（其减值测试的方法按照判断资产减值的原则进行处理），如果有证据表明其使用寿命是有限的，则应视为会计估计变更，应当估计其使用寿命并按照使用寿命有限的无形资产的处理原则进行处理。

3. 无形资产的处置

无形资产的出售，应将其净收入与账面净值的差额计入“资产处置损益”或计入营业外收支（“营业外收入”或“营业外支出”）；无形资产出租，收入计入“其他业务收入”、相关的摊销和支出计入“其他业务成本”无形资产报废（预期不能为企业带来未来经济利益，不再符合无形资产的定义，应将其转销），其账面净值转入“营业外支出”。

审计过程

一、确定无形资产的审计目标

与其他项目的审计相比，由于企业一般拥有的无形资产不会很多、会计核算也并不复杂，因此可以做到“逐笔”详细审计。无形资产核算中的常见问题有：将不属于无形资产核算范畴的资产列入无形资产；内部研究开发费用核算不正确。无形资产的具体审计目标如表 4 - 33 所示。

表 4 - 33　　无形资产审计目标与财务报表认定的对应关系

审计目标	财务报表认定				
	存在	完整性	权利和义务	计价和分摊	列报和披露
A. 资产负债表中记录的无形资产是存在的	√				
B. 应当记录的无形资产均已记录		√			
C. 记录的无形资产由被审计单位拥有或控制			√		
D. 无形资产以恰当的金额包括在财务报表中，与之相关的计价调整已恰当记录				√	
E. 无形资产已按照企业会计准则的规定在财务报表中做出恰当列报和披露					√

二、无形资产的实质性程序

（一）获取或编制无形资产明细表

审计目标：计价和分摊。

工作底稿：无形资产明细表。

审计步骤如下：

（1）获取或自行编制无形资产明细表，自行编制时需根据无形资产及无形资产减值准备明细账、总账等信息进行计算填列。

（2）复核加计是否正确，并与总账数、报表数和明细账合计数核对是否相符；结合累计摊销、无形资产减值准备科目与报表数核对是否相符。

（3）特别关注期初数与审定数据之间是否存在差异，是否存在利用无形资产类别调整改变计提摊销的金额。

（二）检查无形资产的所有权

审计目标：存在、权利和义务。

工作底稿：无形资产所有权查验记录。

审计步骤如下：

（1）获取被审计单位相关权证原件，应复印并写明“已与原件核对一致”，并请被审计单位加盖公章，同时编制相应的底稿索引；如请被审计单位人员复印，还需实施核对原件核查程序。

（2）检查无形资产所有权证明文件，检查的程序可参考固定资产相应的内容。检查无形资产的权属证书原件、非专利技术的持有和保密情况等，并获取有关协议和董事会纪要的文件、资料，检查无形资产的性质、构成内容、计价依据、使用状况和受益期限，确定无形资产是否存在，并由被审计单位拥有或控制。

（三）检查本期无形资产的增加

审计目标：存在、完整性、权利和义务、计价和分摊。

工作底稿：无形资产检查表。

审计步骤如下：

（1）检查投资者投入的无形资产是否按投资各方确认的价值入账，并检查确认价值是否公允，交接手续是否齐全；涉及国有资产的，是否有评估报告并经国有资产管理部门评审备案或核准确认。

（2）对自行研发取得、购入或接受捐赠的无形资产，检查其原始凭证，确认计价是否正确，法律程序是否完备（如依法登记、注册及变更登记的批准文件和有效期）；会计处理是否正确。

（3）对债务重组或非货币性资产交换取得的无形资产，检查有关协议等资料，确认其计价和会计处理是否正确。

（4）检查本期购入土地使用权相关税费计算清缴情况，与购入土地使用权相关的会计处理是否正确。

（四）检查本期无形资产的减少

审计目标：计价和分摊。

工作底稿：存在、完整性、计价和分摊。

审计步骤如下：

(1) 取得无形资产处置的相关合同、协议，检查其会计处理是否正确。

(2) 检查房地产开发企业取得的土地使用权用于建造对外出售的房屋建筑物的，相关的土地使用权价值是否转入所建造房屋建筑物的成本。在土地上自行开发建造厂房等建筑物，土地使用权和地上建筑物是否分别进行摊销和计提折旧。

(3) 将本期无形资产的减少金额与和“银行存款”、“其他应收款”、“营业外收支”科目的发生额进行核对，确认是否相符。

(五) 检查使用寿命有限的无形资产的摊销

审计目标：计价和分摊。

工作底稿：无形资产使用寿命分析表、无形资产摊销查验表（如表4－34所示）。

表4－34 无形资产摊销查验表 单位：元 索引号：ZU－5

项目	原值	摊销期(年)	月摊销额	入账日期	累计应摊月份	累计应摊销	累计实际摊销	差异	审计说明
土地使用权	5 300 000.00	40	11 041.67	2011年12月	97	1 071 041.67	1 071 041.67	0.00	
专利技术	615 000.00	10	5 125.00	2019年3月	10	51 250.00	51 250.00	—	
合计			19 333.34			1 366 125.26	1 366 125.00	0.26	

审计步骤如下：

(1) 检查被审计单位确定无形资产使用寿命的依据，分析其合理性。

(2) 获取或编制无形资产累计摊销明细表，复核加计正确，并与总账数和明细账合计数核对相符。

(3) 检查无形资产摊销政策是否符合有关规定，是否与上期一致，若改变摊销政策，检查其依据是否充分。

(4) 检查被审计单位是否在年度终了，对使用寿命有限的无形资产的使用寿命和摊销方法进行复核，其复核结果是否合理。

(5) 复核本期摊销是否正确。

(六) 检查是否存在用于债务担保的无形资产

审计目标：权利和义务、列报和披露。

工作底稿：无形资产披露表。

审计步骤如下：

结合长期借款、短期借款等项目的审计，了解是否存在用于债务担保的无形资产。如有，提请被审计单位做出恰当的披露。

(1) 查验土地使用权证原件上他项权利的说明，了解是否有抵押情况。

(2) 通过查阅有关董事会会议纪要、向律师、法律顾问询问了解无形资产期末状况。

(3) 在底稿中记载相关查验记录。

（七）检查无形资产减值准备计提是否合理

审计目标：计价和分摊。

工作底稿：无形资产减值准备明细表。

审计步骤如下：

（1）了解被审计单位是否对无形资产账面价值进行检查，获取管理层在资产负债表日就无形资产是否存在可能发生减值迹象的判断说明。

（2）检查计提减值准备的依据是否充分，会计处理是否正确。

（3）检查无形资产转让时，相应的减值准备是否一并结转，会计处理是否正确。

（八）检查无形资产的列报和披露是否恰当

审计目标：列报和披露。

工作底稿：无形资产披露表。

审计步骤如下：

无形资产应当以账面净值列报在会计报表中，账面净值即无形资产账面余额减去累计摊销、无形资产减值准备后的净额。企业应在财务报表附注中披露各类无形资产的摊销年限、期初期末余额、变动情况及其原因、当期计提的无形资产减值准备等信息。

5 项目五 借款与应付款项审计

学习目标

□ 知识学习目标

了解筹资过程的内部控制并对其进行控制测试；
了解工薪与人事循环的内部控制并对其进行控制测试；
明确借款的审计目标，掌握借款的实质性程序；
明确应付账款的审计目标，掌握应付账款的实质性程序；
明确应付职工薪酬的审计目标，掌握应付职工薪酬的实质性程序；
明确应交税费的审计目标，掌握应交税费的实质性程序；
明确其他应付款的审计目标，掌握其他应付款的实质性程序。

□ 技能训练目标

能够实施借款的控制测试和实质性程序；
能够实施应付账款的控制测试和实质性程序；
能够实施应付职工薪酬的控制测试和实质性程序；
能够实施应交税费的实质性程序；
能够实施其他应付款的实质性程序。

工作任务

任务 1　借款审计
任务 2　应付账款审计
任务 3　应付职工薪酬审计
任务 4　应付税费审计
任务 5　其他应付款审计

导入案例

广州市正达会计师事务所首次接受义务委托，对广州市天元食品有限公司（以下简称天元公司）2019年财务报表进行审计。注册会计师张超负责所有者权益审计。在项目组进驻天元公司后，了解到公司相关情况如下：

（1）天元公司年初有工商银行短期借款2 600万元，分别于本年9月份到期（1 500万元）和11月到期（1 100万元）。为了生产经营周转11月底天元公司重新向工商银行申请了一笔3 500万元的一年期借款。注册会计师检查了相关的借款合同，上述借款利率均为年利率6.12%，借款的种类为信用借款，利息支付方式均为每个季度末的21日支付。

（2）天元公司存在应付账款、预付账款同时挂账的现象。2019年度“预付账款”科目有预付浩阳公司货款800万元，在“应付账款”科目中有应付浩阳公司货款760万元。另外，有一笔广州永晟有限公司116.5万元的应付账款长期挂账（已超过3年），经向财务人员了解，广州永晟有限公司经营地址已不存在，无法联系相关人员。张超在企业信用信息公示系统查询得知该企业已于2019年3月清算注销。另外通过抽查核对原始凭证未发现应付账款存在其他异常问题。

（3）天元公司少计提工会经费4 050.97元、少计提职工教育经费296.2元，社保费和住房公积金多计提526.71元，均低于原先计划的重要性水平10 000元。通过核对应付职工薪酬和相关成本费用科目以及检查职工薪酬发生的凭证未发现其他异常情况。

（4）天元公司核定的税种为增值税、城建税、教育费附加、房产税和企业所得税，另外需要代扣代缴职工的个人所得税。除企业所得税为按季度预缴、年终汇算清缴外，其他税费均为按月申报纳税。公司2018年企业所得税预缴数比汇算清缴数多161 425.37元，本年度汇算清缴报告显示公司全年应缴纳企业所得税505 216.81元，公司实际已缴纳126 948.68元。公司自有办公楼一栋，其账面原值56 359 428.77元。

（5）天元公司应付广州易达投资有限公司的180万元款项，实际为借款，每年年末按5%的利率付息。广东恒远公司的应付款-5万元，实际为公司向其购货交纳的包装箱押金。

请思考：

针对上述事项，哪些需要进行审计调整？应怎样进行调整？

任务1
借款审计

任务描述

注册会计师张超按照审计计划开始借款的审计，项目组长涂国庆要求其完成如下工作：

（1）筹资的内部控制测试，重点关注借款的取得、抵押或担保、借款合同的签订是否经过授权批准；

（2）对借款实施实质性程序，重点是通过函证、检查合同等确定余额的存在和完整性，防止低估负债。

审计准备

（1）在审计前，审计人员应当了解被审计单位借款核算及借款构成情况，应当明确收集的相关资料。

（2）需要收集的证据清单：①借款合同；②企业信用报告；③银行对账单；④放款凭证。

（3）借款审计涉及的凭证和会计记录包括有关会计账簿（包括短期借款、长期借款、应计利息、财务费用的总账和明细账等）、有关科目的记账凭证。天元公司2019年短期借款明细账如表5-1所示，应付利息明细账如表5-2所示。

表5-1　　天元公司2019年短期借款——工商银行明细账　　单位：元

2019年		凭证号	摘要	借方	贷方	余额
月	日					
			年初余额（年利率6.12%）			26 000 000.00
09	11	62	还短期借款	15 000 000.00		11 000 000.00
11	15	109	还短期借款	11 000 000.00		
11	30	178	收到短期借款（年息6.12%）		35 000 000.00	35 000 000.00
			本年累计	26 000 000.00	35 000 000.00	35 000 000.00

表 5-2　　天元公司 2019 年应付利息明细账　　单位：元

2019 年		凭证号	摘要	借方	贷方	余额
月	日					
			年初余额			—
1	21	152	预提工行 1 月借款利息	—	132 600.00	132 600.00
2	21	115	预提工行 2 月借款利息	—	132 600.00	265 200.00
3	21	82	预提工行 3 月借款利息	—	137 020.00	402 220.00
2	21	128	付工行一季度借款利息	397 800.00	—	4 420.00
4	21	166	预提工行 4 月借款利息	—	132 600.00	137 020.00
4	30	187	预提供应商利息	—	101 640.45	238 660.45
5	21	101	预提工行 5 月借款利息	—	137 020.00	375 680.45
6	21	172	预提工行 6 月借款利息	—	132 600.00	508 280.45
6	21	178	付工行二季度借款利息	406 640.00	—	101 640.45
7	21	169	预提工行 7 月借款利息	—	137 020.00	238 660.45
8	21	152	预提工行 8 月借款利息	—	137 020.00	375 680.45
9	11	62	归还 1 500 万元借款三季度利息	209 100.00		166 580.45
9	21	171	预提工行 9 月借款利息	—	132 600.00	299 180.45
9	21	175	付工行 1 100 万元三季度利息	172 040.00	—	127 140.45
10	21	159	预提工行 10 月借款利息	—	137 020.00	264 160.45
11	15	109	归还 1 100 万元借款利息	102 850.00		161 310.45
11	21	177	预提工行 11 月借款利息	—	132 600.00	293 910.45
12	21	198	预提工行 12 月借款利息	—	137 020.00	430 930.45
12	21	203	付工行 3 500 万元四季度利息	130 900.00	—	300 030.45
12	31	288	支付供应商利息	91 250.00	—	208 780.45
12	31	230	全年多提利息冲转	—	-208 780.45	—
			本年累计	1 510 580.00	1 510 580.00	—

相关知识

借款的核算

借款是指企业向银行等金融机构以及其他单位借入的资金，借款分为短期借款和长期借款。短期借款用来核算企业向银行或其他金融机构等借入的期限在一年以内（含一年）的各种借款。企业可按借款种类，贷款人和币种进行明细核算。长期借款是指企业向银行或其他金融机构借入的期限在一年以上（不含一年）或超过一年的一个营业周期以上的各项借款。

1. 短期借款的核算

(1) 短期借款的借入与归还。借入短期借款，借记“银行存款”，贷记“短期借款”，归还短期借款则做相反分录。

(2) 短期借款利息的核算。短期借款的利息结算方式分为按月支付、按季支付、按半年支付和到期一次还本付息方式。如果企业的短期借款利息按月支付，或者利息是在借款到期归还本金时一并支付、且数额不大的，可以在实际支付或收到银行的计息通知时，直接计入当期损益（财务费用）。如果短期借款的利息按期支付（如按季），或者利息是在借款到期归还本金时一并支付、且数额较大的，为了正确计算各期的盈亏，应采用预提的办法，先按月预提（应付利息），计入当期损益（财务费用），到期在进行支付。

2. 长期借款的核算

长期借款的账务处理包括取得长期借款、发生利息、归还借款等环节。企业应设置“长期借款——本金”、“长期借款——应计利息”、“应付利息”、“财务费用”等科目。长期借款的利息主要有两种支付方式：分期计息、到期一次还本付息；分期付息到期还本。

(1) 分期计息、到期一次还本付息。在这种支付方式下，每期发生的借款利息应该借记“财务费用”、“在建工程”等账户，贷记“长期借款——应计利息”账户。

(2) 分期付息、到期还本。在这种支付方式下，每期发生的借款利息应借记“财务费用”、“在建工程”等账户，贷记“应付利息”账户。

企业因借款发生的利息，辅助费用（包括手续费，佣金等）以及外币借款汇兑差额计入财务费用。符合资本化条件的计入资产价值。

审计过程

一、确定借款的审计目标

取得借款是企业非常重要的筹资手段，发生的笔数不是很多，但每笔发生的金额较大，且与国家法律、法规和相关合同、契约的规定相关。从会计角度，漏记或不恰当地对一笔借款业务进行处理，将会导致重大错报，严重影响会计报表的公允反映。在一般情况下，被审计单位不会高估负债，因为这样对自身不利，且难以与债权人的会计记录相互印证。注册会计师对于负债项目的审计，主要是防止企业低估负债。低估负债经常伴随着低估成本费用，从而达到高估利润的目的。因此，注册会计师在执行借款业务审计时，应重点关注被审计单位是否低估借款。借款的具体审计目标如表 5 - 3 所示。

二、筹资的控制测试

筹集资金是企业的一项重要活动，资金是维持企业正常运营的“血液”，筹资业务一般涉及的资金数额比较大，一旦出现问题对企业整体财务报表将产生重大影响，因此

表 5-3 借款审计目标与财务报表认定的对应关系

审计目标	财务报表认定				
	存在	完整性	权利和义务	计价和分摊	列报和披露
A. 资产负债表中记录的借款是存在的	√				
B. 应当记录的借款均已记录		√			
C. 记录的借款是被审计单位应当履行的现时义务			√		
D. 借款以恰当的金额包括在财务报表中，与之相关的计价调整已恰当记录				√	
E. 借款已按照企业会计准则的规定在财务报表中做出恰当列报和披露					√

被审计单位筹资业务内部控制制度是否健全，内部控制是否有效运行非常重要。审计人员在审查借款等筹资类科目时，应首先了解被审计单位筹资业务的内部控制，并对其运行有效性进行测试。

相关知识

筹资业务的内部控制

筹资业务包括企业的短期借款、长期借款、应付债券等业务。筹资业务的主要活动包括审批授权、签订合同或协议、取得资金、计算利息、偿还本息等。筹资控制的目标是：筹资活动发生前的审批，筹资业务的合法性，利息和股利计提和支付的适当性，股东权益记录的合规性。

1. 岗位分工与授权批准

筹资业务的不相容岗位至少包括：①筹资方案的拟订与决策；②筹资合同或协议的审批与订立；③与筹资有关的各种款项偿付的审批与执行；④筹资业务的执行与相关会计记录。合理的职责分工有利于避免或减少筹资业务中发生的错误或舞弊现象。

企业应当对筹资业务建立严格的授权批准制度，明确授权批准方式、程序和相关控制措施，规定审批人的权限、责任以及经办人的职责范围和工作要求。企业的筹资业务一般是由董事会根据企业生产经营的需要，在充分论证的基础上对有关筹资方案进行立项，并授权财务经理提交筹资计划，再由董事会或股东会进行审批。适当的授权及审批可以明显提高筹资活动的效率，降低筹资风险。

2. 筹资执行控制

(1) 签订筹资合同或协议。企业筹资业务应当签订相关的筹资合同或协议。企业向银行或其他金融机构借款必须签订借款合同或协议。财务部门经董事会授权后，应与银行或其他金融机构的代表具体商讨有关借款业务的细节，明确借款的规模、利率、期限、担保、还款安排、相关权利义务和违约责任等。协商一致后签订借款合同，据此办理相关借款业务。

(2) 对资产取得的控制。企业向银行或其他金融机构借入的款项或其他筹资业务所筹集的款项应及时如数存入其开户银行。

(3) 对筹集资金的使用控制。企业取得筹资款项后，财务部门应监督款项按规定的用途使用，不得挪作他用或不合理占用。

3. 筹资偿付控制

企业应建立筹资业务偿付环节的控制制度，对支付偿还本金、利息、租金、股利（利润）等步骤及偿付形式等做出计划和预算安排，并正确计算、核对，确保各项款项偿付符合筹资合同或协议的规定。

企业应当指定财会部门严格按照筹资合同或协议规定的本金、利率、期限及币种计算利息和租金，经有关人员审核确认后，与债权人进行核对。本金与应付利息必须和债权人定期对账。如有不符，应查明原因，按规定及时处理。

企业支付筹资利息、股息、租金等，应当履行审批手续，经授权人员批准后方可支付。企业通过向银行等金融机构举借债务筹资，其利息的支付方式也可按照双方在合同协议中约定的方式办理。

企业应当按照股利（利润）分配方案发放股利（利润），股利（利润）分配方案应当按照企业章程或有关规定，按权限审批。企业委托代理机构支付股利（利润），应清点、核对代理机构的股利（利润）支付清单，并及时取得有关凭据。

企业以非货币资产偿付本金、利息、租金或支付股利（利润）时，应当由相关机构或人员合理确定其价值，并报授权批准部门批准，必要时可委托具有相应资质的中介机构进行评估。

企业财会部门在办理筹资业务款项偿付过程中，发现已审批拟偿付的各种款项的支付方式、金额或币种等与有关合同或协议不符的，应当拒绝支付并及时向有关部门报告，有关部门应当及时查明原因，做出处理。

企业以抵押、质押方式筹资，应当对抵押物资进行登记。业务终结后，应当对抵押或质押资产进行清理、结算、收缴，及时注销有关担保内容。

（一）了解和评价被审计单位筹资业务的内部控制

了解和评价被审计单位筹资业务内部控制制度一般在风险评估环节进行。通过对被审计单位筹资业务流程的了解，检查被审计单位筹资业务控制手册和其他书面材料，询问相关人员和观察筹资业务操作流程，对被审计单位筹资业务的内部控制是否存在或可信赖进行评估（详见底稿表5－4至表5－8）。如果评估结果为被审计单位筹资业务内部控制值得信赖，则可进行进一步的控制测试；若评估结果被审计单位货币资金内部控制不值得信赖，则直接进入实质性程序环节。

表5－4 了解内部控制汇总表 索引号：CZL－1

(1) 受影响的相关交易和账户余额。短期借款、长期借款、财务费用。

(2) 主要业务活动。

主要业务活动	是否在本循环中进行了解
筹资	是

(3) 了解交易流程。根据对交易流程CZL－2的了解，记录如下：公司建立了不相容职务相分离。各相关部门之间相互牵制并在其授权范围内履行职责，同一部门或个人不得处理筹资业务的全过程。

职务	姓名
总经理：审核项目	刘志勇
财务经理：审核相关凭证	田梦丹
出纳员：办理资金收付	陈小晶
财务：编制相关凭证	赵剑莱
档案管理员：保管会计档案	何美丽

(4) 信息系统（略）。

(5) 初步结论。控制设计合理，并得到执行。

(6) 沟通事项。无。

表5－5 了解内部控制设计——控制流程 索引号：CZL－2

我们采用询问、观察和检查等方法，了解并记录了筹资业务的主要控制流程，并已与刘志勇、田梦丹等确认下列所述内容：

1. 筹资预算管理制度

天元公司建立了筹资预算管理制度。每年年初，财务部赵剑莱综合各部门上报的年度资金使用计划、上一年度实际筹资情况以及现金流情况，编制年度筹资预算，列明拟筹资原因、规模、用途、借款方式、还款资金来源等；年度筹资预算应经财务经理田梦丹复核并签署意见，上报公司总经理刘志勇和董事会审批。财务部在批准的预算限额内开展筹资活动。(控制活动编号：CZKZ－1)

2. 借款申请和审批

如果预计流动资金可能不足时，财务部赵剑莱将填写借款申请表。其中：金额在人民币100万元以下的申请应经财务经理田梦丹和总经理刘志勇审批；金额超过人民币100万元的借款申请由董事会审批，董事会授权总经理刘志勇签订借款合同。(控制活动编号：CZKZ－2)

财务经理田梦丹依据审批后的借款申请表，与银行洽谈综合授信协议或借款合同的主要条款，报总经理刘志勇审核并签订协议或合同。(控制活动编号：CZKZ－3)

如果是签订综合授信协议，财务部赵剑莱根据月度用款计划，在综合授信额度内，申请使用款项，填写综合授信使用申请，由财务经理田梦丹审批后办理借款手续。

3. 借款的记录与账务处理

财务部赵剑莱编制记账凭证，后附综合授信使用申请或借款合同、银行回单等单证交财务经理田梦丹复核无误后进行账务处理。(控制活动编号：CZKZ－4)

财务部陈小晶根据综合授信协议或借款合同，逐笔登记借款备查账，内容包括授信额度使用情况以及贷款情况（如借款银行、借款合同编号、合同金额、借款日期、还款日期、借款用途、借款条件、合同利率、结息日等），按月汇总编制信贷情况表，内容包括授信额度总额、已使用额度、累计贷款金额、本月新增贷款总额以及预计下月到期贷款总额等，交财务经理田梦丹审核后，上报总经理刘志勇和董事会。(控制活动编号：CZKZ－5)

每月末，财务部赵剑莱核对借款备查账与借款明细账。(控制活动编号：CZKZ－6)

续表

4. 还款
借款到期时，财务部赵剑莱填写付款申请表，注明资金用途为归还借款，报财务经理田梦丹审批后偿付本息。(控制活动编号：CZKZ－7)
5. 还款的记录与账务处理
财务部赵剑莱编制记账凭证，后附借银行还款本息回单等单证交财务经理田梦丹复核无误后登记短期借款明细账。(控制活动编号：CZKZ－8) 财务部陈小晶同时需要在借款备查账中记录借款归还情况。(控制活动编号：CZKZ－5)

表 5－6　了解内部控制设计——控制目标及控制活动　　索引号：CZL－3

控制目标	受影响的相关交易和账户余额及其认定	常用的控制活动	被审计单位的控制活动	是否有效
已记录的借款均为公司的负债	长、短期借款：存在、权利和义务	所有筹资交易应经管理层批准	CZKZ－1、2、3、4	是
借款均以准确记录	长、短期借款：计价和分摊	借款变动情况的记录与借款合同相一致并经复核，以确保输入准确	CZKZ－3、4、5、6	是
借款均已记录	长、短期借款：完整性	借款合同或协议由专人保管，同财务记录核对一致，如发现差异应及时调查和处理	CZKZ－4、5、6	是
借款均已记录于适当期间	长、短期借款：存在、完整性	管理层定期复核借款记录并确保其及时更新	CZKZ－4、5、6	是
财务费用均已准确计算并记录于适当期间	财务费用：准确性、截止	管理层复核财务费用的计算	CZKZ－7、8	是
已记录的偿还借款均为真实发生	长、短期借款：完整性	管理层定期复核借款记录并确保其及时更新	CZKZ－8、5	是
偿还借款均已准确记录	长、短期借款：计价和分摊	借款合同或协议由专人保管，同财务记录核对一致，如发现差异应及时调查和处理	CZKZ－8、5	是
偿还借款均已记录	长、短期借款：存在	借款合同或协议由专人保管，同财务记录核对一致，如发现差异应及时调查和处理	CZKZ－8、5	是

表 5－7　确认筹资业务控制是否得到执行　　索引号：CZL－4

主要业务活动	测试内容	测试结果	索引号
借款	预算是否经恰当审批（是/否）	是	
	借款申请表编号#（日期）		
	借款申请表是否经恰当审批（是/否）	是	
	借款合同编号#（如适用）（日期）		

续表

主要业务活动	测试内容	测试结果	索引号
记录借款	收款凭证编号#（日期）		
	借款合同金额、期限等是否与借款申请表一致（是/否）	是	
	是否记入短期借款明细账的贷方（是/否）	是	
	是否登记借款备查账（是/否）	是	
	明细账记录内容是否与借款备查账内容一致（是/否）	是	
	借款备查账记录内容是否与借款合同一致（是/否）	否	
偿还借款	借款合同编号#（日期）		
	付款申请表编号#（日期）		
	付款申请表是否经恰当批准（是/否）	是	
	是否与借款合同规定还款日一致（是/否）	是	
记录还款	付款凭证编号#（日期）		
	还款金额、期限等是否与付款申请表一致（是/否）	是	
	是否记入短期借款明细账的借方（是/否）	是	
	是否登记借款备查账（是/否）	是	
	明细账记录内容是否与借款备查账内容一致（是/否）	是	
	利息付款凭证编号#（日期）		
	利息支付金额是否与付款申请表内容一致（是/否）	是	
	利息支付金额是否经过恰当复核计算（是/否）	是	

表5－8　　筹资业务控制执行情况评价结果　　索引号：CZL－5

控制目标	被审计单位的控制活动	控制活动是否有效	是否得到执行	是否测试运行有效性
已记录的借款均为公司的负债	CZKZ－1	是	是	是
	CZKZ－2	是	是	是
	CZKZ－3	是	是	是
	CZKZ－4	是	是	是
借款均以准确记录	CZKZ－5	是	是	是
	CZKZ－6	是	是	是
借款均已记录	CZKZ－4、5、6	是	是	是
借款均已记录于适当期间	CZKZ－4、5、6	是	是	是
财务费用均已准确计算并记录于适当期间	CZKZ－7	是	是	是
	CZKZ－8	是	是	是
已记录的偿还借款均为真实发生	CZKZ－8、5	是	是	是
偿还借款均已准确记录	CZKZ－8、5	是	是	是
偿还借款均已记录	CZKZ－8、5	是	是	是

（二）控制测试

在了解被审计单位筹资业务内部控制程序有效的基础上，制定相应的控制测试程序（如表5－9所示），并根据被审计单位执行控制的频率，决定控制测试项目的数量。通过抽查借款业务的会计记录，核对有关数据，核实借款取得和偿付的有关控制措施是否得到执行（如表5－10所示），并对控制测试结果是否支持风险评估结论做出评价（如表5－11所示）。

如果控制测试的结果表明内部控制在拟依赖期间运行是无效的，注册会计师需要修正重大错报风险水平。如果控制测试的结果表明控制是有效运行的，则不需要修正初始重大错报风险的结论。例如，在进行风险评估时，如果认为被审计单位短期借款存在性认定错报风险较高，经测试后认为该认定相关的内部控制得到执行，并且预期运行是有效的，则该认定的重大错报风险可评估为“中”或“低”。如果实施控制测试的结果表明内部控制的运行确实有效，则不需要修正初始的重大错报风险结论，反之，则需要将重大错报风险的评估结论修正为“高”。

审计实务中，某项认定评估的重大错报风险水平与需要从实质性程序中获取的保证程度之间是正相关的。例如，长期借款完整性认定评估的重大错报风险为高，则需要从实质性程序获取的保证程度高，反之亦然。

表5－9　　**筹资与投资循环控制测试程序**　　索引号：CZC－1

1. 控制测试——筹资

（1）询问程序。通过实施询问程序，可确定下列事项：①本年度未发现任何特殊情况、错报和异常项目；②财务人员在未得到授权的情况下，无法访问或修改系统数据；③本年度未发现下列控制活动未得到执行；④本年度未发现下列控制活动发生变化。

（2）其他测试程序。

控制目标	被审计单位的控制活动	控制测试程序	执行控制频率	测试数量	索引号
已记录的借款均为公司的负债	CZKZ－1	抽取预算表，检查是否得到适当审批	每年一次	1	略
	CZKZ－2	检查借款申请表是否得到适当审批	不定期	1	略
	CZKZ－3	检查借款合同是否得到适当审批	不定期	1	略
	CZKZ－4	检查入账凭证附件是否齐全，是否得到适当审批	不定期	1	略
借款均以准确记录	CZKZ－5	检查借款备查账编制是否恰当，是否经适当审批，是否与明细账核对一致	不定期	1	略
	CZKZ－6	同上	不定期	1	略
借款均已记录	CZKZ－4、5、6	同上	不定期	1	略
借款均已记录于适当期间	CZKZ－4、5、6	同上	不定期	1	略
财务费用均已准确计算并记录于适当期间	CZKZ－7	检查付款申请表、还款凭证编制是否恰当，是否经适当审批	不定期	1	略

续表

控制目标	被审计单位的控制活动	控制测试程序	执行控制频率	测试数量	索引号
已记录的偿还借款均为真实发生	CZKZ－8	同上	不定期	1	略
偿还借款均已准确记录	CZKZ－8、5	同上	不定期	1	略
偿还借款均已记录	CZKZ－8、5	同上	不定期	1	略
偿还借款均已记录于适当期间	CZKZ－8、5	同上	不定期	1	略

2. 控制测试——投资

……

表5－10 筹资业务的控制测试过程

索引号：CZC－2

主要业务活动	测试内容	工行1 100万元借款	……
借款	预算是否经恰当审批（是/否）	是	……
	借款申请表编号#（日期）		……
	借款申请表是否经恰当审批（是/否）	是	……
	借款合同编号#（如适用）（日期）		……
记录借款	收款凭证编号#（日期）		……
	借款合同金额、期限等是否与借款申请表一致（是/否）	是	……
	是否记入短期借款明细账的贷方（是/否）	是	……
	是否登记借款备查账（是/否）	是	……
	明细账记录内容是否与借款备查账内容一致（是/否）	是	……
	借款备查账纪录内容是否与借款合同一致（是/否）	是	……
偿还借款	借款合同编号#（日期）		……
	付款申请表编号#（日期）		……
	付款申请表是否经恰当批准（是/否）	是	……
	是否与借款合同规定还款日一致（是/否）	是	……
记录还款	付款凭证编号#（日期）		……
	还款金额、期限等是否与付款申请表一致（是/否）	是	……
	是否记入短期借款明细账的借方（是/否）	是	……
	是否登记借款备查账（是/否）	是	……
	明细账记录内容是否与借款备查账内容一致（是/否）	是	……
	利息付款凭证编号#（日期）		……
	利息支付金额是否与付款申请表内容一致（是/否）	是	……
	利息支付金额是否经过恰当复核计算（是/否）	是	……

表 5-11 筹资业务控制测试结果 索引号：CZC-3

1. 了解内部控制的初步结论

内部控制的初步结论为控制设计合理，并得到执行。

2. 控制测试结论

控制目标	被审计单位控制活动	控制设计是否有效	是否得到执行	运行是否有效	是否支持风险评估获取的证据
记录的借款均为公司的负债	CZKZ-1	是	是	是	支持
	CZKZ-2	是	是	是	支持
	CZKZ-3	是	是	是	支持
	CZKZ-4	是	是	是	支持
……	……	……	……	……	……

3. 相关交易和账户余额的审计方案

（1）短期借款。

完整性		存在		计价和分摊		……	
测试结果	需从实质性程序中获取的保证程度	测试结果	保证程度	测试结果	保证程度	……	……
支持	低	支持	低	支持	低		
……							

三、借款的实质性程序

（一）获取或编制借款明细表

审计目标：存在、完整性、计价和分摊。

工作底稿：借款明细表。

审计步骤如下：

（1）向被审计单位获取借款明细表，如未提供，也可由审计人员自行编制。

（2）复核加计正确，并与报表数、总账数和明细账合计数核对是否相符；长期借款减去将于一年内偿还的长期借款后与报表数核对是否相符。

（3）检查非记账本位币短期借款折算汇率及折算额是否正确，折算方法是否前后期一致。

（二）检查被审计单位企业信用报告

审计目标：存在、完整性。

工作底稿：借款明细表、借款披露表。

审计步骤如下：

（1）获取在中国人民银行征信中心打印的《企业信用报告》，审计人员应当参与在中国人民银行查询及打印信息的过程，确保《企业信用报告》不会被篡改或伪造。

（2）检查被审计单位《企业信用报告》，根据“未结清信贷信息概要”、“已结清信贷信息概要”核实账面记录是否准确、完整。对被审计单位《企业信用报告》上列示的信息与账面记录核对的差异进行分析，并关注《企业信用报告》中列示的被审计单位对外担保的信息。

（三）执行分析程序测算借款利息

审计目标：计价和分摊。

工作底稿：利息计算检查表（如表5－12所示）。

审计步骤如下：

（1）根据借款的利率和期限，采用最快速的方法测算利息，检查被审计单位借款的利息计算是否正确，以便发现异常，进行进一步细节测试。

（2）测算结果差异很大，可能存在关联方之间或与其他企业之间拆借资金结算的利息费用，应当核实差异原因，进行恰当处理。境外借款汇率变动会对利息测算产生影响，因此应当关注可能存在测算差异。

相关知识

利息的测算

在审计实务中，审计人员根据借款的实际情况，采用最快速的方法测算利息，而不是精确计算利息的金额。利息的测算有整体测试法和分项测试法两种方法。

（1）整体测试法。根据借款月度平均余额，借款平均利率进行总体性分析测算。适用于年内借款余额相对均匀，波动不大的情况。整体测算法可以简化测算的数据，避免逐项借款的利息计算。但是由于每笔借款金额及期限不同，无法计算平均剩余期限，因此相对来说存在一定的局限性。

（2）分项测试法。根据长短期借款逐项进行持有期间的统计和计算，原理与整体测试法一致，但分项测试法更精准。

（四）对借款执行函证程序

审计目标：存在、完整性、权利和义务。

工作底稿：借款函证结果汇总表（如表5－13所示）。

审计步骤如下：

（1）审计人员在银行存款函证中同时对企业向该银行的借款进行函证，并确保对企业所有的借款都执行了函证程序。

一般借款函证与银行存款的函证一并进行，但如果企业借款对应银行没有银行存款，则需要单独对借款进行函证，以证实借款的存在性和条件，有无抵押等情况。借款函证与银行函证步骤及要求一致，具体内容可详见银行存款的函证部分。如果被审计单位借款余额对财务报表不重要且与之相关的重大错报风险很低，可不执行函证程序。

（2）根据回函情况编制借款函证结果汇总表，并评价函证结果。函证的结果应与账面记录相一致。如有差异，需执行进一步程序，核查函证不相符金额形成的原因，并编制函证结果调节表，确定可以确认的借款金额。

表 5－12

短期借款利息计算检查表

单位：元　　索引号：FA09

贷款银行	起止日期		年利率	年初本金	本年增加		本年减少		年末金额	平均余额	测算利息	已提利息	利息差异
	起	止			日期	金额	日期	金额					
工行番禺支行	2018－9－12	2019－9－11	6.12%	15 000 000.00			2019－9－11	15 000 000.00	0		647 700.00		
工行番禺支行	2018－11－16	2019－11－15	6.12%	11 000 000.00			2019－11－15	11 000 000.00	0		596 530.00		
工行番禺支行	2019－11－30	2020－11－29	6.12%		2019－11－30	35 000 000.00			35 000 000.00		190 400.00		
短期借款合计				26 000 000.00		35 000 000		26 000 000.00	35 000 000.00		1 434 630.00	1 510 580.00	75 950.00

审计说明：经测算短期借款利息差异 75 950 元，扣除天元公司供应商借款利息 91 250 元（180 万 ×5% ×365/360）后，实际少提利息 15 300 元。应作审计调整如下：

借：财务费用　　15 300

　贷：应付利息　　15 300

审计结论：经审计，除上述调整事项外，未发现其他重大异常。

表 5－13

短期借款函证结果统计表

单位：元　　索引号：FA05

发函询证纪要				是否收到回函	收到回函		未收到回函		索引号	审计意见	备注
贷款银行	借款日	到期日	年末余额		回函直接确认金额	争议未决金额	替代程序确认金额	未确认金额			
工行番禺支行	2019－11－30	2020－11－29	35 000 000.00	是	35 000 000.00					可以确认	
合计											

审计结论：经审计，未发现重大异常。

（3）对于未回函的，执行核实企业信用报告或核查借款合同及相关回款单据等替代程序。

（五）检查本年度借款增减业务

审计目标：存在、完整性、权利和义务、计价和分摊。

工作底稿：借款检查表（如表5－14所示）。

表5－14 短期借款检查表

单位：元　　索引号：FA06

记账日期	凭证编号	业务内容	对应科目	金额	核对内容（用√或×表示）					备注
					1	2	3	4	5	
2019－9－11	62	归还借款1 500万元	银行存款	15 000 000	√	√	√	√		
2019－11－15	43	归还借款1 100万元	银行存款	11 000 000	√	√	√	√		
2019－11－30	178	借款3 500万元	银行存款	35 000 000	√	√	√	√		
核对内容说明：	①原始凭证是否齐全；②记账凭证与原始凭证是否相符；③账务处理是否正确；④是否记录于恰当的会计期间。									
审计说明：经检查未发现异常。										

审计步骤如下：

（1）检查本年度借款的增加。对年度内增加的借款，检查借款合同、借款借据、授信合同、提款通知书、收款入账通知书等，检查原始凭证是否齐全、原始凭证与记账凭证是否相符、账务处理是否正确、是否记录于恰当的会计期间。

（2）检查本年度借款的减少。对本期减少的短期借款，检查借款还款划账通知书、借款合同，核实还款数额，并与相关会计记录相核对。

一般情况下，对于借款增减经济业务采用100%检查。审计实务中，如果短期借款增减经济业务频繁，笔数较多，则应考虑抽样检查。抽样检查时，样本量选择原则为：①金额较大；②金额较为零星但频繁增减变动；③其他认为异常情况。

借款增减经济业务的检查，除了对借款的存在、计价和分摊检查以外，需要对借款应该履行的义务以及借款性质（如质押借款、抵押借款、保证借款、信用借款）给予关注。在核实借款合同及借款性质后给予正确划分和披露。

（六）检查期末逾期借款

审计目标：存在、完整性、计价和分摊。

工作底稿：借款明细表、逾期借款查验记录。

审计步骤如下：

检查借款是否存在逾期或延期，若存在，应当在明细表的备注中注释，并根据借款期限正确划分和列报。同时关注至审计日是否办理了展期手续、逾期借款对被审计单位财务状况的影响（如罚息、诉讼事项、查封资产等）。

查验逾期借款，应向相关贷款银行了解与沟通，必要时应结合被审计单位诉讼事项的披露做出判断，如果逾期借款的金额较大，应评价企业的持续经营能力，充分考虑对审计意见的影响。

（七）检查质押/抵押资产

审计目标：权利和义务、列报和披露。

工作底稿：借款明细表、借款披露表。

审计步骤如下：

审计人员应当根据短期借款和长期借款的合同信息，核查其抵押及质押资产情况，编制资产清单，核查抵押或质押资产的所有权情况及资产状况，核实其价值和实际状况与契约中的规定是否一致。

（1）抵押资产为设备时，应取得抵押清单，与固定资产明细表核对；

（2）抵押资产若为房产、地产、车辆时应记录资产权证号码，并与固定资产明细表进行核对；

（3）质押资产为定额存单，应与银行存款核对，若为其他权利与相关资产核对。

（八）检查借款利息支出

审计目标：计价和分摊。

工作底稿：借款利息检查表。

审计步骤如下：

（1）审计人员根据短期借款/长期借款的利率和期限，检查被审计单位短期借款的利息计算是否正确，并分清利息的费用性支出与资本性支出。

（2）检查利息支出相应的会计处理是否正确。

①利息支出费用化金额与“财务费用——利息支出”进行核对，确定是否相符，检查相关经济业务的会计处理是否正确。

②利息支出资本化金额是否计入工程项目、存货或研发支出等资产账户，检查相关经济业务的会计处理是否正确。

相关知识

借款费用

借款费用是指企业因借款而发生的利息及其他相关成本，包括借款利息、折价或者溢价的摊销、辅助费用以及因外币借款而发生的汇兑差额等。

企业发生的借款费用可直接归属于符合资本化条件的资产的购建或者生产的，应当予以资本化，计入相关资产成本；其他借款费用应当在发生时根据其发生额确认为费用，计入当期损益。符合资本化条件的资产是指需要经过相当长时间的购建或者生产活动才能达到预定可使用或者可销售状态的固定资产、投资性房地产和存货等资产。

借款费用同时满足下列条件的，才能开始资本化：①资产支出已经发生，资产支出包括为购建或者生产符合资本化条件的资产而以支付现金、转移非现金资产或者承担带息债务形式发生的支出；②借款费用已经发生；③为使资产达到预定可使用或者可销售状态所必要的购建或者生产活动已经开始。

在资本化期间内，每一会计期间的利息（包括折价或溢价的摊销）资本化金额，应当按照下列规定确定：①为购建或者生产符合资本化条件的资产而借入专门借款的，应当以专门借款当期实际发生的利息费用，减去将尚未动用的借款资金存入银行取得的利息收入或进行暂时性投资取得的投资收益后的金额确定；②为购建或者生产符合资本化条件的资产而占用了一般借款的，企业应当根据累计资产支出超过专门借款部分的资产支出加权平均数乘以所占用一般借款的资本化率，计算确定一般借款应予资本化的利息金额。资本化率应当根据一般借款加权平均利率计算确定。

（九）检查借款是否已按照企业会计准则的相关规定在财务报表中做出恰当的列报和披露

审计目标：列报和披露。

工作底稿：借款审定表（如表5－15所示）、借款披露表、逾期借款查验记录。

表5－15 短期借款审定表

单位：元　　索引号：FA01

项目名称	期末未审数	账项调整		重分类调整		期末审定数	上期末审定数	索引号
		借方	贷方	借方	贷方			
信用借款	35 000 000.00	—	—	—	—	35 000 000.00	26 000 000.00	
抵押借款	—	—	—	—	—	—	—	
质押借款	—	—	—	—	—	—	—	
保证借款	—	—	—	—	—	—	—	
合计	35 000 000.00	—	—	—	—	35 000 000.00	26 000 000.00	
审计结论：短期借款余额可以确认。								

审计步骤如下：

（1）检查借款是否已恰当列报。企业的短期借款、长期借款通常在资产负债中的“短期借款”、“长期借款”项目中单独列示。对于一年内到期的长期借款应单独反映。

（2）检查借款是否已在财务报表附注中恰当披露。

①检查被审计单位是否按信用借款、抵押借款、质押借款、保证借款分别披露借款相关信息；

②检查逾期借款是否进行充分披露。若逾期借款已引起诉讼，则需披露诉讼的相关信息。

任务2
应付账款审计

任务描述

注册会计师张超按照审计计划开始应付账款的审计，组长涂国庆要求其完成如下工作：①应付账款内部控制测试，重点检查是否与供应商定期对账及款项支付的审批手续是否健全；②对应付账款实施实质性程序，重点做好查找未入账应付账款，防止低估债务。

审计准备

（1）需要收集的证据清单：①请购单、订购单；②货物验收单；③卖方开具的发票；④付款凭证、转账凭证；⑤供应商对账单、询证函。

（2）涉及的凭证和会计记录包括：有关会计账簿（包括应付账款总账、应付账款明细账、现金日记账、银行存款日记账等）、有关科目的记账凭证及其附件资料。天元公司2019年应付账款明细账相关数据如表5－16所示。

表5－16　　天元公司2019年应付账款明细账　　单位：元

明细科目	期初余额	本期发生额		期末余额	备　注
		借方	贷方		
广州永晟有限公司	1 165 106.33			1 165 106.33	账龄3年
广州天成有限公司	7 502 506.74	7 420 000.00		82 506.74	
广州华翔有限公司	－265 228.02		163 000.00	－102 228.02	
广州宏发有限公司	10 740 327.81	51 080 524.67	50 079 287.91	9 739 091.05	
广州志铭有限公司	2 280 505.96	8 320 820.13	8 132 219.44	2 091 905.27	
广州浩阳有限公司			7 600 000.00	7 600 000.00	多头挂账
合计	21 423 218.82	66 821 344.80	65 974 507.35	20 576 381.37	

相关知识

应付账款的核算

应付账款通常是指企业在正常经营过程中，因购买材料、商品或接受劳务供应等而应付给供应单位的款项，这是买卖双方在购销活动中由于取得物资与支付贷款在时间上不一致而产生的负债。

1. 应付账款的确认条件和时点

(1) 确认条件。一般应在与所购买物资所有权相关的主要风险和报酬已经转移，或者所购买的劳务已经接受时确认。

(2) 确认时点。在物资和发票账单同时到达的情况下，应付账款一般待物资验收入库后，才按发票账单登记入账；在物资和发票账单未同时到达的情况下，假如货物已到，发票账单要间隔较长时间才能到达，由于这笔负债已经成立，应作为一项负债反映。为在资产负债表上客观反映企业所拥有的资产和承担的债务，在实际工作中采用在月份终了将所购物资和应付债务暂估入账，待下月初再用红字予以冲回的办法。

2. 应付账款的初始计量

应付账款一般按应付金额入账，而不按到期应付金额的现值入账。如果购入的资产在形成一笔应付账款时是带有现金折扣的，应付账款入账金额的确定按发票上记载的应付金额的总值（即不扣除折扣）记账。在这种方法下，应按发票上记载的全部应付金额，借记有关科目，贷记“应付账款”科目，获得的现金折扣冲减财务费用。

审计过程

一、确定应付账款的审计目标

对于以盈利为导向的企业而言，常常通过低估费用和应付账款来达到粉饰财务状况的目的。而对于某些经营情况和预算指标完成较好的企业，往往通过高估费用和应付账款来达到平滑利润的目的。应付账款具体审计目标如表5－17所示。

表5－17　应付账款审计目标与财务报表认定的对应关系

审计目标	财务报表认定				
	存在	完整性	权利和义务	计价和分摊	列报和披露
A. 资产负债表中记录的应付账款是存在的	√				
B. 应当记录的应付账款均已记录		√			
C. 记录的应付账款是被审计单位应当履行的现时义务			√		

续表

审计目标	财务报表认定				
	存在	完整性	权利和义务	计价和分摊	列报和披露
D. 应付账款以恰当的金额包括在财务报表中，与之相关的计价调整已恰当记录				√	
E. 应付账款已按照企业会计准则的规定在财务报表中做出恰当列报和披露					√

二、应付账款的控制测试

应付账款主要是企业赊购货物所形成的，其控制测试可考虑与存货购进的控制测试一并进行，支付的控制测试需单独实施。对应付账款的余额，审计人员关注企业是否定期与客户对账；对应付账款的借方发生额，审计人员应关注货款的支付是否有批准手续或是否符合企业的实际情况。

三、应付账款的实质性程序

（一）获取或编制应付账款明细表

审计目标：计价和分摊。

工作底稿：应付账款明细表。

审计步骤如下：

（1）复核加计正确，并与报表数、总账数和明细账合计数核对是否相符；

（2）检查非记账本位币应付账款的折算汇率及折算是否正确；

（3）分析出现借方余额的项目，查明原因，必要时做重分类调整；

（4）结合预付账款等往来项目的明细余额，检查有无针对同一交易在应付账款和预付账款同时记账的情况、异常余额或与购货无关的其他款项（如关联方账户或雇员账户）。结合其他应付款的明细余额，查明有无不属于应付账款的其他应付款。如有，应做出记录，必要时做出调整。

（二）实施应付账款实质性分析程序

审计目标：存在、完整性、计价和分摊。

工作底稿：应付账款分析表（表5－18所示）。

表5－18 应付账款分析表 单位：元 索引号：FD03

序号	债权人	期初余额	期末余额	增幅%	备注
1	广州永晟有限公司	1 165 106.33	1 165 106.33	0%	账龄长，重点审查
2	广州天成有限公司	7 502 506.74	82 506.74	－99%	降幅大，重点审查
3	广州华翔有限公司	－265 228.02	－102 228.02	－61%	降幅大，总额小，一般审查

续表

序号	债权人	期初余额	期末余额	增幅%	备注
4	广州宏发有限公司	10 740 327.81	9 739 091.05	-9%	降幅小，主要供应商，重点审查
5	广州志铭有限公司	2 280 505.96	2 091 905.27	-8%	降幅小，一般审查
6	广州浩阳有限公司		7 600 000.00		增幅大，重点审查
合计		21 423 218.82	20 576 381.37		

审计步骤如下：

常见的分析程序方法及其可能发现的潜在错报如表5-19所示。

表5-19 常见分析程序方法及其可能发现的潜在错报

分析程序方法	可能发现的潜在错报
比较本期与以前各期应付账款明细余额	未记录或不存在的账户；错报
计算应付账款对存货的比率、应付账款对流动负债的比率，并与以前期间对比分析	应付账款总体合理性；未记录或不存在的账户；错报
计算存货、主营业务收入和主营业务成本的增减变动幅度	应付账款增减变动的合理性；未记录或不存在的账户；错报
比较跨期应付账款的期末数与相应的前期数	错报

根据被审计单位实际情况，选择以下实质性分析程序：

(1) 比较期初期末余额变动以及应付账款余额较大的前几大供应商的变动情况，分析其变动情况是否合理。

(2) 对账龄在1年以上长期挂账的应付账款进行分析检查，判断被审计单位是否缺乏偿债能力或利用应付账款隐瞒利润。

①询问被审计单位长期挂账未处理的原因。应付账款长期挂账的原因一般有：货物存在质量问题，与供应商发生经济纠纷而挂账；虚假业务形成的负债、虚设账户隐匿的利润；债权人破产清算、债务重组、债权人豁免债务未及时进行账户处理等原因造成无需支付的应付账款。

②针对挂账金额达到重要标准的供应商，需核查工商登记状态是否正常。

③取得相应单位的采购合同，审核合同约定的交付条款、付款条款是否满足，并注意其是否可能无须支付，对确实无须支付的应付账款的会计处理是否正确，依据是否充分。

(3) 计算应付账款与存货的比率，应付账款与流动负债的比率，并与以前年度相关比率对比分析，评价应付账款整体的合理性。

(4) 分析存货和营业成本等项目的增减变动，判断应付账款增减变动的合理性。

(三) 抽查大额异常应付账款

审计目标：存在、计价和分摊。

工作底稿：应付账款凭证测试表。

审计步骤如下：

（1）从应付账款明细账的借方、贷方发生额中抽取金额较大的凭证作为测试样本。

（2）针对本期新增的应付账款，追查该分录的支持性文件（如采购合同，核查合同、入库单、发票记录），核对品名、数量、金额是否一致，分析交易的真实性、合理性。针对已偿付应付账款，追查至银行对账单、银行付款单据和其他原始凭证，检查其是否在资产负债表日前真实偿付。

（四）检查应付账款是否计入正确会计期间，是否存在未入账应付账款

审计目标：完整性、计价和分摊。

工作底稿：未入账应付账款汇总表、期后付款测试表。

审计步骤如下：

低估负债是常见的舞弊方式，因此查找未入账应付账款是审计的重点，其主要方法是：

（1）检查债务形成的相关原始凭证（如供应商发票、验收报告或入库单等），查找有无未及时入账的应付账款，确定应付账款期末余额的完整性。

重点检查被审计单位在报告日尚未处理的、不符合要求的购货发票；有货物验收单、入库单但未收到购货发票的经济业务；购货发票与验收单不符或未列明金额的发票单据；报告日的全部待处理凭单，确定是否有漏记的应付账款。

（2）检查资产负债表日后应付账款明细账贷方发生额的相应凭证，关注其购货发票的日期，确认其入账时间是否合理。

（3）获取被审计单位与供应商之间的对账单，调节对账单和被审计单位财务记录之间的差异（如在途款项、在途货物、付款折扣、未记录的负债等），查找有无未入账的应付账款，确定应付账款金额的准确性。

（4）针对资产负债表日后付款项目，检查银行对账单及有关付款凭证（如银行划款通知、供应商收据等），询问被审计单位内外部知情人员，查找有无未及时入账应付账款。

（5）结合存货监盘程序，检查被审计单位在资产负债日前后的存货入库资料（验收报告或入库单），检查是否有大额料到单未到情况，确认相关负债是否计入正确会计期间。

检查应付账款账面明细余额，确认是否存在暂估余额，分析评价暂估入账金额是否合理，账户处理是否正确；如暂估入账时间较长还未收到发票等有关单证，应关注该业务的真实性。

（6）检查被审计单位报告日后收到的购货发票，确定相应负债的记录时间是否正确。

（五）对应付账款实施函证程序

审计目标：存在、计价和分摊、权利和义务。

工作底稿：函证结果汇总表。

审计步骤如下：

一般情况下，不必函证应付账款，因为函证不能保证查出未记录的应付账款，而且审计人员能取得采购发票等外部凭证来证实应付账款的余额。但如果应付账款的控制风险较高、金额较大或被审计单位处于财务困难阶段，则应进行应付账款的函证。

（1）从应付账款明细表中抽取函证样本。

函证的对象应从经过重分类调整后的应付账款明细中选择，选择的标准是：①大额或账龄较长的账户；②与债务人、债权人发生纠纷的项目；③重大关联方项目；④主要客户（包括关系密切的客户）和供应商；⑤交易频繁但余额较小甚至为零的项目；⑥在被审计期间内客户注销的重大账户或期中交易频繁的账户；⑦预期不会成为该公司供应商的企业的往来账户（交易不具备商业实质）。

（2）获取供应商联系方式，并与其沟通函证事宜，提高回函率。

（3）审计人员应亲自发送询证函，并要求供应商向审计师直接回函，避免被审计单位接触询证函。函证最好采用积极函证方式，并具体说明应付金额。

（4）根据回函情况编制应付账款函证结果汇总表。

回函结果与账载金额不符，应查明原因，并编制回函差异调整表。必要时，按实际情况做出会计调整。对未回函的，考虑是否再次函证。如果存在未回函的重大项目，注册会计师应采用替代审计程序：①抽查应付账款余额形成的相关凭证，核对购货合同、购货发票、入库凭证、付款记录等原始资料，核实交易事项的真实性；②查阅应付账款余额期后的变动情况，结合库存现金和银行存款日记账，核实其是否已支付。

（六）检查应付账款是否已按照企业会计准则相关规定在财务报表中做出恰当列报和披露

审计目标：列报和披露。

工作底稿：应付账款披露表、应付账款审定表（如表5-20所示）。

审计步骤如下：

（1）检查应付账款列报是否正确。财务报表中“应付账款”项目是根据“应付账款”和“预付账款”科目所属明细科目的期末贷方余额的合计数填列的；应付账款出现借方余额（因重复付款、付款后退货、预付货款等）性质为债权，应在工作底稿中编制重分类等分录，列为资产。

（2）检查应付账款附注信息披露是否恰当。上市公司财务报表附注中应说明有无欠持有5%以上（含5%）表决权股份的股东账款；说明账龄超过3年的大额应付账款未偿还的原因，并在期后事项中反映资产负债表日后是否偿还。

表 5－20

应付账款审定表

单位：元　　索引号：FD01

项目名称	期末未审数	账项调整		重分类调整		期末审定数	上期末审定数	索引号
		借方	贷方	借方	贷方			
广州永晟有限公司	1 165 106.33	1 165 106.33				—	1 165 106.33	FD05
广州天成有限公司	82 506.74					82 506.74	7 502 506.74	
广州华翔有限公司	－102 228.02				102 228.02	—	—	FD05
广州宏发有限公司	9 739 091.05					9 739 091.05	10 740 327.81	
广州志铭有限公司	2 091 905.27					2 091 905.27	2 280 505.96	
广州浩阳有限公司	7 600 000.00			7 600 000.00		—	—	FD05
合计	20 576 381.37	1 165 106.33	—	7 600 000.00	102 228.02	11 913 503.06	21 688 446.84	

审计说明：①应付永晟公司 116.5 万元长期挂账，对方单位已注销，应予以审计调整，调整分录详见 FD05。

②应付华翔公司－102 228.02 万元属于预付账款，应予以重分类调整，调整分录详见 FD05。

③应付浩阳公司 760 万元属多头挂账应予以重分类，调整分录详见 FD05。

审计结论：经审计调整后，应付账款余额可以确认。

任务3 应付职工薪酬审计

任务描述

注册会计师张超按照审计计划开始应付职工薪酬的审计，组长涂国庆要求其完成如下工作：①应付职工薪酬的内部控制测试，重点关注职责分离和适当授权执行的有效性；②对应付职工薪酬实施实质性程序，重点检查应付职工薪酬本期计提是否正确、依据是否充分。

审计准备

(1) 审计人员应当了解被审计单位职工薪酬核算的相关制度及核算流程，询问了解企业人员构成及基本情况等。

(2) 需要收集的证据清单：①全体职员花名册及基本人员构成情况；②工资薪酬发放政策和标准；③职工劳动合同抽样样本；④取得社保局发放的“社会保障登记编码”及登录密码，以便网上查询所有职工缴纳“五险一金”的情况；⑤随机选择月份抽样单位的考勤记录；⑥工资计算表及支付工资的银行对账单和付款凭证。

(3) 涉及的凭证和会计记录包括：有关会计账簿（如应付职工薪酬、生产成本、银行存款等）总账和明细账、有关科目的记账凭证。天元公司2019年应付职工薪酬明细如表5－21所示。

表5－21　天元公司2019年应付职工薪酬明细表

单位：元

项目名称	期初余额	本期增加	本期减少	期末余额
工资、奖金、津贴和补贴	9 617 716.14	68 550 904.48	68 241 009.33	9 927 620.62
职工福利费	326 542.77	4 081 525.46	3 998 659.62	409 408.61
社会保险费	7 268 562.39	21 512 488.39	21 383 840.12	7 397 210.66
其中：医疗保险费	747 209.78	5 134 868.95	5 116 184.82	765 893.91
基本养老保险费	5 550 087.33	13 709 272.70	13 613 970.84	5 645 389.19
失业保险费	594 652.22	1 366 397.32	1 358 608.21	602 441.33
工伤保险费	376 613.06	1 301 949.42	1 295 076.26	383 486.23
生育保险费	0.00	0.00	0.00	0.00

续表

项目名称	期初余额	本期增加	本期减少	期末余额
住房公积金	807 801.68	5 479 456.34	5 453 018.40	834 239.63
工会经费	790 224.14	1 366 967.12	1 359 604.54	797 586.72
职工教育经费	592 668.11	1 027 967.37	1 018 269.79	602 365.69
合计	19 403 515.23	102 019 309.16	101 454 401.79	19 968 431.93

审计过程

一、确定应付职工薪酬的审计目标

职工薪酬是指企业为获得职工提供服务或解除劳动关系而给予的各种形式的报酬或补偿。职工薪酬可能采用现金的形式支付，因而相对于其他业务更容易发生错误或舞弊行为，如虚报冒领、重复支付和贪污等。随着经营管理水平的提高和技术手段的发展，职工薪酬业务存在舞弊及掩饰的可能性已有减少，因为有效的职工薪酬内部控制可以及时揭露错误和舞弊；使用计算机编制职工薪酬表和使用工薪卡，提高了职工薪酬计算的准确性；通过有关机构，如税务部门、社会保障机构的复核，可相应防止职工薪酬计算的错误。

然而，在一般企业中，职工薪酬费用在成本费用中所占比重较大。如果职工薪酬的计算错误，就会影响到成本费用和利润的正确性。所以，注册会计师仍应重视对职工薪酬业务的审计。应付职工薪酬的具体审计目标如表 5－22 所示。

表 5－22　　应付职工薪酬审计目标与财务报表认定的对应关系

审计目标	财务报表认定				
	存在	完整性	权利和义务	计价和分摊	列报和披露
A. 资产负债表中记录的应付职工薪酬是存在的	√				
B. 应当记录的应付职工薪酬均已记录		√			
C. 记录的应付职工薪酬是被审计单位应当履行的现时义务			√		
D. 应付职工薪酬以恰当的金额包括在财务报表中，与之相关的计价调整已恰当记录				√	
E. 应付职工薪酬已按照企业会计准则的规定在财务报表中做出恰当列报和披露					√

相关知识

应付职工薪酬的核算

职工薪酬是指企业为获得职工提供的服务而给予各种形式的报酬以及其他相关支出，薪酬成本是构成企业成本费用的重要项目之一，也是财务信息披露的重要内容。

职工薪酬包括：职工工资、奖金、津贴和补贴；职工福利费；医疗保险费、养老保险费、失业保险费、工伤保险费和生育保险费等社会保险费；住房公积金；工会经费和职工教育经费；非货币性福利；因解除与职工劳动关系给予的补偿；其他与获得职工提供的服务相关的支出。

企业应当在职工为其提供服务的会计期间，将应付的职工薪酬确认为负债，应根据职工提供服务的受益对象，分别处理：由生产产品、提供劳务负担的职工薪酬，计入存货成本或劳务成本；由在建工程、无形资产负担的职工薪酬，计入建造固定资产或无形资产成本；其他职工薪酬，确认为当期费用。

1. 确认应付职工薪酬的会计处理

企业应当在职工为其提供服务的会计期间，根据职工提供服务的受益对象（除因解除与职工的劳动关系给予的补偿外），计提应付职工薪酬（包括货币性薪酬和非货币性福利）并相应计入相关资产成本或当期损益。生产部门人员的职工薪酬，记入“生产成本”、“制造费用”、“劳务成本”等科目；管理部门人员的职工薪酬，记入“管理费用”科目；销售人员的职工薪酬，记入“销售费用”科目；应由在建工程、研发支出负担的职工薪酬，记入“在建工程”、“研发支出”等科目。

计量应付职工薪酬时，国家规定了计提基础和计提比例的，应按照规定的标准计提；没有规定计提基础和计提比例的，企业应当根据历史经验和实际情况，合理预计当期应付职工薪酬。当期实际发生金额大于预计金额的，应当补提，当期实际发生金额小于预计金额的，应当冲回多提的应付职工薪酬。

2. 发放货币性职工薪酬的处理

企业按照有关规定向职工支付工资、奖金、津贴等，借记“应付职工薪酬——工资”科目，贷记“银行存款”、“库存现金”等科目，企业从应付职工薪酬中扣还的各种款项（代垫的家属药费、个人所得税等），借记“应付职工薪酬”科目，贷记“银行存款”、“库存现金”、“其他应收款”、“应交税费——应交个人所得税”等科目。

企业支付职工福利费、支付工会经费和职工教育经费用于工会运作和职工培训或按照国家有关规定缴纳社会保险费或住房公积金时，借记“应付职工薪酬——职工福利（或工会经费、职工教育经费、社会保险费、住房公积金）”科目，贷记“银行存款”、“库存现金”等科目。

3. 非货币性福利职工薪酬的会计处理

企业以其自产产品作为非货币性福利发放给职工的，在计提应付职工薪酬时，应当根据受益对象，按照该产品的公允价值，计入相关资产成本或当期损益，同时确认应付职工薪酬，借记“管理费用”、“生产成本”、“制造费用”等科目，贷记“应付职工薪酬——非货币性福利”科目；发放其自产产品作为非货币性职工福利时，应视同销售，确认主营业务收入，借记“应付职工薪酬——非货币性福利”科目，贷记“主营业务收入”科目，同时结转相关成本，涉及增值税销项税额的，还应进行相应的处理。

企业以自有的房屋等无偿提供给职工使用的，应当根据受益对象，将该住房每期应计提的折旧计入相关资产成本或当期损益，并且同时借记“应付职工薪酬——非货币性福利”科目，贷记“累计折旧”科目。

企业租赁住房等资产供职工无偿使用的，应当根据受益对象，将每期应付的租金计入相关资产成本或当期损益，并确认应付职工薪酬，借记“管理费用”、“生产成本”、“制造费用”等科目，贷记“应付职工薪酬——非货币性福利”科目。支付租金时，借记“应付职工薪酬——非货币性福利”科目，贷记“银行存款”等科目。

二、应付职工薪酬的控制测试

在进行控制测试之前，审计人员应了解被审计单位薪酬战略、薪酬体系、薪酬结构等。具体了解是否有员工重大变动、薪酬体系构成等的重大变动情况。在了解被审计单位职工薪酬内部控制的基础上，进行穿行测试。一般是抽取一个月或两个月作为样本，了解被审计单位的工薪循环。例如，查看相应的审批程序、领款人签字等是否按照公司的控制制度执行。

根据了解和穿行测试的结果考虑是否进行控制测试。如果了解和穿行测试的结果认为职工薪酬内部控制不可依赖，那么就不需要执行控制测试；如果通过了解后拟信赖职工薪酬的内部控制，一般要执行控制测试，即抽取一定的样本对职工薪酬内部控制进行测试。

相关知识

职工薪酬的内部控制

由于职工薪酬具有较高的舞弊固有风险，企业往往广泛采取预防性的控制活动。相关的内部控制目标有：①工资薪金应当仅支付给当期为企业完成工作的人员，或当期根据国家法律法规或企业人事管理制度应支付工资的人员；②工资薪金应当按照公司制定的各项人事制度确定的工资薪金标准精确地计算；③与工资薪金相关的应代扣代缴的款项、特殊的福利或补偿均被准确计提和支付，并符合法律规定；④工资的变动具有充分的依据，并被准确计提和支付；⑤职工薪酬被准确分摊到各个成本费用项目；⑥职工薪酬均被正确地计提和支付，并以正确的会计分录、恰当的会计期间在财务账簿中反映。

1. 适当的职责分离

企业应当建立职工薪酬业务的岗位责任制，明确相关部门和岗位的职责、权限，确保办理职工薪酬业务的不相容岗位相互分离、制约和监督。人力资源部门应独立于工资薪金职能，负责确定员工的雇用、解雇以及支付率和扣减率的增减变化，防止企业向职工过量支付薪酬，或向不存在的职工虚假支付薪酬。

职工薪酬业务不相容职务分离：批准实际工时人员与编制工资单人员的职务分离；保管人事记录和工资文件人员与发放工资人员的职务分离；薪酬结算与发放岗位职务分离。

2. 授权审批制度

企业应建立薪资业务相关的授权审批制度。增员、减员、提薪、减薪应由专门规定的行政管理人员或人事部门批准的人员办理。薪资单应由人力资源部门编制，并呈报财务经理批准后，才能予以付款。加班工时和工时卡应由部门主管书面批准，才能作为计发薪酬的依据。薪资单中的扣款事项是否做到每笔扣除数都有书面授权，并符合政策和法律的要求等。

3. 适当的凭证和记录

企业应基于薪资业务的特点，针对薪资业务采用适当的凭证和记录。采用计时工资制的，应有工时卡或工时记录；采用计件工资制的，应有产量记录；以现金支付薪资时应得到必要的收据；以银行存款支付薪资时，应有必要的银行付款回单。

4. 独立检查

薪资的计算应当独立验证，公司管理层成员或其他负责人应当复核工资薪金的金额，避免明显的错报和异常的金额。工资银行账户每月由不参与工资单编制或分发工资的人员进行核对与调节。

职工薪酬控制测试的一般过程：

（1）根据被审计单位职工薪酬业务主要业务活动，结合被审计单位的控制活动及其控制目标，拟定所需的控制测试程序。如表5－23所示。

（2）选取适当的样本对被审计单位的控制活动进行测试。如表5－24所示。

（3）根据控制测试的结果评价内控设计是否合理，是否得到执行，并制定相关交易和账户余额的审计方案。如表5－25所示。

表 5-23 **工薪与人事循环控制测试程序** 索引号：GXC-1

1. 控制测试——员工聘用与离职

（1）询问程序。通过实施询问程序，广州市天元食品有限公司已确定下列事项：①本年度未发现任何特殊情况、错报和异常项目；②财务人员在未得到授权的情况下，无法访问或修改系统数据；③本年度未发现下列控制活动未得到执行；④本年度未发现下列控制活动发生变化。

控制目标	被审计单位的控制活动	控制测试程序	执行控制频率	测试数量	索引号
员工名册新增项目均为真实有效的	人事信息管理员将新员工的信息输入系统的员工档案，系统自动生成连续编号的新入职人员通知单，由用人部门复核后交财务部，作为发放工资的依据	抽取员工聘用资料检查员工信息变更是否真实	不定期		略
新增员工均已记入员工名册	人事信息管理员将新员工的信息输入系统的员工档案，系统自动生成连续编号的新入职人员通知单，由用人部门复核后交财务部，作为发放工资的依据	抽取员工聘用资料检查员工信息变更是否真实	不定期		略
离职员工均已从员工名册中删除	人事信息管理员根据经适当审批的解除、终止劳动合同审批表，将离职员工的信息输入系统，并生成连续编号的离职人员通知单，由用人部门复核后交财务部，作为停止发放工资的依据	抽取员工离职资料检查员工信息是否已删除	不定期		略
员工名册删除项目均为真实有效	人事信息管理员根据经适当审批的解除、终止劳动合同审批表，将离职员工的信息输入系统，并生成连续编号的离职人员通知单，由用人部门复核后交财务部，作为停止发放工资的依据	抽取员工离职资料检查员工信息是否已删除	不定期		略

（2）其他测试程序。

2. 控制测试——工作时间记录

（1）询问程序（略）。

（2）其他测试程序。

控制目标	被审计单位的控制活动	控制测试程序	执行控制频率	测试数量	索引号
用以计算生产人员工资的工作时间数据均为实际工时	职员每天进出厂区时必须刷脸以便记录工作时间。人事信息管理员将刷脸记录按照标准工时和加班工时记录在用工时单上，月末交生产经理复核批准后输入系统，系统生成“工时统计表”	抽取生产工人考勤机，记录检查其工时是否已计入工时统计表内	每日执行多次	25	略
用以计算管理人员工资的工作时间数据均为实际工时	职员每天进出厂区时必须刷脸以便记录工作时间。管理人员加班，须填写加班申请表并由部门经理审核批准。人事信息管理员负责将考勤记录输入系统，系统生成“出勤统计表”	抽取管理人员考勤，记录检查其工时是否已计入出勤统计表内	每月执行一次	2	略

续表

控制目标	被审计单位的控制活动	控制测试程序	执行控制频率	测试数量	索引号
员工工作时间均已完整记录和输入	系统自动将已录入当月工作时间的员工名单和系统内员工档案名册自动核对。如有遗漏或不符，系统将进行提示。人事信息管理员将解决该项问题	抽取生产工人和管理人员，检查是否在系统员工档案内	每月执行一次	2	略
输入系统的时间记录均为准确的	人事信息管理员将生产经理签字的工时记录单以及经所在部门主管/经理签字的管理人员工作时间表交给薪资主管，薪资主管检查“工时统计表”和“出勤统计表”是否分别与工时记录单和工作时间表记录一致	抽取工时记录与工时统计表，检查是否一致；抽取工作时间表与出勤统计表，检查是否一致	每月执行一次	2	略

3. 控制测试——工资的计算与记录

（1）询问程序（略）。

（2）其他测试程序。

控制目标	被审计单位的控制活动	控制测试程序	执行控制频率	测试数量	索引号
准确计算工资费用	系统根据已核对无误的工时和出勤记录，计算所有员工的当月工资金额并汇总各项工资费用总额，生成“员工工资明细表”和“员工工资汇总表”。经人事经理签字批准后，薪资主管填写“工资支付申请表”	利用计算机专家的工作	不适用	不适用	略
	系统自动计算当月应缴纳的各项社会保险费，人事经理审核签字后交财务经理，安排办理缴纳	利用计算机专家的工作	不适用	不适用	略
准确记录工资费用	会计根据“员工工资汇总表”编制工资费用分录，经会计主管复核后，将工资费用分别计入生产成本、制造费用、管理费用和销售费用等科目	选取工资汇总表和记账凭证，检查分录与相关明细账是否相符	每月执行一次	2	略
工资费用记录于恰当期间	每月末，薪资主管编写员工变动及工资费用分析报告，经人事经理、财务经理复核后，上报总经理和董事会审阅	选取工资汇总表和记账凭证，检查是否记录于恰当期间	每月执行一次	2	略

4. 控制测试——工资的支付

（1）询问程序（略）。

（2）其他测试程序。

续表

控制目标	被审计单位的控制活动	控制测试程序	执行控制频率	测试数量	索引号
支付的工资与实际工时记录相关	财务经理审核“员工工资明细表”、“员工工资汇总表”和“工资支付申请表”，将“工资支付申请表”交给总经理签字批准	选取员工变动及工资费用分析报告，检查是否编制并经适当层次复核	每月执行一次	2	略
	应付职工薪酬记账员根据经批准的工资支付申请表编制付款凭证，并附相关单证，提交会计主管审批	选取员工变动及工资费用分析报告，检查是否编制并经适当层次复核	每月执行一次	2	略
	在完成对付款凭证及相关单证的复核后，会计主管在付款凭证上签字，作为复核证据	选取员工变动及工资费用分析报告，检查是否编制并经适当层次复核	每月执行一次	2	略
	出纳员根据经复核无误的付款凭证办理付款，由银行转入员工个人账户，并及时登记银行存款日记账	选取员工变动及工资费用分析报告，检查是否编制并经适当层次复核	每月执行一次	2	略

表 5－24　　　工薪与人事循环控制测试过程　　　索引号：GXC－3

1. 员工聘用与离职有关业务活动的控制测试（略）
2. 与职员工作时间记录有关的业务活动的控制测试（略）
3. 工作时间记录核对有关的业务活动的控制测试（略）
4. 与工资计算有关的业务活动的控制测试（略）
5. 与工资记录有关的业务活动的控制测试

主要业务活动	测试内容	1月	……
工资记录	员工工资汇总表总额	5 223 008.95	……
	其中：生产成本人员工资	2 947 002.97	……
	辅助生产人员工资	426 736.37	……
	……	……	……
	记账凭证编号#	103	……
	其中：生产成本	2 947 002.97	……
	……	……	……
	记账凭证是否经适当审批（是/否）	是	……

6. 与编制员工变动有关的业务活动的控制测试

测试期间	是否编制员工变动及工资费用分析报告	人事经理是否复核该报告	财务经理是否复核该报告	是否提交更高管理层审阅
201904	是	是	是	是

7. 与工资支付有关的业务活动的控制测试

续表

主要业务活动	测试内容	1月薪酬	……
工资计算	财务经理是否复核工资明细表、汇总表以及支付申请	是	……
	总经理是否复核工资明细表、汇总表以及支付申请	是	……
	付款凭证编号#	72	
	付款凭证是否得到会计主管的适当审批	是	
	支票编号#（日期）	6554327	……
工资支付核算	处理工资费用分配的转账凭证编号#	103	
	转账是否得到会计主管的适当审批	是	

8. 与常备数据维护有关的业务活动的控制测试（略）

表5-25　　工薪与人事循环控制测试结果　　索引号：GXC-3

1. 了解内部控制的初步结论：控制设计合理，并得到执行
2. 控制测试结论

控制目标	被审计单位控制活动	控制设计是否有效	是否得到执行	运行是否有效	是否支持风险评估获取的证据
员工聘用与离职	GXCZ-2	是	是	是	支持
	GXCZ-2	是	是	是	支持
	GXCZ-4	是	是	是	支持
	GXCZ-4	是	是	是	支持
……	……	……	……	……	……

3. 相关交易和账户余额的审计方案：应付职工薪酬

完整性		存在		计价和分摊		……	
测试结果	需从实质性程序中获取的保证程度	测试结果	保证程度	测试结果	保证程度	……	……
支持	低	支持	低	支持	低		

三、应付职工薪酬的实质性程序

（一）获取或编制应付职工薪酬明细表

审计目标：计价和分摊。

工作底稿：应付职工薪酬明细表。

审计步骤如下：

（1）向被审计单位获取应付职工薪酬明细表，如未提供，也可由审计人员自行根据科目余额表、总账等相关资料编制。

（2）复核加计是否正确，将应付职工薪酬明细表与报告数、总账数和明细账合计数核对是否相符。

编制、复核明细表的过程往往也是对会计科目中是否存在异常现象做出初步判断的

过程，因此不能将编制、复核明细表程序简单地理解为数字填写和核对过程。例如，天元公司没有生育保险这一项目，审计人员在编制明细表过程中自然会产生疑问：企业是否存在没有为职工缴纳生育保险的情况。

（二）检查工资总额组成是否符合国家有关规定

审计目标：存在、完整。

工作底稿：薪酬政策统计表（如表5-26所示）。

表5-26　　薪酬政策统计表　　索引号：FF-4

（1）工资总额的组成部分：基本工资（计时工资）、奖金、津贴与补贴、加班工资、特殊情况下支付的工资。

（2）公司不执行工效挂钩。

（3）职工福利费根据新会计准则，按照年度福利计划据实列支。

（4）社会保险费和住房公积金计提标准。

项目	计提基数	比例	本年缴纳	备注
养老保险金	上年度职工工资总额	20%	是	获取最新劳动保障部门核定文件
医疗保险	上年度职工工资总额	7.5%	是	获取最新劳动保障部门核定文件
失业保险金	上年度职工工资总额	2%	是	获取最新劳动保障部门核定文件
工伤保险金	上年度职工工资总额	1.90%	是	获取最新劳动保障部门核定文件
生育保险	上年度职工工资总额		否	
住房公积金	上年度职工工资总额	8%	是	获取最新劳动保障部门核定文件

（5）工会经费及职工教育经费计提标准。

项目	计提基数	比例	本年缴纳	备注
工会经费	本月职工工资总额	2%	是	
职工教育经费	本月职工工资总额	1.5%	是	

审计步骤如下：

（1）向被审计单位获取该公司的薪酬政策、薪酬计提标准及当地政府的相关规定。

（2）了解公司的薪酬政策、薪酬计提标准。例如，公司是否为员工购买社会保险及缴纳住房公积金，五险一金的计提基数和计提比例是多少等。

（3）检查计入工资总额的各项支出是否符合国家有关规定。

①检查工资总额的组成，是否为计时、计件工资、奖金、津贴与补贴、加班加点工资、特殊情况下支付的工资等。

②检查交通补贴、通讯补贴是否计入在工资总额的“津贴和补贴”项目内。

个人因公务用车和通讯制度改革而取得的公务用车、通讯补贴收入，扣除一定标准的公务费用后，按照“工资、薪金”所得项目计征个人所得税。按月发放的，并入当月“工资、薪金”所得计征个人所得税；不按月发放的，分解到所属月份并与该月份“工资、薪金”所得合并后计征个税。如果所在地没有设定公务费用标准，应按照零处理。

③企业是否存在将不该列入应付工资总额的有关劳动保险和职工福利方面的各项费用、住房补贴、独生子女补贴、出差伙食补助费、误餐补助、职工离退休支出、劳动保护

费、职工个人负担的住房公积金、职工生活困难补助等列支于工资总额，扩大工资总额。

需要注意的是，误餐补助是指按财政部门规定，个人因公在城区、郊区工作，不能在工作单位或返回就餐，确实需要在外就餐的，根据实际误餐顿数，按照规定的标准领取的误餐费。单位以误餐补助名义发给职工的补贴、津贴，应当并入当月工资、薪金所得计征个人所得税。

(三) 实施实质性分析程序

审计目标：存在、完整性、计价和分摊。

工作底稿：职工薪酬分析表。

审计步骤如下：

(1) 根据对被审计单位行业特点、成本结构、产品生产周期以及主要生产现场人员情况的了解，全面评估职工人数与产能之间的变动关系是否匹配。

(2) 比较被审计单位员工人数的变动情况，检查被审计单位各部门各月工资费用的发生额是否有异常波动，若有，则查明波动原因是否合理。

(3) 结合员工社保缴纳情况，明确被审计单位员工范围，检查是否与关联公司员工工资混淆列支。

(4) 比较本期与上期工资费用总额，要求被审计单位解释其增减变动原因，或取得公司管理当局关于员工工资标准的决议。

(5) 核对下列相互独立部门的相关数据：工资部门记录的工资支出与出纳记录的工资支付数；工资部门记录的工时与生产部门记录的工时。

(四) 检查应付职工薪酬本期的计提

审计目标：存在、完整性、计价和分摊。

工作底稿：职工薪酬计提检查表（如表5－27所示）。

表5－27 职工薪酬计提检查表 索引号：FF－6

(1) 检查工资、奖金、津补贴的计提。抽查核对薪资标准无误，未发现虚列人员。

(2) 工会经费、职工教育经费检查。

单位：元

项目		索引号	工会经费			职工教育经费		
计提比例			2%			1.50%		
月份	测算计提基数		应计提	实际计提	差异	应计提	实际计提	差异
1	5 223 008.95	FF02	104 460.18	104 460.20	0.02	78 345.13	78 346.63	1.50
2	5 219 494.28	FF02	104 389.89	104 388.09	－1.80	78 292.41	78 290.99	－1.42
3	5 231 862.90	FF02	104 637.26	104 634.89	－2.37	78 477.94	78 474.62	－3.32
4	5 345 205.20	FF02	106 904.10	106 904.43	0.33	80 178.08	80 179.47	1.39
5	5 335 612.90	FF02	106 712.26	106 709.63	－2.63	80 034.19	80 033.81	－0.38
6	5 367 022.60	FF02	107 340.45	107 343.95	3.50	80 505.34	80 500.21	－5.13
7	5 350 537.90	FF02	107 010.76	107 012.62	1.86	80 258.07	80 258.99	0.92

续表

项目		索引号	工会经费			职工教育经费		
计提比例			2%			1.50%		
月份	测算计提基数		应计提	实际计提	差异	应计提	实际计提	差异
8	5 369 714.85	FF02	107 394.30	107 395.26	0.96	80 545.72	80 545.77	0.05
9	5 352 641.35	FF02	107 052.83	107 049.36	-3.47	80 289.62	80 293.73	4.11
10	5 345 353.75	FF02	106 907.08	106 909.54	2.46	80 180.31	80 183.15	2.84
11	5 385 263.15	FF02	107 705.26	103 426.99	-4 278.27	80 778.95	80 554.81	-224.14
12	10 025 186.65	FF02	200 503.73	200 732.16	228.43	150 377.80	150 305.19	-72.61
合计	68 550 904.48		1 371 018.09	1 366 967.12	-4 050.97	1 028 263.57	1 027 967.37	-296.20

(3) 社会保险费和住房公积金计提检查。

项目	测算计提基数	索引号	比例	应计提	实计提	差异	备注
养老保险金	68 477 281.63	FF02	20.00%	13 695 456.33	13 700 544.87	5 088.54	
医疗保险	68 477 281.63	FF02	7.50%	5 135 796.12	5 138 027.21	2 231.09	
失业保险金	68 477 281.63	FF02	2.00%	1 369 545.63	1 370 806.98	1 261.35	
工伤保险金	68 477 281.63	FF02	1.90%	1 301 068.35	1 302 053.38	985.03	
住房公积金	68 477 281.63	FF02	8.00%	5 478 182.53	5 480 512.29	2 329.76	
合计				26 980 048.96	26 991 944.73	11 895.77	
差异原因	①企业替职工承担数			11 369.06			
	②测算差异			526.71			

审计结论：上述问题金额较小，未超过 SAD，对审计结果无重大影响。未发现除上述之外其他异常情况。

审计步骤如下：

(1) 检查工资、奖金、津补贴的计提是否正确，依据是否充分。

①将执行的薪资标准与有关规定核对，并对工资总额进行测试。

②检查未领工资明细表中的人员名单是否均为企业人员，是否有虚增人员冒领工资。

(2) 对国家规定了计提基础和计提比例的职工薪酬（包括医疗、养老、失业、工伤、生育保险，即“五险”）、住房公积金、工会经费和职工教育经费等单独测试，检查计提是否正确，会计处理是否正确，依据是否充分。

(3) 对被审计单位按照历史经验数据和当期计划预计的职工薪酬（如职工福利费、非货币性福利），获取管理层进行估计的资料。

(五) 检查辞退福利义务

审计目标：存在、计价和分摊、权利和义务。

工作底稿：辞退福利检查表。

审计步骤如下：

(1) 确定被审计单位审计期间是否存在职工内部退养计划、辞退计划或重组义务等。

（2）若存在，应当重点审计以下方面：

①对于职工没有选择权的辞退计划，检查按辞退职工数量、辞退补偿标准计提辞退福利负债金额是否正确。

②对于自愿接受裁减的建议，检查按接受裁减建议的预计职工数量、辞退补偿标准等计提辞退福利负债金额是否正确。

③检查实质性辞退工作在一年内完成，但付款时间超过一年的辞退福利，是否按折现后的金额计量，折现率的选择是否合理。

④检查计提辞退福利负债的会计处理是否正确，是否将计提金额计入当期管理费用。

⑤检查辞退福利支付凭证是否真实正确。

（六）核对本期计提的职工薪酬累计数与相关的成本、费用发生额

审计目标：存在、完整性、计价和分摊。

工作底稿：职工薪酬分配检查表（如表5－28所示）。

表5－28　　职工薪酬分配检查表　　单位：元　　索引号：FF－7

项目名称	生产成本	制造费用	在建工程	销售费用	管理费用	合计	核对正确否	差异原因
工资、奖金、津贴和补贴	38 678 800.08	5 600 825.90	4 527 241.69	2 374 039.25	17 369 997.56	68 550 904.48	是	
职工福利费	2 302 938.36	333 473.55	269 552.27	141 350.46	1 034 210.82	4 081 525.46	是	
社会保险费	12 138 092.77	2 103 180.01	1 420 728.65	745 015.57	5 105 471.39	21 512 488.39	是	
其中：医疗保险费	2 897 271.32	580 037.06	339 117.23	177 829.61	1 140 613.74	5 134 868.95	是	
养老保险费	7 735 247.58	1 246 277.07	905 388.35	474 776.40	3 347 583.29	13 709 272.70	是	
失业保险费	770 968.81	113 204.84	90 239.67	47 320.76	344 663.25	1 366 397.32	是	
工伤保险费	734 605.06	160 230.54	85 983.40	45 088.82	276 041.60	1 301 949.42	是	
住房公积金	2 973 559.50	121 882.07	361 874.49	189 763.28	1 832 377.00	5 479 456.34	是	
工会经费	771 290.31	148 831.13	90 277.30	47 340.50	309 227.89	1 366 967.12	是	
职工教育经费	580 014.88	111 921.86	67 889.06	35 600.33	232 541.23	1 027 967.37	是	
合计	57 444 695.90	8 420 114.51	6 737 563.46	3 533 109.39	25 883 825.90	102 019 309.16		

审计步骤如下：

（1）审计人员应分析应付职工薪酬贷方发生额内容，剔除其中不属于职工薪酬计提数的贷方发生额，得出本期计提的职工薪酬累计数。

（2）检查职工薪酬分配方法与上年是否一致，分配是否合理，是否与企业生产经营相匹配，符合配比原则和权责发生制原则。

（3）将生产成本、制造费用、销售费用、管理费用、在建工程等相关的成本、费用账户中的职工薪酬发生额相加得出全年累计发生额，与计提的职工薪酬累计数核对，

检查是否相符，经查验发现问题的，追查后，做出相应调整。

（七）检查本期应付职工薪酬的支付

审计目标：存在、权利和义务。

工作底稿：应付职工薪酬检查表（如表5－29所示）。

表5－29　　**应付职工薪酬检查表**　　单位：元　　索引号：FF－8

记账日期	凭证编号	业务内容	对应科目	金额	核对内容（用“√”、“×”表示）				备注
					1	2	3	4	
2019.02.24	105#	发2018年年终奖	银行存款	6 132 566.75	√	√	√	√	支票存根、进账单
2019.03.15	76#	发2月份工资	银行存款	5 109 494.28	√	√	√	√	支票存根、进账单、工资汇总表
2019.5.15	91#	发4月份工资	银行存款	5 134 205.20	√	√	√	√	支票存根、进账单、工资汇总表
2019.08.15	83#	发7月份工资	银行存款	5 146 537.90	√	√	√	√	支票存根、工资汇总表
2019.9.20	101#	补发1－8月工资	银行存款	792 512.34	√	√	√	√	支票存根、进账单、工资汇总表
2020.1.15	78#	发12月份工资	银行存款	5 285 833.15	√	√	√	√	支票存根、工资汇总表
2020.2.16	85#	发2019年年终奖	银行存款	6 739 353.50	√	√	√	√	支票存根、工资汇总表

核对内容说明：

①原始凭证是否齐全；②记账凭证与原始凭证是否相符；③账务处理是否正确；④是否记录于恰当的会计期间。

审计说明：根据分析性复核的结果，有针对性地检查了应付职工薪酬的支付凭证。

审计结论：经审计，未发现重大异常情况。

审计步骤如下：

对本期应付职工薪酬的减少，检查至支持性文件，确定会计处理是否正确。检查发放金额是否正确，代扣的款项及其金额是否正确；检查是否存在属于拖欠性质的职工薪酬，并了解拖欠的原因。

若被审计单位工资以现金形式发放，应注意检查有无一人代替几个人或一个部门签字的情况。如有此情况，要进一步查验有无虚开工资情况。

（八）检查应付职工薪酬的期后付款情况

审计目标：存在、完整性、权利和义务。

工作底稿：应付职工薪酬检查表。

审计步骤如下：

（1）对资产负债表日后一段时间（具体可参考被审计单位薪资政策中规定的工资发放时点）发生的应付职工薪酬减少（借方发生额），抽取一定量凭证作为测试样本。

（2）追查该笔付款对应的应付职工薪酬入账分录，检查其支持性文件，如工资计算表以及其他原始凭证，检查该笔应付职工薪酬是否存在应计入资产负债表日前但没有正确计入的风险。

(九) 检查应付职工薪酬是否已按规定在财务报表中做出恰当列报

审计目标：列报和披露。

工作底稿：应付职工薪酬审定表、应付职工薪酬披露表。

审计步骤如下：

(1) 检查是否在附注中披露与职工薪酬有关的下列信息：

①应当支付给职工的工资、奖金、津贴和补贴以及其期末应付未付金额；

②应当为职工缴纳的医疗、养老、失业、工伤和生育等社会保险费以及其期末应付未付金额；

③应当为职工缴存的住房公积金以及其期末应付未付金额；

④为职工提供的非货币性福利以及其计算依据；

⑤应当支付的因解除劳动关系给予的补偿以及其期末应付未付金额；

⑥其他职工薪酬。

(2) 检查因自愿接受裁减建议的职工数量、补偿标准等不确定而产生的预计负债（应付职工薪酬），是否按照《企业会计准则第13号——或有事项》进行披露。

任务4 应交税费审计

任务描述

注册会计师张超按照审计计划开始应交税费的审计，项目组长涂国庆要求张超完成如下工作：①实施应交税费实质性程序，检查主要税种（特别是增值税）的申报和缴纳情况，查明有无少计销项税额、进项税额抵扣不合规或进项税额未按规定转出的情形；②检查各税种计算是否准确无误。

■ 审计准备

(1) 审计人员应当了解被审计单位缴纳的各项税费种类，并了解税收的征收情况。若企业涉及税收优惠政策，则应当了解并收集税收优惠政策的文件及相关批复。

（2）需要收集的证据清单：①收集各税种申报资料，如所得税汇算清缴、其他税项的税务确认资料等，一般收集最后一个月的资料，若存在缓期纳税及延期纳税事项应收集经过有权税务机关批准的文件；②收集纳税鉴定、各项税收优惠政策的减免税批准文件；③若前三年经税务稽查，应当收集税务稽查报告及处理决定书等；④若涉及出口或进口事项，应当收集出口或进口报关资料等。

（3）涉及主要凭证和账簿：公司的应交税费明细账、总账及有关会计凭证等相关资料。天元公司2019年应交税费相关资料如表5－30所示。

表5－30　天元公司2019年应交税费相关资料　单位：元

项目名称	税率	期初余额	本期借方	本期贷方	期末余额
应交增值税	13%	0.00	52 921，981.56	52 921，981.56	0.00
其中：销项税额	13%	0.00	28 485，908.90	28 485，908.90	0.00
进项税额	13%	0.00	24 423，085.71	24 423，085.71	0.00
进项税额转出		0.00	12 986.95	12 986.95	0.00
未交增值税		－265 337.01	3 347，935.68	4 075，810.14	462 537.45
应交企业所得税	25%	－161 425.37	126 948.68	288 374.05	0.00
应交城市维护建设税	7%	0.00	234 355.50	285 306.71	50 951.21
应交教育费附加	3%	0.00	100 438.07	122 274.30	21 836.23
应交个人所得税		40 366.92	453 139.46	453 796.13	41 023.59
应交房产税	1.2%	45 087.54	541 050.52	541 050.52	45 087.54
合计		－341 307.92	57 725 849.47	58 688 593.41	621 436.02

相关知识

应交税费的核算

应交税费核算企业按照税法等规定计算应交纳的各种税费，包括增值税、消费税、所得税、资源税、土地增值税、城市维护建设税、房产税、土地使用税、车船使用税、教育费附加、矿产资源补偿费等，企业代扣代交的个人所得税等，也通过本科目核算。

应交税费可按应交的税费项目进行明细核算。在增值税核算上，企业应当设置应交增值税、未交增值税、预交增值税、待抵扣进项税额、待认证进项税额、待转销项税额、增值税留抵税额等二级明细科目进行核算，其中“应交增值税”需要设置“进项税额”、“销项税额”、“已交税金”、“出口退税”等专栏进行核算。

1. 应交增值税

（1）采购物资等按可抵扣的增值税额，借记本科目（应交增值税——进项税额），按应计入采购成本的金额，借记“材料采购”、“在途物资”或“原材料”、“库存商品”等科目，按应付或实际支付的金额，贷记“应付账款”、“银行存款”等科目。购入物资发生的退货，做相反的会计分录。

由运输单位造成的采购物资短缺，运输单位予以全额赔偿的，应借记“银行存款”等科目，贷方按这部分物资的价款由“待处理财产损益”转出，按这部分物资的增值税由“应交税费——应缴增值税（进项税额转出）”予以转出。

(2) 销售物资或提供应税劳务，按营业收入和应收取的增值税额，借记“应收账款”、“应收票据”、“银行存款”等科目，按专用发票上注明的增值税额，贷记本科目（应交增值税——销项税额），按实现的营业收入，贷记“主营业务收入”、“其他业务收入”科目。发生的销售退回，做相反的会计分录。

(3) 实行“免、抵、退”的企业，按应收的出口退税额，借记“其他应收款”科目，贷记本科目（应交增值税——出口退税）。

(4) 本月交纳本月的增值税，借记本科目（应交增值税——已交税金），贷记“银行存款”科目。

(5) 本月月底有未交增值税，借记本科目（应交增值税——转出未交增值税），贷记“应交税费——未交增值税”。下月缴纳时，借记“应交税费——未交增值税”，贷记银行存款。

(6) 小规模纳税人以及购入材料不能取得增值税专用发票的，发生的增值税应计入材料采购成本，借记“材料采购”、“在途物资”等科目，贷记“银行存款”等科目。

2. 应交消费税、资源税和城建税

(1) 企业按规定计算应交的消费税、资源税、城市维护建设税，借记“税金及附加”等科目，贷记本科目（应交消费税、资源税、城市维护建设税）。

(2) 交纳的消费税、资源税、城市维护建设税，借记本科目（应交消费税、资源税、城市维护建设税），贷记“银行存款”等科目。

3. 应交所得税

(1) 企业按照税法规定计算应交的所得税，借记“所得税”等科目，贷记本科目（应交所得税）。

(2) 交纳的所得税，借记本科目（应交所得税），贷记“银行存款”等科目。

审计过程

一、确定应交税费的审计目标

企业必须按照国家规定履行纳税义务，依法缴纳各种税费。这些应缴税费应按照权责发生制原则进行确认、计提，在尚未缴纳之前暂时留在企业形成一项负债（应该上缴国家暂未上缴国家的税费）。企业在经营过程中应交税费包括增值税、消费税、企业所得税等，涉及税种多、相关税金计算和缴纳相对复杂，因此应交税费的审计一般都作为对企业审计中的重点。其审计目标主要是证实应交税费计算的准确性，具体审计目标一般如表5-31所示。

表5-31　　应交税费审计目标与财务报表认定的对应关系

审计目标	财务报表认定				
	存在	完整性	权利和义务	计价和分摊	列报和披露
A. 资产负债表中记录的应交税费是存在的	√				
B. 应当记录的应交税费均已记录		√			
C. 记录的应交税费是被审计单位应当履行的现时义务			√		
D. 应交税费以恰当的金额包括在财务报表中，与之相关的计价调整已恰当记录				√	
E. 应交税费已按照企业会计准则的规定在财务报表中做出恰当列报和披露					√

二、应交税费的实质性程序

（一）获取或编制应交税费明细表

审计目标：计价和分摊。

工作底稿：应交税费明细表（如表5-32所示）。

审计步骤如下：

（1）向被审计单位获取应交税费明细表，如未提供，也可由审计人员自行编制。自行编制时需根据科目余额表、总账等信息进行计算填列。

（2）复核加计是否正确，将明细表与报告数、总账数和明细账合计数核对是否相符。对于印花税、车辆购置税、契税、耕地占用税等直接缴纳而不需要与税务机关清算或结算的税费，一般不通过应交税费科目核算，应当关注核算上可能存在的错误。

（3）分析出现借方余额的项目，查明原因，判断是否由被审计单位预缴税款引起。必要时，建议做重分类调整。

（二）了解被审计单位适用的税种、附加税费、计税基础、税率，以及征、免、减税的范围与期限

审计目标：存在、完整性、权利和义务。

工作底稿：税费文件检查表。

审计步骤如下：

（1）首次接受委托时，取得被审计单位的纳税鉴定、纳税通知、减免税批准文件等，了解被审计单位适用的税种、附加税费、计税基础、税率，以及征、免、减税的范

表 5-32

应交税费余额明细表

单位：元　　索引号：FG-1

被审计单位提供						审计人员填写						税收优惠说明及文件索引
税种	税率	期初未交数	本期应交数	本期已交数	期末未交数	T/F	查验索引	审计调整数		调整索引	期末审定金额	
								借	贷			
增值税	13%	-265 337.01	4 075 810.14	3 347 935.68	462 537.45						462 537.45	
企业所得税	25%	-161 425.37	288 374.05	126 948.68	0.00						0.00	
城建税	7%	0.00	285 306.71	234 355.50	50 951.21						50 951.21	
教育费附加	3%	0.00	122 274.30	100 438.07	21 836.23						21 836.23	
个人所得税		40 366.92	453 796.13	453 139.46	41 023.59						41 023.59	
房产税	1.2%	45 087.54	541 050.52	541 050.52	45 087.54						45 087.54	
合　计		-341 307.92	5 766 611.85	4 803 867.91	621 436.02			0.00	0.00		621 436.02	
审计说明	①明细合计与总账、报表一致。 ②已核对上年经税务机关盖章确认的增值税、企业所得税申报表，申报表期末数与账面年初数一致。 ③经询问，天元公司无减免税优惠。											

围与期限。

（2）如果被审计单位适用特定的税收优惠，且该项税收优惠需办理规定的审批或备案手续，应检查相关的手续是否完整、有效；连续接受委托时，关注其变化情况。

（三）核对期初未交税费与税务机关受理的纳税申报资料是否一致

审计目标：存在、完整性。

工作底稿：应交税费期初数认定表。

审计过程如下：

（1）核对期初未交税费与税务机关受理的纳税申报资料是否一致。

（2）检查税务稽查决定、税务机关对上年度企业所得税汇算清缴文件等资料，核对其与期初未交税费是否一致。

（3）检查缓期纳税及延期纳税事项是否经过主管税务机关批准。

（四）复核、分析当期相关税务报告、文件有效性，并与明细表及账面数据进行核对

审计目标：完整性、权利和义务、计价和分摊。

工作底稿：应交税费期末数分析表。

审计过程如下：

（1）核对期末未交税费与税务机关受理的纳税申报资料是否一致。

（2）取得税务部门汇算清缴或其他确认文件、有关政府部门的专项检查报告、税务代理机构专业报告、被审计单位纳税申请资料等资料，分析其有效性，并与上述明细表及账面数据进行核对。

（3）对于超过法定交纳期限的税费，应取得主管税务机关的批准文件。

（五）分析测试增值税，检查计算是否正确

审计目标：存在、完整性、计价和分摊。

工作底稿：应交增值税明细表（如表5－33所示）、销项税额测算表（如表5－34所示）、进项税额测算表（如表5－35所示）、进项税账面明细与抵扣汇总表核对、重大进项税抵扣抽查表、应交税费与申报表核对检查表、已交税费抽查表。

审计步骤如下：

（1）获取或编制应交税增值税明细表，加计复核正确性，并与明细账核对相符。

（2）将应交增值税明细表与被审计单位增值税纳税申报表进行核对，比较二者是否总体相符，并分析其差额的原因。

（3）通过“原材料”等相关科目匡算进项税是否合理。

（4）抽查一定期间的进项税抵扣汇总表，与应交增值税明细表相关数额合计数核对，如有差异，查明原因并做适当处理。

（5）抽查重要进项税发票、海关完税凭证、收购凭证或运费发票，并与网上申报系统进行核对，并注意进口货物、购进的免税农产品或废旧物资、支付运费、接受投资或捐赠、接受应税劳务等应计的进项税额是否按规定进行了会计处理；因存货改变用途或发生非常损失应计的进项税额转出数的计算是否正确，是否按规定进行了会计处理。

表 5 - 33

应交增值税余额明细表

单位：元　　索引号：FG - 20

项目	本年累计数	申报表数	差异数	差异原因	审计调整			本年审定数
					借方	贷方	索引	
一、应交增值税								
1. 年初未抵扣数（用“-”反映）	-265 337.01	-265 337.01						-265 337.01
2. 销项税额	28 485 908.90	28 665 958.90	180 050.00	一笔销售未入账		180 500.00	FG - 30	28 665 958.90
出口退税								—
进项税额转出	12 986.95	12 986.95						12 986.95
转出多交增值税								—
3. 进项税额	24 423 085.71	24 423 085.71						24 423 085.71
已交税金	3 347 935.68	3 347 935.68						—
减免税款								—
出口抵减内销产品应纳税额								—
转出未交增值税	4 075 810.14	4 255 860.14						4 255 860.14
4. 期末未抵扣数（多交数用“-”反映）								—
二、未交增值税								—
1. 年初未交数（多交数以“-”反映）	-265 337.01	-265 337.01						-265 337.01
2. 本期转入数（多交数以“-”反映）	4 075 810.14	4 255 860.14	180 050.00			180 500.00	FG - 30	4 255 860.14
3. 本期已交数	3 347 935.68	3 347 935.68						3 347 935.68
4. 期末未交数（多交数以“-”反映）	462 537.45	642 587.45	180 050.00			180 500.00	FG - 30	642 587.45

审计说明：明细合计与总账、报表数一致。

表 5－34　**增值税销项税额测算表**

单位：元　　索引号：FG－21

计税依据	计税基数	基数核对索引	税率	应计税费	实际计提	差异
主营业务收入	201 102 225.10		13%	26 143 289.26	26 143 289.26	—
主营业务收入			0%			
其他业务收入——材料出售	18 020 151.02		13%	2 342 619.63	2 342 619.63	—
其他业务收入——旧固定资产			4%的一半	—		—
其他业务收入——新固定资产			13%	—		—
其他业务收入			0%	—		—
收入小计	219 122 376.12	与营业收入核对		—		—
视同销售行为		数据取自 FG－20－4		—		—
收取的价外费用（未计入收入与收入一并收取部分）						—
合计	219 122 376.12			28 485 908.90	28 485 908.90	—

审计说明：应计数与实际计提一致。

表 5－35

增值税进项税额测算表

单位：元　　索引号：FG－22

项　　目	账面进项税金额	购进货物及接受劳务发生额	税率	应计进项税	差异	差异比率	说明
一、发生总额							
1. 账面记载的发生总额	24 423 085.71	×	×				
2. 经申请认证可抵扣的发生总额	24 423 085.71	×	×				
3. 已记入本科目但按照规定不可抵扣金额	—	×	×				
二、可抵扣进项税组成情况							
1. 与应税产品相关的金额							
（1）原料与辅助材料（13%）	19 648 016.64	151 138 589.55	13.00%	19 648 016.64	0.00	0.00	
（2）煤炭/电力等能源采购	1 562 024.36	12 015 572.00	13.00%	1 562 024.36	0.00	0.00	
（3）水费采购				0.00	0.00	0.00	
2. 与固定资产、在建工程购建相关的可抵扣金额							
（1）固定资产购建（非房屋建筑物附属设备及配套设施）	3 213 04 4.71	24 715 728. 54	13.00%	3 213 044.71	0.00	0.00	
（2）在建工程购入材料与设备				0.00	0.00	0.00	
3. 其他				0.00	0.00	0.00	
4. 可抵进项税额总计	24 423 085.71	187 869 890.09	13.00%	24 423 085.71	0.00	0.00	

（6）根据与增值税销项税额相关账户审定的有关数据，复核存货销售，或将存货用于投资、无偿馈赠他人、分配给股东（或投资者）应计的销项税额，以及将自产、委托加工的产品用于非应税项目的计税依据确定是否正确以及应计的销项税额是否正确计算，是否按规定进行会计处理。

（7）检查适用税率是否符合税法规定。

（8）取得《出口货物退（免）税申报表》及办理出口退税有关凭证，复核出口货物退税的计算是否正确，是否按规定进行了会计处理。

（9）对经主管税务机关批准实行核定征收率征收增值税的被审计单位，应检查其是否按照有关规定正确执行。如果申报增值税金额小于核定征收率计算的增值税金额，应注意超过申报额部分的会计处理是否正确。

（10）抽查本期已交增值税资料，确定已交款数的正确性。

（六）分析测试城建税、教育费附加，检查计算是否正确

审计目标：存在、完整性、计价和分摊。

工作底稿：税金及附加计提检查表、已交税费抽查表。

审计步骤如下：

（1）检查应交城市维护建设税、教育费附加的计算是否正确。结合税金及附加等项目的审计，根据审定的计税基础和按规定适用的税率，复核被审计单位本期应交城市维护建设税、教育费附加的计算是否正确，是否按规定进行了会计处理。

（2）抽查本期已交城市维护建设税资料、教育费附加，确定已交数的正确性。

结合所得税项目，确定应纳税所得额及企业所得税税率，复核应交企业所得税的计算是否正确，是否按规定进行了会计处理。

（七）分析测试车船税、房产税，检查计算是否正确

审计目标：存在、完整性、计价和分摊。

工作底稿：应交车船税测算表、应交房产税测算表。

审计步骤如下：

（1）获取被审计单位自有车船数量、吨位（或座位）及自有房屋建筑面积、用途、造价（购入原价）、购建年月等资料，并与固定资产（含融资租入固定资产）明细账复核一致。

（2）了解其使用、停用时间及其原因等情况。

（3）通过审核本期完税单，检查其是否如实申报和按期缴纳，是否按规定进行了会计处理。

（八）分析测试企业所得税，检查计算是否正确

审计目标：存在、完整性、计价和分摊。

工作底稿：应交所得税测算表、已交税费抽查表。

审计步骤如下：

（1）结合所得税项目，确定应纳税所得额及企业所得税税率，复核应交企业所得

税的计算是否正确，是否按规定进行了会计处理。

（2）抽查本期已交所得税资料，确定已交数的正确性。

（九）分析测试个人所得税，检查计算是否正确

审计目标：存在、完整性、计价和分摊。

工作底稿：个人所得税检查核对表。

审计步骤如下：

（1）取得被审计单位的声明，了解被审计单位关于个人所得税纳税申报及计算的方法、人员情况等纳税流程。

（2）如公司的个人所得税申报及计算是通过系统完成的，可将系统中计税的人员工资基数与本年工资薪酬总额对比，必要时抽取若干笔个人工资测算并复核。

（3）将本年个人所得税除以工资总额与上年个人所得税除以工资总额对比，总体分析个人所得税计缴额的合理性。

（十）抽查大额应交税费的细节测试

审计目标：存在、完整、计价和分摊。

工作底稿：应交税费凭证测试表。

审计步骤如下：

（1）从序时账中在审计年度发生的应交税费借贷方发生额中抽取金额较大的凭证作为测试样本。

（2）追查该分录的支持性文件，如增值税发票、海关完税凭证、银行付款凭证等是否一致。

抽查重要进项税发票、海关完税凭证、收购凭证或运费发票，并注意进口货物、购进的免税农产品或废旧物资、支付运费、接受投资或捐赠、接受应税劳务等应计的进项税额，是否按规定进行了会计处理。注意由于存货改变用途或发生非常损失应计的进项税额转出数的计算是否正确，是否按规定进行了会计处理。抽查本期已交增值税资料，确定已交款数的正确性。抽取被审计单位审计年度涉及红字发票的账务，判断其账务处理是否正确。抽取出口退税相关经济业务凭证，检查出口退税收款情况，关注期末应退税额期后是否已收到退税款。

（十一）检查应交税费是否已按照企业会计准则的规定在财务报表和附注中做出恰当列报和披露

审计目标：披露和列报。

工作底稿：应交税费审定表、应交税费披露表。

审计步骤如下：

（1）检查应交税费会计政策及会计估计的披露是否合规。

（2）检查应交税费列报是否正确。

（3）检查应交税费附注信息披露是否恰当。

如果被审计单位是上市公司，在其财务报表附注中应按税种分项列示应交税费金

额，并说明本期执行的法定税（费）率。对于超过法定交纳期限的应列示主管税务部门的批准文件。

任务 5 其他应付款审计

任务描述

注册会计师张超按照审计计划开始其他应付款的审计，组长涂国庆要求张超完成如下工作：检查核实天元公司其他应付款各明细账户的性质，核实其他应付款的存在和完整性，重点关注其他应付款中的异常项目，注意有无虚列发生额从而进行调节利润的情况（例如，隐藏收入暂记入至其他应付款不结转损益、多计提成本费用或其他损失）。

审计准备

（1）向被审计单位了解其主要的关联方，询问是否存在关联方其他应付款项。

（2）其他应付款审计涉及主要凭证和账簿：公司的其他应付款明细账、总账及有关会计凭证等相关资料。天元公司 2019 年其他应付款相关资料如表 5－36 所示。

表 5－36　天元公司 2019 年其他应付款相关资料　单位：元

明细科目	期初余额	本期发生额		期末余额	备　注
		借方	贷方		
广州易达投资公司	1 800 000.00			1 800 000.00	按年利率 5% 付息
工作服押金	100 000.00	40 000.00	50 000.00	110 000.00	
广州金泰公司	150 000.00			150 000.00	押金
广东恒远公司	－40 000.00	10 000.00		－50 000.00	
广州申利公司			60 000.00	60 000.00	
合　计	2 010，000.00	50 000.00	110 000.00	2 070，000.00	

相关知识

其他应付款

其他应付款是指与企业的主营业务没有直接关系的应付、暂收其他单位或个人的款项。其主要是非购销行为所形成的债务，包括押金、保证金、租金、保险费、产品责任保证、集资款等。企业应设置“其他应付款”科目，用于核算企业除应付票据、应付账款、预收账款以外的各种应付、暂收其他单位或个人的款项。该账户贷方登记应付及暂收款项，借方登记归还数，期末贷方余额，反映尚未偿付的应付及暂收款数额。本账户应按应付、暂收款项的类别设置明细账户。

企业发生各种应付、暂收或退回有关款项时，借记“银行存款”、“管理费用”等账户，贷记“其他应付款”账户；支付有关款项时，借记“其他应付款”账户，贷记“银行存款”等科目。

审计过程

一、确定应交税费的审计目标

其他应付款核算内容比较繁杂，包括应付的各种赔款、应付的各种罚金、应付租入固定资产和包装物的租金、存入保证金、应付统筹退休金及应付、暂收上级单位、所属单位的款项等。由于这些账户本身所具有的核算内容多而杂并具有过渡性的特点，极易被不法纳税人将该账户作为转移隐匿应税收入、偷逃税款、截留利润的工具，其历来是审计中一个重点检查的账户。其他应付款审计目标主要是证实其存在和完整性，具体审计目标如表5－37所示。

表5－37　　其他应付款审计目标与财务报表认定的对应关系

审计目标	财务报表认定				
	存在	完整性	权利和义务	计价和分摊	列报和披露
A. 资产负债表中记录的其他应付款是存在的	√				
B. 应当记录的其他应付款均已记录		√			
C. 记录的其他应付款是被审计单位应当履行的现时义务			√		
D. 其他应付款以恰当的金额包括在财务报表中，与之相关的计价调整已恰当记录				√	
E. 其他应付款已按照企业会计准则的规定在财务报表中做出恰当列报和披露					√

二、其他应付款的实质性程序

(一) 获取或编制应交税费明细表

审计目标：计价和分摊。

工作底稿：其他应付款明细表。

审计步骤如下：

(1) 向客户获取其他应付款明细表，如客户未提供，也可由审计人员自行编制。自行编制时需根据科目余额表、总账等信息进行计算填列。

(2) 复核加计是否正确，将其他应付款明细表与报告数、总账数和明细账合计数核对是否相符。

(3) 分析出现借方余额的项目，查明原因，必要时，建议做重分类调整。

被审计单位可能存在期末余额不大但发生频繁且混在一起的“其他应付款——其他”项目，该余额无论在借方还是贷方均要分析至最明细项目，该余额若出现借方余额，切忌不分析借方余额产生的原因，而简单地进行重分类调整，之间可能会存在张冠李戴以及费用挂账冲减其他往来款项的情况存在。

(4) 结合应付账款、其他应收款等往来项目的明细余额，检查有无针对同一交易在其他应付款和其他往来科目同时记账的情况、异常余额或与本科目核算无关的其他款项。

(二) 检查金额较大和异常的明细账户余额并函证

审计目标：存在、权利与义务、计价和分摊。

工作底稿：其他应付款明细表、其他应付款询证函、其他应付款函证结果汇总表。

审计步骤如下：

(1) 判断选择金额较大和异常的明细余额，检查其原始凭证。

(2) 向债权人函证其他应付款，对于未回函的应执行替代审计程序。

(3) 必要时，收集客户资料分析其变动的合理性。

(三) 检查截止审计日已经支付的其他应付款项

审计目标：完整性、存在。

工作底稿：其他应付款明细表。

审计步骤如下：

(1) 请被审计单位协助，在其他应付款明细表上标出截止审计日已支付的金额较大的其他应付款项，确定有无未及时入账的其他应付款。

(2) 抽查付款凭证、银行对账单等，并注意入账日期发生的合理性。

(四) 检查长期未结的其他应付款

审计目标：存在、权利与义务。

工作底稿：其他应付款账龄复核表。

审计步骤如下：

（1）编制其他应付款账龄复核表，检查是否存在长期挂账的其他应付款，并查明原因。

（2）对长期未结并经相关依据证实无须再支付的款项或涉及债务重组事项，相关其他应付款应该予以转销，并根据实际转销时相关会计准则及制度要求对其做出适当的会计处理。

（五）关联方核查

审计目标：存在、计价和分摊。

工作底稿：关联方往来核对表。

审计步骤如下：

（1）审计人员在其他应付款明细表中标识出应付持股5%以上（含5%）股东的款项。

（2）向被审计单位了解交易的商业理由。

（3）检查证实交易的支持性文件（例如，发票合同、协议以及入库和运输单据等相关文件）。

（六）检查其他应付款是否已按照企业会计准则的规定在财务报表和附注中做出恰当列报和披露

审计目标：披露和列报。

工作底稿：其他应付款审定表、其他应付款披露表。

审计步骤如下：

检查其他应付款列报和披露是否恰当。

6 项目六 所有者权益审计

学习目标

□ 知识学习目标

明确实收资本（股本）的审计目标，掌握实收资本（股本）的实质性程序；

明确资本公积的审计目标，掌握资本公积的实质性程序；

明确盈余公积的审计目标，掌握盈余公积的实质性程序；

明确未分配利润的审计目标，掌握未分配利润的实质性程序。

□ 技能训练目标

能够实施实收资本实质性程序；

能够实施资本公积实质性程序；

能够实施盈余公积实质性程序；

能够实施未分配利润实质性程序。

工作任务

任务 1　实收资本（股本）审计

任务 2　资本公积审计

任务 3　盈余公积审计

任务 4　未分配利润审计

导入案例

广州市珠江会计师事务所首次接受义务委托，对广州市粤兴投资有限公司（以下简称粤兴公司）2019年财务报表进行审计。注册会计师谢玲玲负责所有者权益审计。在项目组进驻粤兴公司后，了解到公司相关情况如下：

（1）公司历史沿革。广州市粤兴投资有限公司成立于2011年8月25日，注册资本2 580万元。公司成立当天，股东广州南方科技公司以货币出资1 050万元、广东粤和实业公司以货币出资1 530万元。

2019年初因公司发展的需要，公司股东会研究决定引入战略投资者广州兴利贸易公司。广州兴利贸易公司以自行开发的兴利大厦1508房投资作价525万元（与评估价一致）入股，占实收资本的5.4%。5月18日办妥房产过户及交接手续。

2019年11月公司股东会决定以资本公积转增资本的方式将公司注册资本增加至3 000万元。11月12日办妥了工商变更登记并领取了新营业执照。

（2）对外投资。2019年12月1日粤兴公司以1 000万元取得广州泰诺网络科技公司20%的股权进行长期投资，采用权益法进行核算。2019年12月31日广州泰诺网络科技公司获得一笔捐赠收入532 812.4元，粤兴公司据此调增了长期股权投资的账面价值，并确认了资本公积——其他资本公积106 562.48元。

（3）本年度损益。粤兴公司本年度实现净利润4 351 628.37元。按照净利润10%计提法定盈余公积，不计提任意盈余公积。本年度有一笔咨询费123 850.00元，由于收到发票时2019年已结账，会计将其列入到2020年1月份账上。

根据以上资料请思考：

（1）广州兴利贸易公司取得粤兴公司的实收资本份额是多少？

（2）粤兴公司采用权益法对广州泰诺网络科技公司获得的捐赠收入确认资本公积增加的账务处理是否恰当？

任务1 实收资本（股本）审计

任务描述

注册会计师谢玲玲按照审计计划开始实收资本（股本）的审计，项目组长李丽珍要求其完成如下工作：对实收资本实施实质性程序，重点检查与实收资本相关的文件、记录，确认权益筹资的合法性与投入资本的真实性。

■ 审计准备

（1）在审计前，审计人员应当了解被审计单位股东构成情况，应当明确收集的相关资料。

（2）需要收集的证据清单：①股东（大）会决议、董事会会议纪要（首次接受业务委托）；②历年的验资报告（首次接受业务委托）；③公司章程；④最新的营业执照；⑤本年度股东会决议。

（3）实收资本（股本）审计涉及的凭证和会计记录包括：有关会计账簿（包括实收资本、银行存款的总账和明细账等）、有关科目的记账凭证。粤兴公司2019年有关实收资本发生额及余额如表6－1所示。

表6－1　粤兴公司2019年有关实收资本发生额及余额表　　单位：元

科目	期初余额	借　方	贷　方	借/贷	余　额
广州南方科技公司	10 500 000.00		1 050 000.00	贷	11 550 000.00
广东粤和实业公司	15 300 000.00		1 530 000.00	贷	16 830 000.00
广州兴利贸易公司			1 620 000.00	贷	1 620 000.00
合计	25 800 000.00	—	4 200 000.00	贷	30 000 000.00

相关知识

实收资本的核算

“实收资本”科目用于核算企业接受投资者投入的实收资本。股份有限公司应将本科目改为“股本”科目。企业收到投资者出资超过其在注册资本或股本中所占份额的部分，作为资本溢价或股本溢价，在“资本公积”科目核算。本科目可按投资者进行明细核算。

（1）企业接受投资者投入的资本，借记“银行存款”、“其他应收款”、“固定资产”、“无形资产”、“长期股权投资”等科目，按其在注册资本或股本中所占份额，贷记本科目，按其差额，贷记“资本公积——资本溢价或股本溢价”科目。

（2）股东大会批准的利润分配方案中分配的股票股利，应在办理增资手续后，借记“利润分配”科目，贷记本科目。

经股东大会或类似机构决议，用资本公积转增资本，借记“资本公积——资本溢价或股本溢价”科目，贷记本科目。

（3）本公司股票方式减资的，按股票面值和注销股数计算的股票面值总额，借记本科目，按所注销库存股的账面余额，贷记“库存股”科目，按其差额，借记“资本公积——股本溢价”科目，股本溢价不足冲减的，应借记“盈余公积”、“利润分配——未分配利润”科目；购回股票支付的价款低于面值总额的，应按股票面值总额，借记本科目，按所注销库存股的账面余额，贷记“库存股”科目，按其差额，贷记“资本公积——股本溢价”科目。

▣ 审计过程

一、确定实收资本（股本）的审计目标

采用直接吸收投资的方式来筹集资金是企业筹资最常见的形式。这种筹资方式承担的财务风险小，但付出的资金成本相对较高。实收资本（股本）业务具有增减变动少、金额大的特点。因此，注册会计师在执行实收资本（股本）审计时，应重点针对国家法律、法规的遵守性来进行审计。实收资本（股本）的具体审计目标如表6－2所示。

表6－2　实收资本（股本）审计目标与财务报表认定的对应关系

审计目标	财务报表认定				
	存在	完整性	权利和义务	计价和分摊	列报和披露
A. 资产负债表中记录的实收资本（股本）是存在的	√				
B. 应当记录的实收资本（股本）均已记录，实收资本（股本）的增减变动符合法律、法规和合同、章程的规定		√			
C. 实收资本（股本）以恰当的金额包括在财务报表中，与之相关的计价调整已恰当记录				√	
D. 实收资本（股本）已按照企业会计准则的规定在财务报表中做出恰当列报和披露					√

二、实收资本（股本）的实质性程序

（一）获取或编制实收资本（股本）明细表

审计目标：计价和分摊。

工作底稿：实收资本明细表（如表6－3所示）。

审计步骤如下：

（1）向被审计单位获取实收资本明细表，如未提供，也可由审计人员自行编制。

（2）复核加计正确，并与报表数、总账数和明细账合计数核对是否相符。

（3）检查非记账本位币出资的折算汇率及折算金额是否正确。被审计单位当年新增出资或首次接受委托时历年出资存在外币出资的，分别情况处理：

①原会计准则下，投资合同有约定汇率的，实收资本按合同约定的汇率折算；合同无约定汇率的，按收到外币资本时的市场汇率折算，即首次接受委托时，应关注审计年度之前各年度接受外币资本投入时，对折算差额的计算是否正确。

②在新会计准则下，无论是否存在合同约定汇率，均按收到外币资本当日的市场汇率折算为实收资本或股本入账。

表 6－3

实收资本余额明细表

单位：元　　索引号：QA－1

被审计单位提供							审计人员填写						
投资者名称	期初金额	比例	本期增加	本期减少	期末余额	比例	T/F	查验索引	调整数		调整索引	审定金额	
									借	贷		期末	比例
广州南方科技公司	10 500 000.00	40.70%	1 050 000.00		11 550 000.00	38.50%						11 550 000.00	38.50%
广东粤和实业公司	15 300 000.00	59.30%	1 530 000.00		16 830 000.00	56.10%						16 830 000.00	56.10%
广州兴利贸易公司			1 620 000.00		1 620 000.00	5.40%						1 620 000.00	5.40%
合计	25 800 000.00	100.00%	4 200 000.00	0.00	30 000 000.00	100.00%			0.00	0.00		30 000 000.00	100.00%

审计说明：

①明细合计与总账、报表数一致。

②经查验公司其他应收款中有股东欠款，查验索引号见（ZH－1）；不涉及抽逃出资，查验索引号见（ZH－70）。经查验公司实收资本与工商资料一致。经查验公司实收资本的变动与公司有关实收资本变动的股东会（或董事会）决议、协议等资料一致。

③与验资报告核对无误，余额可以确认。

④其中本期增加实物投资 1 620 000.00 元。

资料提供人：梅灵　　审核员：谢玲玲　　日期：2020.03.05　　复核员：李丽珍　　日期：2020.03.08

（二）检查与实收资本（股本）相关的文件

审计目标：存在、完整性、计价和分摊。

工作底稿：实收资本（股本）查验记录。

审计步骤如下：

（1）审计人员向被审计单位取得与实收资本相关原始文件并复印，主要包括：公司章程及修正案、最新营业执照、本年度股东会决议、董事会会议纪要，本年新增实收资本（股本）的验资报告及与实收资本（股本）相关的凭证。如果是首次接受业务委托，还需取得公司设立批准文件、历年验资报告等。

（2）审阅公司章程及修正案、股东（大）会、董事会会议记录有关实收资本（股本）的规定，审阅投资者是否已按合同、协议、章程约定时间、出资比例及出资方式缴付出资额，有无缴付后抽逃资本的情况。对首次接受业务委托的，应对被审计单位实收资本（股本）的沿革进行调查并做出查验记录。

（3）审阅和核对与投入或减少注册资本有关的股东会决议、董事会会议纪要，验资报告、会计凭证及附件，对以实物投资的，应取得评估报告，并检查资本溢价的会计处理无误。

在股东转让投资但注册资本不变的情况下，公司一般不进行验资。审计人员需通过询问有关人员，审阅公司章程、营业执照和与股本（实收资本）有关的会议纪要等资料以了解公司股东的出资情况是否得到了真实的反映，并向工商管理部门查询公司股本（实收资本）结构等资料。必要时，可通过向转让方函证股权转让事项的真实性和款项是否到位等要素判断公司出资情况并进行相关处理。

（4）将变更后的股本（实收资本）与最新年检后的营业执照上的注册资本核对无误。

（三）检查投入资本是否真实存在

审计目标：存在、计价和分摊。

工作底稿：实收资本（股本）凭证测试。

审计步骤如下：

（1）审阅和核对与投入资本有关的原始凭证、会计记录，对有关财产和实物价值进行鉴定，以确定投入资本的真实性。

①检查投入的现金是否已确实存入企业的开户银行，并收到银行的收款通知。

②投入的实物资产是否已办理了验收手续并列举登记清单。对房产类等需要办理过户手续的资产是否已办理过户手续，并取得所有权或使用权证明文件。

（2）对上市公司发行在外的股票，应检查股票的发行活动。检查的内容包括已发行股票的登记簿、募股清单、银行对账单、会计账面记录等。必要时，可向证券交易所和金融机构函证股票发行的数量；对首次发行还需检查发行费用的会计处理。

（四）检查实收资本（股本）的增减变动

审计目标：存在、完整性、计价和分摊。

工作底稿：实收资本（股本）凭证测试（如表6-4所示）。

表6-4 实收资本凭证测试 单位：元 索引号：QA-10

日期	凭证编号	业务内容	会计分录				附件	索引号	审计结论
			科目名称	二级科目	借方	贷方			
2011.8.25	1	收到投资	银行存款	广发银行	25 800 000.00		进账单		未见异常
2011.8.25	1	收到投资	实收资本	南方科技		10 500 000.00	验资报告		未见异常
2011.8.25	1	收到投资	实收资本	粤和实业		15 300 000.00			未见异常
2019.05.18	117	接受投资	固定资产	房屋及建筑物	5 000 000.00		增值税专票		未见异常
2019.05.18	117	接受投资	应交税费	应交增值税	250 000.00		评估报告		未见异常
2019.05.18	117	接受投资	实收资本	兴利贸易		1 472 727.27	投资协议		未见异常
2019.05.18	117	接受投资	资本公积	资本溢价		3 777 272.73			未见异常
2019.11.12	53	转增资本	资本公积	资本溢价	2 727 272.73		股东会决议		未见异常
2019.11.12	53	转增资本	实收资本	南方科技		1 050 000.00	章程修正案		未见异常
2019.11.12	53	转增资本	实收资本	粤和实业		1 530 000.00			未见异常
2019.11.12	53	转增资本	实收资本	兴利贸易		147 272.73			未见异常
审计结论：实收资本本期无重大异常情况，本期发生额及余额可以确认。									

审计步骤如下：

（1）审计人员根据股东会决议、董事会会议纪要、股权投资协议及其他有关法律性文件载明的实收资本（股本）增减变动情况和股本（实收资本）明细表，逐笔追查至与实收资本（股本）增减变动有关的原始凭证，检查其会计处理是否正确。注意有无抽资或变相抽资的情况，如有，应取证核实，做恰当处理。

（2）对于以资本公积转增资本的，审计人员应检查是否从资本公积——资本（股本）溢价中转增，并核对股东会决议、董事会会议纪要中增资分配比例，增资前后比例核对一致。

（五）检查实收资本（股本）是否已按照企业会计准则的规定在财务报表中做出恰当列报

审计目标：列报和披露。

工作底稿：实收资本审定表、实收资本披露表。

审计步骤如下：

有限责任公司一般在财务报表附注中披露：实收资本上年数、本期增加或减少数、本期数；股东出资的方式：实物出资、货币出资还是无形资产出资；股东所占比例。

股份有限公司一般披露：股本的种类、各类股本金额及股份发行数额、每股股票的面值；本会计期间内发行的股票和可转换债券涉及所有者权益的重大事项，如特殊的股利分配权、转换权利、转换条件。

任务2
资本公积审计

任务描述

注册会计师谢玲玲按照审计计划开始资本公积的审计，项目组长李丽珍要求其完成如下工作：对资本公积实施实质性程序，重点检查资本公积的增减变动是否符合相关规定、会计处理是否正确，有无将其他资本公积用于转增资本的情况。

审计准备

（1）需要收集的证据清单：①与资本公积变动有关的股东大会决议；②与资本公积变动有关的董事会会议纪要；③与资本公积变动有关的资产评估报告。

（2）涉及的凭证和会计记录包括：有关会计账簿（包括资本公积总账、明细账等）、有关科目的记账凭证。粤兴公司2019年资本公积明细账相关数据如表6-5、表6-6所示。

表6-5 资本公积——资本溢价

单位：元

月	日	凭证	摘要	借方	贷方	借/贷	余额
			年初余额			贷	—
5	18	117	兴利公司投资溢价	—	3 777 272.73	贷	3 777 272.73
11	12	53	资本公积转增资本	2 727 272.73	—	贷	1 050 000.00
			本年累计	2 727 272.73	3 777 272.73	贷	1 050 000.00

表6-6 资本公积——其他资本公积

单位：元

月	日	凭证	摘要	借方	贷方	借/贷	余额
			年初余额			贷	—
12	31	159	泰诺公司接受捐赠	—	106 562.48	贷	106 562.48
			本年累计	—	106 562.48	贷	106 562.48

相关知识

资本公积的核算

资本公积是企业收到投资者出资额超出其在注册资本或股本中所占份额的部分以及直接计入所有者权益的利得和损失。企业应当分别“资本溢价(股本溢价)”、“其他资本公积”进行明细核算。

(1) 企业接受投资者投入的资本、可转换公司债券持有人行使转换权利、将债务转为资本等形成的资本公积，借记有关科目，贷记“实收资本”或“股本”科目、本科目（资本溢价或股本溢价）等。

与发行权益性证券直接相关的手续费、佣金等交易费用，借记本科目(股本溢价）等，贷记“银行存款”等科目。经股东大会或类似机构决议，用资本公积转增资本，借记本科目（资本溢价或股本溢价），贷记“实收资本”或“股本”科目。

(2) 同一控制下控股合并形成的长期股权投资，应在合并日按取得被合并方所有者权益账面价值的份额，借记“长期股权投资”科目，按享有被投资单位已宣告但尚未发放的现金股利或利润，借记“应收股利”科目，按支付的合并对价的账面价值，贷记有关资产科目或借记有关负债科目，按其差额，贷记本科目（资本溢价或股本溢价）；为借方差额的，借记本科目(资本溢价或股本溢价)，资本公积（资本溢价或股本溢价）不足冲减的，借记“盈余公积”、“利润分配——未分配利润”科目。

同一控制下吸收合并涉及的资本公积，比照上述原则进行处理。

(3) 长期股权投资采用权益法核算的，在持股比例不变的情况下，被投资单位除净损益以外所有者权益的其他变动，企业按持股比例计算应享有的份额，借记或贷记“长期股权投资——其他权益变动”科目，贷记或借记本科目（其他资本公积）。

处置采用权益法核算的长期股权投资，还应结转原记入资本公积的相关金额，借记或贷记本科目（其他资本公积），贷记或借记“投资收益”科目。

审计过程

一、确定资本公积的审计目标

企业资本公积业务一般不多，审计中常见的问题主要有：资本公积的增减变动不符合有关规定，股票发行的手续费未从溢价收入中扣除，以其他资本公积转增资本等。资本公积具体审计目标如表 6 - 7 所示。

表6-7　　资本公积审计目标与财务报表认定的对应关系

审计目标	财务报表认定				
	存在	完整性	权利和义务	计价和分摊	列报和披露
A. 资产负债表中记录的资本公积是存在的	√				
B. 所有应当记录的资本公积均已记录，资本公积的增减变动符合法律、法规和合同、章程的规定		√			
C. 资本公积以恰当的金额包括在财务报表中				√	
D. 资本公积已按照企业会计准则的规定在财务报表中做出恰当列报					√

二、资本公积的实质性程序

（一）获取或编制资本公积明细表

审计目标：计价和分摊。

工作底稿：资本公积明细表。

审计步骤如下：

（1）向被审计单位获取资本公积明细表，如未提供，也可根据资本公积明细账自行编制。

审计人员在编制明细表时，对于资本公积年初数要与上年审定数核对是否相符，如被审计单位未对上期调整事项在上年度进行账务处理，审计人员在填制时要将其调整为与上年审定数一致。

（2）复核加计正确，并与报表数、总账数和明细账合计数核对是否相符。

（二）检查资本公积的变动

审计目标：存在、完整性、计价和分摊。

工作底稿：资本公积凭证测试表。

审计步骤如下：

（1）审计人员收集与“资本公积——资本（股本）溢价”变动有关的股东会决议、董事会会议纪要、资产评估报告等资料，复印并更新永久性档案。

（2）审计人员根据资本公积明细账，对“资本公积——资本（股本）溢价”增减变动逐项审查原始凭证，检查被审计单位会计处理正确。

①对股本溢价，应取得董事会会议纪要、股东大会决议、有关合同、政府批文，追查至银行收款等原始凭证，结合相关科目的审计，检查会计处理是否正确，注意发行股票溢价收入的计算是否已扣除股票发行费用。

②对于资本公积转增资本，应取得股东大会决议、董事会会议纪要、有关批文等资料，检查是否符合有关规定，会计处理是否正确，是否将其他资本公积用于转增资本。

③若有统一控制下企业合并，应结合长期股权投资科目，检查被审计单位（合并方）取得的被合并方所有者权益账面价值的份额与支付的合并对价账面价值的差额计算是否正确，是否依次调整本科目、盈余公积和未分配利润。

④检查与发行权益性证券直接相关的手续费、佣金等交易费用的会计处理是否正确，是否将与发行权益性证券直接相关的手续费计入本账户，若有，判断是否需要被审计单位调整。

(3) 根据资本公积明细账，对“其他资本公积”的发生额逐项审查至原始凭证：检查以权益法核算的被投资单位除净损益、其他综合收益以外所有者权益的变动，被审计单位是否以按其享有的份额入账，会计处理是否正确，处置该项投资时，应注意是否已转销与其相关的资本公积。

（三）检查资本公积是否已按照企业会计准则相关规定在财务报表中做出恰当列报和披露

审计目标：列报和披露。

工作底稿：资本公积审定表（如表6－8所示）、资本公积披露表。

表6－8 **资本公积审定表** 单位：元 索引号：QB－1

项目	借/贷	期末未审数	账项调整		重分类调整		期末审定数	上期审定数
			借方	贷方	借方	贷方		
资本公积	贷	1 156 562.48	106 562.48				1 050 000.00	0.00
合计		1 156 562.48	106 562.48				1 050 000.00	0.00

审计说明：

12月159#凭证广州泰诺网络科技公司接受捐赠应计入其他综合收益，建议审计调整如下：

借：资本公积——其他资本公积 106 562.48

贷：其他综合收益 106 562.48

审计结论：除上述调整事项外，未发现其他重大异常。

审计步骤如下：

(1) 检查资本公积的列报金额是否正确。

(2) 资本公积本期增减变动的金额、原因和依据是否充分披露。资本公积用于转增资本的，应披露说明其履行的法律程序和有关决议。

任务3
盈余公积审计

任务描述

注册会计师谢玲玲按照审计计划开始盈余公积的审计，项目组长李丽珍要求其完成如下工作：对盈余公积实施实质性程序，重点是审查盈余公积的计提和使用是否合法，包括计提的标准和数额是否真实、准确，用途是否恰当、会计处理是否正确。

审计准备

（1）审计人员应当了解被审计单位利润分配的相关制度及核算流程。

（2）需要收集的证据清单：①股东（大）会决议（涉及盈余公积业务）；②董事会会议纪要（涉及盈余公积业务）；③公司章程及其修正案（涉及盈余公积业务）。

（3）涉及的凭证和会计记录包括：有关会计账簿（盈余公积、利润分配）总账和明细账、有关科目的记账凭证及其附件。粤兴公司2019年盈余公积明细账如表6－9所示。

表6－9 盈余公积——法定盈余公积 单位：元

月	日	凭证	摘 要	借 方	贷 方	借/贷	余 额
			年初余额			贷	2 165 034.43
12	31	160	计提盈余公积	—	435 162.84	贷	2 600 197.27
			本年累计	—	435 162.84	贷	2 600 197.27

相关知识

盈余公积

盈余公积是指企业从税后利润中提取形成的、存留于企业内部、具有特定用途的收益积累。盈余公积分为法定盈余公积和任意盈余公积。法定盈余公积按照企业税后利润的10%提取，累计额已达注册资本的50%时可以不再提取。任意盈余公积主要是公司制企业按照股东大会的决议提取。企业提取的盈余公积可用于弥补亏损、扩大生产经营、转增资本（或股本）等。盈余公积的提取实际上是对企业当期实现的净利润向投资者分配利润的一种限制。

盈余公积主要用于以下方面：

（1）用于弥补亏损。企业发生亏损时，应由企业自行弥补。弥补亏损的渠道主要有三条：一是用以后年度税前利润弥补。按照现行制度规定，企业发生亏损时，可以用以后五年内实现的税前利润弥补，即税前利润弥补亏损的期间为五年。二是用以后年度税后利润弥补。企业发生的亏损经过五年期间未弥补足额的，尚未弥补的亏损应用所得税后的利润弥补。三是以盈余公积弥补亏损。企业以提取的盈余公积弥补亏损时，应当由公司董事会提议，并经股东大会批准。

（2）转增资本。盈余公积在一般情况下不用于向投资者分配利润或股利时。当有特殊情况需要用盈余公积分配股利时，必须经股东大会决议批准并符合下列条件：①用盈余公积弥补亏损后，该项公积金仍有结余。②用盈余公积分配股利时，股利率不能太高，不得超过股票面值的6%。③分配股利后，法定盈余公积金不得低于注册资本的25%。

（3）扩大企业生产经营。盈余公积的用途并不是指其实际占用形态，提取盈余公积也并不是单独将这部分资金从企业资金周转过程中抽出。企业盈余公积的结存数，实际只表现为企业所有者权益的组成部分，表明企业生产经营资金的一个来源而已。其形成的资金可能表现为一定的货币资金，也可能表现为一定的实物资产，如存货和固定资产等，随同企业的其他来源所形成的资金进行循环周转。

审计过程

一、确定盈余公积的审计目标

在一般企业中，盈余公积核算出错的概率相对较低。在实务工作中常见的问题有：将应计入损益项目计入盈余公积；盈余公积计提的顺序和基数不正确；盈余公积使用的审批手续不健全；盈余公积挪作他用。由于盈余公积是按照审定后的净利润的一定比例提取，所以该科目应在损益表审定之后才进行审计。盈余公积的具体审计目标如表 6－10 所示。

表 6－10　　应付职工薪酬审计目标与财务报表认定的对应关系

审计目标	财务报表认定				
	存在	完整性	权利和义务	计价和分摊	列报和披露
A. 资产负债表中记录的盈余公积是存在的	√				
B. 应当记录的盈余公积均已记录，盈余公积的增减变动符合法律、法规和合同、章程的规定		√			
C. 盈余公积以恰当的金额包括在财务报表中，与之相关的计价调整已恰当记录				√	
D. 盈余公积已按照企业会计准则的规定在财务报表中做出恰当列报和披露					√

二、盈余公积的实质性程序

（一）获取或编制盈余公积明细表

审计目标：计价和分摊。

工作底稿：盈余公积余额明细表（如表 6－11 所示）。

审计步骤如下：

（1）获取或自行编制盈余公积明细表。

（2）复核加计是否正确，将盈余公积明细表与报告数、总账数和明细账合计数核对是否相符。

（二）检查盈余公积的增减变动

审计目标：存在、完整性、计价和分摊。

工作底稿：盈余公积计提复核表（如表 6－12 所示）、盈余公积凭证测试表。

表 6－11

盈余公积余额明细表

单位：元　　索引号：QC－1

明细项目	期初余额	调整金额	调整后期初数	本期增加额		本期减少额			期末未审数	调整数		调整索引	期末审定数
				利润提取	其他	弥补亏损	分配股利	其他		借	贷		
法定盈余公积	2 165 034.43		2 165 034.43	435 162.84					2 600 197.27	12 385.00		QC－4	2 587 812.27
任意盈余公积			0.00						0.00				0.00
合计	2 165 034.43		2 165 034.43	435 162.84					2 600 197.27	0.00	0.00		0.00

审计说明：明细合计与总账、报表一致。

资料提供人：梅灵　　审核员：谢玲玲　　日期：2020.03.05　　复核员：李丽珍　　日期：2020.03.08

表 6－12

盈余公积计提复核表

单位：元　　索引号：QC－4

项目内容	未审金额	查验索引	调整数		调整索引	审定金额
			借	贷		
一、本期净利润：	4 351 628.37		123 850.00		SE－20－1	4 227 778.37
减：弥补亏损	0.00					0.00
二、弥补亏损后盈余公积计提基数	4 351 628.37		123 850.00	0.00		4 227 778.37
计提比例	10%					10%
三、本期应提取盈余公积	435 162.84		12 385.00			422 777.84

审计说明：本期管理费用跨期入账一笔，相关调整见索引 SE－20－1。计提盈余公积相应调整如下：

借：盈余公积——法定盈余公积　　12 385.00

　　贷：利润分配——未分配利润　　12 385.00

资料提供人：梅灵　　审核员：谢玲玲　　日期：2020.03.05　　复核员：李丽珍　　日期：2020.03.08

审计步骤如下：

（1）审计人员向被审计单位人员取得与盈余公积变动有关的董事会会议纪要、股东会决议、公司章程及修正案，审阅并复印，更新永久性档案。

（2）对法定盈余公积和任意盈余公积的发生额逐项审查至原始凭证，审查法定盈余公积和任意盈余公积的计提顺序是否正确、法定盈余公积的计提比例是否符合法律规定；任意盈余公积的计提比例是否与董事会会议纪要、股东会决议、公司章程及修正案一致，检查会计处理是否正确。

当公司法定盈余公积累计额占公司注册资本的50%以上的，可以不再提取。法定盈余公积转增资本后的余额不得低于转增前注册资本的25%。

（三）检查盈余公积是否已按企业会计准则的规定在财务报表中做出恰当列报和披露

审计目标：列报和披露。

工作底稿：盈余公积审定表、盈余公积披露表。

审计步骤如下：

（1）检查盈余公积是否在财务报表中恰当列报。

（2）检查盈余公积是否在财务报表附注中恰当披露。

企业应披露盈余公积本期增减数、期末数，如用盈余公积金弥补亏损、分配股利，则还应说明有关决议和批准文件等依据。

任务4
未分配利润审计

任务描述

注册会计师谢玲玲按照审计计划开始未分配利润的审计，项目组长李丽珍要求其完成如下工作：对未分配利润实施实质性程序，审查其真实性，并检查其是否账表相符。

▣ 审计准备

（1）审计人员应当了解被审计单位利润分配的相关制度及核算流程。

（2）需要收集的证据清单：①股东（大）会决议（涉及利润分配业务）；②董事会会议纪要（涉及利润分配业务）；③公司章程及其修正案（涉及利润分配业务）。

（3）涉及主要凭证和账簿：公司利润分配科目的总账和明细账、有关会计凭证及其附件资料等。粤兴公司2019年未分配利润相关资料如表6－13、表6－14、表6－15所示。

表6－13　利润分配——未分配利润　单位：元

月	日	凭证	摘要	借方	贷方	借/贷	余额
			年初余额			贷	5 662 830.48
4	30	155	结转利润分配	1 250 000.00		贷	4 412 830.48
12	31	159	结转本年利润	—	4 351 628.37	贷	8 764 458.85
12	31	161	结转利润分配	435 162.84		贷	8 329 296.01
			本年累计	1 685 162.84	4 351 628.37	贷	8 329 296.01

表6－14　利润分配——提取法定盈余公积　单位：元

月	日	凭证	摘要	借方	贷方	借/贷	余额
			年初余额			贷	—
12	31	160	计提盈余公积	435 162.84		贷	-435 162.84
12	31	161	结转利润分配		435 162.84	平	—
			本年累计	435 162.84	435 162.84	平	—

表6－15　利润分配——应付利润　单位：元

月	日	凭证	摘要	借方	贷方	借/贷	余额
			年初余额			贷	—
4	14	98	应付股东2018年利润	1 250 000.00		贷	-1 250 000.00
4	30	155	结转利润分配		1 250 000.00	平	—
			本年累计	1 250 000.00	1 250 000.00	平	—

相关知识

利润分配

利润分配是企业根据国家规定和投资者的决议，对企业当年可供分配的利润所进行的分配。企业本年实现的净利润加上年初未分配利润（或减年初未弥补亏损）和其他转入后的余额，为可供分配的利润。可供分配的利润，应首先提取法定盈余公积（净利润的10%），剩余部分称为可供投资者分配利润，其分配的顺序如下：①应付优先股股利；②提取任意盈余公积；③应付普通股股利；④转作资本或股本的普通股股利。

经过上述分配过程后，剩余部分为未分配利润（未弥补亏损）。未分配利润可以留待以后年度进行分配。相对于所有者权益的其他部分来讲，企业对于未分配利润的使用分配有较大的自主权。从数量上来讲，未分配利润是期初未分配利润加上本期实现的净利润，减去提取的各种盈余公积和分配利润后的余额。

审计过程

一、确定未分配利润的审计目标

在一般企业中，未分配利润核算出错的概率相对较低。在实务工作中常见的问题有：利润分配的基数不正确；以前年度损益调整不正确等。由于期末未分配利润是期初未分配利润加上本期实现的净利润，减去提取的盈余公积和分配利润的基础上得来，所以该科目应在损益表审定之后才进行审计。未分配利润的具体审计目标如表 6－16 所示。

表 6－16　　应交税费审计目标与财务报表认定的对应关系

审计目标	财务报表认定				
	存在	完整性	权利和义务	计价和分摊	列报和披露
A. 资产负债表中记录的未分配利润是存在的	√				
B. 应当记录的未分配利润均已记录，未分配利润的增减变动符合法律、法规和合同、章程的规定		√			
C. 未分配利润以恰当的金额包括在财务报表中，与之相关的计价调整已恰当记录				√	
D. 未分配利润已按照企业会计准则的规定在财务报表中做出恰当列报和披露					√

二、未分配利润的实质性程序

（一）获取或编制未分配利润明细表

审计目标：计价和分摊。

工作底稿：未分配利润增减变动及余额明细表（如表 6－17 所示）。

表 6－17　　未分配利润增减变动及余额明细表　　单位：元　　索引号：QD－1

被审计单位提供		审计人员填写					
项　目	金　额	T/F	查验索引	调整数		调整索引	审定金额
				借	贷		
一、上年年末余额	5 662 830.48						5 662 830.48
加：会计政策变更							0.00
前期会计差错更正							0.00
二、本年年初余额	5 662 830.48			0.00	0.00		5 662 830.48
三、本年净利润	4 351 628.37			123 850.00			4 227 778.37

续表

被审计单位提供		审计人员填写					
项　　目	金　　额	T/F	查验索引	调整数		调整索引	审定金额
				借	贷		
四、利润分配	1 685 162.84			0.00	0.00		1 685 162.84
提取法定盈余公积	435 162.84						435 162.84
应付现金股利或利润	1 250 000.00						1 250 000.00
转作股本的股利							
其他							0.00
五、所有者权益内部结转							0.00
盈余公积弥补亏损							0.00
其他							0.00
六、年末未分配利润	8 329 296.01			123 850.00	0.00		8 205 446.01
审计说明：明细合计与总账、报表数一致。							

审计步骤如下：

（1）获取或自行编制未分配利润明细表。

（2）复核加计是否正确，将未分配利润明细表与报告数、总账数和明细账合计数核对是否相符。

（3）将未分配利润年初数与上年审定数核对是否相符，检查涉及损益的上年审计调整是否正确入账。

（二）检查未分配利润的变动

审计目标：存在、完整性、计价和分摊。

工作底稿：未分配利润检查表。

审计步骤如下：

（1）获取与未分配利润有关的董事会会议记录、股东大会决议、政府部门批文以及有关合同、协议、公司章程等文件资料，并更新永久性档案。

（2）检查董事会会议记录、股东大会决议、利润分配方案等资料，对照有关规定确认利润分配的合法性。

（3）检查未分配利润变动相关凭证，结合所获取的文件资料，确定其会计处理是否正确。

（4）了解本年利润弥补以前年度亏损的情况，确认本期末未弥补亏损金额。如果已超过弥补期限，且已因为抵扣亏损而确认递延所得税资产的，应当进行调整。

（5）结合以前年度损益科目的审计，检查以前年度损益调整的内容是否真实、合理，注意对以前年度所得税的影响。对重大调整事项应逐项核实其发生原因、依据和有关资料，复核数据的正确性。

(三)检查未分配利润是否已按照企业会计准则的规定在财务报表和附注中做出恰当列报和披露

审计目标：披露和列报。

工作底稿：未分配利润披露表。

审计步骤如下：

(1) 检查未分配利润的列报是否恰当。

(2) 检查未分配利润在报表附注信息披露是否恰当。

报表附注中应披露报告期利润分配比例以及未分配利润的增减变动情况。若有对以前年度损益调整致使期初未分配利润变动的情况，应对变动内容、变动原因、依据和影响做出说明。

7 项目七 收入与费用审计

学习目标

□ 知识学习目标

了解销售过程的内部控制并对其进行控制测试；
明确营业收入的审计目标，掌握营业收入的实质性程序；
明确营业成本的审计目标，掌握营业成本的实质性程序；
明确销售费用的审计目标，掌握销售费用的实质性程序；
明确管理费用的审计目标，掌握管理费用的实质性程序；
明确财务费用的审计目标，掌握财务费用的实质性程序。

□ 技能训练目标

能够实施销售的控制测试和营业收入的实质性程序；
能够实施营业成本的实质性程序；
能够实施销售费用的实质性程序；
能够实施管理费用的实质性程序；
能够实施财务费用的实质性程序。

工作任务

任务1 营业收入审计
任务2 营业成本审计
任务3 销售费用审计
任务4 管理费用审计
任务5 财务费用审计

导入案例

广州市普华会计师事务所接受业务委托，审计广州市珠江电缆公司（以下简称珠江公司）2019年度财务报表。注册会计师孙涛在进行损益类科目审计时，发现以下情况：

（1）通过监盘库存商品、检查库存商品出入库记录，发现珠江公司已发货、未开票的收入共163.75万元（此款次年1月已全部收回）。

（2）在查验销售佣金时，发现6月13日121#凭证摘要内容为“付展锐公司销售佣金”，附有展锐公司业务员肖亮签名的收据一张（未盖公章）、收款人为肖亮的转账回单；12月28日236#凭证摘要内容为“付销售人员提成奖励”，金额为2万元，凭证后附提成奖发放清单、网银转账回单，清单上人员均为本公司销售人员。

（3）查阅2020年1月3日银行存款明细账有大额的广告费支出，摘要为“支付广州华光广告公司广告费”，金额为163 800元，凭证后附电汇回单、广告推广服务合约（2019年4月至10月的广告推广服务）、增值税专用发票（日期为2019年12月30日）。

（4）珠江公司2019年12月管理费用——办公费－302 523.64元，明显异常。经查为公司将一楼门面房出租给广州喜士多公司经营超市而收到的租金收入。

（5）珠江公司2019年3月1日向光大银行广州分行借入流动资金借款800万元，期限1年，年利率5.31%，每个季度末21日付息；2019年9月1日向其关联公司广州康惠实业公司借入1 500万元，期限1年6个月，年利率5.83%，到期一次还本付息。

根据以上资料请回答：

（1）哪些事项需要进行审计调整？

（2）如果根据借款计算出的利息与账面所记金额基本相符，是否可以不进行截止测试？

任务1
营业收入审计

任务描述

注册会计师孙涛按照审计计划开始营业收入的审计，组长寇卫东要求其完成如下工作：①销售的内部控制测试，重点关注销售业务的职权分离和适当的审批授权；②对营业收入实施实质性程序，重点是通过实质性分析程序发现营业收入变化的异常。

审计准备

(1) 在审计前，审计人员应当了解被审计单位销售模式及营业收入核算的相关会计政策。

(2) 需要收集的证据清单：①销售定价政策文件或依据；②主要产品价格目录；③客户管理及信用评价制度；④销售合同及其台账；⑤合同审批制度或相关规定。

(3) 涉及的凭证和账簿记录包括：有关会计账簿（包括主营业务收入、其他业务收入的总账和明细账等）、有关科目的记账凭证及其附件。珠江公司2019年有关营业收入、营业成本与毛利相关数据如表7-1所示。

表7-1　珠江公司2019年有关营业收入、营业成本与毛利相关数据　单位：元

项目	营业收入	营业成本	毛利
主营业务收入	93 674 233.29	86 925 861.89	6 748 371.40
2R-BV阻燃电线	57 784 999.53	54 931 898.42	2 853 101.11
BVV电线	17 717 948.45	16 665 451.59	1 052 496.86
BVR电线	10 547 865.58	10 436 092.15	111 773.43
RVS电线	7 623 419.73	4 892 419.73	2 731 000.00
其他业务收入	8 849 557.82	8 776 240.61	73 317.21
0.75mm铜丝	8 849 557.82	8 776 240.61	73 317.21
合计	102 523 791.11	95 702 102.50	6 821 688.61

相关知识

收入的分类与确认

营业收入是指企业在销售商品、提供劳务等主营业务活动中所产生的收入，以及企业确认的除主营业务活动以外的其他经营活动实现的收入，包括出租固定资产、出租无形资产、出租包装物和商品、销售材料、用材料进行非货币性交换（具有商业实质且公允价值能够可靠计量）或债务重组等实现的收入。营业收入按照企业从事日常活动的性质可分为销售商品收入、提供劳务收入和让渡资产使用权收入。

销售商品收入的确认条件：①企业已将商品所有权上的主要风险和报酬转移给购货方；②企业既没有保留通常与所有权相联系的继续管理权，也没有对已售出的商品实施有效控制；③收入的金额能够可靠地计量；④相关的经济利益很可能流入企业；⑤相关已发生或将发生的成本能够可靠地计量。

提供劳务收入的确认条件：①收入的金额能够可靠地计量；②相关的经济利益很可能流入企业；③交易的完工进度能够可靠地确认；④交易中已发生和将发生的成本能够可靠地计量。

让渡资产使用权收入的确认条件：①相关的经济利益很可能流入企业；②收入的金额能够可靠地计量。

审计过程

一、确定营业收入的审计目标

近年来粉饰财务报表、人为操纵利润的财务丑闻频频发生。通过虚构或隐瞒收入来调节利润是舞弊者惯用的手法，营业收入成为财务舞弊的重灾区。营业收入核算中常见的问题有：销售交易重复入账；虚构顾客及销售业务；随意确认销售收入；销售收入跨期确认等。营业收入的具体审计目标如表 7-2 所示。

表 7-2 营业收入审计目标与财务报表认定的对应关系

审计目标	财务报表认定					
	发生	完整性	准确性	截止	分类	列报
A. 利润表中记录的营业收入已经发生，且与被审计单位有关	√					
B. 所有应当记录的营业收入均已记录		√				
C. 与营业收入有关的金额及其他数据已恰当记录			√			
D. 营业收入已记录于正确的会计期间				√		
E. 营业收入已记录于恰当的账户					√	
F. 营业收入已按照企业会计准则的规定在财务报表中做出恰当列报						√

二、销售业务的控制测试

销售业务的控制测试一般与收款业务的控制测试一起进行，称为销售与收款循环的控制测试。若重大错报风险评估为低，一般要进行较为详细的控制测试；反之，则可进行简单控制测试或不进行控制测试。实施销售业务控制测试的条件：①在评估认定层次重大错报风险时，预期控制的运行是有效的；②仅实施实质性程序并不能够提供认定层次充分、适当的审计证据或实施两种程序的审计成本更低。

销售与收款循环控制测试的一般程序：

(1) 在了解被审计单位销售与收款循环内部控制程序有效的基础上，通过观察和了解销售和收款的关键控制点制定相应的控制测试程序（如表 7-3 所示），并根据被审计单位执行控制的频率决定控制测试项目的数量。

(2) 通过抽查销售与收款业务的会计记录，检查关键控制点生成的有关文件和记录，核实销售和收款的有关控制措施是否得到执行。或通过追踪交易在财务报告信息系统中的处理过程（穿行测试），以提取对关键控制点控制有效支持的审计证据。

(3) 对控制测试结果是否支持风险评估结论做出评价，决定是否需要修正某些认定的重大错报风险水平，并制订销售与收款循环相关交易与账户余额的审计方案。

表7-3　　销售与收款循环的关键控制点与控制测试

主要业务活动	关键控制点	防范的错报	可能的控制测试
①接受订单	确定顾客在已批准的顾客清单上；每次销售都有已批准的销售单	可能销售商品给了未经授权的顾客	审计已批准的顾客清单和销售单
②批准信用	信用部门须对所有新顾客进行信用调查；在销售前，检查顾客的信用额度；要求被授权的信用部门人员在销售单上签署意见	承担了不适当的信用风险	询问对新顾客进行信用调查的程序；核对信用额度与销售情况；审计赊销假信用是否经适当的授权批准
③按销售单发货	发货、装运都需有已批准的销售单；按销售单发货和装运的职责分离；每次装运都编制装运凭证	所发出、装运的货物可能和被订购的货物不符；可能有未经授权的发出、装运货物	观察发运、装运货物的职责分工情况；审查装运凭证及独立核查的证据
④开单给顾客	每张发票须有与之相配合的装运凭证和已批准的销售单；每张装运凭证须有与之相配合的销售发票	可能对虚构的交易开单或重复开单；开装运凭证可能没有开账单；销售发票可能计价错误	将发票核对至装运凭证和已批准的销售单；追查装运凭证至销售发票；检查和计算发票的计价；由独立人员对销售发票的编制做内部检查
⑤记录销售	销售发票与销售账和顾客账金额一致；每月定期给顾客寄对账单	发票可能未入账；发票可能入错误的顾客账户	复核独立检查证据；观察月末对账单情况
⑥办理和记录现金、银行存款收入	采用汇款通知单审查银行调节表；独立检查入账、过账的金额与每日现金汇总表	货币资金失窃；收款记录错误	核对发运凭证与相关的销货发票和收入明细账及应收账款中的分录的一致性；定期编制银行调节表

相关知识

销售业务的内部控制

销售交易的内部控制实现目标主要包括六个方面：①登记入账的销售交易确已发货给真实的顾客（发生）；②所有销售交易均已登记入账（完整性）；③登记入账的销售数量确为发货的数量，已开具账单并登记入账（计价与分摊）；④销售交易的分类恰当（分类）；⑤销售交易的记录及时（截止）；⑥销售交易已正确记入明细账，并已正确汇总（准确性、计价和分摊）。为达到以上目标，需要一定的控制措施。

1. 适当的职责分离

适当的职责分离有助于防止各种有意或无意的错误。销售、发货、收款三项业务的部门或岗位分别设立。按规定：①单位在销售合同订立前，应当指定专门人员就销售价格、信用政策、发货及收款方式等具体事项与客户进行谈判。谈判人员应两人以上，并与订立合同的人员相分离；②编制销售发票通知单与开具销售发票的人员应相互分离；③销售人员应避免接触销售现款。审计人员通常通过观察有关人员的活动，以及与这些人员进行讨论，来实现职责分离的控制测试。

2. 恰当的授权审批

对于授权审批问题，注册会计师应当关注以下四个关键点上的审批程序：①非经正当审批，不得发出货物；②在销售发生之前，赊销已经正确审批；③销售价格、销售条件、运费、折扣等必须经过审批；④审批人应当在授权范围内审批，不得超越审批权限，对于超过单位既定销售政策和信用政策规定范围的特殊销售交易，单位应当进行集体决策。

3. 充分的凭证和记录

每个企业为适应其经营和管理的要求，都有关于交易的产生、处理和记录等制度规定，其个性化非常明显，因此必须结合具体情况才能评价其各项控制是否足以发挥最大的作用。一般而言，只有充分的凭证和记录手续，才有可能实现其他各项控制目标：①凭证只有充分的情况下才能记录；②凭证充分的情况下要及时记录。

4. 凭证的预先编号

由同一部门形成的凭证（如销售发票、发运凭证）必须预先编号，以防止重开、重记或漏开、漏记。常用的控制程序是清点各种凭证，看其编号是否连续。

5. 按月寄出对账单

由不负责现金出纳和销售及应收账款记账的人员按月向顾客寄发对账单，能促使顾客在发现应付账款余额不正确后及时反馈信息，为了使这项有用的控制更加有效，最好将账户中出现的所有核对不符的账项，指定一位不掌管货币资金也不记载主营业务收入各应收账款账目的主管人员处理。

6. 内部核查

由内部审计人员或其他独立人员核查销售交易的处理和记录，是实现内部控制目标不可缺少的一项控制措施。内部核查内容主要包括：①销售与收款业务相关岗位及人员的设置情况，是否存在不相容职务混岗；②销售与收款业务授权批准制度的执行情况，包括审批手续是否健全，是否存在越权审批；③销售的管理情况，检查信用政策、销售政策的执行情况；④收款的管理情况，包括收入是否及时入账，款项是否及时有效催收等；⑤销售退回的管理情况，包括退回的手续是否齐全，退回的货物是否及时入库等。

三、营业收入的实质性程序

（一）获取或编制收入明细表

审计目标：准确性。

工作底稿：营业收入明细表（如表7－4所示）。

表 7－4

营业收入明细表

单位：元　　索引号：SA02

项目	借/贷	1月	2月	3月	4月	……	9月	10月	11月	12月	本期数		
											未审数	调整数	审定数
主营业务收入：													
2R－BV阻燃电线	贷	5 508 185.03	4 177 260.07	6 166 377.97	5 328 863.56	……	3 024 950.83	3 247 793.74	3 938 008.07	5 620 560.64	56 784 999.53	1 637 500.00	58 422 499.53
BVV电线	贷	867 207.47	553 048.06	1 078 256.67	1 979 381.98	……	3 344 530.89	2 113 358.24	1 142 436.89	2 374 488.98	19 717 948.45		19 717 948.45
BVR电线	贷	882 632.29	645 285.07	816 235.39	783 225.76	……	809 470.25	878 660.07	1 003 056.44	1 061 045.43	10 447 865.58		10 447 865.58
RVS电线	贷	992 865.42	332 502.16	629 530.23	833 910.94	……	774 254.61	800 203.54	780 124.61	893 539.06	9 440 067.55		9 440 067.55
其他业务收入：													
销售铜丝	贷	83 526.46	26 941.55	112 529.38	89 938.74	……	61 279.57	94 467.02	63 423.70	82 138.83	919 557.82		919 557.82
合计	贷	8 334 416.67	5 735 036.91	8 802 929.65	9 015 320.98	……	8 014 486.15	7 134 482.61	6 927 049.71	10 031 772.94	97 310 438.93	1 637 500.00	98 947 938.93

审计说明：

①2月份销售低于其他月份主要是受春节放假的影响。

②签订销售合同，在交款提货的销售方式下，已收到货款同时开出提单和发票确认收入；在预收货款的情况下，向客户发货确认收入；采用委托代销的方式下，收到代销清单时确认收入。其收入确认方法符合企业会计准则，与前期一致。

③经检查，未发现企业有周期、偶然性收入。

④2R－BV阻燃电线有163.75万元跨期收入予以调整，调整分录详见SA08。

⑤经检查，未发现销售退回、销售折让与折扣，特殊销售行为。

审计结论：经审计，除上述调整外，未发现重大异常情况。

审计步骤如下：

（1）向被审计单位获取营业收入明细表，如未提供，也可由审计人员自行根据科目余额表、总账等相关资料编制。为了便于后续执行分析程序，营业收入明细表最好按月份、按产品或按业务板块进行分类汇总。

（2）复核加计正确，并与报表数、总账数和明细账合计数核对是否相符。

（3）检查非记账本位币结算的营业收入折算汇率及折算金额是否正确。

（二）对营业收入执行实质性分析程序

审计目标：发生、完整性、准确性。

工作底稿：营业收入分析表（如表7－5所示）。

审计步骤如下：

（1）将本期的主营业务收入与上期的主营业务收入进行比较，分析产品销售的结构和价格变动是否异常，并分析异常变动的原因。

（2）计算本期重要产品的毛利率，与上期比较，检查是否存在异常，各期之间是否存在重大波动，查明原因，关注收入、成本是否配比。

（3）比较本期各类主营业务收入的波动情况，分析其变动趋势是否正常，是否符合被审计单位季节性、周期性的经营规律，查明异常现象和重大波动的原因。

（4）将本期重要产品的毛利率与同行企业进行对比分析，检查是否存在异常。

（5）根据增值税申报表或普通发票，估算全年收入，与实际收入金额比较。一般情况下，可以用增值税申报表中销项税额除以增值税税率来推估全年的收入。若推算的结果与实际收入不符，注意检查企业是否有视同销售收入（增值税申报表中的营业收入包括会计核算的主营业务收入、其他业务收入、视同销售收入等），检查是否存在虚开发票或已销售但未开发票的情况，以及主营业务收入中是否有税率为零或免税的收入。

（6）结合存货审计进行生产能力分析，判断生产销售的合理性。

（7）结合销售费用审计，分析运输费用，以发现企业销售是否存在异常。

（三）检查收入确认的条件

审计目标：发生、完整性、准确性、截止。

工作底稿：营业收入明细表。

审计步骤如下：

（1）检查主营业务收入的确认条件、方法是否符合企业会计准则，前后期是否一致。

（2）关注周期性、偶然性的收入是否符合既定的收入确定原则、方法。

需要注意的是，收入确认条件的检查应该贯穿于营业收入审计的整个过程。一般情况下的销售其收入实现与审计注意的要点如表7－6所示。

表 7 – 5

营业收入分析表

索引号：SA03

索引号	分析程序	期望值	实际情况与期望值差异	可接受差异	需进一步调查的差异	获取充分的解释和恰当的佐证审计证据
SA – 3 – 1	将本期的主营业务收入与上期的主营业务收入进行比较，分析产品销售的结构和价格变动是否异常，并分析异常变动的原因	收入总额波动幅度不超过10%	收入增加650万元，同比增长7.16%	波动幅度不超过10%	收入增加650万元的原因	阻燃电线平均销售单价和上年持平（192元/捆），销量比上年增加了3.38万捆，销售额加了650万元
		产品结构：2R – BV阻燃电线占比重增加3%	A型电机所占比重增加2.98%	A型电机所占比重增加2.5% –5%	与期望值一致	因市场需求变化，阻燃电线生产、销售量所占比重增加
		各型产品加权单价变动不超过5元	本年比上年单价高3.06元	加权单价变动不超过20元	与期望值一致	
SA – 3 – 2	计算本期重要产品的毛利率，与上期比较，检查是否存在异常，各期之间是否存在重大波动，查明原因，关注收入、成本是否配比	2R – BV阻燃电线毛利率月波动幅度不超2%	毛利率波动不超过2%	波动幅度不超过2%	与期望值一致	
		与上期比较毛利率波动幅度不超过1.5%	毛利率本年比上年降低1.91%	波动幅度不超过1.5%	需调查毛利率降低的原因	毛利率本年比上年降低1.91%，原因为铜价在2019年小幅度上涨
SA – 3 – 2	比较本期各类主营业务收入的波动情况，分析其变动趋势是否正常，是否符合被审计单位季节性、周期性的经营规律，查明异常现象和重大波动的原因	无明显季节性、周期性特点，不进行分析			无	
SA – 3 – 3	将本期重要产品的毛利率与同行业进行对比分析，检查是否存在异常	与行业毛利率相差正负4%	比行业毛利率低3.39%	正负6%	无	因供应体系及物流条件各不相同，可接受的差异调整为6%
SA – 3 – 4	根据增值税申报表或普通发票，估算全年收入，与实际收入金额比较	推估全年收入9 894.79万元	收入比估算数低163.75万元	全年收入9 894.79万元	需调查收入比估算数低163.75万元的原因	2R – BV阻燃电线12月31日销售163.75万元，财务人员计入2020年账

审计说明：①期望值与可接受差异来源于风险评估底稿。

②对销售收入比全年推估收入低163.75万元，进行相关截止性测试后，发现收入跨期确认，应予以审计调整。

表 7－6

销售方式	确认收入的时间	审计注意的要点
交款提货	货款已收到或取得收取货款的权利，发票账单和提货单交给购货单位	是否收到货款或取得收取货款的权利，发票账单是否已交付购货单位
预收账款	商品发出	是否收到货款、商品是否发出
托收	商品已经发出（劳务已经提供），发票账单提交银行并办妥收款手续	是否发货、托收手续是否办妥、发运凭证是否真实、结算回单是否正确
委托代销	代销单位已将商品销售，收到代销清单	代销单位有无商品销售、代销清单是否虚假

（四）检查定价政策

审计目标：准确性。

工作底稿：产品定价政策查验记录。

审计步骤如下：

（1）向被审计单位获取产品价格目录，检查定价是否违反国家相关规定。

（2）抽查重要的、关系密切的、存在关联关系的购货方，检查向其销售的产品名称、数量、金额、销价，将售价与产品价格目录对比，检查有无以高价或低价转移利润的情况。

（五）检查本期发生的营业收入

审计目标：发生、完整性、准确性、截止。

工作底稿：营业收入检查表（如表 7－7、表 7－8 所示）。

表 7－7　　主营业务收入检查情况表（顺查法）　　单位：元　　索引号：SA06

序号	抽查销售业务的原始凭证			追查至记账凭证					有无明细账记录
	业务日期	发票号	运货单号	入账日期	凭证号	借方科目	贷方科目	金额	
1	2019－3－18	83124027	19031805	2019－3－18	125#	应收账款	主营业务收入	1 482 956.02	有
2	2019－5－23	88205963	19052302	2019－5－23	136#	应收账款	主营业务收入	1 258 606.55	有
	……							……	
合计								29 031 528.16	

审计说明：

①抽查的样本量为 30 笔，占全年样本量 285 笔的 10.52%；样本量的金额为 2 903 万元，占全年总额的 29.83%。

②采用的抽查方法：随机选样。

审计结论：经审计，未发现重大异常情况。

表 7－8　　主营业务收入检查情况表（逆查法）　　单位：元　　索引号：SA07

业务日期	凭证号	摘要	金额	附件			工作内容				
				发票号	银行单据	运单号	1	2	3	4	5
2019－01－26	154#	售深圳创升阻燃电线	2 750 119.60	84646969	工行进账单	19012601	√	√	√	√	√
2019－4－26	162#	售东莞利源 BVV 电线	1 168 507.16	85001279	工行进账单	19042601	√	√	√	√	√

续表

业务日期	凭证号	摘要	金额	附件			工作内容				
				发票号	银行单据	运单号	1	2	3	4	5
2019－05－26	139#	售佛山精密RVS电线	973 226.30	85210355	工行进账单	19052602	√	√	√	√	√
……	……	……	……	……	……	……					
合计			29 697 715.32								
主营业务收入			97 310 438.93								
测试比例			30.52%								

审计说明：

①与业务合同、客户订单内容性质一致；②与销售发票核对内容一致；③与产品出库单、运输单据、劳务移交确认手续内容相符；④与收款凭证核对一致；⑤与银行对账单核对一致。

审计结论：经审计，未发现重大异常情况。

审计步骤如下：

（1）抽查若干张发货单，审查出库日期、品名、数量等是否与发票、销售合同、记账凭证等一致，检查是否存在已出库的产品未开发票、未入账的情况。

（2）抽取若干张记账凭证，审查入账日期、品名、数量、单价、金额等是否与发票、发货单、销售合同等一致，检查销售业务（重点关注大额客户）发生的真实性。

实务中，有些企业收入入账时，并未将发运凭证、装运单、销售合同作为原始凭证，审计时可考虑与企业销售部门的销售台账核对。有些企业或部分业务甚至没有此类凭证，此情况下，应采用替代程序。

（六）收入截止测试

审计目标：截止。

工作底稿：营业收入截止测试表（如表7－9所示）。

审计步骤如下：

（1）通过测试资产负债表日前后若干天且金额大于某一标准的发货单据，将应收账款和收入明细账进行核对。同时，从应收账款和收入明细账选取在资产负债表日前后若干天且金额大于某一标准的凭证，与发货单据核对，以确定销售是否存在跨期现象。

（2）复核资产负债表日前后销售和发货水平，确定业务活动水平是否异常（如与正常水平相比），并考虑是否有必要追加截止程序。

（3）取得资产负债表日后所有的销售退回记录，检查是否存在提前确认收入的情况。

（4）结合对资产负债表日应收账款的函证程序，检查有无未取得对方认可的大额销售。

（七）检查销售退回

审计目标：发生。

工作底稿：销售退回检查表。

表 7－9 **主营业务收入截止测试表** 单位：元 索引号：SA08

编号	发货单		发票内容						明细账				是否跨期
	日期	号码	日期	发票号	客户名称	货物名称	销售额	税额	日期	凭证号	主营业务收入	应交税费	
1	2019.12.31	19123101	2019.12.31	88152209	广州荣丰公司	BVV 电线	824 671.45	107 207.29	2019.12.31	172#	824 671.45	107 207.29	否
2	2019.12.31	19123102	2019.12.31	88152210	江门恒达公司	BVR 电线	768 155.42	99 860.20	2019.12.31	173#	768 155.42	99 860.20	否
3	2019.12.31	19123103	2019.12.31	88152211	广东泰兴公司	RVS 电线	369 903.21	48 087.42	2019.12.31	174#	369 903.21	48 087.42	否
4	2019.12.31	19123104	2019.12.31	88152212	浙江友谊公司	2R－BV 阻燃电线	1 637 500.00	212 875.00	2020.01.01	3#	1 637 500.00	212 875.00	是
截止日前													
截止日期：2019 年 12 月 31 日													
截止日后													
1	2020.01.01	20010101	2020.01.01	69912582	东莞群达公司	BVR 电线	518 820.35	67 446.65	2020.01.02	2#	518 820.35	67 446.65	否
2	2020.01.02	20010201	2020.01.02	69912583	中山速通公司	2R－BV 阻燃电线	706 214.78	91 807.92	2020.01.02	6#	706 214.78	91 807.92	否
3	2020.01.03	20010301	2020.01.03	69912584	广东兴泰公司	BVV 电线	634 659.38	82 505.72	2020.01.03	8#	634 659.38	82 505.72	否

注：从发货单到明细账。

审计说明：2019 年开具的最后一张发货单号为 19123104，发票日期为 2019 年 12 月 31 日，入账日期为 2020 年 1 月 2 日，存在跨期现象。需要进行如下审计调整：

借：应收账款——浙江友谊 1 850 375.00
　贷：主营业务收入——2R－BV 阻燃电线 1 637 500.00
　　应交税费——应交增值税（销项税费） 212 875.00

借：主营业务成本——2R－BV 阻燃电线 1 365 125.64
　贷：库存商品——2R－BV 阻燃电线 1 365 125.64

审计步骤如下：

（1）审查销售退回原因的合理性。①审计人员应对销售退回的原因及批准手续进行检查分析，尤其需要注意是否存在内外勾结，营私舞弊，从而给企业带来经济损失的问题。②审计人员应特别关注期末或下期期初发生的销售退回业务的真实性，关注企业是否存在为追求本期销售计划的完成，采用期末虚构销售，下期期初再用红字发票冲回的不当手法，弄虚作假。

（2）审查销售退回的账务处理是否正确，特别要关注资产负债表日后销售退回的账务处理是否符合会计准则的规定。

（八）检查销售折扣与折让

审计目标：准确性。

工作底稿：折扣与折让明细表。

审计步骤如下：

（1）获取或编制折扣与折让明细表，复核加计正确，并与明细账合计数核对相符。

（2）取得被审计单位有关折扣与折让的具体规定和其他文件资料，并抽查较大的折扣与折让发生额的授权批准情况，与实际执行情况进行核对，检查其是否经授权批准，是否合法、真实。

（3）销售折让与折扣是否及时足额提交对方，有无虚设中介、转移收入、私设账外“小金库”等情况。

（4）检查折扣与折让的会计处理是否正确。

（九）检查特殊销售行为

审计目标：发生、完整性、准确性、截止、分类、列报。

工作底稿：特殊销售检查表。

审计步骤如下：

检查有无特殊的销售行为，如委托代销、分期收款销售、商品需要安装和检验的销售、附有退回条件的销售、售后租回、售后回购、以旧换新、出口销售等，选择恰当的审计程序进行审核。实务中，根据特殊销售行为的不同编制不同的底稿。

（十）检查营业收入是否已按照企业会计准则的相关规定在财务报表中做出恰当的列报和披露

审计目标：列报和披露。

工作底稿：营业收入审定表、营业收入披露表。

审计步骤如下：

（1）检查营业收入是否已恰当列报。企业应分别主营业务收入和其他业务收入列示其本期发生额、上期发生额。同时，按产品或业务类别列示主营业务收入、主营业务成本及营业利润情况。

（2）检查营业收入是否已在财务报表附注中恰当披露。企业应披露前五名客户的销售收入总额，以及占公司全部销售收入的比例。

小案例

雅百特收入造假案

雅百特前身是中联电气（002323. SZ），主要业务为矿用变压器、电线电缆的研发及销售，客户为国有大中型煤矿企业，如中国神华。受宏观经济及下游行业需求放缓、市场竞争更加激烈等因素的影响，公司经营业绩不甚理想，营业利润较前期大幅下滑，从2009年的7 000多万元下降至2014年的不足1 000万元。

1. 可疑的财务数据

2015年9月，雅百特（002323. SZ）以27亿元估值借壳中联电气，并做出业绩承诺：2015年、2016年、2017年扣非净利润不低于2.55亿元、3.61亿元和4.71亿元。

2015年雅百特实现2.71亿元净利润，完成承诺业绩的106%；2016年实现2.58亿元净利润，虽然没达到承诺业绩的要求，仅完成承诺业绩的71.53%，但是短短两年时间雅百特就完成经营业绩的华丽转变，还是让投资者眼前一亮，那么雅百特的秘诀究竟是什么呢？

雅百特是一家工程企业，主要从事金属屋面围护系统和分布式光伏业务。分业务看，雅百特金属屋面业务占总收入的比例远高于光伏业务，毛利率也高于光伏行业，比如，2015年金属屋面的营业收入占比84.65%，毛利率45.01%，高于光伏行业的33.48%。如表7－10所示。

表7－10

财务指标	光伏		金属屋面	
	2015年	2016年	2015年	2016年
营业收入（亿元）	1.42	2.87	7.84	9.92
营业成本（亿元）	0.94	2.13	4.31	6.16
营业利润（亿元）	0.48	0.74	3.53	3.76
毛利率	33.48%	25.76%	45.01%	37.86%
收入构成	15.35%	22.37%	84.65%	77.17%
利润构成	11.88%	160.312%	88.12%	82.78%

财务报表内在勾稽关系决定一个定理：凡是虚增收入的造假必涉及高毛利率和虚增资产。

（1）毛利率。雅百特2015年和2016年毛利率为45.01%、37.86%，均远高于同行业上市公司森特股份。

分地域来看，2015年海外毛利率74.78%远高于国内31.45%，海外2.2亿元收入对应的是雅百特披露的与巴基斯坦的首都工程建设有限公司签订《木尔坦地铁公交工程建设工程施工合同》。如表7－11所示。

表 7-11

财务指标	国内		国外	
	2015年	2016年	2015年	2016年
营业收入（亿元）	7.05	12.2	2.2	0.66
收入构成	76.2%	94.89%	23.81%	5.11%
毛利率	31.45%	35.28%	74.78%	35.58%
营业利润（亿元）	2.35	4.3	1.65	0.23

(2) 存货资产。雅百特2015年和2016年存货几乎全是“建造合同形成的已完工未结算资产”，也就是工程未交付的资产，存货资产项目明细完全没有在产品、库存商品和周转材料。2015年原材料只有100多万元，和存货总额极其不匹配。

2015年和2016年存货/营业收入的比例分别是60.80%和76.65%，这意味虚增收入可以放在存货特别是“建造合同形成的已完工未结算资产”科目里。

(3) 现金流。2015~2016年的销售商品、提供劳务收到的现金/营业收入分别为65.69%、77.23%，远低于1。这导致经营现金流净额和净利润不匹配，2016年净利润为2.41亿元，但经营现金流净额为-1.62亿元。

(4) 销售费用。雅百特2015年和2016年销售费用率分别只有1.64%、2.25%，是较低的，有关联交易的可能。

2. 现金循环

所有的业绩造假必须要有现金循环，比如，供应商、预付账款等把钱作为采购原材料转出去，在关联公司转一圈后，再以收入形式转回上市公司。

(1) 关联方巨额的资金往来。2015~2016年雅百特通过陆永、拉萨瑞鸿投资管理有限公司、拉萨纳贤投资合伙企业（有限合伙）等控股股东及其一致行动人共拆入资金4.55亿元。

(2) 供应商为关联方。2015~2017年雅百特并没有披露具体供应商的名称，2016年披露前五大供应商没有关联方，直到2017年年报被交易所问询才披露具体名字。结果发现，2016年第二大供应商江苏佳铝实业股份有限公司是关联方，江苏佳铝实业股份有限公司两位股东陆永、褚衍玲（陆永配偶）是雅百特的实际控制人。

此外，证监会调查后发现上海煊益实业有限公司（实际控制人是李马松）也是雅百特安排的公司，雅百特利用李马松的关联公司构建资金循环，制造海外回款证据和假象，比如，2017年上半年预付账款就有上述的关联方上海煊益实业有限公司和江苏佳铝实业股份有限公司。

3. 造假过程揭秘

雅百特2015年虚增海外工程收入2.02亿元；2015年虚增出口贸易收入1 853万元；2015年至2016年9月虚构国内建材贸易方式虚增收入3.63亿元。

其中2015年海外2.2亿元项目造假的过程为：

（1）巴基斯坦木尔坦项目业主方为木尔坦发展署，建设城市快速公交线，总投资超过3.5亿美元。木尔坦开发局未与雅百特签订任何合同，且在建的木尔坦城市快速公交项目的11个承包商中，只有一家中资公司，即中铁一局。

（2）雅百特找了一家海外公司虚构工程建设合同，回款主要来源于雅百特本身控制的公司，还有其他的一些中国境内的公司，资金来源没有巴基斯坦方面的回款。

（3）雅百特向海外出口了一批建筑材料，宣称是用于巴基斯坦木尔坦公交车站的建设，但实际上货物没运到巴基斯坦而是通过第三方公司又把材料进口回来，施工现场图片都是假的。

（4）为了以上造假，雅百特动用了7个国家和地区的50多个公司走账，超过100多个银行账户进行资金划转，而且经常通过银行票据和第三方支付划转，渠道复杂。这一切走账仅在上海一间20平方米的小屋内就完成了如此浩大的工程。

（资料来源：市值风云APP，作者：木盒）

任务2 营业成本审计

任务描述

注册会计师孙涛按照审计计划开始营业成本的审计，组长寇卫东要求其完成如下工作：对营业成本实施实质性程序，重点审计主营业务成本的结转方法是否正确，并与库存商品账户进行对应检查。

■ 审计准备

（1）需要收集的证据清单：①请购单、订购单、货物验收单；②销货方开具的发票；③付款凭证、转账凭证；④供应商对账单、询证函。

（2）涉及的凭证和账簿记录包括：有关会计账簿（包括主营业务成本、其他业务成本的总账、明细账等）、有关科目的记账凭证及其附件资料。珠江公司2019年主营业务成本、其他业务成本明细账相关数据如表7－12所示。

表7－12　　珠江公司2019年有关营业收入、营业成本与毛利相关数据　　单位：元

项目	营业收入	营业成本	毛利
主营业务收入	93 674 233.29	86 925 861.89	6 748 371.40
2R－BV阻燃电线	57 784 999.53	54 931 898.42	2 853 101.11
BVV电线	17 717 948.45	16 665 451.59	1 052 496.86
BVR电线	10 547 865.58	10 436 092.15	111 773.43
RVS电线	7 623 419.73	4 892 419.73	2 731 000.00
其他业务收入	8 849 557.82	8 776 240.61	73 317.21
0.75mm铜丝	8 849 557.82	8 776 240.61	73 317.21
合计	102 523 791.11	95 702 102.50	6 821 688.61

相关知识

营业成本的核算

营业成本是指企业对外销售商品、提供劳务等主营业务活动和销售材料的成本、出租固定资产的折旧额、出租无形资产的摊销额、出租包装物的成本或摊销额等其他经营活动所发生的实际成本。对于制造业产成品销售来说，它是由期初库存产品成本加上本期入库产品成本，再减去期末库存产品成本求得的。营业成本又分为主营业务成本和其他业务成本；它们是与主营业务收入和其他业务收入相对应的一组概念。

（1）主营业务成本。主营业务成本是企业销售商品、提供劳务等经常性活动所发生的成本。企业一般在确认主营业务收入发生时（或在月末）将已售商品、已提供劳务的成本转入主营业务成本。主营业务成本按主营业务的种类进行明细核算，期末将主营业务成本的余额转入“本年利润”科目，结转后本科目无余额。

企业应通过“主营业务成本”科目核算主营业务成本的确认和结转情况。企业结转主营业务成本时，借记“主营业务成本”科目，贷记“库存商品”、“劳务成本”科目。期末，应将“主营业务成本”科目余额转入“本年利润”科目，借记“本年利润”科目，贷记“主营业务成本”科目。

（2）其他业务成本。其他业务成本是企业确认的除主营业务活动以外的其他经营活动所发生的支出。其他业务成本包括销售材料的成本、出租固定资产的折旧额、出租无形资产的摊销额、出租包装物的成本或摊销额等。

企业应通过“其他业务成本”科目核算其他业务成本的确认和结转情况。企业发生或结转的其他业务成本，借记“其他业务成本”科目，贷记“原材料”、“周转材料”、“累计折旧”、“累计摊销”、“银行存款”等科目。期末，应将“其他业务成本”科目余额转入“本年利润”科目，借记“本年利润”科目，贷记“其他业务成本”科目。

审计过程

一、确定营业成本的审计目标

营业成本与营业收入有着严格的匹配关系，在审计中占有重要的地位。营业成本核算是否正确、合规，关系到其他很多报表项目的审计（存货、应付账款、主营业务收入、应交税费等）。营业成本在企业会计核算实务中常见的问题：人为调节营业成本；非销售发出产品计入营业成本；生产成本与期间费用混淆等。营业成本具体审计目标如表7－13所示。

表7－13　　营业成本审计目标与财务报表认定的对应关系

审计目标	财务报表认定					
	发生	完整性	准确性	截止	分类	列报
A. 利润表中记录的营业成本已经发生，且与被审计单位有关	√					
B. 所有应当记录的营业成本均已记录		√				
C. 与营业成本有关的金额及其他数据已恰当记录			√			
D. 营业成本已记录于正确的会计期间				√		
E. 营业成本已记录于恰当的账户					√	
F. 营业成本已按照企业会计准则的规定在财务报表中做出恰当列报						√

二、营业成本的实质性程序

（一）获取或编制营业成本明细表

审计目标：计价和分摊。

工作底稿：营业成本明细表（如表7－14所示）。

审计步骤如下：

（1）向被审计单位获取或自行编制营业成本明细表。

（2）复核加计是否正确，并与报表数、总账数和明细账合计数核对是否相符。

将主营业务成本明细表和其他业务成本明细表分别与各自的总账数（或科目余额表数）、明细账合计数核对是否相符，并将明细表中主营业务成本和其他业务成本合计数与营业成本报表数核对是否相符。

（二）实施营业成本实质性分析程序

审计目标：存在、完整性、准确性。

工作底稿：营业成本分析表（如表7－15所示）。

表 7 - 14

营业成本明细表

单位：元　　索引号：SB02

项目	借/贷	1月	2月	3月	4月	……	9月	10月	11月	12月	本期数		
											未审数	调整数	审定数
主营业务成本：													
2R - BV 阻燃电线	贷	4 714 117.92	3 577 406.50	5 279 750.57	4 526 431.55	……	2 566 149.64	2 767 849.81	3 360 226.27	4 816 838.27	48 476 979.10	1 365 125.64	49 842 104.74
BVV 电线	贷	754 315.76	484 615.89	940 304.84	1 719 419.93	……	2 903 650.09	1 840 596.94	990 569.76	2 059 643.74	17 136 085.49		17 136 085.49
BVR 电线	贷	758 415.40	558 524.32	702 413.13	673 017.99	……	694 357.90	757 019.96	855 896.17	908 155.16	8 966 547.43		8 966 547.43
RVS 电线	贷	859 243.57	289 972.11	545 038.64	723 658.75	……	667 005.30	692 616.63	676 177.53	771 320.85	8 171 594.29		8 171 594.29
其他业务成本：													
销售铜丝	贷	69 723.87	22 808.21	94 925.43	75 419.55	……	51 671.71	79 429.85	53 602.57	68 888.40	773 063.61		773 063.61
合计	贷	7 155 816.52	4 933 327.03	7 562 432.60	7 717 947.77	……	6 882 834.66	6 137 513.19	5 936 472.29	8 624 846.43	83 524 269.92	1 365 125.64	84 889 395.56

审计说明：①2 月份销售成本低于其他月份主要是受春节放假的影响；②2R - BV 阻燃电线有 163.75 万元跨期收入其成本 136.51 万元应予以调整，调整分录详见 SA08。

审计结论：经审计，除上述调整外，未发现重大异常情况。

表 7-15 营业成本分析表

单位：元 索引号：SB03

序号	项目	本年数				上年数				收入增长比	成本增长比
		主营业务收入	主营业务成本	毛利	毛利率	主营业务收入	主营业务成本	毛利	毛利率		
1	2R－BV 阻燃电线	56 784 999.53	48 476 979.10	8 308 020.43	14.63%	50 284 984.92	41 967 516.34	8 317 468.58	16.54%	12.93%	15.51%
2	BVV 电线	19 717 948.45	17 136 085.49	2 581 862.96	13.09%	19 728 834.25	16 874 071.93	2 854 762.32	14.47%	-0.06%	1.55%
3	BVR 电线	10 447 865.58	8 966 547.43	1 481 318.15	14.18%	10 447 277.50	8 871 828.05	1 575 449.45	15.08%	0.01%	1.07%
4	RVS 电线	9 440 067.55	8 171 594.29	1 268 473.26	13.44%	9 429 762.41	8 084 135.31	1 345 627.10	14.27%	0.11%	1.08%
合计		96 390 881.11	82 751 206.30	13 639 674.81	14.15%	89 890 859.08	75 797 551.64	14 093 307.44	15.68%	7.23%	9.17%
其中	1 月	8 250 890.21	7 086 092.64	1 164 797.57	14.12%	6 579 853.08	5 543 172.82	1 036 680.26	15.76%		
	2 月	5 708 095.36	4 910 518.82	797 576.54	13.97%	4 538 428.50	3 825 559.44	712 869.06	15.71%		
	3 月	8 690 400.27	7 467 507.17	1 222 893.09	14.07%	8 460 339.68	7 145 470.29	1 314 869.39	15.54%		
	4 月	8 925 382.24	7 642 528.22	1 282 854.02	14.37%	9 154 998.52	7 684 771.93	1 470 226.59	16.06%		
	5 月	9 311 513.19	7 988 262.56	1 323 250.63	14.21%	9 412 615.54	7 846 826.91	1 565 788.63	16.64%		
	6 月	7 595 627.85	6 527 551.58	1 068 076.27	14.06%	6 521 606.47	5 520 460.65	1 001 145.82	15.35%		
	7 月	8 968 016.13	7 668 823.86	1 299 192.27	14.49%	8 187 080.91	6 853 861.54	1 333 219.37	16.28%		
	8 月	7 134 473.55	6 131 847.40	1 002 626.15	14.05%	7 153 160.69	6 045 597.16	1 107 563.53	15.48%		
	9 月	7 953 206.58	6 831 162.95	1 122 043.64	14.11%	8 134 219.16	6 823 342.19	1 310 876.97	16.12%		
	10 月	7 040 015.59	6 058 083.34	981 932.25	13.95%	6 672 249.35	5 549 017.42	1 123 231.93	16.83%		
	11 月	6 863 626.01	5 882 869.73	980 756.28	14.29%	6 400 784.30	5 484 032.06	916 752.23	14.32%		
	12 月	9 949 634.11	8 555 958.03	1 393 676.08	14.01%	8 675 522.89	7 475 439.23	1 200 083.65	13.83%		

审计说明：①本年度销售收入同比增长 7.23%，销售成本同比增长 9.17%，收入成本增长基本配比，毛利率下降 1.94% 原因是 2019 年国际大宗商品价格回弹，铜价上涨；②从 2019 年和 2018 年各月毛利率对比来看，从 2018 年下半年开始毛利率逐步下降，到 2019 年毛利率基本趋于稳定。

审计结论：经审计未发现重大异常情况。

审计步骤如下：

（1）比较当年度与以前年度的主营业务成本和毛利率，并查明异常情况的原因。一般情况下，毛利率分析应在主营业务收入科目执行，无需在本科目重复进行，但应协助营业收入科目的审计人员对成本的异常波动或异常情况进一步调查并进行交叉索引。

（2）比较当年度与以前年度各月主营业务成本的波动趋势，并查明异常情况的原因。

（3）比较被审计单位与同行业的毛利率，并查明异常情况的原因。

（4）比较当年度及以前年度主要产品的单位成本，并查明异常情况原因。

（5）比较本期与上期其他业务成本，检查是否有重大波动，如有，应查明原因。

（三）检查营业成本的内容和计算方法

审计目标：存在、完整性、准确性。

工作底稿：营业成本核查表。

审计步骤如下：

（1）审计人员抽查部分产品的主营业务成本核算的内容，检查其是否符合企业会计准则规定，是否前后各期保持一致。一般情况下，企业法人营业执照规定了被审计单位的主营业务经营范围，审计中可以结合营业执照的规定来判断主营业务成本核算内容是否符合企业会计准则的规定。

（2）检查主营业务成本的计算方法是否符合会计准则的规定，前后期保持一致。主营业务成本是根据存货发出计价方法计算确定的。存货发出计价一般有先进先出法、加权平均法、个别计价法等方法。如果没有充分的理由，存货发出计价方法在同一会计期内不得变动。如果被审计单位当期计价方法发生变更，审计人员要检查变更的理由、性质是否恰当，分析对当期损益的影响程度，并确定所需披露的有关财务信息。

（四）复核营业成本明细表的正确性，编制生产成本与主营业务成本倒轧表

审计目标：存在、完整性、准确性。

工作底稿：主营业务成本倒轧表（如表7-16所示）。

表7-16　　主营业务成本倒轧表　　单位：元

项目	未审数	调整或重分类金额	审定数	备注
一、期初原材料余额	5 087 985.78		5 087 985.78	原材料期初数
加：本期购货净额	62 515 746.35		62 515 746.35	原材料借方发生额
加：其他原材料增加额	1 637 999.92		1 637 999.92	
其中：委托加工物资	1 625 038.89		1 625 038.89	收回委托加工物资
盘盈	12 961.03		12 961.03	盘盈材料
减：期末原材料余额	4 761 066.34	-313 409.22	4 447 657.12	
减：其他原材料发出额	3 112 733.97		3 112 733.97	

续表

项目	未审数	调整或重分类金额	审定数	备注
其中：制造费用领用	564 833.65		564 833.65	
销售费用领用		313 409.22	313 409.22	销售部门领用
管理费用领用	399 811.07		399 811.07	管理部门领用
销售配件及材料	773 063.61		773 063.61	其他业务成本
委托加工物资转出	1 375 025.64		1 375 025.64	发出委托加工材料
二、直接材料成本	61 367 931.74		61 367 931.74	
加：直接人工成本	17 546 933.88		17 546 933.88	生产工人工资
加：制造费用	7 587 621.46		7 587 621.46	制造费用发生额
三、生产成本	86 502 487.08		86 502 487.08	
加：在产品期初余额	3 807 973.99		3 807 973.99	
减：在产品期末余额	4 498 375.86		4 498 375.86	
减：其他在产品发出额			—	
四、库存商品成本	85 812 085.21		85 812 085.21	
加：库存商品期初余额	10 658 548.72		10 658 548.72	
减：库存商品期末余额	13 623 809.45		13 623 809.45	
减：其他库存商品发出额			—	
五、主营业务成本	82 846 824.48		82 846 824.48	
六、本期产品销售成本	82 751 206.30		82 751 206.30	
七、差异额	95 618.17		95 618.17	
差异率	0.12%		0.12%	
审计结论：经审计未发现重大异常情况。				

审计步骤如下：

（1）复核主营业务成本明细表和其他业务成本明细表的正确性。

（2）编制生产成本与主营业务成本倒轧表，通过检查原材料、生产成本和主营业务成本等账户之间的勾稽关系，进一步检查生产成本和主营业务成本核算和结转的正确性。

成本倒轧表是通过将存货科目相关数据倒推至主营业务成本的发生额，并与主营业务成本相比较，从而发现存货或成本核算上的异常情况。在编制时数据不采用直接来源于生产成本中的直接材料、直接人工和制造费用，而是采用来源于原材料采购入库金额、期初余额、期末余额来推算计入生产成本原料的领用结转金额。

（五）检查营业成本的结转

审计目标：存在、完整性、准确性。

工作底稿：营业成本检查表。

审计步骤如下：

（1）抽查若干月主营业务成本结转明细清单，比较计入主营业务成本的品种、规格、数量和主营业务收入的口径是否一致，是否符合配比原则。

（2）分析检查各月份之间及前后期同一产品的单位成本是否有异常波动。结合发出存货计价测试程序，验证主营业务成本结转数额的正确性，注意是否存在调节成本的现象。

（3）检查其他业务成本内容是否真实，计算是否正确，会计处理是否正确，择要抽查原始凭证予以核实。

（4）检查除主营业务活动以外的其他活动发生的相关税费是否计入税金及附加科目。

（六）检查主营业务成本中重大调整事项（如销售退回）、非常规项目

审计目标：存在、完整性、准确性、截止、分类。

工作底稿：营业成本检查表。

审计步骤如下：

针对主营业务成本中重大调整事项（如销售退回）、非常规项目，审计人员需要100%进行细节测试，检查相关原始凭证，评价其真实性和合理性，检查其会计处理是否正确。

（七）检查营业成本和期间费用的正确划分

审计目标：存在、完整性。

工作底稿：营业成本检查表。

审计步骤如下：

结合期间费用的审计，判断被审计单位是否通过将应计入生产成本的支出计入期间费用，或将应计入期间费用的支出计入生产成本等手段调节生产成本，从而调节主营业务成本。

（八）检查营业成本是否已按照企业会计准则相关规定在财务报表中做出恰当列报和披露

审计目标：列报和披露。

工作底稿：营业成本审定表、营业成本披露表。

审计步骤如下：

（1）检查营业成本列报是否正确。根据营业成本审定表，检查营业成本在财务报表中的列报是否恰当。

（2）检查营业成本在财务报表附注的信息披露是否恰当。企业应分别主营业务收入和其他业务收入列示其本期发生额、上期发生额。同时，按产品或业务类别列示主营业务收入、主营业务成本及营业利润情况，并披露公司前五名客户的销售收入总额，以及占公司全部销售收入的比例。

任务3
销售费用审计

任务描述

注册会计师孙涛按照审计计划开始销售费用的审计，组长寇卫东要求其完成如下工作：对销售费用实施实质性程序，重点是通过分析程序判断其变化的合理性，并检查是否计入恰当会计期间。

▣ 审计准备

(1) 审计人员应当了解被审计单位销售费用核算的相关管控制度及人员配置情况等。

(2) 需要收集的证据清单：①销售费用相关的董事会决议；②销售费用报销制度；③销售费用预算制度；④销售费用相关的内部控制制度；⑤销售费用相关合同。

(3) 涉及的凭证和账簿记录包括：销售费用总账和明细账、销售费用科目相关的记账凭证及其附件。珠江公司2018年、2019年销售费用明细如表7－17所示。

表7－17　　珠江公司2018年、2019年销售费用数据　　单位：元

项目	2019年	2018年
业务招待费	288 802.67	325 519.48
差旅费	219 289.96	403 186.79
广告费	419 044.25	358 255.57
运杂费	202 239.27	199 813.42
装卸费	52 700.44	51 365.84
佣金	592 128.53	550 255.06
工资	1 786 972.75	1 664 994.38
合计	3 561 177.87	3 553 390.54

相关知识

销售费用

企业日常活动发生的不能计入特定核算对象的成本，而应计入发生当期损益的费用统称为期间费用。期间费用之所以不计入特定的成本核算对象，主要是因为期间费用是企业为组织和管理整个经营活动所发生的费用，与可以确定特定成本核算对象的材料采购、产成品生产等没有直接关系，因而直接计入当期损益。期间费用一般分为管理费用、销售费用和财务费用三类。

销售费用主要核算企业在销售过程中所发生的费用，具体包括应由企业负担的运输费、装卸费、包装费、保险费、展览费、销售佣金、委托代销手续费、广告费、租赁费和销售服务费用，专设销售机构人员工资、福利费、差旅费、办公费、折旧费、修理费、材料消耗、低值易耗品摊销及其他费用。

审计过程

一、确定销售费用的审计目标

销售费用核算企业在销售过程或专设销售部门发生的各项费用。销售费用业务核算中常见的问题：费用入账不及时，严重滞后；业务提成、奖励不符合公司规定。销售费用的具体审计目标如表7-18所示。

表7-18 销售费用审计目标与财务报表认定的对应关系

审计目标	财务报表认定					
	发生	完整性	准确性	截止	分类	列报
A. 利润表中记录的销售费用已经发生，且与被审计单位有关	√					
B. 所有应当记录的销售费用均已记录		√				
C. 与销售费用有关的金额及其他数据已恰当记录			√			
D. 销售费用已记录于正确的会计期间				√		
E. 销售费用已记录于恰当的账户					√	
F. 销售费用已按照企业会计准则的规定在财务报表中做出恰当列报						√

二、销售费用的实质性程序

（一）获取或编制销售费用明细表

审计目标：准确性。

工作底稿：销售费用明细表（如表7-19所示）。

表 7－19

销售费用发生额明细表

单位：元　　索引号：SD－2

序号	项目	1月	2月	3月	4月	5月	6月	7月	8月	9月	10月	11月	12月	未审数	调整数	审定数
1	业务招待费	24 769.62	25 238.10	31 569.98	24 065.59	19 074.82	13 834.15	16 892.05	22 863.43	36 480.80	23 608.29	23 016.59	27 389.25	288 802.67		
2	差旅费	14 316.12	15 062.70	17 376.32	28 435.41	13 145.94	15 674.13	10 342.54	27 192.67	21 498.41	15 823.39	18 760.98	21 661.35	219 289.96		
3	广告费	19 037.75	53 293.56	17 731.17	19 777.22	45 281.12	43 892.87	91 983.53	23 997.67	19 431.81	19 431.81	61 908.11	3 277.62	419 044.25		
4	运杂费	18 600.12	7 486.33	13 346.71	11 710.31	15 334.74	21 566.33	21 997.68	21 490.12	19 037.26	10 118.97	16 784.52	24 766.18	202 239.27		
5	装卸费	5 394.52	2 111.50	2 514.78	3 554.17	5 099.47	5 271.87	5 076.79	5 285.07	4 666.26	3 253.48	4 842.97	5 629.58	52 700.44		
6	佣金	47 524.58	39 929.78	54 189.10	45 957.67	43 635.69	46 771.85	34 657.46	66 051.78	44 185.21	49 385.06	43 741.60	76 098.77	592 128.53		
7	工资	148 247.32	136 672.57	162 645.23	140 585.12	135 523.80	146 629.85	135 087.20	178 642.23	137 830.15	146 780.11	136 201.12	182 128.05	1 786 972.75		
	合计	277 890.03	279 794.53	299 373.29	274 085.48	277 095.58	293 641.04	316 037.25	345 522.97	283 129.90	268 401.13	305 255.89	340 950.78	3 561 177.87		
月发生额比重		7.80%	7.86%	8.41%	7.70%	7.78%	8.25%	8.87%	9.70%	7.95%	7.54%	8.57%	9.57%	100%		

审计说明：①需要纳税调整的事项：业务招待费，白条佣金；②2020 年 1 月广告费 16.38 万元为跨期费用需要进行审计调整，调整分录见索引 SD－10。

审计结论：经审计未见异常。

审计步骤如下：

（1）向被审计单位获取销售费用明细表，如未提供，也可由审计人员自行根据科目余额表、总账等相关资料编制。检查销售费用明细表复核加计是否正确，并将明细表与报告数、总账数和明细账合计数核对是否相符。

（2）将销售费用中的工资、折旧等与应付职工薪酬、累计折旧等相关的资产、负债科目核对，检查其勾稽关系的合理性。

（二）实施实质性分析程序

审计目标：发生、完整性、准确性。

工作底稿：销售费用分析表（如表7－20所示）。

审计步骤如下：

（1）计算分析各个月份销售费用总额及主要项目金额占主营业务收入的比率，并与上一年度进行比较，判断其变动的合理性。

（2）计算分析各个月份销售费用中主要项目发生额占费用总额的比率，并与上一年度进行比较，判断其变动的合理性。对于占比较大或者增减变动比例较大的项目，或与同行业、同类型企业相比差异较大的项目，需要分析其变动原因，通过查看明细账簿、凭证、合同或者询问被审计单位等方法，找出销售费用各项目近两年比重变动较大的原因，与同行业数据相比，费用指标异常的原因并进行说明。对占比较小或变动较小的项目，在分析表中可以不用进一步分析。

（三）检查各明细项目是否与被审计单位销售商品和材料、提供劳务以及专设的销售机构发生的各种费用有关

审计目标：分类。

工作底稿：销售费用凭证测试表、销售合同检查表。

审计步骤如下：

（1）检查销售费用各明细项目与被审计单位销售商品和材料、提供劳务相关性。

（2）检查销售费用各明细项目与专设的销售机构发生的各种费用是否有关。

（四）检查销售费用发生的合理性、合规性

审计目标：发生、完整性、准确性。

工作底稿：销售费用凭证测试表。

审计步骤如下：

（1）检查销售佣金支出是否符合规定，审批手续是否健全，是否取得有效的原始凭证，如超过规定，是否按照规定进行了纳税调整。

（2）检查广告费、宣传费、业务招待费的支出是否符合合理，审批手续是否健全，是否取得有效的原始凭证，如超过规定，应在计算应纳税所得额时调整。

（五）检查重要或异常的销售费用项目

审计目标：发生、完整性、准确性。

表 7－20　　销售费用分析表　　单位：元　　索引号：SD－4

序号	销售费用项目	本期发生额		上年同期发生额		增减额	增减比例	占主营业务收入比率			变动分析
		金额	比重	金额	比重			本期	上期	增减	
1	业务招待费	288 802.67	8.11%	325 519.48	9.16%	－36 716.81	－11.28%	0.51%	0.65%	－0.14%	2019 年缩减了招待费预算
2	差旅费	219 289.96	6.16%	403 186.79	11.35%	－183 896.83	－45.61%	0.39%	0.80%	－0.42%	2018 年有约 20 万元差旅费入管理费用
3	广告费	419 044.25	11.77%	358 255.57	10.08%	60 788.68	16.97%	0.74%	0.71%	0.03%	平面广告投放增加
4	运杂费	202 239.27	5.68%	199 813.42	5.62%	2 425.85	1.21%	0.36%	0.40%	－0.04%	
5	装卸费	52 700.44	1.48%	51 365.84	1.45%	1 334.60	2.60%	0.09%	0.10%	－0.01%	
6	佣金	592 128.53	16.63%	550 255.06	15.49%	41 873.47	7.61%	1.04%	1.09%	－0.05%	销售额增加 650 万元，增长 7.23%
7	工资	1 786 972.75	50.18%	1 664 994.38	46.86%	121 978.37	7.33%	3.15%	3.31%	－0.16%	销售额增加 650 万元，增长 7.23%
	合计	3 561 177.87	100%	3 553 390.54	100%	7 787.33	0.22%	6.27%	7.07%	－0.80%	

审计结论：经审计，未见明显异常。

工作底稿：销售费用凭证测试表。

审计步骤如下：

（1）结合实质性分析程序的审计，从明细账中选择金额较大的项目或与上期相比变动异常的项目，检查销售费用各项目开支标准是否符合有关规定。

（2）检查开支内容是否与被审计单位的产品销售或专设销售机构的经费有关。

（3）检查计算是否正确，原始凭证是否合法，会计处理是否确。

（六）销售费用截止测试

审计目标：截止。

工作底稿：销售费用截止测试表。

审计步骤如下：

（1）抽取资产负债表日前后的若干张记账凭证，核对抽取的凭证对应的发票上所示的信息，如发票号、发票日期及金额，对比原始发票与凭证入账日期，是否有跨期或提前入账的情况存在。根据权责发生制原则，只有在相关的成本费用已经发生，才能确认相应的费用。例如，对大额的广告费支出，应在向客户询问的同时查验广告费用是否已经确实发生，应取证相关合同，核对合同上记载的广告发表时间约定是否与客户的解释一致。对广告费支出的列支，应取得广告业专用发票。

（2）若存在大额的跨期支出情况，确定是否需要进行账务调整。

（七）检查销售费用是否已按照企业会计准则的规定在财务报表中做出恰当列报

审计目标：列报和披露。

工作底稿：销售费用审定表。

审计步骤如下：

编制销售费用审定表，检查销售费用是否在财务报表中做出恰当列报。

任务4 管理费用审计

任务描述

注册会计师孙涛按照审计计划开始管理费用的审计，组长寇卫东要求其完成如下工作：对管理费用实施实质性程序，重点关注管理费用的真实性，管理费用的支出对应着资产或服务的获得，并有合法原始凭证支持。

审计准备

（1）审计人员应当了解被审计单位管理费用相关管控制度及人员配置情况。

（2）需要收集的证据清单：①管理费用相关的董事会决议；②管理费用报销制度；③管理费用的预算制度；④管理费用相关的内部控制制度；⑤管理费用相关合同。

（3）涉及的主要凭证和账簿：管理费用明细账、总账及记账凭证（含附件资料）等相关资料。珠江公司2018年、2019年管理费用相关资料如表7－21所示。

表7－21　珠江公司2018年、2019年管理费用相关数据　　单位：元

项目	2019年	2018年
业务招待费	268 307.53	287 913.09
办公费	398 205.16	403 205.21
差旅费	217 355.23	259 143.76
修理费	252 879.63	181 655.34
咨询费	228 300.00	228 300.00
工资	3 255 683.43	3 344 563.59
职工福利费	508 053.17	488 477.39
工会经费	120 965.04	120 922.82
职工教育经费	90 723.78	86 511.41
养老保险	651 136.69	668 912.72
失业保险	31 504.42	32 030.04
公积金	127 847.90	131 672.61
工伤、生育保险	15 752.52	16 517.02
折旧	568 937.28	568 995.41
车船使用费	3 580.00	3 580.00
其他	122 512.96	102 477.65
合计	6 861 744.75	6 924 878.06

相关知识

管理费用

管理费用主要核算企业管理和组织生产经营活动所发生的各项费用。管理费用核算的内容较多，主要包括：①企业日常运营杂费，如差旅费、办公费；②管理人员薪资及相关支出；③专业服务费，如咨询费、审计费、诉讼费；④税金，即企业按规定支付的房产税、车船使用税、土地使用税、印花税等；⑤用于管理用途的长期资产折旧摊销，如办公楼折旧等；⑥其他费用。

审计过程

一、确定管理费用的审计目标

管理费用会计核算中的常见问题：个人费用计入企业账户；大额现金支出；管理费用跨期入账，滞后确认；管理费用归属及计提比例不恰当；管理费用与制造费用混淆等。审计时应关注：大额偶发的支出；没有实质性经济内容的支出；原始凭证或单据不完整的支出；与经济活动内容不相符的支出等。管理费用的具体审计目标如表7－22所示。

表7－22 管理费用审计目标与财务报表认定的对应关系

审计目标	财务报表认定					
	发生	完整性	准确性	截止	分类	列报
A. 利润表中记录的管理费用已经发生，且与被审计单位有关	√					
B. 所有应当记录的管理费用均已记录		√				
C. 与管理费用有关的金额及其他数据已恰当记录			√			
D. 管理费用已记录于正确的会计期间				√		
E. 管理费用已记录于恰当的账户					√	
F. 管理费用已按照企业会计准则的规定在财务报表中做出恰当列报						√

二、管理费用的实质性程序

（一）获取或编制管理费用明细表

审计目标：准确性。

工作底稿：管理费用明细表（如表7－23所示）。

审计步骤如下：

（1）向被审计单位获取管理费用明细表，如未提供，也可由审计人员自行编制。

（2）复核加计是否正确，将明细表与报告数、总账数和明细账合计数核对是否相符。

（3）将管理费用中的职工薪酬、无形资产摊销、长期待摊费用摊销额等项目与各有关账户进行核对，分析其勾稽关系的合理性，并做出相应纪录。常见管理费用与相关科目勾稽关系如表7－24所示。

表 7－23 管理费用分月发生额明细表

单位：元　　索引号：SE－2

序号	项目	1月	2月	3月	4月	5月	6月	7月	8月	9月	10月	11月	12月	累计	比重	调整数	审定数
1	业务招待费	40 030.22	35 682.21	8 164.17	12 921.26	7 544.17	10 454.88	4 454.33	46 095.86	9 154.61	14 858.23	8 552.78	70 394.81	268 307.53	3.91%		
2	办公费	60 824.58	70 082.63	47 824.51	74 618.23	74 216.21	37 485.96	97 282.77	57 730.29	41 760.63	58 581.65	80 321.35	-302 523.64	398 205.16	5.80%		
3	差旅费	13 485.70	13 433.48	10 887.00	16 376.63	20 485.72	14 114.56	12 549.81	18 657.69	16 407.30	18 688.40	32 053.91	30 215.03	217 355.23	3.17%		
4	修理费	44 587.99	2 463.00	38 684.60	8 534.50	3 589.40	8 844.30	55 962.29	2 400.60	6 880.10	10 294.79	2 928.30	67 709.76	252 879.63	3.69%		
5	咨询费	0.00	4 667.12	194 463.37	0.00	0.00	14 584.75	0.00	0.00	0.00	0.00	0.00	14 584.75	228 300.00	3.33%		
6	工资	970 276.32	98 293.77	158 354.29	148 598.43	139 839.55	131 540.39	220 485.84	436 928.42	131 047.20	140 870.97	132 005.18	547 443.07	3 255 683.43	47.45%		
7	职工福利费	140 193.48	18 115.92	26 524.39	25 158.57	23 932.33	22 770.44	35 222.81	65 524.77	22 701.40	24 156.24	22 835.48	80 917.35	508 053.17	7.40%		
8	工会经费	23 915.85	6 476.19	7 695.74	7 508.36	7 332.91	7 244.93	8 919.98	13 248.70	7 131.45	7 416.74	7 176.35	16 897.84	120 965.04	1.76%		
9	职工教育经费	25 034.55	3 234.98	4 736.50	4 492.60	4 273.63	4 066.15	6 289.79	11 700.85	4 053.82	4 313.61	4 077.76	14 449.53	90 723.78	1.32%		
10	养老保险	52 787.58	49 833.19	49 562.41	49 825.83	53 471.08	53 524.55	52 611.17	52 611.14	54 026.81	53 018.36	53 502.09	76 362.48	651 136.69	9.49%		
11	失业保险	2 442.39	2 409.47	2 384.82	2 408.82	2 740.17	2 745.05	2 662.00	2 662.00	2 790.70	2 699.04	2 743.00	2 816.98	31 504.42	0.46%		
12	公积金	8 434.30	8 347.98	8 277.99	8 466.70	8 359.38	8 327.24	9 317.44	9 766.14	9 964.69	9 446.27	19 335.53	19 804.25	127 847.90	1.86%		
13	工伤、生育保险	1 221.21	1 204.77	1 192.44	1 204.41	1 370.10	1 372.54	1 331.01	1 331.01	1 395.35	1 349.52	1 371.50	1 408.67	15 752.52	0.23%		
14	折旧	98 483.18	45 297.05	36 225.26	32 953.51	48 455.00	42 171.07	48 254.67	41 134.90	62 516.89	41 188.43	39 237.08	33 020.24	568 937.28	8.29%		
15	车船使用费	0.00	0.00	0.00	0.00	0.00	0.00	0.00	0.00	3 580.00	0.00	0.00	0.00	3 580.00	0.05%		
16	其他	4 227.78	6 671.13	33 942.32	7 423.90	22 333.43	5 660.61	5 696.16	15 353.39	5 689.94	5 179.78	4 240.96	6 093.57	122 512.96	1.79%		
合计		1 485 945.13	366 212.91	628 919.80	400 491.74	417 943.08	364 907.42	561 040.05	775 145.75	379 100.88	392 062.03	410 381.27	679 594.67	6 861 744.75	100%		
月发生额比重		21.66%	5.34%	9.17%	5.84%	6.09%	5.32%	8.18%	11.30%	5.52%	5.71%	5.98%	9.90%	100%			

审计结论：

表 7－24　常见管理费用与相关科目勾稽关系表

管理费用明细	相关科目及其明细
管理费用（工资）	应付职工薪酬（工资、奖金、津贴和补贴）
管理费用（福利费）	应付职工薪酬（职工福利费）
管理费用（折旧费）	累计折旧（管理用固定资产）
管理费用（无形资产摊销）	累计摊销
管理费用（长期待摊费用摊销）	长期待摊费用

（二）执行分析性复核程序

审计目标：发生、完整性、准确性。

工作底稿：管理费用分析表。

审计步骤如下：

（1）计算分析各月份管理费用中各项目发生额占费用总额的比率，将本期、上期管理费用各主要明细项目做比较分析，判断其变动的合理性。

（2）将管理费用金额与预算金额进行比较。

（3）比较本期各月份管理费用，对有重大波动和异常情况的项目应查明原因，必要时进行适当处理。

（三）检查管理费用明细项目的合理性、合规定，是否存在分类错误

审计目标：分类。

工作底稿：管理费用明细表。

审计步骤如下：

（1）审计人员检查管理费用明细账中各明细项目的设置，针对金额较大、内容繁杂、报表使用人难以理解的项目（如“管理费用——其他”科目），提请被审计单位相关人员进一步归类与细分。

（2）经细分后再行检查是否有不符合管理费用科目核算内容与范围的项目，并决定是否需要审计调整。

管理费用核算内容广、明细项目多，审计时要划清与成本支出、资本性支出、营业外支出的界限，特别是管理费用与销售费用两个科目下明细项目非常相似，要根据费用发生的归属部门来划分。

（四）检查发生的管理费用

审计目标：发生、完整性、准确性。

工作底稿：管理费用检查表。

审计步骤如下：

（1）结合分析性复核程序的审计，选择管理费用项目中数额大的或与上期相比变

动异常的项目，检查其记录的经济业务是否真实，原始凭证是否合法，审批手续、权限是否合规，会计处理是否正确。

(2) 检查被审计单位经费（包括行政管理部门职工薪酬、物料消耗、低值易耗品摊销、办公费和差旅费）是否系经营管理中发生或应由被审计单位统一负担，检查相关费用报销内部管理办法，是否有合法的原始凭证支持。

(3) 检查董事会费（包括董事会成员津贴、会议费和差旅费等），检查相关董事会及股东会决议，是否在合规范围内开支费用。

(4) 检查聘请中介机构、咨询费（含顾问费），是否按合同规定支付费用，有无涉及诉讼及赔偿款项支出。

(5) 检查诉讼费用并结合或有事项审计，检查涉及的相关重大诉讼事项是否已在附注中披露，还需要进一步关注诉讼状态，判断有无或有负债，或是否存在损失已发生而未入账的事项。

(6) 检查业务招待费的支出是否合理，如超过规定限额，应在计算应纳税所得额时调整。

(7) 复核本期发生的矿产资源补偿费、房产税、土地使用税、印花税等税费是否正确。

(8) 结合相关资产检查，核对筹建期间发生的开办费（包括人员工资、办公费、培训费、差旅费、印刷费、注册登记费以及不计入固定资产成本的借款费用）是否直接计入管理费用。

(9) 针对特殊行业，检查排污费等环保费用是否合理计提。

（五）管理费用的截止测试

审计目标：截止。

工作底稿：管理费用截止测试表。

审计步骤如下：

抽取资产负债表日前后若干天的一定张数的记账凭证，实施截止测试，若存在异常迹象，应考虑是否有必要追加审计程序，对于重大跨期项目应进行必要调整。

（六）检查管理费用是否已按照企业会计准则的规定在财务报表和附注中做出恰当列报和披露

审计目标：披露和列报。

工作底稿：管理费用审定表。

审计步骤如下：

编制管理费用审定表，并检查管理费用是否正确列报。

任务5 财务费用审计

任务描述

注册会计师孙涛按照审计计划开始财务费用的审计，组长寇卫东要求其完成如下工作：对财务费用执行实质性程序，重点关注其准确性和完整性。

审计准备

（1）向被审计单位了解财务费用核算的相关管控措施及人员配置情况。

（2）需要收集的证据清单：①财务费用相关的董事会决议；②借款合同；③财务费用相关的内部控制制度；④现金折扣、融资租赁相关制度。

（3）涉及的主要凭证和账簿：财务费用总账、财务费用明细账、会计凭证、汇兑损益计算表等相关资料。珠江公司2019年财务费用相关资料如表7-25所示。

表7-25 珠江公司2019年财务费用相关数据 单位：元

月份	利息支出	利息收入	银行手续费	合计
1月		1 159.28	2 495.84	1 336.56
2月		998.32	2 433.25	1 434.93
3月	36 580.00	1 151.77	3 921.19	39 349.42
4月	35 400.00	1 208.75	3 730.38	37 921.63
5月	36 580.00	1 225.38	4 058.64	39 413.26
6月	35 400.00	1 494.59	2 293.73	36 199.14
7月	36 580.00	1 181.96	5 543.11	40 941.15
8月	36 580.00	1 110.08	2 439.94	37 909.86
9月	108 275.00	1 099.17	2 442.62	109 618.45
10月	111 884.17	1 120.84	4 392.23	115 155.56
11月	108 275.00	1 266.28	4 046.51	111 055.23
12月	111 884.17	1 057.63	4 462.12	115 288.66
合计	657 438.34	14 074.05	42 259.56	685 623.85

相关知识

财务费用

财务费用主要核算企业为进行资金筹集等理财活动而发生的各项费用。其具体包括利息净支出、汇兑净损失、金融机构手续费和其他因资金而发生的费用，但企业银行存款获得的利息收入应冲减上述利息支出，因市场汇价与实际兑换汇率和不同形成的汇兑收益应冲减汇兑净损失的金额。

财务费用发生额的大小一般与企业的短期借款、长期借款、应付债券的平均余额有关（特殊情况下，与应收票据、应付账款、预收账款、其他应付款有一定的联系）。借款费用总额一定的情况下，费用化的借款费用与资本化的借款费用存在此消彼长的关系。

审计过程

一、确定财务费用的审计目标

审计人员应在完成借款审计的基础上进行财务费用的审计。只有在充分了解被审计单位借款的详细信息基础上才能针对财务费用“完整性”目标开展审计，如果不熟悉被审计单位借款业务活动，也就无法判断被审计单位是否遗漏了应在财务费用中核算的项目。财务费用的具体审计目标如表 7－26 所示。

表 7－26　　财务费用审计目标与财务报表认定的对应关系

审计目标	财务报表认定					
	发生	完整性	准确性	截止	分类	列报
A. 利润表中记录的财务费用已经发生，且与被审计单位有关	√					
B. 所有应当记录的财务费用均已记录		√				
C. 与财务费用有关的金额及其他数据已恰当记录			√			
D. 财务费用已记录于正确的会计期间				√		
E. 财务费用已记录于恰当的账户					√	
F. 财务费用已按照企业会计准则的规定在财务报表中做出恰当列报						√

二、财务费用的实质性程序

（一）获取或编制财务费用明细表

审计目标：准确性。

工作底稿：财务费用明细表。

审计步骤如下:

(1) 向客户获取财务费用明细表，如客户未提供，也可由审计人员自行编制。

财务费用核算明细一般包括利息支出、利息收入、汇兑损益、手续费支出等。若企业明细项目设置很精准，则需要将财务费用相关明细与关联科目进行核对，同时关联科目的分析程序也需要引用财务费用的明细数据。因此审计财务费用应当充分考虑利用相关科目审计的工作结果以提高审计效率。

(2) 复核加计是否正确，将明细表与报告数、总账数和明细账合计数核对是否相符。

(二) 执行实质性分析程序

审计目标：发生、完整性、准确性。

工作底稿：财务费用同期比较表、银行存款利息收入复核表。

审计步骤如下:

(1) 将本期财务费用各明细项目与上期进行对比，必要时比较本期各月份财务费用，若有重大波动及异常应追查原因。执行实质性分析程序查找可能存在的异常点或领域的方法有比率分析法和趋势分析法，其中最常见的是结构比和历史趋势分析。在执行财务费用分析程序时，一般采用财务费用明细大类占比、各月份占比进行结构分析，也可以采用与历史数据或者同行业数据进行对比分析。此方法也适用于其他费用科目的分析程序，如管理费用、销售费用等。

(2) 根据银行存款平均余额、平均利率复核利息收入。利息收入估算表一般只针对有大额定期存款的公司编制，而对于只有小额活期存款、利息收入发生额不大的公司而言，无需专门编制，因金融系统出现差错的可能性较小。

(3) 识别出在本年度中出现重大波动和异常情况的月份以及有重大波动和异常情况的明细项目，并对其变动原因进行分析。在执行财务费用分析程序时，应当考虑财务费用与相关科目的直接关联性问题。例如，利息支出一般主要是对外融资的资金成本，包括长短期借款以及其他性质的资金占用费，因此，在执行分析程序时，各月份利息支出如果存在异常波动，应当核查对应借款及规模变化，利率的变化以及是否存在其他企业资金占用费支付等情况，并加以判断。

涉及购销业务的现金折扣，应当根据折扣政策以及实际折扣发生情况进行判断，但这类业务有可能不是持续的业务，不一定形成线性相关规律，因此不能直接找出变动原因，需要执行进一步程序进行核查后才能确定。

涉及汇兑损益一般仅通过结构性分析，确定占比较大的月份及进一步检查程序的范围。

(三) 检查利息支出、利息收入明细账

审计目标：发生、完整性、准确性。

工作底稿：财务费用明细表、财务费用凭证测试表。

审计步骤如下:

(1) 检查财务费用明细项目的设置是否符合规定的核算内容与范围，是否划清财

务费用与其他费用的界限。

(2) 检查利息支出明细账，重点关注：大额财务费用的经济业务；财务费用明细账中异常的经济业务；分析程序中发现的异常波动月份的经济业务。检查其记录的经济业务是否真实，原始凭证是否齐全、记账凭证与原始凭证是否相符以及账务处理是否正确，记录的会计期间是否恰当，是否属于跨期或延迟确认事项。

(3) 检查利息收入明细账，确认利息收入的真实性和正确性。检查从其他企业或非银行金融机构取得的利息收入有否按规定计缴增值税；检查采用递延方式分期收款、实质上具有融资性质的销售商品或提供劳务，采用实际利率法按期计算确定的利息收入是否正确。

(四) 检查汇兑损益明细账、检查“财务费用——其他”明细账

审计目标：发生、完整性、准确性。

工作底稿：财务费用凭证测试表。

审计步骤如下：

(1) 检查汇兑损益明细账，检查汇兑损益计算方法是否正确，核对所用汇率是否正确，前后期是否一致。

(2) 检查“财务费用——其他”明细账，注意大额金融机构手续费的真实性与正确性。

(五) 财务费用截止性测试

审计目标：截止。

工作底稿：财务费用截止测试表。

审计步骤如下：

抽取资产负债表日前后的若干张记账凭证，验证后附的原始凭单是否正确计入相应的会计期间。针对大额的非常规发生额，确认是否存在重大的跨期支出情况。若存在大额的跨期支出情况，确定是否需要进行账务调整。

(六) 检查财务费用是否已按照企业会计准则的规定在财务报表和附注中做出恰当列报和披露

审计目标：列报和披露。

工作底稿：财务费用审定表。

审计步骤如下：

编制财务费用审定表，检查财务费用是否在财务报表中恰当列报。

8 项目八 终结审计与审计报告

学习目标

□知识学习目标

了解审计报告编制前的准备工作；
明确持续经营审计的目标，掌握持续经营审计程序；
明确期初余额审计的目标，掌握期初余额审计程序；
明确审计意见的具体类型，掌握审计报告的编制方法。

□技能训练目标

能够实施持续经营审计；
能够实施期初余额审计；
能够编制审计差异调整表和试算平衡表；
能够复核审计工作底稿和财务报表；
能够评价审计结果并编制审计报告。

工作任务

任务1　持续经营审计
任务2　期初余额审计
任务3　终结审计并编制审计报告

导入案例

广州市德信会计师事务所杨旭首次接受业务委托，审计广州市新希望科技有限公司（以下简称新希望公司）2019 年财务报表。在项目组审计过程中，杨旭发现如下情况：

（1）新希望公司管理层采用企业会计准则编制财务报表，前任注册会计师对新希望公司 2018 年财务报表出具了保留意见的审计报告。导致保留意见的事项为：客户“永新公司”的应收账款 50 万元长期挂账（超过 3 年），未按照企业会计准则的规定计提坏账准备（按企业会计政策计提比例 50%）。

（2）新希望公司 2019 年度向关联公司借入 2 年期借款 1 000 万元，用于生产经营周转，年利率 8%，到期一次还本付息，新希望公司未计提借款费用。

（3）新希望公司 2019 年对固定资产进行价值重估，固定资产评估增值 500 万元。

（4）新希望公司未对 2019 年 12 月 31 日账面存货进行盘点，因此杨旭无法对存货进行监盘。期末存货金额为 8 659 422.73 元，占资产总额 38.58%。

除上述事项外，项目组对 2019 年度财务报表进行审计后，在终结阶段汇总出其他审计差异情况如下：①跨期确认 2020 年收入 100 万元，需要审计调整；②预付账款贷方余额 3 万元，需要重分类为应付账款；③管理费用中有 5 万元属于虚列费用，需要审计调整。

问题：

（1）杨旭是否需要对新希望公司 2019 年财务报表的期初余额进行审计？

（2）2018 年财务报表的情况对 2019 年财务报表中哪些项目会带来影响？

（3）若经过审计 2019 年财务报表期初余额不存在对本期财务报表产生重大影响的错报，那么 2019 年注册会计师可以考虑对新希望公司出具什么性质的审计报告？

任务 1 持续经营审计

任务描述

注册会计师杨旭按照审计计划开始持续经营的审计，以判断新希望公司是否具有持续经营能力。

审计准备

（1）审计人员在计划审计工作和实施风险评估程序时，应当考虑是否存在可能导致对持续经营能力产生重大疑虑的事项或情况（财务方面、经营方面、其他方面）以及相关的经营风险，评价管理层对持续经营能力做出的评估，并考虑已识别的事项或情况对重大错报风险评估的影响。

（2）需要收集的证据清单：①管理层对持续经营的评估结论；②管理层对持续经营能力的应对计划。

相关知识

持续经营假设

持续经营假设是会计确认和计量的四大假设之一，它是指被审计单位在编制财务报表时，假定其经营活动在可预见的将来（通常为资产负债表日后12个月）会继续下去，不拟也不必终止经营或破产清算，能够正常地经营，并在此基础上实现资产的变现和债务的清偿。在某一特定的单位，如果这一假设不能成立，资产应以清算价格计价。企业以持续经营为基础编制财务报表不再合理的，应当采用其他基础编制财务报表，并在附注中披露这一事实。

审计过程

一、确定持续经营审计的目标

通用目的的财务报表是运用持续经营假设编制的，除非管理层计划清算被审计单位、终止运营或别无其他现实的选择。我国企业会计准则明确要求管理层对被审计单位持续经营能力做出专门评估，并规定了与此相关的需要考虑的事项和做出的披露。注册会计师进行持续经营审计的目标一般为：

（1）就管理层编制财务报表时运用持续经营假设的适当性，获取充分、适当的审计证据。

（2）根据获取的审计证据，就可能导致对被审计单位持续经营能力产生重大疑虑的事项或情况是否存在重大不确定性得出结论。

（3）确定对审计报告的影响。

二、持续经营审计的程序

（一）考虑是否存在可能导致对持续经营能力产生重大疑虑的事项或情况以及相关经营风险

持续经营审核表（如表8-1所示）中列举的事项或情况并不可能涵盖所有可能导

致对被审计单位持续经营假设产生疑虑的事项或情况。同时，也不可能认为当存在一项或多项下述情况时，就必然导致被审计单位无法持续经营。审计人员应综合评估并做出职业判断。

表 8－1 **持续经营审核表** 索引号：DE－1

事　项	是	否	事　项	是	否
一、财务方面			二、经营方面		
1. 无法偿还到期债务（含逾期税款）		√	1. 管理层计划清算被审计单位或终止经营		√
2. 无法偿还即将到期且难以展期的借款		√	2. 关键管理人员离职，且无人代替		√
3. 无法履行重大借款合同中的有关条款		√	3. 出现用工困难情况		√
4. 存在大额的逾期未付利润		√	4. 人力资源或重要原材料短缺		√
5. 发生重大经营亏损或用以产生现金流量的资产价值出现大幅下跌		√	5. 失去主要市场、关键客户、特许权或执照		√
6. 过度依赖短期借款为长期资产筹资		√	6. 失去主要供应商		√
7. 无法获得供应商的正常商业信用或与供应商由赊购变为货到付款	√		7. 出现非常成功的竞争者		√
8. 难以获得开发新产品或进行必要投资所需要的资金		√	8. 主导产品不符合国家产业政策		√
9. 营运资金、经营现金净流量出现负数		√	9. 显示经营情况恶化的其他迹象		√
10. 存在债权人撤销财务支持的迹象		√	三、其他情况		
11. 经营活动产生的现金流量净额为负数		√	1. 未决诉讼、环保要求或监管程序可能导致其无法支付索赔金额		√
12. 关键财务指标显示财务状况恶化		√	2. 异常原因导致停工、停产		√
13. 关联方占用巨额资金导致周转困难		√	3. 有关法律法规或政策的变化或可能造成重大不利影响		√
14. 重要子公司无法持续经营且未作处理		√	4. 经营期限即将到期且无意继续经营		√
15. 存在大量未作处理的不良资产		√	5. 投资者未履行规定的义务，并有可能造成重大不利影响		√
16. 存在因对外巨额担保等或有事项引发的或有负债		√	6. 因自然灾害、战争等不可抗力因素遭受严重损失		√
17. 显示财务状况恶化的其他迹象		√	7. 其他导致企业无法持续经营的迹象		√

审计结论：基于获取的审计证据，可能导致对被审计单位持续经营能力产生重大疑虑的事项或情况不存在重大不确定性。

（二）评价管理层对持续经营能力做出的评估

（1）如果管理层没有对持续经营做出初步评估，应与管理层讨论运用持续经营假设的理由，是否存在上述事项或情况，并提请管理层对持续经营能力做出评估。

如果管理层已做出评估，确定管理层评估持续经营能力涵盖的期间是否符合适用的财务报告编制基础的规定(涵盖的期间至少延长至自财务报表日起的12个月)。

(2)评价管理层做出的评估，包括评价管理层做出评估时遵循的程序、依据的假设、管理层的未来应对计划以及管理层的计划在当前情况下是否可行。

(3)询问管理层，是否知悉超出评估期间的、可能导致对持续经营能力产生重大疑虑的事项或情况。

(4)若管理层对持续经营能力产生重大疑虑，获取管理层提出的应对计划。

(三)进一步审计程序

当识别出可能导致对持续经营能力产生重大疑虑的事项或情况时，还需要进一步：

(1)复核管理层提出的应对计划。审计人员应了解管理层应对计划的性质与内容(如表8-2所示)，判断管理层提出的应对计划是否可行，以及应对计划的结果是否能够改善持续经营能力。

表8-2

计划采取的措施	了解应对计划的性质与内容
1. 资产处置	(1)变卖资产是否受到限制，例如，贷款合同、其他类似协议或资产的留置权对此类交易的限制； (2)管理层决定变卖的资产的变现能力； (3)资产的处置可能带来的直接或间接影响
2. 借款	(1)借款融资的可能性，包括被审计单位在财务困境时期的融资记录，现有的和已经承诺的借款协议； (2)借款融资的可行性，包括新增借款条件对其融资可能产生的影响，例如，被审计单位是否还有可被用于银行借款担保的资产
3. 实施债务重组	(1)现有的或已承诺的债务重组协议； (2)履行债务重组协议的可行性
4. 削减或延缓营业开支	(1)削减管理费用、延缓维修项目或研发项目、或以租赁资产代替外购资产的可行性； (2)削减或延缓开支可能带来直接或间接影响
5. 增加所有者权益	(1)现有的或已承诺的新增投资协议； (2)现有的或已承诺的减少股利支付协议或加速投资方现金交款协议

(2)向管理层获取有关未来应对计划及其可行性的书面声明。

(3)与治理层沟通已识别出的可能导致对持续经营能力产生重大疑虑的事项或情况，除非治理层全部成员参与管理被审计单位。

(四)出具审计报告的考虑

注册会计师应当根据获取的审计证据，确定可能导致对被审计单位持续经营能力产生重大疑虑的事项或情况是否存在重大不确定性，并考虑对审计报告的影响(如表8-3所示)。如果拒绝注册会计师的要求，对持续经营能力做出评估或评估期间未能涵盖自资产负债表日起的12个月，应评价在管理层拒绝评估或延伸评估期间的情况下所取得的审计证据的充分性和适当性，判断审计范围受到限制的程度，并考虑出具审计报告的意见类型。

表 8－3

不同情况	考虑事项	对审计报告的影响
运用持续经营假设编制财务报表是适当的，但可能存在重大不确定性	①财务报表是否已充分描述导致对持续经营能力产生重大疑虑的主要事项和情况，以及管理层针对这些事项或情况提出的应对计划；②财务报表是否已清楚指明可能对持续经营能力产生重大疑虑的事项或情况存在重大不确定性，被审计单位可能无法在正常的经营过程中变现资产、清偿债务	①如果财务报表已做出充分披露，应当出具带强调事项段的无保留意见的审计报告；②在如同时存在多项不确定性等极端情况下，应将难以判断持续经营假设是否适合视为对审计范围构成重大限制，如果财务报表已做出充分披露，应当出具无法表示意见的审计意见；③如果财务报表未能做出充分披露，应当出具保留意见或否定意见的审计报告
被审计单位不能持续经营，但财务报表仍然按持续假设编制	—	出具否定意见的审计报告
被审计单位不能持续经营，以其他基础编制财务报表	实施补充的审计程序	若认为管理层选用的其他编制基础是适当时，且财务报表已做出充分披露，应当出具带强调事项段的无保留意见审计报告

小案例

华天公司持续经营假设审计

广州华天生物科技有限公司依据持续经营假设编制 2019 年 12 月 31 日资产负债表。资产总额 8 756 万元，负债总额 4 879 万元，所有者权益 3 877 万元。审计人员调查了解到如下情况：

（1）该公司目前开工率约 60%，能大致维持正常生产经营；

（2）无力偿还即将到期的银行贷款，该项贷款以主要生产线做抵押，若失去生产线，该公司将全面停产；

（3）针对目前的生产情况，公司决定裁员 30%，剩余职员的工资削减 20%；

（4）银行已口头承诺将贷款延期 1 年，至审计外勤结束时，延期手续尚在办理。

根据上述资料请思考：

（1）注册会计师是否能认可该公司持续经营的合理性？

（2）上述判断对审计报告会有什么影响？

任务2
期初余额审计

任务描述

注册会计师杨旭按照审计计划进行期初余额的审计，项目组组长要求其完成如下工作：对期初余额实施适当的审计程序，以确定期初余额是否含有对本期财务报表产生重大影响的错报。重点关注：上期结转至本期的金额；上期所采用的会计政策；上期期末已存在的或有事项或承诺。

▣ 审计准备

（1）审计人员在执行首次审计业务时，应向被审计单位了解上期会计报表是否经过其他会计师事务所审计、审计报告的类型以及执行审计业务的注册会计师等信息。

（2）需要收集的证据清单：①上期财务报表；②前任注册会计师出具的审计报告。

▣ 审计过程

一、确定期初余额的审计目标

审计人员一般不需要专门对期初余额发表审计意见。由于期初余额是被审计期间会计数据的重要基础，审计人员必须对其进行验证和确认，并充分考虑期初余额审计形成的相关结论对所审会计报表的影响，以决定发表审计意见的类型。所以，期初余额的审核是审计报告出具前重要的审计环节。在执行首次审计业务时，注册会计师针对期初余额的目标是，获取充分、适当的审计证据以确定：

（1）期初余额不存在对本期财务报表产生重大影响的错报；

（2）上期期末余额已正确结转至本期，或在适当的情况下已做出重新表述；

（3）被审计单位一贯运用恰当的会计政策，或对会计政策的变更做出正确的会计处理和恰当的列报。

二、期初余额的实质性程序

（一）审查被审计单位财务报表期初余额是否反映上期运用恰当会计政策的结果

（1）注册会计师应当阅读最近期间的财务报表和前任注册会计师出具的审计报告（如有），获取与期初余额相关的信息，包括披露。检查上期期末余额是否已正确结转至本期，或在适当的情况下已做出重新表述。

（2）了解、分析被审计单位所选用的会计政策是否恰当，是否符合适用的财务报告编制基础的要求，按照所选用会计政策对被审计单位发生的交易或事项进行处理，是否能够提供可靠、相关的会计信息。

（二）审查上期会计政策是否在本期财务报表中得到一贯运用，如果会计政策发生变更，考虑这些变更是否恰当、会计处理是否正确、列报是否恰当

（1）确认被审计单位会计政策是否在每一会计期间和前后各期得到一贯执行，有无变更。

（2）如果发现会计政策发生变更，应确定其变更理由是否充分，是否按规定予以变更，或者由于具体情况发生变化，会计政策变更能够提供更可靠、更相关的会计信息，并关注被审计单位是否已经按照适用的财务报告编制基础的要求，对会计政策变更做出适当的会计处理和充分披露。

（3）如果被审计单位上期适用的会计政策不恰当或与本期不一致，注册会计师在实施期初余额审计时应提请被审计单位进行调整或予以披露。

（三）考虑前任注册会计师是否具备独立性和专业胜任能力

（1）注册会计师能否通过查阅前任注册会计师的审计工作底稿获取有关期初余额的充分、适当的审计证据，在很大程度上依赖于注册会计师对前任注册会计师的独立性和专业胜任能力的判断。

（2）如果认为前任注册会计师不具有独立性，或者不具有应有的专业胜任能力，则无法通过查阅其审计工作底稿获取有关期初余额的充分、适当的审计证据。

（四）如果上期财务报表由前任注册会计师审计，征得被审计单位书面同意，经前任注册会计师许可后，查阅前任注册会计师的工作底稿

（1）了解前任注册会计师工作底稿中的所有重要审计领域。

（2）考虑前任注册会计师是否已实施下列审计程序，评价资产负债表重要账户期初余额的合理性：

①函证货币资金余额，测试调节表，执行截止测试。

②函证并测试投资，确认账面价值的合理性。

③函证应收账款（且函证覆盖面适当），测试坏账准备计提的适当性，执行销售截止测试。

④实施存货监盘；执行存货计价测试；确定是否存在存货积压、流动过慢或毁损。

⑤测试固定资产，考虑是否存在重大增加、减少，考虑折旧方法、使用年限和减值

准备计提的适当性。

⑥测试递延资产、无形资产和其他资产，考虑资产余额的合理性。

⑦检查是否存在未记录负债，测试预计负债的有效性和充分性。

⑧分析所得税相关账户，确定是否符合企业会计准则的规定。

⑨函证负债余额及期限，测试利息费用的合理性。

⑩检查权益变动的授权和支持文件，包括发行股票、撤资和发放股利等。

(3) 复核前任注册会计师建议调整分录和未更正错报汇总，并评价其对当期审计的影响。

基于执行上述审计程序的结果，评价是否可信赖前任注册会计师的工作。后任注册会计师通常可在某一审计领域确定是否信赖前任注册会计师的工作。例如，后任注册会计师可以在应收账款审计领域信赖前任注册会计师的工作，而在债务审计领域不信赖其工作。

(五) 如果上期财务报表未经审计，或在实施上述第(四)项所述的审计程序后对期初余额不能得出满意结论，应实施其他相应的程序

(1) 对流动资产和流动负债，通过本期实施的审计程序获取部分证据，其中存货需复核上期存货盘点记录及文件，检查上期存货交易记录、运用毛利百分比法等分析程序。

(2) 对非流动资产和非流动负债，检查形成期初余额的会计记录和其他信息，还可考虑向第三方函证或追加审计程序。

(六) 确定期初余额对出具审计报告的影响

在对期初余额实施审计程序后，注册会计师应当分析已获取的审计证据，区分不同情况形成对期初余额的审计结论，在此基础上确定其对本期财务报表出具审计报告的影响。

1. 审计后无法获取有关期初余额的充分、适当的审计证据

如果实施相关审计程序后无法获取有关期初余额的充分、适当的审计证据，应当出具保留意见或无法表示意见的审计意见。

2. 期初余额存在对本期财务报表产生重大影响的错报

如果期初余额存在对本期财务报表产生重大影响的错报，应当告知管理层；如果上期财务报表由前任注册会计师审计，注册会计师还应当考虑提请管理层告知前任注册会计师。如果错报的影响未能得到正确的会计处理和恰当的列报，注册会计师应当出具保留意见或否定意见的审计报告。

3. 会计政策变更对审计报告的影响

如果与期初余额相关的会计政策未能在本期得到一贯运用，并且会计政策的变更未能得到正确的会计处理和恰当的列报，注册会计师应当出具保留意见或否定意见的审计报告。

4. 前任注册会计师对上期财务报表出具了非标准审计报告

如果前任注册会计师对上期财务报表出具了非标准审计报告，注册会计师应当考虑该审计报告对本期财务报表的影响。如果导致出具非标准审计报告的事项对本期财务报表仍然相关和重大，注册会计师应当对本期财务报表发表非无保留意见。

资产负债表期初余额审定表如表8－4所示，利润表期初余额审定表如表8－5所示。

表 8－4

资产负债表期初余额审定表

索引号：DF－1

资产负债表

编制单位：广州新希望科技有限公司　　2019 年 12 月 31 日　　单位：元

项　目	行次	上年审定数	借方	贷方	本年审定数	项　目	行次	上年审定数	借方	贷方	本年审定数
流动资产：	1					流动负债：	32				
货币资金	2					短期借款	33				
应收票据	3					应付票据	34				
应收账款	4					应付账款	35				
预付款项	5					预收款项	36				
应收股利	6					应付职工薪酬	37				
应收利息	7					其中：应付工资	38				
其他应收款	8					应付福利费	39				
存货	9					应交税费	40				
其中：原材料	10					其中：应交税金	41				
库存商品（产成品）	11					应付利息	42				
一年内到期的非流动资产	12					应付股利	43				
其他流动资产	13					其他应付款	44				
流动资产合计	14					一年内到期的非流动负债	45				
非流动资产：	15					其他流动负债	46				
长期股权投资	16					流动负债合计	47				
固定资产原价	17					非流动负债：	48				
减：累计折旧	18					长期借款	49				

续表

项目	行次	上年审定数	借方	贷方	本年审定数	项目	行次	上年审定数	借方	贷方	本年审定数
固定资产净值	19					预计负债	50				
减：固定资产减值准备	20					非流动负债合计	51				
固定资产净额	21					负债合计	52				
在建工程	22					所有者权益（或股东权益）：	53				
工程物资	23					实收资本（股本）	54				
固定资产清理	24					资本公积	55				
无形资产	25					盈余公积	56				
其中：土地使用权	26					未分配利润	57				
长期待摊费用（递延资产）	27						58				
其他非流动资产（其他长期资产）	28						59				
其中：特准储备物资	29						60				
非流动资产合计	30					所有者权益合计	61				
资产总计	31					负债和所有者权益总计	62				

审计人员：　　　　日期：　　　　复核人员：　　　　日期：

表 8－5

利润表期初余额审定表

利润表

2019 年度

索引号：DF－2

编制单位：广州新希望科技有限公司　　　　单位：元

项目	行次	上年审定数	借方	贷方	本年审定数	项目	行次	上年审定数	借方	贷方	本年审定数
一、营业收入	1					三、营业利润	19				
其中：主营业务收入	2					加：营业外收入	20				
其他业务收入	3					其中：非流动资产处置利得	21				
二、营业成本	4					非货币性资产交换利得	22				
其中：主营业务成本	5					政府补助	23				
其他业务成本	6					债务重组利得	24				
营业税金及附加	7					减：营业外支出	25				
销售费用	8					其中：非流动资产处置损失	26				
管理费用	9					非货币性资产交换损失	27				
其中：业务招待费	10					债务重组损失	28				
研究与开发费	11					四、利润总额	29				
财务费用	12					减：所得税费用	30				
其中：利息支出	13					五、净利润	31				
利息收入	14					六、归属于母公司所有者的净利润	32				
汇兑净损失	15					七、每股收益：	33				
△资产减值损失	16					基本每股收益	34				
加：公允价值变动收益	17					稀释每股收益	35				
投资收益	18						36				

审计人员：　　　　日期：　　　　复核人员：　　　　日期：

任务3
终结审计并编制审计报告

任务描述

审计项目小组按照预定计划完成了各个具体项目的审计，进入编制审计报告阶段，本阶段项目组长需要完成以下工作：①编制审计差异调整表和试算平衡表；②复核审计工作底稿和财务报表；③评价审计结果；④与管理层沟通；⑤撰写审计报告。

审计准备

在进入终结审计阶段，需要审计项目组事先完成以下工作任务：①完成按业务循环进行的控制测试；②完成交易与财务报表项目的实质性测试；③完成特殊项目的审计。

审计过程

一、编制审计差异调整表和试算平衡表

在完成按业务循环进行的控制测试、财务报表项目的实质性程序和特殊项目的审计后，审计项目经理对审计差异内容应予以初步确定并汇总，并建议被审计单位进行调整，使经审计的财务报表所载信息能够公允地反映被审计单位的财务状况、经营成果和现金流量。这一对审计差异内容的初步确定并汇总直至形成经审计的财务报表的过程，主要是通过编制审计差异调整表和试算平衡表得以完成的。

相关知识

审计差异内容

审计差异内容（错报）是指被审计单位的某一财务报表项目的金额、分类或列报，与按照适用的财务报告编制基础应当列示的金额、分类或列报之间存在的差异。审计差异内容按是否需要调整账户记录可分为核算错报和重分类错报。核算错报是企业对经济业务进行了不正确的会计核算而引起的错报；重分类错报是因企业未按企业会计准则列报财务报表而引起的错报。

（一）编制审计差异调整表

审计目标：评价识别出的错报对审计的影响，评价未更正错报对财务报表的影响。

工作底稿：账项调整分录汇总表（如表8－6所示）、重分类调整分录汇总表（如表8－7所示）、列报调整汇总表（如表8－8所示）、未更正错报分录汇总表（如表8－9所示）。

表8－6 账项调整分录汇总表 索引号：EA－1－1

分录序号	调整内容	调整分录科目名称		金额		底稿索引号
		一级科目	明细科目	借方金额	贷方金额	

与被审计单位的沟通：

参加人员：

被审计单位：＿＿＿＿＿＿＿＿ 审计项目组：＿＿＿＿＿＿＿＿

被审计单位的意见：＿＿＿＿＿＿＿＿

结论：

是否同意上述审计调整：＿＿＿＿＿＿＿＿

被审计单位授权代表签字：＿＿＿＿＿＿＿＿ 日期：＿＿＿＿＿＿＿＿

表8－7 重分类调整汇总表 索引号：EB－1－1

分录序号	调整内容	调整分录科目名称		金额		底稿索引号
		一级科目	明细科目	借方金额	贷方金额	

与被审计单位的沟通：

参加人员：

被审计单位：＿＿＿＿＿＿＿＿ 审计项目组：＿＿＿＿＿＿＿＿

被审计单位的意见：＿＿＿＿＿＿＿＿

结论：

是否同意上述审计调整：＿＿＿＿＿＿＿＿

被审计单位授权代表签字：＿＿＿＿＿＿＿＿ 日期：＿＿＿＿＿＿＿＿

表8-8 列报调整汇总表 索引号：EC-1-1

一、被审计单位财务报表附注中的漏报项目包括：______

二、被审计单位财务报表附注中的漏报项目包括：______

与被审计单位的沟通：

参加人员：

被审计单位：______ 审计项目组：______

被审计单位的意见：______

结论：

是否同意上述审计调整：______

被审计单位授权代表签字：______ 日期：______

表8-9 未更正错报分录汇总表 索引号：ED-1-1

分录序号	调整内容	调整分录科目名称		金额		底稿索引号
		一级科目	明细科目	借方金额	贷方金额	

未更正错报的影响：

项目	金额	百分比	计划内百分比
1. 总资产			
2. 净资产			
3. 销售收入			
4. 费用总额			
5. 毛利			
6. 净利润			

结论：

被审计单位授权代表签字：______ 日期：______

审计步骤如下：

（1）累计识别出的错报。无论是核算错报还是重分类错报，在审计工作底稿中通常都是以会计分录的形式反映的。由于审计中发现的错报往往不止一两项，为便于审计项目的各级负责人综合判断、分析和决定，也为了便于有效编制试算平衡表和代编已审计的财务报表，通常需要将这些错报分别进行汇总，除非错报明显微小。

（2）沟通和更正错报。注册会计师确定核算错报和重分类错报后，应当及时将审计过程中累积的所有错报与适当层级的管理层进行沟通，并要求管理层更正这些错报。若被审计单位予以采纳，应取得其同意调整的书面确认；若被审计单位不予采纳，应分析原因，并根据错报的性质和重要程度，确定是否在审计报告中予以反映，以及如何反映。实务工作中的做法一般是：注册会计师和被审计单位根据草稿先进行讨论，然后将被审计单位同意调整的错报调整分录计入账项调整分录汇总表，将被审计单位同意调整的重分类调整分录计入重分类调整分录汇总表中；对于被审计单位不同意调整的分录和不用建议调整的分录计入尚未更正错报汇总表中。

（3）评价未更正错报的影响。未更正错报是指注册会计师在审计过程中累计的且被审计单位未予更正的错报。

①在评价未更正错报的影响之前，重新评估计划审计工作时确定的重要性，确认其是否仍然适当。

②确定未更正错报单独或汇总起来是否重大。在确定时，应当考虑：错报的金额和性质以及错报发生的特定环境；与以前期间相关的未更正错报对相关类别的交易、账户余额或披露以及财务报表整体的影响。

③与治理层沟通未更正错报，以及这些错报单独或汇总起来可能对审计意见产生的影响。沟通时应当逐项指明重大的未更正错报，并要求被审计单位更正未更正错报。

④要求管理层和治理层（如适用）提供书面声明，说明其是否认为未更正错报单独或汇总起来对财务报表整体的影响不重大。

（二）编制试算平衡表

审计目标：确定已审数与财务报表披露数。

工作底稿：资产负债表试算平衡表（如表 8－10 所示）、利润表试算平衡表（如表 8－11 所示）。

表 8－10 资产负债表试算平衡表 索引号：EE－1

项目	期末未审数	账项调整		重分类调整		期末审定数
		借方	贷方	借方	贷方	
货币资金						
交易性金融资产						
应收票据						
应收账款						
预付账款						
其他应收款						
存货						
一年内到期的非流动资产						
其他流动资产						
可供出售金融资产						
持有至到期投资						
长期应收款						
长期股权投资						

续表

项目	期末未审数	账项调整		重分类调整		期末审定数
		借方	贷方	借方	贷方	
投资性房地产						
固定资产						
在建工程						
无形资产						
开发支出						
商誉						
长期待摊费用						
递延所得税资产						
其他非流动资产						
合计						
短期借款						
交易性金融负债						
应付票据						
应付账款						
预收账款						
应付职工薪酬						
应交税费						
其他应付款						
一年内到期的非流动负债						
其他流动负债						
长期借款						
应付债券						
长期应付款						
专项应付款						
预计负债						
其他流动负债						
递延所得税负债						
实收资本						
其他权益工具						
资本公积						
其他综合收益						
盈余公积						
未分配利润						
合计						

表 8－11　　利润表试算平衡表　　索引号：EE－2

项目		未审数	调整金额		审定数	索引号
			借方	贷方		
一	营业收入					
	减：营业成本					
	税金及附加					
	销售费用					
	管理费用					
	研发费用					
	财务费用					
	加：其他收益					
	投资收益					
	公允价值变动收益					
	资产减值损失（－）					
	资产处置收益					
二	营业利润					
	加：营业外收入					
	减：营业外支出					
三	利润总额					
	减：所得税费用					
四	净利润					

审计步骤如下：

（1）根据被审计单位提供的未审计财务报表，填列期末未审数。

（2）根据“账项调整分录汇总表”和“重分类调整分录汇总表”，将被审计单位同意调整的事项填入试算平衡表中。

（3）根据期末未审数及相关调整金额，计算期末审定数。

（4）检查核对试算平衡表中的勾稽关系。例如，检查“资产负债表试算平衡表”期末未审数、期末审定数是否满足会计恒等式“资产＝负债＋所有者权益”。

二、复核审计工作底稿和财务报表

（一）对财务报表总体合理性实施分析程序

审计目标：确定审计调整后的财务报表是否与对被审计单位的了解一致。

工作底稿：财务报表总体合理性分析表。

审计步骤如下：

（1）考虑宏观经济环境和行业特点对报表的影响。宏观经济不景气时，企业产品销售可能出现困难，销售量和价格下降，信用销售比例增加或信用期延长。当存在这些影响时，会计报表会出现如下特点：资产负债表中存货和应收款项增加，利润表中营业收入和净利润下降，现金流量表中经营活动现金净流量下降或出现负数。当经济复苏时，会计报表则会出现相反的特点。

另外，处于同一行业的企业，会计报表会呈现相似的特征；不同行业的企业，会计报表会表现出不同的特点。

（2）考虑企业市场地位对会计报表的影响。不同的市场格局，对企业的采购、生产和销售影响不同，使会计报表呈现不同的特点。当企业处于卖方市场时，产品供不应求、产能利用率高、具有较强的产品定价能力。企业通常实施更为严格的信用政策，采用预收款销售或是现金销售政策。企业经营活动通常会出现较大的现金净流入。处于买方市场的企业，其财务特点则往往相反。

（3）考虑企业发展阶段对会计报表的影响。第一，处于创业期和成长期的企业，往往实施扩张战略，会加大对固定资产、应收账款和存货的投入。现金流量表中经营活动和投资活动的现金净流入可能出现较大的负数。为取得企业发展所需资金，企业一般采用银行借款或者增加资本的方式筹集资金，因此筹资活动的现金流量往往出现较大的正数。第二，企业进入成熟期后往往采用稳定型发展策略。往往净利润比较大，企业的经营活动现金净流量也比较大。固定资产等长期资产的投资规模较小。企业有充裕的现金可以用于偿付贷款和分配股利。企业借款大幅度减少，财务费用明显降低。第三，处于衰退期的企业一般实施紧缩战略，企业缩减或回收投资，资产规模明显下降，投资活动现金净流量出现负数。企业收入下降、毛利率降低、净利润下降，经营活动现金净流量下降或出现负数。

（4）考虑会计报表数据之间的内在联系。第一，会计报表项目的变动分析。会计报表项目的变动分析应以资产负债表为核心来展开，资产项目的变动往往通过利润表、现金流量表、所有者权益变动表来解释。例如，应收账款的大幅增加或预收账款的大幅减少，往往通过利润表上收入的增加、现金流量表上经营活动现金净流量减少来解释。固定资产和无形资产的增加，可从现金流量表上投资活动的现金流出及应付账款的增加来解释。第二，会计政策、会计估计和报表项目的关系。依据会计报表附注披露的会计政策和会计估计，结合资产负债表项目的期初、期末余额，可以复核一些利润表和现金流量表当期发生数的合理性。例如，根据固定资产期初余额和本期增减情况、期末原值和固定资产分类折旧率可以分析本期固定资产折旧的合理性。第三，账龄结构变动中的数据关系。如果一笔应收账款没有收回，下一年度该笔款项的账龄就会自动增加一年，期末和期初账龄之间存在一种固有的关系。

（二）复核审计工作底稿

（1）项目组内部的复核。项目组内部的复核又分为项目经理复核和项目合伙人复核。审计项目经理的现场复核。属于第一级复核，通常在审计现场完成，以便及时发现和解决问题，争取审计工作的主动。项目合伙人的复核是对审计项目经理复核的再监督，也是对重要审计事项的把关。

项目组需要在制定审计计划时确定复核人员的指派，以确保所有工作底稿均得到适当层级人员（如项目经理）的复核。对一些较为复杂、审计风险较高的领域，例如，舞弊风险的评估与应对、重大会计估计及其他复杂的会计问题、审核会议记录和重大合同、关联方关系和交易、持续经营存在的问题等，需要指派经验丰富的项目组成员执行复核，必要时可以由项目合伙人执行复核。

（2）项目质量控制的复核。项目质量控制复核是指在出具报告前，对项目组做出的重大判断和在准备报告时形成的结论做出客观评价的过程。项目质量控制复核也称独立复核。

三、评价审计结果

审计目标：确定将要发表的审计意见的类型以及在整个审计工作中是否遵循了审计准则。

工作底稿：审计总结、业务执行复核工作核对表。

审计步骤如下：

（1）对重要性和审计风险进行最终的评价。第一，确定可能的错报金额。如前所述，可能错报金额包括已经识别的具体错报和推断误差。第二，根据财务报表层次重要性水平，确定可能的错报金额的汇总数（即可能错报金额）对整个财务报表的影响程度。注册会计师在审计计划阶段已确定了审计风险的可接受水平。随着可能错报总和的增加，财务报表可能被严重错报的风险也会增加。如果注册会计师得出结论，审计风险处在一个可接受的水平，则可以直接提出审计结果所支持的意见；如果注册会计师认为审计风险不能接受，由应追加审计测试或者说服被审计单位做出必要调整，以便将重要错报风险降低到一个可接受的水平。否则，注册会计师应慎重考虑该审计风险对审计报告的影响。

（2）对被审计单位已审计财务报表形成审计意见并草拟审计报告。第一，在审计过程中，要实施各种测试。这些测试通常是由参与本次审计工作的审计项目组成员来执行的，而每个成员所执行的测试可能只取于某几个领域或账项，所以，在每个业务循环或报表项目测试者完成之后，审计项目经理应汇总所有成员的审计结果。第二，在完成审计工作阶段，为了对财务报表整体发表适当的意见，必须将这些分散的审计结果加以汇总和评价，综合考虑在审计过程中所收集到的全部证据。负责该审计项目的主任会计师对这些工作负有最终的责任。在有些情况下，这些工作先由审计项目经理初步完成，然后再逐级交给部门经理和主任会计师认真复核。第三，在对审计意见形成最后决定之前，会计师事务所通常要与被审计单位召开沟通会。在会议上，注册会计师可口头报告本次审计所发现的问题，并说明建议被审计单位做出必要调整或表外披露的理由。当然，管理层也可以在会上申辩其立场。最后，通常会对需要被审计单位做出的改变达成协议。如达成了协议，注册会计师一般即可签发标准审计报告，否则，注册会计师可能不得不发表其他类型的审计意见。

相关知识

审计意见

审计意见是指审计人员在完成审计工作后，对于鉴证对象是否符合鉴证标准而发表的意见。对于财务报表审计而言，则是对财务报表是否已按照适用的会计准则编制，以及财务报表是否在所有重大方面的公允反映了被审计单位的财务状况、经营成果和现金流量发表意见。审计意见通常有：

（1）无保留意见。无保留意见是指审计人员认为被审计单位编制的财务报表已按照适用的会计准则的规定编制并在所有重大方面公允反映了被审计单位的财务状况、经营成果和现金流量。

(2) 保留意见。保留意见是指审计人员认为被审计单位的经营活动和财务报表在整体上是公允的，但对某些问题还不能做出肯定或否定，个别方面可能存在重要错误（不足使财务报表失效）而做出保留若干意见的评价。

(3) 否定意见。否定意见是指审计人员认为被审计单位在经营活动中存在严重违法乱纪行为或会计处理严重违反企业会计准则，导致财务报表整体不公允而给予的一种否定评价。

(4) 无法表示意见。无法表示意见是指审计人员在审计过程中因未收集到足够的证据，无法对被审计单位的财务报表发表确切的审计意见所表示的一种不作评价的意见。

四、与管理层、治理层沟通

审计目标：及时向治理层通报审计中发现的与治理层对财务报告过程的监督责任相关的重大事项。

工作底稿：与治理层的沟通函、管理层申明书（如表8－12所示)。

表8－12 **新希望公司管理层申明书** 索引号：EJ

管理层声明书

致广州市德信会计师事务所：

本声明书是针对你们审计广州市新希望有限公司截至2019年12月31日的年度财务报表而提供的。审计的目的是对财务报表发表意见，以确定财务报表是否在所有重大方面已按照企业会计准则的规定编制，并实现公允反映。

尽我们所知，并在做出了必要的查询和了解后，我们确认：

1. 财务报表

(1) 我们已履行2019年11月5日签署的审计业务约定书中提及的责任，即根据企业会计准则的规定编制财务报表，并对财务报表进行公允反映。

(2) 在做出会计估计时使用的重大假设（包括与公允价值计量相关的假设）是合理的。

(3) 已按照企业会计准则的规定对关联方关系及其交易做出了恰当的会计处理和披露。

(4) 根据企业会计准则的规定，所有需要调整或披露的资产负债表日后事项都已得到调整或披露。

(5) 未更正错报，无论是单独还是汇总起来，对财务报表整体的影响均不重大。未更正错报汇总表附在本声明书后。

2. 提供的信息

(6) 我们已向你们提供下列工作条件：①允许接触我们注意到的、与财务报表编制相关的所有信息（如记录、文件和其他事项)；②提供你们基于审计目的要求我们提供的其他信息；③允许在获取审计证据时不受限制地接触你们认为必要的本公司内部人员和其他相关人员。

(7) 所有交易均已记录并反映在财务报表中。

(8) 我们已向你们披露了由于舞弊可能导致的财务报表重大错报风险的评估结果。

(9) 我们已向你们披露了我们注意到的、可能影响本公司的与舞弊或舞弊嫌疑相关的所有信息，这些信息涉及本公司的：①管理层；②在内部控制中承担重要职责的员工；③其他人员（在舞弊行为导致财务报表重大错报的情况下)。

(10) 我们已向你们披露了从现任和前任员工、分析师、监管机构等方面获知的、影响财务报表的舞弊指控或舞弊嫌疑的所有信息。

(11) 我们已向你们披露了所有已知的、在编制财务报表时应当考虑其影响的违反或涉嫌违反法律法规的行为。

(12) 我们已向你们披露了我们注意到的关联方的名称和特征、所有关联方关系及其交易。

附：未更正错报汇总表

广州市新希望科技有限公司
（盖章）
中国广东省广州市

广州市新希望科技有限公司管理层
（签名并盖章）
2020年3月28日

审计步骤如下：

（1）与被审计单位召开审计总结会，就下列事项进行沟通，形成总结会会议纪要并经双方签字认可：①审计意见的类型及审计报告的措辞；②账项调整分录汇总表、重分类调整分录汇总表、列报调整汇总表、未更正错报汇总表以及试算平衡表草表；③对被审计单位持续经营能力具有重大影响的事项；④含有已审计财务报表的文件中的其他信息对财务报表的影响；⑤对完善内部控制的建议；⑥执行该项审计业务的注册会计师的独立性。

（2）获得被审计单位同意账项调整、重分类调整和列报调整事项的书面确认，如果被审计单位不同意调整，应要求其说明原因。根据未更正错报的重要性，确定是否在审计报告中予以反映，以及如何反映。

（3）在就上述有关问题与治理层沟通时提交书面沟通函，并获得治理层的确认。向适当的高级管理人员获取经签署的管理层声明书，并确定其日期与审计报告的日期一致。

相关知识

管理层申明书

管理层声明书是指管理层向注册会计师提供的书面陈述，用以确认某些事项或支持其他审计证据。管理层申明书是注册会计师在审计过程中必须要获取的重要证据来源。如果管理层修改书面声明的内容或不提供注册会计师要求的书面声明，通常会引起注册会计师的警觉，被审计单位有可能整体存在重大的错报。

1. 针对管理层责任的书面声明

针对财务报表的编制，注册会计师应当要求管理层提供书面声明，确认其根据审计业务约定条款，履行了按照适用的财务报告编制基础编制财务报表并使其实现公允反映（如适用）的责任。

针对提供的信息和交易的完整性，注册会计师应当要求管理层就下列事项提供书面声明：

（1）按照审计业务约定条款，已向注册会计师提供所有相关信息，并允许注册会计师不受限制地接触所有相关信息以及被审计单位内部人员和其他相关人员。

（2）所有交易均已记录并反映在财务报表中。

2. 其他书面声明

除《中国注册会计师准则第 1341 号——书面声明》和其他审计准则要求的书面声明外，如果注册会计师认为有必要获取一项或多项其他书面声明，以支持与财务报表或者一项或多项具体认定相关的其他审计证据，注册会计师应当要求管理层提供这些书面声明。

书面声明的日期应当尽量接近对财务报表出具审计报告的日期，但不得在审计报告日后。书面声明应当涵盖审计报告针对的所有财务报表和期间。由于管理层申明书是必要的审计证据，在获取管理层签署的书面声明之前，注册会计师不能发表审计意见，也不能签署审计报告。

五、编制审计报告

审计报告是指注册会计师根据审计准则的规定，在执行审计工作的基础上，对财务报表发表审计意见的书面文件。审计报告按照性质不同分为无保留意见审计报告和非无保留意见审计报告。其中，非无保留意见审计报告可分为保留意见审计报告、否定意见审计报告和无法表示意见审计报告。编制审计报告的步骤一般如下：

（一）拟定标题

审计报告应当具有标题，统一规范为“审计报告”。

（二）确定收件人

审计报告应当按照审计业务约定的要求载明收件人。收件人一般为审计业务的委托人。注册会计师通常将审计报告致送给财务报表使用者，一般是被审计单位的股东或治理层。

（三）撰写审计意见

1. 确定审计意见的类型

（1）无保留意见审计报告适用的情形。财务报表已经在所有重大方面按照适用的财务报告编制基础的相关规定编制，并实现公允反映。注册会计师已经按照中国注册会计师审计准则的相关规定计划和执行审计工作，获取了充分、适当的审计证据。不存在应调整或披露而被审计单位未予调整或披露的重要事项。

（2）保留意见审计报告适用的情形。在获取充分、适当的审计证据后，注册会计师认为财务报表就整体而言是公允的，但还存在对财务报表产生重大影响的错报，错报单独或汇总起来对财务报表的影响重大，但不具有广泛性。注册会计师无法获取充分、适当的审计证据以作为形成审计意见的基础，但认为未发现的错报（如存在）对财务报表可能产生的影响重大，但不具有广泛性。

（3）否定意见审计报告适用的情形。注册会计师在获取充分、适当的审计证据后，认为错报单独或汇总起来对财务报表影响重大，且具有广泛性。

（4）无法表示意见审计报告适用的情形。注册会计师在审计过程中，由于审计范围受到委托人、被审计单位或客观环境的严重限制，不能获取必要的审计证据，以致无法对财务报表整体反映发表审计意见。

2. 撰写审计意见

注册会计师发表无保留意见时，审计意见段的标题一般为“审计意见”；在发表非无保留意见时，应当对审计意见部分使用恰当的标题，如“保留意见”、“否定意见”或“无法表示意见”。

审计意见段一般由两部分内容组成：一是提及已审计财务报表，应该包含以下内容：①指出被审计单位的名称；②说明财务报表已经审计；③指出构成整套财务报表的每一财务报表的名称；④提及财务报表附注，包括重要会计政策和会计估计；⑤指明构成整套财务报表的每一财务报表的日期或涵盖的期间。二是注册会计师发表的审计意见。

（1）无保留意见的表述。如果对财务报表发表无保留意见，除非法律法规另有规定，审计意见段应当如下表述：

“注册会计师审计了［被审计单位］的财务报表，包括［审计截止日］的资产负债表，［审计期间］的利润表、现金流量表 、所有者权益变动表以及相关的财务报表附注。

注册会计师认为，后附的财务报表在所有重大方面按照［适用的财务报告编制基础（如企业会计准则等）］的规定编制，公允反映了［……］”。

无保留意见审计报告样式如表 8－13 所示。

表 8－13　　无保留意见审计报告

审计报告

广州市新希望科技有限公司全体股东：

一、审计意见

我们审计了广州市新希望科技有限公司（以下简称“新希望公司”）财务报表，包括 2019 年 12 月 31 日的资产负债表，2019 年度的利润表、现金流量表、股东权益变动表以及相关财务报表附注。

我们认为，后附的财务报表在所有重大方面按照企业会计准则的规定编制，公允反映了新希望公司 2019 年 12 月 31 日的财务状况以及 2019 年度的经营成果和现金流量。

二、形成审计意见的基础

我们按照中国注册会计师审计准则的规定执行了审计工作。审计报告的“注册会计师对财务报表审计的责任”部分进一步阐述了我们在这些准则下的责任。按照中国注册会计师职业道德守则，我们独立于新希望公司，并履行了职业道德方面的其他责任。我们相信，我们获取的审计证据是充分、适当的，为发表审计意见提供了基础。

三、管理层和治理层对财务报表的责任

新希望公司管理层（以下简称“管理层”）负责按照企业会计准则的规定编制财务报表，使其实现公允反映，并设计、执行和维护必要的内部控制，以使财务报表不存在由于舞弊或错误导致的重大错报。

在编制财务报表时，管理层负责评估新希望公司的持续经营能力，披露与持续经营相关的事项（如适用），并运用持续经营假设，除非管理层计划清算新希望公司、终止运营或别无其他现实的选择。

治理层负责监督新希望公司的财务报告过程。

四、注册会计师对财务报表审计的责任

我们的目标是对财务报表整体是否不存在由于舞弊或错误导致的重大错报获取合理保证，并出具包含审计意见的审计报告。合理保证是高水平的保证，但并不能保证按照审计准则执行的审计在某一重大错报存在时总能发现。错报可能由于舞弊或错误导致，如果合理预期错报单独或汇总起来可能影响财务报表使用者依据财务报表做出的经济决策，则通常认为错报是重大的。

在按照审计准则执行审计工作的过程中，我们运用职业判断，并保持职业怀疑。同时，我们也执行以下工作：

（1）识别和评估由于舞弊或错误导致的财务报表重大错报风险，设计和实施审计程序以应对这些风险，并获取充分、适当的审计证据，作为发表审计意见的基础。由于舞弊可能涉及串通、伪造、故意遗漏、虚假陈述或凌驾于内部控制之上，未能发现由于舞弊导致的重大错报的风险高于未能发现由于错误导致的重大错报的风险。

（2）了解与审计相关的内部控制，以设计恰当的审计程序，但目的并非对内控的有效性发表意见。

（3）评价管理层选用会计政策的恰当性和做出会计估计及相关披露的合理性。

（4）对管理层使用持续经营假设的恰当性得出结论。同时，根据获取的审计证据，就可能导致对新希望公司持续经营能力产生重大疑虑的事项或情况是否存在重大不确定性得出结论。如果我们得出结论认为存在重大不确定性，审计准则要求我们在审计报告中提请报表使用者注意财务报表中的相关披露；如果披露不充分，我们应当发表非无保留意见。我们的结论基于截至审计报告日可获得的信息。然而，未来的事项或情况可能导致新希望公司不能持续经营。

（5）评价财务报表的总体列报、结构和内容，并评价财务报表是否公允反映相关交易和事项。

我们与治理层就计划的审计范围、时间安排和重大审计发现等事项进行沟通，包括沟通我们在审计中识别出的值得关注的内部控制缺陷。

广州市德信会计师事务所　　中国注册会计师：赵正
（盖章）　　（签名并盖章）
中国注册会计师：杨旭
（签名并盖章）
2020 年 3 月 31 日

中国广东省广州市

(2)保留意见的表述。当由于财务报表存在重大错报而发表保留意见时，审计意见应当使用“注册会计师认为，除形成保留意见的基础部分所述事项产生的影响外，后附的财务报表在所有重大方面按照[适用的财务报告编制基础(如企业会计准则等)]的规定编制，公允反映了[……]”的措辞。

当无法获取充分、适当的审计证据而导致发表保留意见时，审计意见应当使用“除[……]可能产生的影响外，后附的财务报表在所有重大方面按照[适用的财务报告编制基础(如企业会计准则等)]的规定编制，公允反映了[……]”的措辞。

保留意见审计报告样式如表8-14所示。

表8-14　　保留意见审计报告

审计报告

广州市新希望科技有限公司全体股东：

一、保留意见

我们审计了广州市新希望科技有限公司(以下简称“新希望公司”)财务报表，包括2019年12月31日的资产负债表，2019年度的利润表、现金流量表、股东权益变动表以及相关财务报表附注。

我们认为，除“形成保留意见的基础”部分所述事项产生的影响外，后附的财务报表在所有重大方面按照企业会计准则的规定编制，公允反映了新希望公司2019年12月31日的财务状况以及2019年度的经营成果和现金流量。

二、形成保留意见的基础

新希望公司2019年12月31日资产负债表列示的应收账款为5 000 000.00元，其中200 000.00元账龄已超过3年，新希望公司管理层对这些应收账款未计提坏账准备，这不符合企业会计准则的规定。如果计提坏账准备，新希望公司2019年度利润表中信用减值损失将增加100 000.00元，2019年12月31日资产负债表中应收账款净额将减少100 000.00元，相应所得税费用、净利润和股东权益将分别减少25 000.00元、75 000.00元和75 000.00元。

我们按照中国注册会计师审计准则的规定执行了审计工作。审计报告的“注册会计师对财务报表审计的责任”部分进一步阐述了我们在这些准则下的责任。按照中国注册会计师职业道德守则，我们独立于新希望公司，并履行了职业道德方面的其他责任。我们相信，我们获取的审计证据是充分、适当的，为发表保留意见提供了基础。

三、管理层和治理层对财务报表的责任(略)

四、注册会计师对财务报表审计的责任(略)

广州市和诚会计师事务所
(盖章)

中国注册会计师：宋昕明
(签名并盖章)
中国注册会计师：庄泽辉
(签名并盖章)

中国广东省广州市

2020年4月5日

(3)否定意见的表述。当发表否定意见时，注册会计师应当在审计意见部分说明：注册会计师认为，由于形成否定意见的基础部分所述事项的重要性，后附的财务报表没有在所有重大方面按照适用的财务报告编制基础的规定编制，未能公允反映[……]。

否定意见审计报告样式如表8-15所示。

(4)无法表示意见表述。当发表无法表示意见时，审计意见段应当如下表述：

“注册会计师接受委托，审计[被审计单位]的财务报表，包括[审计截止日]的资产负债表，[审计期间]的利润表、现金流量表、所有者权益变动表以及相关的财务报表附注。

表 8－15　　否定意见审计报告

审计报告

广州市新希望科技有限公司全体股东：

一、否定意见

我们审计了广州市新希望科技有限公司（以下简称“新希望公司”）财务报表，包括2019年12月31日的资产负债表，2019年度的利润表、现金流量表、股东权益变动表以及相关财务报表附注。

我们认为，由于“形成否定意见的基础”部分所述事项的重要性，新希望公司的财务报表没有在所有重大方面按照企业会计准则的规定编制，未能公允反映了新希望公司2019年12月31日的财务状况以及2019年度的经营成果和现金流量。

二、形成否定意见的基础

新希望公司2019年12月31日资产负债表其他应付款为10 000 000.00元，均为向关联企业振华公司借入的2年期借款。截至2019年12月31日新希望公司欠振华公司利息800 000.00元未计提入账，这不符合企业会计准则的规定。如果管理层计提借款利息，其他应付款列示金额将增加800 000.00元，财务费用将增加800 000.00元，相应所得税费用、净利润和股东权益将分别减少200 000.00元、600 000.00元和600 000.00元。这一事项对财务报表影响重大，且具有广泛性。

我们按照中国注册会计师审计准则的规定执行了审计工作。审计报告的“注册会计师对财务报表审计的责任”部分进一步阐述了我们在这些准则下的责任。按照中国注册会计师职业道德守则，我们独立于新希望公司，并履行了职业道德方面的其他责任。我们相信，我们获取的审计证据是充分、适当的，为发表否定意见提供了基础。

三、管理层和治理层对财务报表的责任（略）

四、注册会计师对财务报表审计的责任（略）

广州市德信会计师事务所　　　　　　　　　　中国注册会计师：赵正
（盖章）　　　　　　　　　　　　　　　　　（签名并盖章）
　　　　　　　　　　　　　　　　　　　　　中国注册会计师：杨旭
　　　　　　　　　　　　　　　　　　　　　（签名并盖章）
中国广东省广州市　　　　　　　　　　　　　2020年3月31日

注册会计师不对后附的［被审计单位］财务报表发表审计意见。由于‘形成无法表示意见的基础’部分所述事项的重要性，注册会计师无法获取充分、适当的审计证据以作为对财务报表发表审计意见的基础。”

无法表示意见审计报告样式如表8－16所示。

（四）拟写形成审计意见的基础

审计报告应当包含标题为“形成审计意见的基础”部分。该部分应当紧接在审计意见部分之后，并包括下列方面：说明注册会计师按照审计准则的规定执行了审计工作；提及审计报告中用于描述审计准则规定的注册会计师责任的部分；声明注册会计师按照与审计相关的职业道德要求独立于被审计单位，并履行了职业道德方面的其他责任。声明中应当指明适用的职业道德要求，如中国注册会计师职业道德守则；说明注册会计师是否相信获取的审计证据是充分、适当的，为发表审计意见提供了基础。

注册会计师在发表非无保留意见时，应当对形成审计意见的基础部分使用恰当的标题，如“形成保留意见的基础”、“形成否定意见的基础”或“形成无法表示意见的基础”。

表 8-16 无法表示意见审计报告

审计报告

广州市新希望科技有限公司全体股东：

一、无法表示意见

我们接受委托，审计广州市新希望科技有限公司（以下简称“新希望公司”）财务报表，包括2019年12月31日的资产负债表，2019年度的利润表、现金流量表、股东权益变动表以及相关财务报表附注。

我们不对后附的新希望公司财务报表发表审计意见，由于“形成无法表示意见的基础”部分所述事项的重要性，我们无法获取充分、适当的审计证据以作为发表审计意见的基础。

二、形成无法表示意见的基础

新希望公司未对2019年12月31日的存货进行盘点，金额为8 659 422.73元，占期末总资产的38.58%。我们无法实施存货的监盘，也无法实施替代审计程序，以对期末存货的数量和状况获取充分、适当的审计证据。

三、管理层和治理层对财务报表的责任（略）

四、注册会计师对财务报表审计的责任

我们的责任是按照中国注册会计师审计准则的规定，对新希望公司的财务报表执行审计工作，以出具审计报告。但由于“形成无法表示意见”部分所述的事项，我们无法获取充分、适当的审计证据以作为发表审计意见的基础。

按照中国注册会计师职业道德准则，我们独立于新希望公司，并履行了职业道德方面的其他责任。

广州市德信会计师事务所
（盖章）

中国注册会计师：赵正
（签名并盖章）
中国注册会计师：杨旭
（签名并盖章）

中国广东省广州市

2020年3月31日

如果因无法获取充分、适当的审计证据而导致发表非无保留意见，注册会计师应当在形成审计意见的基础部分说明无法获取审计证据的原因。

1. 表述形成审计意见的基础

“注册会计师按照中国注册会计师审计准则的规定执行了审计工作。审计报告的‘注册会计师对财务报表审计的责任’部分进一步阐述了注册会计师在这些准则下的责任。按照中国注册会计师职业道德守则，注册会计师独立于[被审计单位]，并履行了职业道德方面的其他责任。注册会计师相信，获取的审计证据是充分、适当的，为发表审计意见提供了基础。”

2. 表述形成保留意见的基础

“[形成保留意见的原因]。

注册会计师按照中国注册会计师审计准则的规定执行了审计工作……注册会计师相信，获取的审计证据是充分、适当的，为发表保留意见提供了基础。”

3. 表述形成否定意见的基础

“[形成否定意见的原因]。

注册会计师按照中国注册会计师审计准则的规定执行了审计工作……注册会计师相信，获取的审计证据是充分、适当的，为发表否定意见提供了基础。”

4. 表述形成无法表示意见的基础

“[形成无法表示意见的原因]。”

（五）拟写管理层对财务报表的责任

审计报告应当包含标题为“管理层对财务报表的责任”部分。管理层对财务报表的责任部分应当说明管理层负责下列方面：按照适用的财务报告编制基础的规定编制财务报表，使其实现公允反映，并设计、执行和维护必要的内部控制，以使财务报表不存在由于舞弊或错误导致的重大错报；评估被审计单位的持续经营能力和使用持续经营假设是否适当，并披露与持续经营相关的事项（如适用）。对管理层评估责任的说明应当包括描述在何种情况下使用持续经营假设是适当的。一般采用如下方式来表述：

“被审计单位管理层负责按照企业会计准则的规定编制财务报表，使其实现公允反映，并设计、执行和维护必要的内部控制，以使财务报表不存在由于舞弊或错误导致的重大错报。

在编制财务报表时，管理层负责评估被审计单位的持续经营能力，披露与持续经营相关的事项（如适用），并运用持续经营假设，除非管理层计划清算被审计单位、终止运营或别无其他现实的选择。”

（六）拟写注册会计师对财务报表审计的责任

审计报告应当包含标题为“注册会计师对财务报表审计责任”部分。注册会计师对财务报表审计的责任部分应当包括下列内容：

（1）说明注册会计师的目标是对财务报表整体是否不存在由于舞弊或错误导致的重大错报获取合理保证，并出具包含审计意见的审计报告。

（2）说明合理保证是高水平的保证，但并不能保证按照审计准则执行的审计在某一重大错报存在时总能发现。

（3）说明错报可能由于舞弊或错误导致。在说明错报可能由于舞弊或错误导致时，注册会计师应当从下列两种做法中选取一种：①描述如果合理预期错报单独或汇总起来可能影响财务报表使用者依据财务报表做出的经济决策，则通常认为错报是重大的；②根据适用的财务报告编制基础，提供关于重要性的定义或描述。

注册会计师对财务报表审计的责任部分还应当包括下列内容：

（1）说明在执行审计工作的过程中，注册会计师运用职业判断，并保持职业怀疑。

（2）通过说明注册会计师的责任，对审计工作进行描述。责任包括：①识别和评估由于舞弊或错误导致的财务报表重大错报风险，设计和实施审计程序以应对这些风险，并获取充分、适当的审计证据，作为发表审计意见的基础。由于舞弊可能涉及串通、伪造、故意遗漏、虚假陈述或凌驾于内部控制之上，未能发现由于舞弊导致的重大错报的风险高于未能发现由于错误导致的重大错报的风险。②了解与审计相关的内部控制，以设计恰当的审计程序，但目的并非对内部控制的有效性发表意见。当注册会计师有责任在财务报表审计的同时对内部控制的有效性发表意见时，应当略去上述“目的并非对内部控制的有效性发表意见”的表述。③评价管理层选用会计政策的恰当性和做出会计估计及相关披露的合理性。④对管理层使用持续经营假设的恰当性得出结论。同时，根据获取的审计证据，就可能导致对被审计单位持续经营能力产生重大疑虑的事项或情况是否存在重大不确定性得出结论。如果注册会计师得出结论认为存在重大不确定性，审计准则要求注册会计师在审计报告中提请报表使用者关注财务报表中的相关披露；如果披露不充分，注册会计师应当发表非无保留意见。注册会计师的结论基于截至审计报告日可获得的信息。然而，未来的事项或情况可能导致被审计单位不能持续经营。⑤评价财务报表的总体列报（包括披露）、结构和内容，并评价财务报表是否公允反映相关交易和事项。

注册会计师对财务报表审计的责任部分还应当包括说明注册会计师与治理层就计划的审计范围、时间安排和重大审计发现等事项进行沟通，包括沟通注册会计师在审计中识别的值得关注的内部控制缺陷。

（七）拟写按照相关法律法规的要求报告的事项

除审计准则规定的注册会计师责任外，如果注册会计师在对财务报表出具的审计报告中履行其他报告责任，应当在审计报告中将其单独作为一部分，并以“按照相关法律法规的要求报告的事项”为标题，或使用适合于该部分内容的其他标题，除非其他报告责任涉及的事项与审计准则规定的报告责任涉及的事项相同。如果涉及相同的事项，其他报告责任可以在审计准则规定的同一报告要素部分列示。

（八）注册会计师签名和盖章

审计报告应当由项目合伙人和另一名负责该项目的注册会计师签名和盖章。注册会计师应当在对上市实体整套通用目的财务报表出具的审计报告中注明项目合伙人。

（九）填写会计师事务所的名称、地址和盖章；

审计报告应当载明会计师事务所的名称和地址，并加盖会计师事务所公章。

（十）填写签发审计报告日期

审计报告应当注明报告日期。审计报告日不应早于注册会计师获取充分、适当的审计证据，并在此基础上对财务报表形成审计意见的日期。在确定审计报告日时，注册会计师应当确信已获取下列两个方面的审计证据：①构成整套财务报表的所有报表（含披露）已编制完成；②被审计单位的董事会、管理层或类似机构已经认可其对财务报表负责。

拓展知识

在审计报告中增加强调事项段

审计报告的强调事项段是指审计报告中含有的一个段落，该段落提及已在财务报表中恰当列报的事项，且根据注册会计师的职业判断，该事项对财务报表使用者理解财务报表至关重要。强调事项应当符合下列条件：①可能对财务报表产生重大影响，但被审计单位进行了恰当的会计处理，且在财务报表中做出充分披露；②不影响注册会计师发表的审计意见。

(1) 需要增加强调事项段的情形。如果注册会计师认为有必要提醒财务报表使用者关注已在财务报表中列报或披露，且根据职业判断认为对财务报表使用者理解财务报表至关重要的事项，在同时满足下列条件时，注册会计师应当在审计报告中增加强调事项段：①按照《中国注册会计师审计准则第 1502 号——在审计报告中发表非无保留意见》的规定，该事项不会导致注册会计师发表非无保留意见；②当适用在审计报告中沟通关键审计事项时，该事项未被确定为关键审计事项。

一般而言，以下情形通常需要增加强调事项段：

①法律法规规定了财务报告编制基础，但注册会计师认为不可接受。

②提醒财务报表使用者注意财务报表按照特殊目的编制基础编制。

③注册会计师在审计报告日后知悉了某些事实，并且出具了新的审计报告或修改了审计报告。

④提醒报表使用者注意额外的披露，如诉讼或监管行动的结果存在不确定性等。

（2）如果在审计报告中包含强调事项段，注册会计师应当采取下列措施：

①将强调事项段作为单独一部分置于审计报告中，并使用包含“强调事项”这一术语的适当标题。

②明确提及被强调事项以及相关披露的位置，以便能够在财务报表中找到对该事项的详细描述。强调事项段应当仅提及已在财务报表中列报的信息。

③指出审计意见没有因该强调事项而改变。

增加强调事项段是为了提醒财务报表使用者关注所强调的某些信息，并不影响注册会计师的审计意见。为了使报表使用者清晰明确地认识到这一点，注册会计师应在强调事项段对此进行说明。

参考文献

1. 高翠莲．《审计基础与实务（第六版）》［M］．北京：高等教育出版社 2018 年版。

2. 周海彬．《审计实务》［M］．北京：高等教育出版社 2014 年版。

3. 王生根．《审计实务》［M］．北京：高等教育出版社 2018 年版。

4. 浦萍，程亚兰．《审计实务》［M］．北京：高等教育出版社 2018 年版。

5. 中国注册会计师协会．《财务报表审计工作底稿编制指南（第二版）》［M］．北京：经济科学出版社 2012 年版。

6. 北京注册会计师协会．《审计工作底稿指引》［M］．北京：经济科学出版社 2012 年版。

7. 中国注册会计师协会．《小型企业财务报表审计工作底稿编制指南》［M］．北京：中国财政经济出版社 2013 年版。

8. 中国注册会计师审计准则（http：//www. cicpa. org. cn/）。

9. 中国注册会计师审计准则应用指南（http：//www. cicpa. org. cn/）。